Über den Autor:

Martin Pepper ist Songwriter, Theologe und Buchautor. Er schreibt seit mehr als 40 Jahren Lieder lebensbegleitende Lieder mit Themen des christlichen Glaubens. Er hat in dieser Zeit 20 Soloalben veröffentlicht. Seine Gebetslieder für den Gottesdienst haben eine sehr weite Verbreitung gefunden. Von 1980 bis zum Jahr 2000 war er mit kurzen Studienunterbrechungen im Ausland als Pastor in verschiedenen evangelischen Freikirchen in Berlin tätig. Seit dem Jahr 2000 ist er freischaffender Künstler und tourt mit Konzertprogrammen, Seminaren und musikalischen Gottesdiensten in deutsch-sprachigen Ländern. Seine Lieder auf CDs und in Notenform findet man im Internet auf www.peppersongs.com, aktuelle Auftrittstermine auf www.martinpepper.de.

Martin Pepper

Eine Trilogie der Anbetung
Band II

Martin Pepper

Anbetung mit erhobenem Haupt

Gott selbstbewusst lieben

Die in diesem Buch verwendeten Bibeltexte entstammen folgenden Bibelübersetzungen mit freundlicher Genehmigung der Herausgeber:

Abkürzung ElbÜ: Revidierte Elberfelder Bibel
© 1985/1991/2006 SCM-Verlag GmbH & Co. KG, Witten

Abkürzung NeÜ: Neue evangelistische Übersetzung NeÜ bibel.heute
© 2010 Karl-Heinz Vanheiden, www.derbibelvertrauen.de, und Christliche Verlagsgesellschaft Dillenburg, www.cv-dillenburg.de

Abkürzung HFA: Hoffnung für alle®
© 1983, 1996, 2002, 2015 by Biblica, Inc.®
Verwendet mit freundlicher Genehmigung des Herausgebers Fontis.

Abkürzung LÜ: Lutherbibel,
revidierter Text 1984, durchgesehene Ausgabe
© 1999 Deutsche Bibelgesellschaft, Stuttgart. www.die-bibel.de

Titelbild: rdonar, shutterstock.com
Portraitfoto: Christian Schnebel, Hamburg
Grafische Gestaltung, Umschlag und Satz:
Daniel Eschner und Olaf Johannson, spoon design
Lektorat: Nadine Weihe

Bestell-Nummer: PS 217
ISBN Nr: 978-3-9813157-6-9
Verlag: mc-peppersongs, Berlin
Kontakt: info@peppersongs.com

1. Auflage November 2017

Inhalt

Leserstimme

Martin Peppers Buch „Anbetung mit erhobenem Haupt" enthält mehr als eine verschrobene Sammlung von altbekannten Bibelstellen zum Thema Lobpreis und Anbetung. Pepper begeistert wie in seinem ersten Buch Faszination Anbetung mit dem weiten Bogen, den er schlägt – dieses Mal von Mirandola zu Bieri, von Silesius zu Johnny Cash, von der Sozialwissenschaft zur Kultur, von der Theologie zur Philosophie. Und das hat seinen Grund. Denn viele, zu viele Christen wirken verunsichert. Die Vielfalt und Widersprüchlichkeit der Meinungen und Überzeugungen in unserer heutigen Welt ziehen ihnen den Boden ihres Glaubens unter den Füßen weg. So flüchten sie sich in die Vergangenheit und ziehen sich zurück auf starre Positionen der „Rechtgläubigkeit". Manchmal fragt man sich, ob diese Menschen wirklich aus eigener Überzeugung heraus glauben oder nur etwas nachbeten, was in ihren Kreisen so vorgegeben wird. Martin Pepper geht einen anderen Weg. Er schaut zwar auch als Glaubender erwartungsvoll in die Bibel, liest aber darüber hinaus Philosophen, interessiert sich für die Sozialwissenschaften und lauscht der zeitgenössischen Musik mit ihren Texten. Mir gefällt diese Vielseitigkeit.

Mit seiner Neugier steckt er an und leistet eine Fleißarbeit, die den Leserinnen und Lesern dieses Buches zugutekommt. Denn er zeigt einen Weg auf, die Verunsicherung zu überwinden. Er lädt konkret dazu ein, Gott selbstbewusst zu lieben. Nicht als theoretisches Gedankenspiel, sondern als zwingendes Ergebnis von schlüssigen Beobachtungen zur Gottesliebe. Hier ist ein wertvolles Buch, das zu „versöhnter Harmonie" einlädt. Mit sich selbst, mit seiner Welt, mit Gott. Mit diesem Buch erweist Martin Pepper der christlichen Gemeinde unserer Zeit einen wichtigen Dienst.

Michael vom Ende
Generalsekretär von
„Christen in der Wirtschaft"

Leserstimme

Martin Pepper räumt mit seinem Buch „Anbetung mit erhobenem Haupt" in sehr klarer Weise mit überzogenen christlichen und moralischen Denkvorstellungen auf und zeigt Wege auf, unser Christsein in der heutigen, modernen Zeit neu zu begründen und zu leben.

Er gibt kluge Antworten auf aktuelle Fragen, die unseren Glauben betreffen und schenkt damit Möglichkeiten, diesen zu festigen und zu vertiefen. Dafür scheut er es nicht, sich komplexen historischen und philosophiegeschichtlichen Themen zu stellen und den christlichen Glauben auf den Prüfstein zu stellen. Man spürt als Leser, wie Martin Pepper es wagt, seinen eigenen Glauben damit gründlich zu überdenken, so dass dieser wachsen und sich verändern kann. Im Ringen um Wahrheit und Wahrhaftigkeit, eröffnet er dem Leser Möglichkeiten, ein braches Land und neue geistliche Tiefen zu betreten.

Der Autor benennt gesellschaftliche Veränderungen und zeigt die Konsequenzen auf, die diese für die Anbetung in öffentlichem und privatem Raum haben können und sogar müssen. Damit zeigt er auf, was „Anbetung" in unserem Denken, Fühlen und Erleben umfasst und eröffnet somit eine viel größere Dimension der Anbetung als sie in unseren Köpfen und heutigen Gemeinden oft hat.

Martin Pepper öffnet immer wieder die Tür zu seiner eigenen Seele und gibt dem Leser tiefe Einblicke in seine persönliche Gottesbeziehung. Die erlebbare Nahbarkeit von Martin Pepper schätze ich besonders. Der Autor begegnet Christus in Körper, Seele und Geist und winkt den Leser mit in Worten und Bildern in neue Sphären des menschlichen Daseins und Glaubens hinein.

Martin Pepper gelingt es mit seinem Buch, für einen erwachsenen und mündigen Glauben zu appellieren und diesen als Geschenk erlebbar zu machen. Wer sich darauf einlässt, wird sich auf einen wunderbaren Weg begeben und nicht mehr derselbe bleiben…

Uta Runne
Mezzosopranistin

Leserstimme

Martin Pepper prägt die christliche Musikszene in Deutschland seit vielen Jahren mit Gemeindeliedern, Musikproduktionen, evangelistischen und pastoralen Impulsen. Er gehört für mich zu denen, die in großer Beständigkeit ein hohes Maß an Qualität und Integrität in ihrer geistlichen Berufung zeigen. Er stellt den Status Quo und sich selbst regelmäßig in Frage und sucht nach dem, was die christliche Botschaft im Innersten ausmacht, um sie für Kirche und Gesellschaft lebendig werden zu lassen. Das ist ihm immer wieder gelungen, so dass er heute großen Respekt in sehr unterschiedlichen christlichen Bewegungen genießt. In dieser Trilogie arbeitet er seine langjährige Erfahrung mit dem Thema Anbetung theologisch und soziologisch anspruchsvoll auf. Er erschließt mit seinen Gedanken einen weiten Raum der Schönheit und Tiefe persönlicher Gottesbegegnung und begeistert mit neuen Zugängen zu altbekannten Wahrheiten. Er bleibt nicht bei Allgemeinplätzen stehen, sondern arbeitet das Wertvolle und Unverwechselbare der christlichen Anbetung heraus. In diesem gut zu lesenden Buch liegt der Schwerpunkt auf der Ganzheitlichkeit der Anbetung und der heilenden Kraft, die auch für unser Selbstbewusstsein von ihr ausgeht. Mit diesen Gedanken ist Martin Pepper am Puls der Zeit und verliert sich dennoch nicht in reiner Anbiederung an den Zeitgeist. Ich bin dankbar für eine Persönlichkeit, die in einer unverwechselbaren Weise die heilende Kraft des christlichen Glaubens für ihre Generation neu zugänglich macht. Mit seiner Trilogie unterstreicht Martin Pepper dies auf eindrückliche Weise.

Erhart Zeiser (Pastor der Christuskirche in Berlin-Mitte)
2. Vorsitzender des Gemeindeferienfestivals SPRING
und Vorstandsmitglied von Gemeinsam für Berlin

Vorwort

In meinem ersten Band *Faszination Anbetung* habe ich die Vogelperspektive eingenommen. Ich wollte die Varianten christlicher Anbetung von oben betrachten, den Leser zum Staunen und zur Wertschätzung der Vielfalt einladen. In diesem Buch gehe ich nach innen und suche nach einem Schlüssel, der es Glaubenden ermöglicht, Gott, die Welt und sich selbst gleichermaßen zu lieben. In einer Welt, in der religiöser Fanatismus überall spaltet, polarisiert und Menschen in die Enge treibt, möchte ich die befreiende Weite des christlichen Anbetungsverständnisses aufzeigen, wie ich sie im Laufe von Jahrzehnten als Pastor und Songwriter kennengelernt habe. Seit mehr als vierzig Jahren toure ich durch christliche Kirchen, um mit meinen Konzerten und Vorträgen einen Beitrag zur Aktualisierung des Glaubens in unserer Zeit zu leisten. In meinen Liedern habe ich sowohl klassisch-christliche Themen der Hingabe und Ergebenheit eingebracht als auch emanzipatorisches Gedankengut, das heißt Impulse, die zu einem selbstbestimmten Leben ermutigen. Ich sehe darin keinen Widerspruch. Für mich ist Gottesliebe keine Energie, die uns von uns selbst entfremdet und von der Welt isoliert, sondern ein Treibstoff für Selbstverwirklichung und Weltverbundenheit. Darum plädiere ich in diesem Buch dafür, Gott zu lieben, die Welt zu umarmen und aufrecht durchs Leben zu gehen. In der christlichen Anbetung werden diese drei Ausrichtungen zu einem Kompass, den wir sowohl im Gottesdienst als auch im Leben des Alltags einsetzen können, um unsere Richtung zu finden.

Anbetung ist der Grundmodus des geistlichen Lebens, eine Haltung, aus der heraus wir mit Gott verbunden leben können. Sie entfaltet den Duft der Dankbarkeit in unserem Dasein. Anbetung bedeutet, das Sein zu Gott hin auszurichten. Sie ist der Atem des Glaubens und die Würde des Berufenen. Sie ist aber kein von der Welt isoliertes Geschehen.

Jeder, der in einem Gottesdienst mit anderen zusammen Gott anbetet, bringt seine Welt und seine Geschichte mit. Diese Welt ist in uns, auch wenn wir durch den Glauben „nicht von dieser Welt" sind.[1] Sie ist in unserer Sprache, unserem Denken und unseren

1 Jesus sagt über die Glaubenden: „Sie sind nicht von dieser Welt, so wie ich nicht von dieser Welt bin. Ich bitte nicht, dass du sie aus der Welt nimmst, sondern dass du sie bewahrst vor dem Bösen" (Joh 17,14–15; LÜ).

Vorstellungen. Dort befinden sich die Echos und Spuren unseres gelebten Lebens in Raum und Zeit.

Wer den Menschen vor Gott zu einer positiv gestimmten Lebenshaltung verhelfen will, muss auch die Welt, in der er sich bewegt, vom Verdacht befreien, schlecht und verdorben zu sein. Sie ist vielmehr die gute Welt[2], die Gott schuf und weiterhin schafft. Sie ist es wert, in ihr zu leben, sie zu gestalten und um ihren Erhalt zu kämpfen. Ein großer Teil dieses zweiten Anbetungsbuches befasst sich deshalb nicht mit Gedanken über das Wesen Gottes, sondern mit der Welt, die wir heute vorfinden. Ich versuche, durch Ausflüge in die Geschichte und Abstecher in die Philosophie die Eckpunkte und Grundlagen unseres modernen Lebensverständnisses zu schildern. Dabei geht es mir darum, Anbetung in eine Perspektive der Versöhnung mit dieser modernen Lebenswelt zu bringen.

Der Gott, den wir anbeten, „war in Christus und versöhnte die Welt mit sich selber" (1Kor 5,19; LÜ). Ein Anbeter sieht in Christus nicht nur seine individuelle Versöhnung, sondern auch die Versöhnung der Welt. Scheinbar pauschale Aufforderungen in einzelnen Abschnitten der Bibel, sich von der Welt zu trennen, haben nur bestimmte Einzelaspekte einer degenerierten Welt im Blick. Ein wie auch immer gearteter Rückzug oder gar Auszug aus der Welt wird von Jesus und Paulus gleichermaßen abgelehnt. Wir sind in dieser Welt nicht nur, um sie zu missionieren, sondern auch um sie zu genießen, um an ihr zu wachsen und sie segensreich mitzugestalten. Anbetung drückt sich auch in dankbarem Lebensgenuss und neugieriger Teilhabe an den Entwicklungen unserer Zeit aus. Dieses ganzheitliche Anbetungsverständnis macht sich in der unbeschwerten Mischung geistlicher Impulse aus der Bibel und geistiger Strömungen unserer Gegenwart bemerkbar. Wenn man beim Lesen dieses Buches zwischendurch nicht mehr weiß, ob man noch in einer Bibelauslegung oder in einer spannenden Diskussion über modernes Lebensgefühl ist, ist das durchaus beabsichtigt.

Wir sind in dieser Welt nicht nur, um sie zu missionieren, sondern auch um sie zu genießen, um an ihr zu wachsen und sie segensreich mitzugestalten.

2 Das erste Lied der Schöpfung in der Genesis ist durchzogen von den hymnischen Zeilen: „Gott machte … und Gott sah, dass es gut war" (Gen 1; LÜ).

Gesunder Glaube braucht eine Integration von „Selbst und Welt" in das Verständnis der Anbetung. Der Schlüssel dazu ist ein Gottesbild, das den Menschen nicht absolutistisch vereinnahmt, sondern seine Befreiung und Selbstverwirklichung liebevoll im Blick hat. Wer das versteht und verinnerlicht, erlebt eine Heilung seiner tiefen Unsicherheiten. Er kann sich frommen Missverständnissen und Engführungen besser entziehen. Er kann seine Welt in die Anbetung guten Gewissens mit hineinnehmen und etwas vom Geist der Anbetung in seine Welt hineintragen. Einen Beitrag zu dieser Versöhnung möchte ich mit diesem Buch leisten, damit Menschen mit erhobenem Haupt anbeten und Gott selbstbewusst lieben können.

Martin Pepper

Teil 1
Gott lieben

1. Anbetung als Leben in der Liebe Gottes

Lasst uns lieben, denn er hat uns zuerst geliebt.
1. Johannes 4,19; ElbÜ

Anbetung ist mehr als eine fromme Gebetsübung. Es ist ganz gewiss auch mehr als ein Worship-Event mit mitreißenden Liedern, die Hingabe und Vertrauen Gott gegenüber zum Ausdruck bringen. Manche Prediger fordern, dass Anbetung ein Lebensstil sein soll, damit sich die Gottesliebe nicht im Event erschöpft. Das wirkt moralisierend und setzt unter Druck. Es ist doch eher ein Lebensstrom des Geliebtseins, der uns auch in den Momenten, in denen wir mit unseren Gedanken nicht bei Gott sind, trägt.

Anbetung gründet in der Liebe zu Gott, die sich von den ersten Quellen vorsichtigen Vertrauens zu tiefen und ruhigen Strömen eines Lebensprogrammes ausweitet. Sie ist ein Leitsystem, ein innerer roter Faden im Labyrinth unserer Lebenswelt, ein lenkender Strahl, der uns aus der unendlichen Weite des Universums in das Mutterschiff unserer Lebensflotte zieht. Anbetung ist Liebe – Liebe zu Gott, die aus dem Geliebtwerden durch Gott geboren wurde. Sobald sie lebendig wird, bewegt sie unser Leben in die richtige Richtung. Sie sendet uns aus und holt uns zurück. Sie versorgt uns, und sie treibt uns an. Sie aktiviert alle Lebensbereiche und nimmt den ganzen Menschen mit auf ihre Bahnen.

Anbetung – ein „Zurücklieben"

Anbeten ist eine Reaktion des Menschen auf die Liebe Gottes. Der Mensch ergreift und erwidert diese Liebe – er liebt zurück. „Hier erahnt die Seele, ohne die Tiefe und Größe des Geschehens nur annähernd fassen zu können, dass sie an ihrem existenziellen Ursprung und Ziel angekommen ist", schreibt die Diplompädagogin und Benediktinerin Ruth Hanses-Schall in ihrem Blog Anbetung und Heilung.[3] In dieser Beziehung sieht die christliche Kirche die Bestimmung des Menschen. Ruth Hanses-Schall erklärt dies so:

---

3 http://anbetung-heilung.de/2014/10/anbetung-eine-heilende-beziehung/; letzter Zugriff: 12.09.17

Wir sind gerufen zu einer Beziehung, die das Menschliche übersteigt. Wir sind im wahrsten Sinne vorherbestimmt für das Zusammensein mit dem, der unser Ursprung und Ziel ist: mit Gott, der uns geschaffen hat. [...] Wir, als ganze Menschen mit Leib und Seele, sind befähigt, Gott zu erkennen und zu empfangen; dieses nennt die Kirche die „Gottfähigkeit" des Menschen. Sie sagt sogar, dass die Beziehung mit Gott die erste und wichtigste Beziehung des Menschen ist.

Auf einer tiefen Ebene, die Menschen nur manchmal bewusst wird, ist der Mensch ohne eine Beziehung zu Gott „existenziell" einsam. Er ist vielleicht umgeben von Menschen, die ihn in unterschiedlichen Graden lieben – von der Mutterliebe über die Sympathie von Freunden bis zur romantischen Liebe in einer Partnerschaft. Er ist vielleicht prinzipiell mit sich im Reinen und hat ein gesundes Maß an Aufmerksamkeit, Wertschätzung und Selbstachtung entwickelt. Dennoch kann den Menschen immer wieder eine dunkle, tiefe Sehnsucht ergreifen: Da ist noch eine tiefere Ebene meines Daseins, und dort bin ich einsam und unbehaust. Es ist das Gespür für den Bruch mit dem Ursprung, der Entfremdung von der geistlichen Beziehung, zu der wir Menschen „fähig" sind, weil Gott uns „in seinem Bild" geschaffen hat. Der Glaube öffnet dem Menschen die Augen dafür, dass diese Liebe ihn schon vom ersten Moment seines werdenden Lebens begleitet hat. Anbetung wird dann zu einem „Zurücklieben" dessen, der uns zuerst geliebt hat.

Gott lieben – ein Befehl?

Was der Apostel Johannes als allgemeine Aufforderung formuliert, begegnet uns in der Bibel zunächst als ein göttliches Gebot. Als Jesus gefragt wurde, welches Gebot denn das Wichtigste sei, zitiert er prompt: „Du sollst den Herrn, deinen Gott, lieben von ganzem Herzen, von ganzer Seele, von ganzem Gemüt und mit all deiner Kraft" (Mk 12,30; LÜ). Es ist das Herzstück aller Gebote, das Filetstück der jüdisch-christlichen Glaubensmahlzeit, welches die wichtigsten Nährstoffe und köstlichsten Geschmacksnuancen enthält.

Wenn wir mit Geboten und Befehlen irgendeiner Art konfrontiert werden, erleben wir das zunächst immer in einer „autoritären" Grundstimmung. Wir hören Gebote im „Kommandoton". Dabei sollten wir uns über eine wichtige Unterscheidung zwischen Stil und Macht klar sein: autoritär sein ist ein Stil, Autorität ist echte Kompetenz. Sie ist eine Macht, die aufgrund ihrer herausragenden Leistungen oder Qualitäten über den Niederungen von Spekulation und Meinung steht. Menschen mit hoher Sachkenntnis in einem Gebiet nennt man „eine Autorität im Blick auf …". Bei ihnen achtet man auf das, was sie zu sagen haben, weil ihre Aussage das Wesen der gefragten Angelegenheit am besten trifft. Sie haben die höchste Expertise, die umfassendste Erfahrung und den tiefsten Einblick in das Gesamtbild. Rat oder Meinung einer Autorität übertreffen die Äußerungen von anderen Menschen an Qualität, weil sie in einem tieferen Verständnis der Dinge gegründet ist. Da spielt dann Sympathie oder Antipathie keine wesentliche Rolle mehr. Menschliche Autoritäten können manchmal wortkarg sein, unscheinbar auftreten, schlecht gekleidet sein und irritierende Ticks haben. Wenn sie aber ihren Mund aufmachen und zu ihrem Sachgebiet sprechen, erklingt die Essenz von Hintergründen und Zusammenhängen in kompakten Aussagen, die direkt ins Herz der Angelegenheit treffen. Wohl dem Menschen, der Macht und Stil auseinanderhalten kann, der in der Lage ist, eine Autorität von einem sympathisch klingenden Dünnbrettbohrer zu unterscheiden.

Gott ist die wahre Autorität im Blick auf das Leben. Er hat die höchste Einsicht und Kompetenz. Seine Gebote erscheinen zwar in der Form einer Anweisung oder Aufforderung. Sie sind aber in Wirklichkeit Aussagen über das Leben, wie es am besten funktioniert – und zwar im Blick auf den Einzelnen und auch auf das Ganze, im Blick auf Zeit und Ewigkeit. Diese Aussagen sind austariert, nachhaltig und treffend in ihrer Beschreibung. Sie zeigen, wie der Mensch seinem innersten Wesen gemäß leben kann. Dass er es auch soll und dazu aufgefordert wird, ist eigentlich eine Formalität, an der wir uns nicht zu sehr aufhängen dürfen. Wenn wir daran Anstoß nehmen, verpassen wir die wichtigere Lebenslektion, die den Geboten innewohnt. Sie haben nämlich ein gelingendes und erfülltes Leben im Blick.

Gottes Gebote sind in Wirklichkeit Aussagen über das Leben, wie es am besten funktioniert.

Dabei liegt die größte Erfüllung auch in dem größten Gebot verborgen: Du sollst Gott mit allem lieben, was du in dir vorfindest.

Wer liebt, erlebt das Objekt seiner Liebe als etwas Liebenswertes. Die Liebe, die er „aufbringt“, ist keine Leistung, sondern ein Erleben; er antwortet auf etwas, was aus ihm und zu ihm spricht. Es liegt im Wesen des Menschen, zu lieben und geliebt zu werden. Diese Liebe auszudrücken, ist gleichzeitig seine höchste Erfüllung. Mit diesem Gebot macht Gott die Liebe zum Leitmotiv des Lebens, nicht die Unterordnung, die Anpassung und das Funktionieren in einem Schema. Wo Liebe ist, fällt der Einsatz nicht schwer. Sie trägt, treibt und tröstet. Sie motiviert, mobilisiert und ermutigt. Die Liebe lässt den Menschen in seinem ganzen Sein aufblühen: willentlich, bewusst, gedanklich, emotional und im Blick auf seine Energien. Wenn der Mensch die Liebe zu Gott als größte Triebkraft und Verheißung der größten Erfüllung versteht, werden die Gebote ein Weg, diese Liebe auszuleben. Sie werden von innen motiviert und nicht von außen aufgestülpt sein. Die Liebe selbst erlebt der Mensch dann nicht als Gebot und Aufforderung, etwas Mühevolles für jemand anderen zu tun, sondern als die Erklärung, wie das Leben im Innersten funktioniert.

Wer liebt, lebt anders als der, der nur gehorcht. Und auf diese Liebe kommt es Gott an. Er will, dass der Mensch sie spürt, während er lebt, sein Leben entfaltet und auf Gott ausrichtet. In der Liebe löst sich der innere Kampf des Menschen zwischen moralischen Wertungen („ich muss“, „ich soll“) und Begehren („ich will“, „ich möchte“, „ich sehne mich nach“) irgendwann in eine innere Zustimmung auf („ich darf“, „es passt zu mir“, „ich bin“). Anbetung heißt nicht mehr und nicht weniger, als die größte Liebe unseres Lebens zu entfalten. In der Anbetung stimmen wir der wichtigsten Beziehung unseres Daseins zu. In diesem Sinne ist Anbetung Liebe und Liebe Anbetung.

Der Mensch ist am tiefsten Mensch, wenn er Gott liebt

Archäologen finden heraus, ob Knochen- oder Zahnfunde menschlich sind, indem sie nach Kultstätten in der Nähe suchen. Wenn sie diese finden, ist die Wahrscheinlichkeit sehr hoch, dass die Knochenfunde Menschen zuzuordnen sind. Denn der Mensch ist das einzige Wesen in der Natur, das von Anfang an von der Suche nach etwas Höherem beseelt ist, dem er sich in irgendeiner Weise zugeordnet fühlt. Er verdankt sich, sucht Kontakt und drückt eine Verbindung aus, und wenn diese auch noch so unvollkommen und brüchig ist. Menschen sind als Wesen religiös, sie sind auf der Suche nach Wurzeln, nach einer Verbindung mit dem Höheren. Sie sind angelegt auf Transzendenz: den Drang, über ihre Art hinaus zu denken und zu empfinden. Der Mensch sucht das Göttliche, weil er sich ihm zugehörig fühlt. Er ist auf der Suche nach einer verlorenen höheren Liebe, einer abgesplitterten Identität, einer Zugehörigkeit, die sich in ihm meldet - wenn auch nur als Restbestand.

In den Texten der Bibel geht Gott auf den Menschen zu. In seinen Verirrungen geht er ihm nach und fragt ihn: „Wo bist du?" Das ist letztlich eine andere Art zu sagen: „Gedenke, wer du bist! Was machst du hier?" Gott ruft ihn zurück in eine Liebe, die seinem eigenen Wesen entspricht. Wenn der Mensch auf das Rufen und Fragen Gottes hört, findet er dieses Wesen der Liebe in sich. Gott sagt dem Menschen durch seine Gebote: „So bist du, und deshalb sollst du so handeln. Denn wenn du das Mandat deines Wesens erfüllst, bist du am ehesten und am tiefsten das, wozu du angelegt bist." Die Aufforderungen „Du sollst" und „Du sollst nicht" sind also keine Äußerungen autoritärer Fremdbestimmung, sondern eine kenntnisreiche Autorität beschreibt, wie der Mensch seinem Wesen nach handeln kann.

Jesus definiert zwei dieser Wesensmandate als die wichtigsten: Du sollst Gott lieben und deinen Mitmenschen wie dich selbst. In der Liebe zu Gott und in der Liebe zum Mitmenschen ist der Mensch am tiefsten Mensch. Darin unterscheidet sich der Mensch vom Tier. Es kennt nur Instinkte der Zuneigung, aber nicht das Konzept eines zu achtenden Nächsten oder einer Liebe zu Gott.[4]

Bei der Liebe zu Gott kommt man an den Bedürfnissen, die der Mensch verspürt, nicht vorbei. Der Wegweiser der modernen Bedürfnisforschung war der amerikanische Psychologe Abraham Maslow (1908–1970). Er schreibt in seinem Buch *Motivation und Persönlichkeit*: „Man wird das Leben nie verstehen können, ohne seine höchsten Ambitionen in Rechnung zu stellen" und „Die Dynamik der menschlichen Entwicklung hat ihren Ursprung in der Tatsache, dass die Befriedigung eines Bedürfnisses von der Suche

4 In der Tierwelt gibt es zwar Formen von Bewusstsein und Intelligenz, aber nirgends eine Art der Selbstreflexion und Suche nach Gott, wie wir es beim Menschen vorfinden.

nach einem neuen Glückszustand abgelöst wird".[5] Man könnte ihn auch als Erfinder des modernen Begriffs der Selbstverwirklichung bezeichnen, denn auf diesen Begriff läuft seine berühmte Bedürfnispyramide hinaus. Unten in der Pyramide stehen elementare Überlebensbedürfnisse. Wenn diese gestillt sind, melden sich andere, diffizilere Bedürfnisse, bis der Mensch danach strebt, „sich selbst zu verwirklichen" (einen Begriff, den ich in Kapitel 10 genauer darlegen werde). Erst am Ende seines Lebens kommt Maslow zu der Einsicht, dass die Selbstverwirklichung nicht das höchste oder tiefste seiner Bedürfnisse ist.[6] Er erweiterte seine berühmte Bedürfnispyramide mit fünf Stufen im Jahre 1970, also kurz vor seinem Tod, um eine sechste Stufe.[7] Die oberste Stufe der neuen Pyramide ist nun die „Transzendenz", also die Suche nach Gott. Wenn der Mensch sich alle seine Bedürfnisse erfüllt hat, meldet sich bei ihm immer noch das Bedürfnis, sich in Beziehung zu etwas Größerem zu setzen. Er will wissen, was er für eine Bedeutung in einem höheren Sinne hat. Er spürt die Sehnsucht nach diesem Höheren, das nicht nur mit ihm selbst und mit Personen in seinem Umfeld zu tun hat. Er sucht die Erfüllung einer anderen, größeren Liebe. Er sucht das, was im höchsten Gebot der Bibel das Wesentliche des Menschen zum Ausdruck bringt: die Fähigkeit, Gott zu lieben.

Wenn Jesus ein „Glückslehrer" gewesen wäre[8], würde er sagen: Das höchste Glück liegt in der Liebe zu Gott. Die Erfahrung und Wahrnehmung dieser Liebe geht über unsere menschliche Liebe hinaus. Die Liebe zu Gott findet ihre Erfüllung, wenn wir „mit ganzem Herzen, ganzer Seele, mit ganzem Verstand und allen Kräften" seine Liebe erwidern. Liebe zu Gott, die in der Anbetung kultiviert

5 Maslow, Abraham: „Motivation und Persönlichkeit". Olten: Walter-Verlag 1977, Klappentext Rückseite und Innenfaltung.

6 Vgl. https://de.wikipedia.org/wiki/Maslowsche_Bedürfnishierarchie; letzter Zugriff: 12.09.17.

7 posthum veröffentlicht in: Farther Reaches of Human Nature, New York 1971.

8 Die moderne Wiederkehr des Glücksbegriffes der alten griechischen Philosophen und seine Popularität in psychologischen Ratgebern spiegelt eine Faszination des modernen Menschen, sich mit seinem eigenen Glück und Wohlbefinden zu beschäftigen, die der Sicht Jesu fremd war. Nur in den Seligpreisungen der Bergpredigt spricht Jesus an prominenter Stelle von einem glücklich zu preisenden Zustand, der aber wiederum im krassen Gegensatz zu den Glücksvorstellungen seiner Zeit war (nämlich reich, bequem, gut situiert und von allem Leid der Welt abgeschirmt zu sein).

wird, hat das Potenzial zur höchsten Erfüllung des Menschen. Es ist das Glück, ein Gegenüber Gottes zu sein, das die Liebe seines Schöpfers bewusst und kreativ erwidert.

Liebe zu Gott als Leitsystem des Lebens

Bei der Liebe zu Gott geht es nicht um ein Hobby, einen Teilbereich des Lebens oder das „Ausleben einer gewissen religiösen Ader". Es geht um das Zentrale des Menschen. Die vier Begriffe Herz, Seele, Kraft und Verstand markieren das, wo alles in uns zusammenläuft, woraus alles hervorgeht. Wer in dieser Ausrichtung auf die Liebe lebt, wird alles, was das Leben sonst noch von uns erwartet, in der richtigen Relation angehen.

Aus der Liebe zu Gott fließt die Liebe zu unserer Welt. Dadurch gehen wir behutsam mit ihr um. Aus der Liebe zu Gott fließt die Liebe zu unseren Mitmenschen, die wir als Geschenk Gottes und „Ebenbilder Gottes" (Wesen mit gottgeschenkter Würde) sehen. Aus der Liebe zu Gott fließt die gesunde Selbstfürsorge (der Begriff Selbstliebe ist mir in vieler Hinsicht zu missverständlich), was sich in Selbstachtung, Neugier auf die Möglichkeiten unserer Selbstentfaltung und sinnvoller Selbstbegrenzung zum eigenen Schutz ausdrückt. „Love changes everything"[9] – Liebe verändert alles. Die Liebe zu Gott färbt unsere Sicht der Welt, beflügelt unsere Motivation und stärkt unsere Selbstachtung.

Liebe als Erfüllung des Gesetzes

Man kann die Liebe nicht einfach befehlen, wenn sie gar nicht da ist, aber man kann den Menschen ermutigen, sich ihr mit aller Kraft zu widmen, wenn er sie einmal als Grundklang seiner Lebenssymphonie entdeckt hat. Damit erschließt der Mensch für sich selbst die tiefste Dimension von Sinn und den höchsten Grad an Ethik. Die Liebe zu Gott ist Schlüssel, Einstieg und Richtschnur für alle Lebensfragen. Sie mit allen unseren Instinkten zu erfragen, mit allen unseren Gedanken zu bewegen und mit allen unseren Kräften zu verwirklichen, ist die höchste Berufung und tiefste Erfüllung. Wer dies tut, sagt Jesus, hat auch das Gesetz erfüllt. Paulus formulierte es später noch einmal als geistliches Faktum: „Liebe ist die Erfüllung des Gesetzes" (Röm 13,10).

9 Titel eines Popsongs von Climy Fischer von 1987.

Wer liebt, tut das Wichtigste und davon ausgehend auch das Richtigste in jeder Situation. Er lebt in der Mitte dessen, was einzelne Gesetze beabsichtigen, selbst wenn er den Regelkatalog nicht kennt oder im Blick auf besondere Umstände einzelne Gebote vorübergehend aushebelt, was auch Jesus zur Irritation der strengen Gesetzeslehrer immer wieder tat. Gottes Ziel für den Menschen ist ein Leben in Liebe, nicht ein Leben in Regeln. Wer die Liebe findet, erwidert und zum eigenen Lebensinhalt macht, erfüllt den Sinn des Lebens, wie Gott ihn definiert.

Natürlich muss man die Frage nach dem Wesen der Liebe klären, damit das Wort Liebe nicht als Alibi für verkappten Egoismus oder religiösen Fanatismus funktioniert. Paulus tat es mit drei näheren Wesensbestimmungen: „Das Ziel der Unterweisung[10] aber ist Liebe aus reinem Herzen und aus gutem Gewissen und aus ungeheucheltem Glauben“ (1Tim 1,5; LÜ). Nur wenn Liebe diese Qualitäten hat, ist sie ein vollkommener Ausdruck des Willens Gottes für unser Leben. In diesem Sinne ist Liebe sicher nicht der leichteste Weg, sondern einer, der viel Selbstprüfung, Aufmerksamkeit und Engagement fordert. Die Erfüllung, die wir bei diesem Handeln spüren, ist aber um so größer.

„Liebe und tu, was du willst“

Dilige et quod vis fac! (lat. für „Achte und tu, was du willst“) hat der Kirchenvater Augstinus (354–430) einmal geschrieben.[11] *Diligere* heißt „hoch schätzen“ und ist das Gegenteil von *neglegere* – „geringschätzen, verachten“. Daraus hat man dann den Slogan „Liebe und dann tu, was du willst“ gemacht. Das ist keine Verzerrung, denn in der Liebe liegen Achtung, Achtsamkeit und Wertschätzung, wenn sie nicht nur zur reinen Vorliebe oder Liebelei wird. Wer wirklich liebt, geht nicht achtlos, unsensibel und rücksichtslos mit Menschen um. Die Grundpose der Liebe ist „Hochschätzung, Wertschätzung, Achtung“. Wer dem zuwiderhandelt, kann noch so viele gute Gefühle in sich feststellen, sein Handeln ist lieblos. Wer sich selbst

10 „Das Endziel der Weisung“ übersetzt die Elberfelder Bibel. Gemeint ist die Quintessenz und Absicht aller geistlichen Aufforderungen, wie sie in den Geboten der Bibel zum Ausdruck kommen.

11 Augustinus von Hippo: „In epistulam Ioannis ad Parthos“, Tractatus VII, 8.

und andere geringschätzt, sie ohne Respekt und Aufmerksamkeit behandelt, kann nicht gleichzeitig lieben.

Jeder Mensch ist bei einem anderen liebenden Menschen gut aufgehoben. Jeder Mensch muss sich mit Recht vor denen in Acht nehmen, die ihn gering schätzen. Das Wesen der Liebe Gottes zu uns Menschen besteht darin, dass er uns trotz unserer verhältnismäßigen Bedeutungslosigkeit im Blick auf das Universum „hoch schätzt“: „Wenn ich sehe die Himmel, deiner Finger Werk, den Mond und die Sterne, die du bereitet hast: was ist der Mensch, dass du seiner gedenkst, und des Menschen Kind, dass du dich seiner annimmst?“ (Psalm 8,4–5; LÜ).

In dem Liebesgebot wird der Mensch aufgefordert, Gott über alles andere in seinem Leben hoch zu schätzen, auf ihn zu achten und ihm im Leben auf die Spur zu kommen. Dann kann man mit Augustinus sagen: Wenn du im Geist dieser Achtung vor Gott lebst, kannst du „tun, was du willst“.

Das ist das Gegenteil der Haltung, die nur sagt: „Tu, was du willst“, einer Haltung, die keine Achtung, keine Ehrfurcht und keine Liebe kennt. So ist es kein Zufall, dass das „neue Gesetz“ des Okkultisten Alistair Crowley, der als Vorläufer des modernen Satanismus gilt, bewusst die Aufforderung zur Liebe beim Spruch des Augustinus weglässt.[12] Wer das höchste Gesetz des Handelns nicht in der Achtung vor Gott und anderen Menschen sieht, tritt das Leben mit Füßen. Willkür und pure Impulsivität können kein gesundes Lebensgesetz sein. Wer nur „seiner Begehrenslandkarte folgt“, zieht eine Spur der Zerstörung nach sich, nicht nur für andere, sondern auch bei sich selbst. Er füttert nur seinen stetig wachsenden Appetit, stillt aber nicht seinen Hunger. Er hat keine Übereinstimmung mehr mit den Werten, die höher stehen als die direkte und unmittelbare Erfüllung seiner Wünsche. Er wird zum Sklaven seiner flüchtigen Spontanimpulse und verliert ein Gefühl für seine Würde. Und wer dabei andere so behandelt, als ob sie nichts wert seien, wird eines Tages auch das Gespür für seinen eigenen Wert verlieren.

Wer immer nur „seiner Begehrenslandkarte folgt“, füttert zwar seinen Appetit, stillt aber nie seinen Hunger.

12 „Do what thou wilt shall be the whole of the law“ (Die Maxime „Tu, was du willst“ soll das einzige Gesetz sein, das unser Handeln reguliert). Crowley, Alistair: Liber AL vel Legis 1.40, London 1909.

2. Anbetung als Ganzheitserfahrung

Du sollst den Herrn, deinen Gott, lieben mit ganzem Herzen und ganzer Seele, mit all deiner Kraft und all deinen Gedanken [ganzem Verstand].
Lukas 10,27; EÜ

Wenn ich Gottes Liebe durch meine Anbetung erwidere, mache ich eine Erfahrung der Ganzheit. Ich tue dies nämlich mit meinem ganzen Wesen in all seinen Ausprägungen. Wenn ein Mensch mit allem, was in ihm ist, Gott liebt, kommen Wille, Gefühl, Energie und Denken zum Einsatz. Es ist Anbetung mit dem ganzen Dasein des Menschen, mit Herz, Seele, Kraft und Verstand.

Der ganze Mensch ist angesprochen

Die Matrix „Herz, Seele, Kraft und Verstand" ist sicher nicht das einzig wahre Koordinatensystem des Menschen. Wenn biblische Autoren den Menschen beschreiben, wollen sie nur darauf aufmerksam machen, dass es in der Beziehung zu Gott keine ausgesparten Lebensfelder gibt. Die Liebe Gottes wirkt sich auf alle Lebensbereiche des Menschen aus und ruft gleichzeitig nach einer Antwort in allen Bereichen. Gott ist das, was uns „unbedingt angeht"[13], sagt der evangelische Theologe Paul Tillich. Er ist kein Thema von vielen, kein Interessengebiet, keine Liebelei des menschlichen Geistes. Gott ist Schicksal und Herausforderung des ganzen Menschen. Wer das nicht begreift, hat das Wesen Gottes nicht verstanden. Er ist die Antwort auf die Frage, wo der Mensch herkommt, wohin er geht und was er aus sich machen soll. Er ist keine interessante Teilfrage, sondern die existenzielle Grundfrage, nichts, was nur einige manchmal etwas angeht, sondern das, was uns alle im Leben unbedingt angeht.

13 „Das, was uns unbedingt angeht, ist von allen zufälligen Bedingungen der menschlichen Existenz unabhängig. Es ist total, kein Teil unser selbst und unserer Welt ist davon ausgeschlossen. […] Was uns unbedingt angeht, lässt keinen Augenblick der Gleichgültigkeit und des Vergessens zu. Es ist ein Gegenstand unendlicher Leidenschaft" (I 19), es entscheidet über unser Sein und Nichtsein. https://tillichlexikon.wordpress.com/alle-begriffe/angeht-das-was-uns-unbedingt/; letzter Zugriff: 12.09.17.

Die genannten vier Begriffe zeichnen den Menschen ein wenig holzschnittartig, eher skizzenhaft. Sie knüpfen an die vorherrschenden Symbole und Begriffe ihrer Zeit an. Die Bibel ist ein Zeugnis des Handelns Gottes am Menschen, kein wissenschaftliches Fachbuch. Aussagen über das menschliche Erleben dienen dazu, einen Zusammenhang zu veranschaulichen in der Begriffswelt der damaligen Zeit.

Die Bibel ist ein Zeugnis des Handelns Gottes am Menschen, kein wissenschaftliches Fachbuch.

Das Urgebot aus 1. Mose 6,5 erwähnt nur drei Elemente: Herz, Seele und Kraft. Seele und Kraft wiederum scheinen aus dem Herzen hervorzugehen.[14] Darüber hinaus finden wir im Alten Testament noch die Nieren als Sitz des Gewissens (Gott prüft Herz und Nieren[15]) und die Eingeweide als Sitz für Erbarmen (das hebräische Wort *rachamin* – „Erbarmen" ist der Plural von *rechem* – „Gebärmutter", *me'im* sind die „Weichteile", der nicht von den Rippen geschützte Bauch[16]). In den neutestamentlichen Zitaten[17] sind es jeweils vier Elemente. Man hat die Kraft manchmal noch in die Kräfte und den Verstand unterteilt. Es gibt also keine autoritative „Mutterstelle" in der Bibel, aus der das Wesen des Menschen genau definiert hervorgeht. Die Bibel ist keine Enzyklopädie[18], keine systematische Auflistung von „allem, was es gibt". Sie ist kein Archiv des Wissens über Gott und die Seele des Menschen, sondern ein Zeugnis des Glaubens. Das tut sie in dem Rahmen, in dem das Leben zu ihrer Zeit gedeutet wird. Sie beinhaltet die Bausteine des Denkens und den Erkenntnishorizont der Welt ihres Entstehens. Sie trifft darin immer noch die Tiefendimension der Wahrheit, die über Meinungen, Ideen und Fantasien hinausgeht. Sie zeigt die

14 „Behüte dein Herz mehr als alles, was zu bewahren ist, denn von ihm aus sind die Ausgänge des Lebens" (Spr 4,23; ElbÜ).

15 Ps 26,2; 73,21; 139,13; Hiob 16,13; Jer 11,20; Offb 2,23.

16 „An dieser Stelle leuchtet eine zentrale Dimension der Menschlichkeit und dann auch, wenn man das so sagen darf, der Menschlichkeit Gottes auf: Die Fähigkeit des Mitleidens hat ihren leibhaftigen Ort an eben der Stelle, an der eine und einer selbst verletzlich ist. Wer unverwundbar ist, ist erbarmungslos."
Ebach, Jürgen: „Das alte Testament als Klangraum des evangelischen Gottesdienstes". Gütersloh: Gütersloher Verlagshaus 2016 .

17 Mt 22,37, Mk12,29–31 und Lk 10,27.

18 von griech. *enzyklikos padaeia* – Kreis der Bildung oder Umkreisung des Wissens

wesentlichen Konflikte des Menschseins, bezeugt das Wesen Gottes und weist prophetisch weit über ihre Zeit bis in unsere Zeit hinein. Das qualifiziert sie aber nicht als einzige und umfassende Wissensquelle für Glaubende. Es negiert auch nicht das wachsende und sich verändernde Wissen über die Zusammenhänge des Lebens in der Zeit. Bei aller Begeisterung für den Reichtum biblischer Zugänge zum Leben ist es immer wieder wichtig, die Bibel als Autorität nur auf das zu beschränken, worauf sie sich selber beruft.[19]

Bei aller Begeisterung für den Reichtum biblischer Zugänge zum Leben ist es wichtig, die Bibel als Autorität nur auf das zu beschränken, worauf sie sich selber beruft.

Wir wollen uns auf der Basis dieser Bausteine nun die vier genannten Felder der Liebe zu Gott näher anschauen, um der Anbetung in der Vielfalt ihrer Ausdrucksformen auf die Spur zu kommen. Wenn wir Gott selbstbewusst lieben wollen, sollten wir uns dieser Instrumente unseres Selbst bewusst werden. Willkommen auf den vier großen Lebensfeldern der Liebe zu Gott.

Anbetung als Herzenssache

Das Herz hat in der Bibel überwiegend eine symbolische Bedeutung. Es kann durch Wein „erfreut werden" (Ps 104,15; LÜ), vor Angst „beben wie die Bäume im Walde vom Winde" (Jes 7,2; LÜ) und „ungeteilt bei dem Herrn sein" (1Kön 15,3; LÜ). Biologisch verstehen wir es heute als das Organ, das den Blutkreislauf durch regelmäßiges Zusammenziehen und Dehnen antreibt und in Gang hält.[20] Es ist damit das Organ, das uns am Leben hält. Darüber hinaus wird ihm in der Sprache der Bibel ein gedachtes Zentrum zugeordnet, in dem sich Empfindungen, Gefühle, vor allem Mut und Entschlossenheit befinden. So sprechen wir bis heute davon, uns „ein Herz zu fassen", wenn wir mutig und entschlossen vorgehen wollen. Dahinter steckt die Vorstellung, dass, wenn wir das Herz für eine Entscheidung

19 Sie kann „unterweisen zur Seligkeit durch den Glauben an Christus" und ist „nütze zur Lehre, Zurechtweisung, Besserung und zur Erziehung in der Gerechtigkeit" (2Tim 3,15–16; LÜ). Darin ist sie von Gott „inspiriert" und eine Autorität erster Güte. In anderen Punkten kommt sie an ihre natürlichen Grenzen.

20 Die Vorstellung von einem Blutkreislauf ist eine relativ späte Entdeckung aus dem 17. Jahrhundert durch den englischen Arzt William Harvey (1578–1657).

gewinnen können, die anderen Anteile des Menschen folgen werden. Das Herz gibt den Ton an und reißt alles andere, was den Menschen ausmacht, mit. Wenn das Herz versagt, bricht der ganze Organismus zusammen. Das Herz ermöglicht unserem Organismus aus biologischer Sicht alles. (Das Gehirn kann nur unser Bewusstsein verwalten.) Eine Herzenssache ist also eine Frage höchster Wichtigkeit und existenzieller Bedeutung. Wenn der Mensch von Grund auf erlösungs- und erneuerungsbedürftig ist, braucht er „ein neues Herz" (Hes 36,26).

„Von ganzem Herzen" hat im Duden eine ganze Reihe von Bedeutungsvarianten[21]:

Aufrichtig – dem innersten Gefühl, der eigenen Überzeugung ohne Verstellung Ausdruck gebend; *tief gefühlt* – tief empfunden; *innig* – im Innersten empfunden, sehr eng, unauflöslich verbunden; *wahr* – tatsächlich, echt, aufrichtig, die Bezeichnung verdienend; *ernsthaft* – aufrichtig, ernst gemeint, tatsächlich; *herzlich* – dem innersten Gefühl entsprechend, aufrichtig.

Das Herz als Willensträger

Einige dieser eben genannten Zuschreibungen treffen eher das, was wir heute mit Seele beschreiben würden, das Gefühlte und die Empfindung.[22] In der Bibel steht das Herz aber häufig für die Steuerzentrale des Menschen, den Willen. Sein Herz auf etwas richten heißt, willentlich und aufmerksam, bewusst und gewollt vorzugehen. Gott von Herzen zu lieben bedeutet deshalb auch, sich bewusst, willentlich und entschieden auf Gott einzulassen.

In diesem Aspekt finden wir die ganze Glaubenswelt derer wieder, die darauf bestehen, dass der Glaube an Gott sich nicht in der

21 http://www.duden.de/suchen/dudenonline/von%20ganzem%20Herzen; letzter Zugriff: 12.09.17.

22 Tatsächlich verschwimmen Herz und Seele in der Bibel in vieler Hinsicht. Sie eindeutig voneinander abzugrenzen, ist im Blick auf die Erfahrung des Glaubens auch nicht so wichtig. Wo genau was passiert, ist eine Frage der modernen analytischen Wissenschaften, die noch immer mit einer Kartografie der Innenwelt des Menschen beschäftigt ist, ohne damit dem Wesen des Menschen näher zu kommen. Der Mensch bleibt trotz immer komplexerer Darstellungssysteme seiner inneren Vorgänge in vieler Hinsicht ein Geheimnis. Ein Teil seiner Würde besteht darin, dass man ihn nie vollständig „greifen" und damit absolut verwalten kann. Er bleibt ein „freies Wesen", das sich auch allen Festlegungen durch andere Menschen entziehen kann.

Pflege einer Tradition oder der Übernahme eines theoretischen Konzeptes erschöpfen darf. Er muss ein willentlich bejahter, bewusster, „im Herzen übernommener" Glaube sein. So wird hier auch immer wieder auf eine „Bekehrung des Herzens", eine Hingabe, ein bewusstes Anvertrauen des Lebens gedrängt. Evangelisationsveranstaltungen enden häufig mit einem Aufruf zur Bekehrung. Es sind Veranstaltungen mit einer herausfordernden Predigt und demonstrativen, symbolischen Schritten. Dazu gehört zum Beispiel, in einer sitzenden Gruppe aufzustehen oder zum Altar bzw. Bühnenrand zu kommen. Häufig wird mit dem Ausfüllen einer Entscheidungskarte der „geistliche Erfolg" dieser Maßnahme dokumentiert. Wie wirksam und langlebig diese organisierten Schritte zur Erweckung oder Wiedergeburt des Herzens sind, ist höchst umstritten.[23] Es gibt jedoch viele Menschen, vor allem in freikirchlichen Gemeinden, die ihr geistliches Aufwachen und ihre Eingliederung in eine christliche Kirche diesem Vorgehen verdanken.[24] Wer solche „Erweckungsmaßnahmen" des Herzens gänzlich ablehnt, sollte vielleicht andere Lösungen für einen Appell an das Herz vorschlagen, der doch in der Bibel immer wieder von Gott zu den Menschen ausgeht. Die Erneuerung des Herzens selbst ist sicher Gottes eigenes Hoheitsrecht. Aber die direkte Kommunikation zum Herzen des Menschen, die Frage

23 Es wird hinterfragt, ob es auch wirklich eine reine Willensentscheidung war, weil emotionale Aspekte wie die Anwesenheit von Menschen, die man mag und denen man vielleicht unterschwellig gefallen möchte, oder „der Zauber der Gruppe", musikalische Untermalungsmusik oder „zu Herzen gehende" Anbetungslieder die „Entscheidung" mitbestimmen. Eine interessante Zusammenfassung kritischer Anfragen zur „Evangelisation als medialer Inszenierung des Evangeliums" findet sich hier: https://www.eh-tabor.de/de/tagungsbericht-des-symposiums-2017-evangelisation-als-mediale-inszenierung-des-evangeliums; letzter Zugriff: 12.09.17.

24 Ich selbst habe als 16-Jähriger während einer Erweckungsveranstaltung „mein Leben Jesus gegeben". Das heißt, ich bin dem Ruf, mich zu entscheiden und als Bekenntnis meines Glaubens aufzustehen und nach vorne zu gehen, gefolgt. Für mich war es ein passender Anlass, um ein seit Monaten wachsendes Wiedererwachen meines Glaubens symbolisch „festzumachen". Ich habe dieses Vorgehen also größtenteils als stimmig und passend für mich empfunden und als einen „geistlichen Meilenstein" in meiner Biografie integriert. Später habe ich jedoch diesen „Mechanismus" zum Festmachen geistlicher Entscheidungen vor allem in den USA immer wieder als manipulativ und inflationär erlebt. Man wird dabei manchmal regelrecht in die Enge gedrängt und bekommt mit diesem Angebot einen „Pseudo-Ausweg" aus dem Gefühl der Bedrängnis angeboten. Echte und gereifte Willensentscheidungen sehen anders aus.

nach seinem Befinden und die Einladung, das Herz vor Gott zu öffnen, dürfen bei einem lebendigen Glauben nicht außen vor bleiben. Der Glaube braucht eine Sprache, die das Herz erreicht. Die Tradition alleine kann diese Funktion nicht erfüllen.

Das Herz als Gefühlsträger

Das Herz ist aber nicht nur Entscheidungsträger, sondern auch Gefühlsträger. Gottes Liebe und seine Resonanz in unserem Herzen kann wie ein Feuer empfunden werden. So sagten die Jünger, nachdem Jesus sie unerkannt eine Weile begleitet und ihnen Sinnzusammenhänge aus den Schriften erklärt hatte: „Brannte nicht unser Herz, als er auf dem Weg zu uns redete, als er uns die Schriften völlig erschloss?" (Lk 24,32). Diese Liebe kann erkalten (vgl. Mt 24,12). Durch Gebet können sich Menschen „in der Liebe Gottes erhalten" (Jud 21). Es wird für die, deren Herzen gerade für Gott brennen, sogar häufig so erscheinen, dass nur noch wenige andere eine solche Wärme und Leidenschaft im Blick auf Gott empfinden. Allerdings zweifeln wir selbst auch immer wieder an unserer Liebe zu Gott, vor allem an ihrer Intensität. Ist das, was wir manchmal für Liebe halten, vielleicht nur Sentimentalität? Ist es wirklich echte Liebe, eine Liebe von ganzem Herzen, wenn unser Herz nur gelegentlich „in Wallung gerät"? Ist es Liebe, wenn wir in einem Gottesdienst ein tiefes Gefühl der Zuneigung und Geborgenheit empfinden und für diesen Augenblick erwidern?

Glaube braucht eine Sprache, die das Herz erreicht.

Dreimal fragte Jesus Petrus, der sich vorher heroisch für den größten Liebenden „von ganzem Herzen" gehalten hatte und durchs Feuer für Jesus gehen wollte, selbst dann, wenn ihn alle anderen verließen: „Petrus, liebst du mich?" Der war nach seiner Verleugnung ganz bescheiden geworden und antwortete nur noch: „Herr, du weißt es, du weißt alles" (Joh 21,15–17; LÜ).

Ein Wortspiel mit unterschiedlichen griechischen Begriffen von Liebe zeigt, dass sich Petrus nach seinem enttäuschenden Verhalten nur noch eine kleinere, eine menschliche Liebe zu Jesus zutraute. Jesus fragte ihn nach seiner Liebe mit dem Wort *agape*, der Bezeichnung für die große, göttliche, bedingungslose Liebe. Petrus antwortete mit dem Wort *philia*, dem Begriff für die menschliche Zuneigung.[25] So ist die Antwort wirklich ehrlich und angemessen.

Wir haben es nicht in uns, Gott mit einer heroischen, unsterblichen Liebe permanent zu lieben. Wir können dankbar sein, wenn uns diese höhere Liebe immer wieder anrührt, ergreift und über uns hinauswachsen lässt. Doch göttliche Liebe als menschliche Leistung zu fordern, würde uns überfordern. Das Gesetz ruft uns zu, Gott mit ganzem Herzen zu lieben. Es ist aber nur die Liebe möglich, die wir in uns, in unserem Herzen vorfinden. Sie wird erst dann zu einer göttlichen Liebe, wenn sie im Vertrauen zu dem Hauptstrom findet, der unser kleines Bächlein mitreißt und die Wüste der Lieblosigkeit in unserer Welt bewässert.

Göttliche Liebe als menschliche Leistung zu fordern, würde uns überfordern.

Anbetung als Seelenübung

Der Begriff Seele bezeichnet heute umgangssprachlich meistens unsere lebendige Innenwelt, vor allem unser Fühlen und Empfinden. Wir würden die Aufforderung, Gott mit ganzer Seele zu lieben, vielleicht als einen Appell an unsere Psyche verstehen, das heißt Gott mit unserer ganzen Innenwelt zu lieben. Dem würde auch der weitere biblische Gebrauch des Wortes Seele entsprechen, zum Beispiel in dem Vers: „Lobe den Herrn, meine Seele, und was in mir ist, seinen heiligen Namen!" (Ps 103,1; LÜ).

Die Vorstellung von der Seele geht jedoch über etwas, „was in mir ist", weit hinaus und hat eine lange und faszinierende Geschichte. In diesen Vorstellungen von Seele schwingen bis heute viele Missverständnisse mit, die uns unterschwellig daran hindern können, Gott wirklich „mit ganzer Seele" zu lieben.

Unser deutsches Wort Seele stammt vom urgermanischen Wort *saiwalo* oder *saiwlo* ab (wenn man versucht, es auszusprechen, kommt das dem Klang von Seele schon recht nah). Einer Hypothese zufolge wurde es vom urgermanischen Wort für „See" – *saiwaz*

25 Man könnte es vielleicht so übersetzen: „Petrus, liebst du mich mit der großen, selbstlosen Liebe und Hingabe, die aus Gott kommt?" Antwort: „Jesus, ich hab dich von Herzen lieb. Ich mag dich sehr. Ich bin dein Freund. Ich fühle mich dir tief verbunden. Aber ich weiß nicht, ob diese Liebe immer groß genug ist. Du weißt, was ich empfinde."

abgeleitet. Nach altgermanischem Glauben sollten die Menschen wohl vor und nach der Geburt in bestimmten Seen gelebt haben.[26] So wäre die Seele poetisch gesprochen das innere Leben des Menschen, das aus dem See der Existenz in das Dasein des Jetzt getreten ist. Auch diese Vorstellungen zeugen von der frühen und universalen Annahme des Menschen, dass sein inneres Leben über die Begrenztheit seines äußeren Körpers hinaus Bedeutung hat. Der Körper und sein Innenleben sind nur der Rahmen dafür, eine bedeutungsvollere Existenz auszuleben. Doch man kann die Seele nicht nur als zeitlose Persönlichkeit deuten, die im Körper eines Menschen ein- und wieder auszieht.

Demokrits Seelenatome

Es gab von Anfang an schon rein materialistische Deutungen der Seele. Wir finden sie bis heute in den Vorstellungen, dass es gar keine Seele als solche mehr gibt, sondern nur noch Hirnströme und Erregungszustände, die unser Bewusstsein faszinieren. Wenn das Spektakel vorbei ist, weil unser „Kopfkino" erloschen ist, gibt es in diesem Denken auch keine Geschichte mehr, die es wert ist, darüber hinaus erzählt zu werden. Der griechische Philosoph Demokrit (460–371 v. Chr.) hielt die Seele für eine Zusammenballung von kugelförmigen, glatten Seelenatomen. Die sollten sich von den anderen Atomen (griech. *atomos* – „unteilbar", sinnbildlich für die kleinsten nicht mehr teilbaren Elemente des Daseins) durch größere Beweglichkeit unterscheiden. Durch ihre Form und Kleinheit kommen sie überallhin. Die Seele des Menschen ist bei Demokrit nicht mehr als die Ansammlung seiner spezifischen Seelenatome. Sie schweben in der Luft, werden durch die Atmung entnommen und wieder zurückgegeben. Es ist eine Art Stoffwechselsystem zwischen Körper und Seele. Die Seelenatome gehören also zu niemand Besonderem, sind nicht Ausdruck einer einmaligen, unvergänglichen Persönlichkeit, sondern nur Elemente in einem System.[27] Demokrits Seele ist demnach

26 Die See-Hypothese vertrat Josef Weisweiler: „Seele und See". In: Indogermanische Forschungen 57, 1940, S. 25–55; ihm widersprach Fritz Mezger: Gotisch *saiwala* „Seele". In: Zeitschrift für vergleichende Sprachforschung 82, 1968, S. 285–287.

27 Die Seelenlehre Demokrits überliefert Aristoteles in der Schrift „De anima" 403b31–404a16, 405a7–13, 406b15–22 und De respiratione 471b30–472a17.

materiell und vergänglich. Sie beruht auf physikalischen Bewegungen und erlischt mit dem Tod des Körpers.

Platons unsterbliche Seele

Ein ganz anderes Seelenverständnis hatte Platon, der gut dreißig Jahre jüngere Philosoph (428–348 v.Chr.). Für ihn war die Seele eine eigene unsterbliche Einheit im Menschen. Wenn man von Platon spricht, schwingt auch immer der Name Sokrates mit, denn Platon war der Schüler von Sokrates (469–399 v.Chr.). Dieser war ein wahrhaft legendärer Philosoph, der selbst keine Schriften hinterlassen hat. Er war jedoch so bedeutsam, dass man die antiken Philosophen vor ihm als Vorsokratiker bezeichnete. Seine Geschichte ist eine Art Heldenepos der Geistesgeschichte, da er für die Verteidigung seiner Vorstellung von Wahrheit eine Art Märtyrertod starb.[28] In der frühen Kirche sollen öfter Parallelen zwischen ihm und Jesus gezogen worden sein, weil Sokrates auch in der damaligen Kultur ein hohes Ansehen genoss.

Sokrates wurde zu den Sophisten gezählt (altgriech. *sophistes* – „Weisheitsbringer"), wie man Gelehrte und Wissensvermittler aller Art im 5. und 4. Jahrhundert v. Chr. bezeichnete. Es waren Leute, die es selbst genauer wissen wollten und anderen eine detailliertere Kenntnis von Lebensvorgängen vermittelten. Im Englischen enthält das Wort *sophisticated* noch die ganze Bandbreite eines gehobenen Wissensstandes: von ausgeklügelt über anspruchsvoll, gehoben, komplex, kultiviert, differenziert, weltklug, hoch entwickelt, fortgeschritten über erfahren, durchdacht, aufwendig, niveauvoll, gebildet, feinsinnig und ausgefeilt bis hin zu verdreht, verfälscht und überzüchtet. Als Sophisten bezeichnete man alle, die besondere Kenntnisse hatten: die denkende Elite der damaligen Zeit mit Einblick in Mathematik und Geometrie, aber auch diejenigen mit praktischem Wissen in Handwerk, Musik und Dichtung. Es waren die Universalgelehrten und Wissenssammler ihrer Zeit. Sophisten verdienten mit dem Vermitteln

28 Man könnte sagen, Sokrates war eine Art „Jesus der Philosophen", denn er starb für die Liebe zur Wahrheit und lebte damit in den Erinnerungen und Auslegungen seiner Verehrer weiter. Er verteidigte sich vor dem Gericht, das ihn der Gotteslästerung anklagte, und ging würdevoll in den Tod durch das Trinken des „Schierlingsbechers" (einer Giftmischung). Diese beiden Parallelen sind bemerkenswert. Doch auch ein Sokrates konnte sich letztlich an Leben und Werk Jesu nicht messen lassen.

ihrer Kenntnisse oft ihren Lebensunterhalt. Davon distanzierte sich Sokrates allerdings. Sophisten hatten keine einheitliche Lehre und unterschieden sich im Hinblick auf religiöse Vorstellungen.

Kehren wir zurück zu Platon und seiner Vorstellung von der Seele. Diese Vorstellung leitet er von Sokrates ab. In der Apologie 29, einer der Verteidigungsreden Sokrates', die Platon nacherzählt, ist von der „Sorge um die Seele"[29] die Rede. Sokrates' Vorstellung nach sind Seele und Körper etwas ganz Verschiedenes. Die Seele ist immateriell und unsterblich und hat schon vor dem Entstehen des Körpers existiert. Der Körper verkommt bei ihm leider zu einem „Grab oder Gefängnis der Seele"[30]. Die Seele ist bei ihm eine Art eigene Person, die irgendwoher kommt und weiterwandern kann, wenn der Körper, in dem sie lebt, stirbt. (In diesem Konzept hat auch die Vorstellung einer Seelenwanderung ihren Ursprung.) Sie hat Fähigkeiten, lernt und sammelt Erfahrungen, gleicht dies aber mit dem „Erinnerten" (Anamnesis) aus ihrer Unsterblichkeit ab.

Gott mit ganzer Seele zu lieben würde nach Platon bedeuten, der Vernunft zu folgen, sich der naturgemäßen Ordnung zu fügen und das Ewige und Immaterielle zu suchen. Es ist eine Vorstellung, die das Mönchstum des Mittelalters stark geprägt hat. Es ist allerdings auch eine Vorstellung, die im Widerspruch zum ganzheitlichen Denken des hebräischen Alten Testaments steht.

Näfesch – Die Seele des Alten Testamentes

Im Hebräischen gibt es für die Seele zwei Worte: „*Näfesch* und *Ruach*. „*Näfesch* leitet sich von der Bezeichnung für „Hals" oder „Kehle" ab und nahm die Bedeutung von Atem und Lebenshauch an,

29 „Bester Mann, […] schämst du dich nicht, für Geld zwar zu sorgen, wie du dessen aufs meiste erlangst, und für Ruhm und Ehre, für Einsicht aber und Wahrheit und für deine Seele, daß sie sich aufs beste befinde, sorgst du nicht und hieran willst du nicht denken?" (Apologie 29d-e). Mit dem Neuen Testament Vertraute denken hier sofort an eine ähnliche Aussage Jesu: „Was nützt es einem Menschen, wenn er die ganze Welt gewinnen würde, aber Schaden an seiner Seele nehmen würde?" (Mt 16,26; Mk 8,36).

30 Platon, Phaidon 64a–65a, 67b–68b. Die berühmte Charakterisierung des Körpers als Grab der Seele findet sich im Gorgias 493a und im Kratylos 400c; siehe dazu Pierre Courcelle: Grab der Seele. In: Reallexikon für Antike und Christentum, Bd. 12, Stuttgart 1983, Sp. 455–467; vgl. Phaidros 250c; zur verwandten Metapher „Gefängnis der Seele" siehe Pierre Courcelle: Gefängnis (der Seele). In: Reallexikon für Antike und Christentum, Bd. 9, Stuttgart 1976, Sp. 294–318.

um dann mit dem Leben selbst gleichgesetzt zu werden. *Näfesch*, das die griechische Bibel mit „Psyche", also mit Seele übersetzt, bedeutet auch Wünschen, Begehren, Hoffen und Suchen. Das Objekt dieses Begehrens kann Gott sein. In Psalm 42,2 sowie 63,2 dürstet und schmachtet die Seele nach ihm. „Gott lieben aus ganzem Herzen und ganzer Seele" bedeutet, ihn zu lieben mit dem ganzen Denken und Wollen (das mit dem „Herzen" assoziiert wird) sowie mit allem Trachten und Streben, dessen man fähig ist."[31]

Wenn im Neuen Testament die Aspekte des Liebesgebotes aufgezählt werden, wird auch das Gemüt erwähnt.[32] Es ist aber kein eigenständiger, von der Seele abgegrenzter Begriff, sondern eine Variation oder Erweiterung, so wie wir heute auch „mit Herz und Seele" sagen und damit das ganze innere Engagement des Menschen meinen.

Für den Hebräer (im Gegensatz zum Griechen) ist Gott nicht nur in einer geistigen, immateriellen Ideenwelt beheimatet, sondern mitten in der Schöpfung als der, der mit-atmet[33], mitschwingt, sich mitentwickelt und in allen Manifestationen des Lebens gegenwärtig ist. Der Körper, die Physis, die Vitalität und der Erlebnisreichtum des Physisch-Sinnlichen gelten nicht als „Grab oder Gefängnis" der Seele. Sie begleiten, zieren und bereichern das Leben der Seele. Der Begriff [Näfesch] entwickelte sich im Laufe der Zeit vom Sinngehalt „Kehle" über Lechzen zu Atmen und Atem, letztlich zur Definition des Lebens: „Seele" steht deshalb häufig auch generell für Leben. „Der Mensch ist „Näfesch", er ist vor allem Leben, eingehauchter Atem. Dieses Leben hat sich nicht selbst hervorgebracht, es

Gott ist nicht nur in einer geistigen, immateriellen Ideenwelt beheimatet, sondern mitten in der Schöpfung als der, der mit-atmet, mitschwingt, sich mitentwickelt und in allen Manifestationen des Lebens gegenwärtig ist.

31 Hinterhuber, Hartmann: „Die Seele – Natur- und Kulturgeschichte von Psyche, Geist und Bewusstsein". Wien: Springer Verlag 2001, S. 77

32 Lukas 10,27 (Herz, Seele, Kraft und Gemüt) und Matthäus 22,37 (Herz, Seele und Gemüt).

33 „Da bildete Gott, der Herr, den Menschen aus dem Staub vom Erdboden und hauchte in seine Nase Atem des Lebens, so wurde der Mensch eine lebende Seele" (1Mo 2,7; ElbÜ). Adam „bekam" keine Seele, sondern er „wurde" eine Seele durch Gottes wirkenden Geist/Atem in seiner Schöpfung. Die Seele ist kein „Geist in der Maschine", sondern das durch Gott ermöglichte Leben des Menschen in seiner ganzen Vielgestaltigkeit.

kann sich ebenso wenig aus sich heraus erhalten." Ruach wiederum leitet sich vom „Hauch" ab und gewann mit der Zeit die Bedeutung von „Geist" und „Sinn". Beide Begriffe (Näfesch und Ruach) spiegeln das Menschenverständnis der hebräischen Bibel wider, das von einer Einheit von Körper und Seele ausgeht. „Die biblische Anthropologie vertritt keinen dualistischen [zwei getrennte Bereiche], sondern einen monistisch-ganzheitlichen Ansatz: Der Mensch ist sowohl in der hebräischen Bibel wie auch im Neuen Testament ein unteilbares psychosomatisches[34] Ganzes. […] „Seele" ist in diesem Sinne die Äußerung aller vitalen Impulse, von den animalischen Trieben bis zu den geistigen Affekten (V. Hamp)."[35]

Die Seele im Gottesdienst

Die Seele ist nicht nur der Geist, das Ewige, Immaterielle, sondern auch der atmende, fühlende und erfahrende Körper. Die Empfindungen, die Essen und Trinken, Naturerfahrungen, Sport und Sex oder auch nur die Erotik einer sinnlichen Geschichte[36] bei uns auslösen, sind nicht von der Gottesliebe ausgeschlossen, sondern in sie einbezogen. Gott mit ganzer Seele zu lieben heißt, dass wir alle unsere seelischen Anteile auf Gott ausrichten, um darin auf ihn zuzuleben und damit unsere Liebe zu erwidern. Es heißt auch, alle seelischen Empfindungen und Erfahrungen grundsätzlich als Geschenk seiner Liebe wahrzunehmen. Sie selbst können niemals schlecht sein, nur unser Umgang mit ihnen: Wir können sie verwalten, unterdrücken und entfesseln in einer Weise, die uns und anderen schadet. Die Seele als „Empfindungsorgan" oder „Genussmembran" des Körpers ist genauso sehr ein Teil der guten Schöpfung Gottes wie die anderen Aspekte des Menschseins.

Die Seele als „Empfindungsorgan" oder „Genussmembran" des Körpers ist genauso sehr ein Teil der guten Schöpfung Gottes wie die anderen Aspekte des Menschseins.

34 Von altgriech. *psyche* – Atem, Hauch und Seele und *soma* – Körper, Leib und Leben

35 Ebd., S. 77–78.

36 Der Begriff Eros hat mit Erwartung, Spannung und Vorfreude zu tun, nicht immer mit sexuellem Empfinden. Jede lebendig erzählte Geschichte hat einen erotischen im Sinne von unterhaltenden/faszinierenden und Lebenslust auslösenden Effekt, auch die biblischen Geschichten.

Dass die Seele in Gottesdienst und Anbetung mitschwingt, ist kein „Problem", sondern Bestandteil des Liebesgebotes. Ein Gottesdienst ist blutleer, wenn er nicht auch durch sinnliche Erfahrungen wie faszinierende Gedanken, berührende Musik, herzlichen Umgang voller Menschlichkeit und Humor geladen und gewürzt wird. Wir sind nicht dazu eingeladen, uns auf ein Niveau des Nichtdenkens und Nichtfühlens einzulassen, sondern zu einer lebendigen und menschlichen Feier der Dankbarkeit über Gottes Wege. Biblische Anbetung ist sinnlich und begegnungsorientiert, nicht nur meditativ und introvertiert. „Klatscht in die Hände, all ihr Völker. Jubelt zu Gott. Lasst die Dankbarkeit in eure Seele aufsteigen. Erinnert euch, feiert, geht in euch, spürt Trauer und Schmerz, aber seid auch fröhlich!" So klingt es durch die Psalmen der hebräischen Bibel. Die Seele ist ausdrücklich gefordert und erwünscht: „Lobe den Herrn, meine Seele und alles, was in mir ist, seinen heiligen Namen" (Ps 103,1; LÜ). Seelisch empfinden, handeln und beten ist kein Widerspruch zu geistlichem Vorgehen. Im Gegenteil! Etwas Wesentliches fehlt in unserer Anbetung, wenn die Seele ausgeschlossen wird.

Andererseits heißt das nicht, dass wir in allen Situation des Lebens, wo wir „seelisch engagiert" sind, auch dauernd an Gott denken müssen, damit unser Leben eine Anbetung ist oder wir Gott zurücklieben. Die Vorstellung, in allem, was wir tun, bewusst an Gott zu denken und damit alles „religiös aufzuladen", ist ein unnatürlicher Zwang. Er basiert auf der Angst, „Gott verlieren zu können", wenn wir uns nicht dauernd bewusst mit ihm beschäftigen. Das ehrt weder Gott, noch bringt es unser Leben voran, weil wir in vielen Bereichen „ganz da" sein müssen. Wenn wir konzentriert ein Arbeitsprojekt zu Ende bringen, eine Klassenarbeit schreiben, ein Gespräch unter Freunden führen oder uns selbstvergessen mit unserem Partner lieben möchten, ist es nicht förderlich, dass wir dabei murmelnd beten oder innerlich so viel wie möglich an Gott zu denken versuchen. Dietrich Bonhoeffer schrieb: „Aber [...] dass ein Mensch in den Armen seiner Frau sich nach dem Jenseits sehnen soll, das ist milde gesagt eine Geschmacklosigkeit und jedenfalls nicht Gottes Wille. Man soll Gott in dem finden und lieben, was er uns gerade gibt. [...] Es ist Übermut, alles auf einmal

Die Vorstellung, in allem, was wir tun, bewusst an Gott zu denken und damit alles „religiös aufzuladen", ist ein unnatürlicher Zwang.

haben zu wollen, das Glück der Ehe und das Kreuz und das himmlische Jerusalem, in dem nicht Mann und Frau ist."[37]

Gott mit ganzer Seele lieben heißt, Gott mit allen Ausdrucksmöglichkeiten unserer menschlichen Innenwelt „zurückzulieben". Es heißt, die Begegnung mit Gott als Lust und Leidenschaft zu verstehen und genussvoll zu erleben, nicht als reine Pflichterfüllung. Wir sind aufgefordert, fantasievoll und lebendig an Bibelstudium, Gebet und Gottesdienst teilzunehmen. Gleichzeitig werden wir ermutigt, alle anderen vitalen Lebensbereiche als einen Ausdruck der Liebe und Großzügigkeit Gottes aus seiner Hand zu nehmen. Wir lieben Gott auch in der Selbstvergessenheit, die uns ergreift, wenn wir uns in einem Arbeitsfluss, einem sportlichen Wettkampf, einer kreativen Jamsession mit anderen Musikern befinden. Wir lieben Gott auch in einer genussvollen und fröhlichen Begegnung mit anderen Menschen ohne geistliche Bezüge. Es ist ein Grundklang in unserer Seele, der nicht nur durch religiöse Handlungen ausgelöst wird.

Die Abwertung „seelischer" Anbetung

Es gibt einige Stellen im Neuen Testament, die das Wort „seelisch" abwertend benutzen. Das griechische Wort *psychikos* („seelisch") wird in 1. Korinther 2,14 mit „natürlich", in Jakobus 3,15 mit „sinnlich" und in Judas 19 mit „irdisch gesinnt" übersetzt. Auch das Wort „fleischlich" (griech. *sarkikos*) wird manchmal im übertragenen Sinne (nie direkt als reine Körperlichkeit) als ein Gegensatz zu „geistlich" (griech. *pneumatikos*) benutzt. „Wenn sich psyche (Seele) oder sarx (Fleisch) ganz von Gott lösen, gegen ihn aufbegehren, stehen sie in Gegensatz und Feindschaft zu Gott, aber nicht als solche."[38] Das heißt, weder die Seele noch das Fleisch (der Körper und die Körperlichkeit) stehen als solche in einem Gegensatz zum Geistlichen oder „in Feindschaft zu Gott".

Man sollte sie nicht so stark gegeneinander ausspielen, wie es in vielen christlichen Kreisen leider geschieht, zum Beispiel wenn man Anbetung im Geist in einen Gegensatz zu einer seelischen Anbetung stellt. Ich habe dies als junger Christ erlebt, als ich meine

37 Zitiert nach: Zimmerling, Peter: „Evangelische Spiritualität – Wurzeln und Zugänge". Göttingen: Vandenhoek und Ruprecht 2003, S. 121–122.

38 Gedanken in Anlehnung an den Sprachschlüssel der Elberfelder Studienbibel.

Begeisterung über die lebendige Anbetungswelt der Psalmen mit emotionalen Liedern in den Gottesdienst einbringen wollte. Ein „Ältester" nahm mich beiseite und erklärte mir, dass seelische Anbetung ins Alte Testament gehöre, im Neuen Testament beteten wir nur noch „im Geist" an. Er belegte diese Theorie mit Johannes 4,24 – Gott sucht solche, die ihn in Geist und Wahrheit anbeten, „nicht mit der Seele, wie im Alten Testament". Ich war lange Zeit sehr beeindruckt von dieser Auslegung und beäugte seelische Begeisterung jeder Art mit angezogener Handbremse.

Heute habe ich selbst auch manchmal eine Aversion gegen plakative Emotionalität in der Anbetung. Doch die unterkühlte Intellektualität, mit der das Christentum in vielen Bereichen auf eine reine Auslegungs- und Denkkultur reduziert wird, bleibt für mich eine Verarmung des geistlichen Lebens. Sie verwandelt christliche Gemeindeversammlungen in eine Art „Stoikertreffen". Die Stoiker waren eine philosophische Bewegung zwischen 300 vor und 200 nach Christus, die mithilfe von Gelassenheit und Seelenruhe nach Weisheit strebten. Für den Stoiker war es das höchste Ziel, seinen Platz in der unveränderlichen Ordnung der Welt zu erkennen, sein Los zu akzeptieren und seine Gefühle zu beherrschen. Sein Ideal bestand darin, sich nicht zu sehr zu ereifern, ob in Freude oder Traurigkeit, damit er von den Entwicklungen des Lebens nicht zu sehr enttäuscht wurde. Eine gewisse Parallele dazu sehen wir heute in der buddhistischen Philosophie, die in der Leidenschaft und im Begehren den Kern des Leidens sieht. Der abgeklärt lächelnde Buddha im Lotussitz entspricht der „stoischen Miene" des vom Leben unbewegten Philosophen.

Für den Stoiker war es das höchste Ziel, seinen Platz in der unveränderlichen Ordnung der Welt zu erkennen, sein Los zu akzeptieren und seine Gefühle zu beherrschen.

Ihnen gegenüber standen die Epikureer, die nach Befreiung, Glück und Lust strebten, eine Art frühe hedonistische (von griech. *hedone* – „Lust") Philosophie. In beiden Philosophien wird man bei genauerem Hinschauen wertvolle Wahrheitselemente wie auch Tendenzen zu Übertreibungen ausmachen können. Ich bemühe in diesem kleinen Vergleich nur ihre Klischees und habe nicht den Platz, sie jeweils umfassend zu würdigen. Die Stoiker beeindruckten die christlichen Bewegungen der frühen Jahrhunderte auf jeden Fall stärker als die Epikureer. Das Streben nach Selbstbeherrschung schien dem Streben nach Glück und Lebensfreude vorzuziehen, weil Selbstbeherrschung ja auch von Paulus als eine Frucht des Heiligen Geistes bezeichnet wurde. Daraus, dass die Emotionen verdrängt und die Lebensfreude verdächtigt wurden, entwickelte sich aber mit der Zeit, besonders im späten Mittelalter, ein wucherndes Krebsgeschwür der Verbissenheit und Gefühlskälte in der (falschen) Vorstellung eines wahren, reinen Glaubens. Zu dieser Ablehnung des Gefühls gesellte sich noch ein Geist-Verständnis hinzu, das eher rational-intellektuell als ganzheitlich ist.

Der Geist-Begriff der Bibel integriert die Seele, wie ich es in der Betrachtung von Näfesch und Ruach kurz angesprochen habe. Hier und bei den Befürwortern der „Anbetung nur im Geist und nicht mit der Seele" (siehe mein Ältester aus den vorigen Seiten) wird Geist nur als denkendes Bewusstsein verstanden. Dass die Gefühle abgewertet wurden, hat dem Anbetungsverständnis vieler Gemeindebewegungen nicht gutgetan. Häufig empfanden eingeladene Gäste das Klima eines Gottesdienstes als kopflastig, dogmatisch und gefühlsarm. Menschen, deren Bewertungssysteme noch nicht durch systematische Belehrungen anders aufgeladen sind, reagieren auf einen Gottesdienst zunächst einmal mit der Summe ihrer Empfindungen. Sie werden zunächst bestimmt von den Reaktionen, die sie in sich spüren, während sie beobachten, was Menschen im Gottesdienst machen, wie sie dabei aussehen und wie sich das für sie anfühlt. Es sind die Phänomene, die Erscheinungsformen, die sie wahrnehmen. Wenn die Gäste überwiegend eine grimmige Verbissenheit spüren, irgendwelchen höheren Werten zu entsprechen, hat der einladende Charakter seinen Charme verloren. Ein Gottesdienst darf sich sicher nicht nur in seelischen Elementen erschöpfen, aber er darf sie auch nicht aus einem falschen Geistverständnis heraus verdrängen.

Am Ende seines Briefes an die Thessalonicher betete Paulus, dass Geist, Seele und Leib (vgl. 1Thess 5,23) der Glaubenden vollständig, intakt und funktionsfähig bis zum Wiederkommen des Herrn bewahrt werden. Zunächst ist dies ja eine hohe Aufwertung aller drei Anteile des Menschen. Sie stehen im Bewahrungswert vor Gott auf Augenhöhe. Er sagte nicht, „Hauptsache, der Geist kommt durch, der Rest ist nicht so wichtig". Wer aus dieser Aufzählung dann noch drei unterschiedliche „Kammern“ oder Abteilungen des Menschen macht (zum Beispiel im Versuch, das Bild des Tempels mit Vorhof, Heiligtum und Allerheiligstem dort hineinzulesen), übersieht die sich durchdringende Einheit von Geist, Seele und Leib in der ganzen alttestamentlichen Glaubensliteratur. Wir haben es nicht mit drei sich ausschließenden Räumen, sondern mit einem einheitlichen dynamischen Lebenskomplex zu tun. Keiner kann und will ohne den anderen sein. Das Wesen des Menschen ist sozusagen eine wild zusammenlebende Kommune, kein Beamtengebäude mit getrennten Zuständigkeitszimmern.

Das Wesen des Menschen ist eher eine wild zusammenlebende Kommune, als ein Beamtengebäude mit getrennten Zuständigkeitszimmern.

Anbetung als Kraftakt

Gott mit all unserer Kraft zu lieben, verstehen wir zuerst als eine Art Resolution: alles dransetzen, nicht halbherzig, konzentriert, mit Elan und Entschlossenheit. Gott verdient unser Bestes, die ganze Kraft. Doch kann man auch in wörtlicher Hinsicht mit seiner Kraft Liebe zu Gott äußern? Wie liebt ein Mensch Gott mit ganzer Kraft oder „mit all seinen Kräften“?

Wenn wir die Gottesliebe aus dem eingegrenzten Feld innerer Andacht und achtsamer Nächstenliebe herausführen, eröffnen wir nicht nur die Welt des Seelischen, sondern auch ein weites Feld der Leiblichkeit. Es sind dann auch die Kräfte und Energien, die mit dem Körper zu tun haben. Es gibt eine Liebe zu Gott, die sich in der Entwicklung von Beweglichkeit, Geschicklichkeit und Ausdauer ausdrückt. Es ist Liebe, die zu Muskeln, Sehnen, Schweiß und Adrenalin wird; Liebe, die wir spüren, wenn wir die Kräfte unseres Körpers dankbar zu Gott hin in Bewegung setzen.

Es gibt eine Liebe zu Gott, die sich in der Entwicklung von Beweglichkeit, Geschicklichkeit und Ausdauer ausdrückt.

Der Körper als Stiefkind des geistlichen Lebens

Der Körper spielt häufig die Rolle eines Stiefkindes in unseren Vorstellungen davon, wie wir Gott anbeten sollten. Er hängt irgendwie mit am Familienverband, aber er gehört doch nicht so richtig dazu, weil der Körper in geistig-geistlichen Angelegenheiten nur die primitive Rohstoffquelle für alles andere abgibt. „Man muss die Kraft des Körpers pflegen, um die des Geistes zu bewahren", sagte Luc de Clapiers, der Marquis de Vauvenargues, ein französischer Philosoph (1715–1747). Wenn man nur so über den Körper denkt, verliert dieser sein Eigenrecht. Er ist darüber hinaus keiner Aufmerksamkeit würdig. Er wird zum Packesel der Seele oder des Geistes, zu einem „nützlichen Instrument". So wird das lateinische Sprichwort „Mens sana in corpere sano"[39] („ein gesunder Geist in einem gesunden Körper") heute meistens auch verstanden.

Die Griechen hatten das Ideal der Kalokagathia (von *kalos kai agathos* – „schön und gut"), der Vorstellung von körperlicher und geistiger Vortrefflichkeit als höchster Tugend. „Wer geistige Bildung und körperliche Leistungsfähigkeit aufs Schönste verbindet und sie im rechten Maße der Seele dienstbar macht, der ist nach unserer Ansicht der vollendet gebildete und harmonisch gefügte Mensch"[40], schreibt Platon ein paar Hundert Jahre vor Christus. Mit dieser Vorstellung kommen wir der Balance einer Liebe zu Gott aus dem ganzen Wesen des Menschen heraus schon näher.

„Der harmonisch gefügte Mensch ist derjenige, der geistige Bildung und körperliche Leistungsfähigkeit aufs Schönste verbindet und sie der Seele dienstbar macht."
Platon

Es ist zwar wahr, dass Körperkult und eine manchmal exzessive Fitnessbesessenheit zu einem materialistischen, Gott vergessenden Lebensstil dazugehören. Doch Gott mit allen meinen Kräften zu lieben schließt mit ein, meine Kraftreserven zu entwickeln und meinen Energiehaushalt liebevoll zu pflegen. Die Liebe zu Gott erschöpft sich nicht darin, zu beten, Andachtstexte zu lesen oder Lieder zu singen. Wer es mit dem Singen ernst meint, sollte übrigens schon deshalb seinen Körper fit halten, denn die Spannkraft des Körpers, die Gesundheit der Atemwege und das allgemeine Energielevel einer sportlich aktiven Person tragen erheblich zur Qualität und Steuerungsfähigkeit der Stimme

39 Genauer heißt es, man sollte die Götter eigentlich nur darum bitten, dass ein gesunder Geist in einem gesunden Körper ist ([…] *orandum est ut sit mens sana in corpore sano*). Juvenal, Satire 10, 356. Damit kritisierte Juvenal diejenigen, die sich wegen aller möglichen Kleinigkeiten an die Götter wandten.

40 zit. n. Saurbier, Bruno: „Geschichte der Leibesübungen". 10. Auflage. Frankfurt: Verlag Limpert 1978, S. 9.

bei. Dasselbe gilt für die Agilität des Gehirns. Wer regelmäßig Sport treibt, kann besser und klarer denken, damit auch beten und anbeten.

Begegnungen mit Gott in der Welt der Körperlichkeit

Durch diesen Aspekt des Liebesgebotes werden wir allerdings nicht nur ermutigt, Voraussetzungen für mentale und geistige Leistungen zu schaffen. Hier ist auch der Weg ein Ziel. Es steckt eine Liebeserfahrung mit Gott in der Erfahrung körperlicher Lebendigkeit. Wir sprechen von Begegnungen mit Gott, wenn wir einen wunderschönen Sonnenuntergang erleben, ein berührendes Buch lesen, von einem Werk der Kunst zutiefst angesprochen werden oder die Liebe eines Menschen, einer Familie oder Gemeinde erleben. In all dem kann Gott sich uns liebevoll zuwenden und zeigen. Aber sind nicht auch der Genuss einer schweißtreibenden Übungseinheit auf dem Laufband, die reinigende und entspannende Erfahrung eines Saunabesuches und das Glücksgefühl, eine bestimmte Disziplin über einen längeren Zeitraum durchgehalten zu haben, Erfahrungen, die mit der Liebe Gottes zu tun haben? Ich investiere meine Zeit und Kraft, um meinen Körper zu stärken, und richte meine Energie auf mehr Beweglichkeit. Ich entwickle ein Gefühl von Lebendigkeit und Ausgeglichenheit. Erreiche ich diesen Zustand, bin ich dankbar und glücklich. Dankbar zunächst einmal mir selbst gegenüber, dass ich „die Kurve gekriegt habe". Ein tieferes Dankgefühl wächst bei mir aber auch in der Erkenntnis über das Glück, wie Gott meine Welt eingerichtet: nämlich so, dass ich mit etwas Einsatz und Übung so schöne Stimmungsmomente und Lebensgefühle hervorbringen kann.

Die körperliche Ertüchtigung zieht neben der Stärkung des Körpers auch immer einen Mehrwert für Seele und Verstand nach sich. Ich fühle mich „als Mensch" besser, kann mich etwas mehr achten, weil ich eine Disziplin entwickelt und durchgehalten habe, und stehe meinem ganzen Leben wacher, bewusster und „mit angezogenen Schrauben" gegenüber. Ich liebe es plötzlich ein wenig mehr, zu leben – zu tun, was ich tue, und zu sein, was ich bin. Indem ich mein Leben liebe, liebe ich auch Gott, der mir in den Prozessen dieses Lebens begegnet. So wird die Beschäftigung mit meinem Körper zu einer Ausdrucksform der Liebe, einem Geben und Nehmen in der

Indem ich mein Leben liebe, liebe ich auch Gott, der mir in den Prozessen dieses Lebens begegnet.

Gemeinschaft mit Gott. Es ist klar, dass durch Anstrengung und Bewegung in unserem Körper Stoffe ausgelöst und Prozesse in Gang gesetzt worden sind, die mir guttun und meine Stimmung heben. Es ist ein ziemlich berechenbarer Mechanismus. Ich kann darin aber auch ein immer wiederkehrendes Wirken Gottes sehen. Es ist eine Frage der Perspektive.

Paulus gab der leiblichen Übung wenig Gewicht. Er schrieb an seinen jungen Schützling Timotheus: „Übe dich selbst in der Gottseligkeit. Denn die leibliche Übung ist wenig nützlich; aber die Gottseligkeit ist zu allen Dingen nützlich und hat die Verheißung dieses und des zukünftigen Lebens" (1Tim 4,7–8; LÜ). Auch wenn Paulus hier ein wenig despektierlich über den Sport schrieb[41], bleibe ich dabei: Wir können die Liebe zu Gott nicht nur in der mental-geistigen Sphäre erfahren und ausleben. Sie ist auch in der ganzen Welt der körperlichen Erfahrungen und Entwicklungen zu Hause. Wer den Rat des Paulus zu ernst nimmt und die leibliche Übung gering schätzt, verpasst ein großes Spielfeld der Liebe. Gottseligkeit ist auch mitten in der Körperlichkeit möglich.

Die körperliche Kraftentfaltung wird auch deshalb manchmal gering geschätzt, weil der Mensch in der Bibel gelegentlich ausdrücklich davor gewarnt wird, sich auf seine eigene Kraft oder die geballte Kraft eines starken Kampfverbandes zu verlassen: „Es soll nicht durch Heer oder Kraft, sondern durch meinen Geist geschehen, spricht der Herr" (Sach 4,6; LÜ). Da liegt doch der Gedanke nahe: „Wenn es Heer oder Kraft sowieso nicht bringen, sondern nur der Glaube und der Geist, warum dann so etwas überhaupt entwickeln?"[42] Was für eine Logik hat die Entfaltung körperlicher Kraft

41 In den Zeiten des Paulus waren Menschen ohnehin mobiler, mussten viel mehr laufen, tragen, schwitzen. Heute ist die regelmäßige „Leibesübung" schon eine Art Überlebenstraining, um die Trägheit einer Welt zu überwinden, die sich nur in selbst bewegenden Einheiten von A nach B bewegt und deren Arbeit zum größten Teil im Beobachten digitaler Bildschirme besteht, von der langen Zeit vor den Unterhaltungsbildschirmen und Leinwänden mal abgesehen. Der Körper in der Moderne verkümmert schnell, wenn er nicht aktiv bewegt und aufmerksam beachtet wird.

42 Geschichten von Gottes wundersamem Eingreifen beruhen in der Bibel oft auf der Betonung des Kontrastes zwischen der menschlichen Schwachheit einerseits und der Wendung einer Bedrängnis, die auf ein Eingreifen Gottes zurückgeführt wird. Dass dabei häufig trotzdem noch menschliche Kräfte und Energien mitgewirkt haben, nur anders gebündelt, eingesetzt und von göttlichem Beistand erfüllt, wird leicht vergessen. Die Kraft an sich ist nicht irrelevant, der falsche Glaube an die menschliche Kraft als wichtigster Faktor ist es.

und Fitness in einem von der Sehnsucht nach geistlicher Wirksamkeit erfüllten Leben?

Ich gebe zu, dass sich meine tiefsten Erfahrungen der Liebe Gottes beim tiefen Nachdenken oder bei inneren Begegnungen in einer „Stillen Zeit“ oder einer berührenden „Zeit der Anbetung“ in einem Gottesdienst mache. Diese Art von „Gottseligkeit“ hat für mich definitiv die größere Verheißung als die schweißgebadete Luft eines Fitnessraumes. Aber es gibt viele Menschen, die mit der Glaubenskultur der Gemeindewelt einfach nicht warm werden können, dafür aber beim Marathonlauf, während der Bergwanderung und im Sportverein etwas spüren, was mit ihnen unmittelbarer und direkter zu tun hat. Sie lieben Gott in ihrer Körperlichkeit auf eine andere Weise zurück als der, der mit Inbrunst Lieder der Anbetung singt und geistlich anregenden Predigten lauscht. Langfristig kann man damit alleine seine Seele und ihren Hunger nach Sinn nicht ernähren, das ist klar. Auch hier gilt: Der Mensch lebt nicht vom Sport allein!

Doch Gott lieben mit allen unseren Kräften heißt für mich auch, kraftvoll und agil zu leben, ein aktives, Kraft generierendes Leben zu führen, Krafträuber und Kraftzerstörer (wie Drogen und Alkoholmissbrauch) ausfindig zu machen und abzubauen, damit wir unsere Lebenskraft Gott und der Erhaltung des Lebens widmen können. Jeder Mensch spürt in sich den Drang, seine Kräfte auf eine ganz eigene Weise zu entfalten. Bei jedem Menschen sind auch die Kräfte, Anlagen und Energien anders verteilt. Simsons legendäre Kraft, die als rohe Physis den Philistern Respekt einflößte, war eine andere als Davids Kraft, mit der er Goliath überwand (seine Wendigkeit und wie er die Kraftwirkungen seiner Steinschleuder intelligent nutzte). Wenn das Kräftemessen und die Vergleichskultur im Sport nur noch von Konkurrenzdenken und Siegeszwang bestimmt werden, wird der spielerische Umgang mit dem Körper bald zu einem uns quälenden Dämon. Man muss wissen, wann man langsamer treten und etwas in Ruhe reifen lassen muss. Die Liebe zu Gott drückt sich in einem spannenden und entspannenden Umgang mit dem Körper aus.

Anbetung als Verstandesangelegenheit

Der Verstand gilt in der Philosophie als das Vermögen, Begriffe zu bilden und diese zu Urteilen zu verbinden. Das Wort „verstehen“

kommt von althochdeutsch *farstan*[43], was wohl ursprünglich „davorstehen" meint und im übertragenen Sinn das Erfassen der Wirklichkeit ist, der wir gegenüberstehen.

Wer zu Gott kommt, um seine Liebe zu erwidern und ihn anzubeten, bedient sich dabei seines Verstandes. Er handelt konzeptionell und nicht instinktiv. Er denkt seine Liebe durch und formuliert seine Anbetung begrifflich. Er wägt ab, vergleicht, analysiert und wertet.

In einigen Bibelübersetzungen heißt es in Markus 12,30 „mit all deinen Gedanken", zum Beispiel in der Elberfelder Übersetzung. Es können aber nicht nur einzelne Gedanken sein, mit denen wir „Gott lieben". Da die Liebe Gottes unserem ganzen Dasein gilt, ist auch der Verstand als die Summe unseres Denkvermögens einbezogen. Er wird zwar an einer Stelle im Alten Testament in einen Gegensatz zum Vertrauen auf Gott gestellt: „Verlass dich auf den Herrn von ganzem Herzen, und verlass dich nicht auf deinen Verstand" (Spr 3,5; LÜ), aber das betrifft nur eine ganz spezielle Gebrauchsform. Wenn es um wichtige existenzielle Dinge geht, hilft es nicht, nur die äußeren Parameter abzuklopfen, die der Verstand wahrnehmen, sortieren und abrufen kann. Hier muss das Vertrauen auf Gott von ganzem Herzen aktiviert werden. Der Verstand soll nicht abgestellt, aber beim Abwägen und Entscheiden der wichtigsten Dinge im Leben nicht an der ersten Stelle stehen. Die Vernunft allein ist nicht das Maß aller Dinge.

Andererseits werden Verständnis und Vernunft in die Anbetung als Gottesliebe vollständig miteinbezogen. Sie sind geadelt als taugliche Instrumente, um die Liebe zu Gott im Leben zu entfalten. Wir sollen sie mit allen Konzeptionen unseres Denkens auffangen und erwidern. Es ist nicht nur der Sprung des Willens, das Ja des Herzens oder vielleicht ein Vibrieren der Seele und Sammeln der Kräfte, zu denen uns die Liebe ruft. Liebe lebt und äußert sich auch in der geballten Kraft unserer Rationalität. Mit dem Verstand ergreifen wir die uns gegenüberstehende Wirklichkeit und eignen sie uns an. Mit ihm dringen wir in die Welt der Bilder und Erlebnisse

Mit dem Verstand ergreifen wir die uns gegenüberstehende Wirklichkeit und eignen sie uns an.

43 Kluge, Friedrich: „Etymologisches Wörterbuch der deutschen Sprache". 23. Auflage. Berlin: de Gruyter 1999.

unseres Daseins vor und schaffen eine Ordnung. Wir erlernen Sprachen und entwickeln ganze Begriffswelten. Wir schaffen Ordnungssysteme und entwerfen Theorien. Wir reagieren nicht mechanisch auf das Leben, sondern suchen kreativ nach intelligenten Alternativen des Handelns. Der Verstand ist das Instrument unseres Herzens und unserer Seele, mit dem wir Sinn und Ordnung in unserem Dasein schaffen können. Wir denken uns das Leben nicht aus, sondern wir finden es vor. Dennoch können wir es ohne das Denken nicht einordnen und uns nutzbar machen.[44]

Gleichzeitig dürfen wir die Macht unserer Gedanken nicht überschätzen. Die Wirklichkeit an sich hängt zum Glück nicht von ihnen ab. Aber wir können auf viele Parameter unserer Wirklichkeit mit unseren Gedanken entscheidenden Einfluss nehmen. Wir erfassen, verarbeiten und entwickeln unseren Ausschnitt der Wirklichkeit mit unserem Denken. Unser Denken kann uns nach vorne bringen oder blockieren. Es kann uns die Welt aufschließen oder unüberwindbare Mauern vor ihr aufbauen. Es hat eine große Macht, die oft auch verführerisch ist. Mit dem Verstand kann man die Atomenergie und die Atombombe erfinden, die Heilanstalt und die Gaskammer entwickeln, das Internet und das Darknet. Er braucht ein Leitmotiv, das den Verstand aus der reinen Werkelei des Denkens in einen konstruktiven Sinnzusammenhang stellt. Die Bibel sieht in der Liebe zu Gott das höchste und wahre Leitmotiv des Denkens. Ich darf denken und daraus ein Verständnis entwickeln, das eine Konsequenz meiner Liebe zu Gott ist. Ich darf meine mentalen Anlagen zu hochkomplexen Fähigkeiten ausbauen, weil ich in allem, was ich entdecke, der Liebe Gottes begegnen und diese Liebe erwidern kann.

44 Manche amerikanischen Erfolgsprediger machen unser Denken aus dem Bibelvers „As a man thinketh in his heart so is he“ (Spr 23,7; King James Version) zu einem Hebel, mit dem wir unsere Wirklichkeit durch unsere Gedanken steuern können. Dann heißt es verkürzt: Wir sind, was wir denken! Das ist natürlich eine grobe Verzerrung und auch eine gefährliche Illusion. Der Kontext der Stelle hat mit Wirklichkeitskontrolle durch unsere Gedanken gar nichts zu tun, sondern warnt vor dem berechnenden Denken eines falschen Gastgebers: „Denn wie er in seiner Seele berechnend denkt, so ist er. Er spricht zu dir: ‚Iss und trink!‘ – aber er gönnt es dir nicht“ (Schlachter 2000). Hier wird, wie so häufig in US-amerikanischer Motivationstheologie, nach Universalrezepten gefischt, die das positive Denken und den Machbarkeitswahn des amerikanischen Pragmatismus unterstützen.

Keine Angst vor der Macht ergebnisoffenen Denkens

Ich brauche keine Angst vor der Macht des Denkens zu haben – weder meines eigenen noch des Denkens anderer, weil das Denken an sich mich nur dann aus einer liebevollen Beziehung zu Gott herausführt, wenn ich das in meiner eigenen Freiheit so will. Menschen haben noch nie ihren Glauben verloren, weil sie zu viel gedacht haben, sondern weil sie an bestimmten Punkten „falsch abgebogen" oder irreführenden Gedanken anderer nachgegangen sind.[45]

Menschen haben noch nie ihren Glauben verloren, weil sie zu viel gedacht haben.

Der Verstand und das Denken selbst aber sind Gottes Schöpfung und die Domäne seiner Liebe. Wenn Anbetung ein „Zurücklieben Gottes" ist, wird der Verstand ein wesentliches Element sein, um diese Liebe zu entfalten.

Atheistisch glaubende Wissenschaftler (auch der Atheismus ist ein Glaube, der nicht bewiesen werden kann) wie Richard Dawkins haben offensichtlich nur religiöse Menschen kennengelernt, die mit den Schubladen ihrer Denktraditionen zufrieden waren und sie nicht durch echtes Forschen überarbeitet und angepasst haben. Das zeigt die Begründung, warum Dawkins jegliche Religion ablehnt: „Ich bin ein Gegner der Religion. Sie lehrt uns, damit zufrieden zu sein, dass wir die Welt nicht verstehen."[46]

Dagegen haben viele Wissenschaftler ihr Forschen als einen Akt der Anbetung verstanden.[47] Ihr Forschungsdrang ist nicht nur ein Ausdruck menschlicher Neugier. Es ist ein Antrieb, der aus dem Wunsch erwächst, diese Welt, in die Gott uns in seiner Liebe hineingestellt hat, besser zu verstehen, damit wir die Liebe des Schöpfers mit unserem Verständnis erwidern können. Verstehen ist ein Kompliment, eine Form der wachen, wertschätzenden Anteilnahme. Wer sich die Mühe macht, jemanden zu verstehen, nimmt ihn ernst und ehrt ihn.

---

45 Auch dann ist eine Rückkehr zu den Schnittstellen des Denkens möglich, die uns von Gott weggeführt haben. Wir können jederzeit wieder einen alternativen Denkweg in Betracht ziehen, der uns zurück in die Gemeinschaft mit Gott führt. Auch Denken kann „erlöst" werden. Es ist keine irreversible Falle, kein Schicksal, sondern enthält immer ein Element der Option.

46 Dawkins, Richard: „Der Gotteswahn". Berlin: Ullstein Verlag 2007. Vorderseite Schutzumschlag

47 „Mein Geist muss forschen" (Ps 77,7; LÜ).

Johannes sagt im Prolog seines Evangeliums traurig: „Die Welt ist durch ihn gemacht; aber die Welt erkannte ihn nicht" (Joh 1,10; LÜ). Sie hat sich für Gott nicht interessiert. Er ist vielen Menschen einfach egal! Aber es gibt ebenso viele, die die Welt als eine Schöpfung Gottes erkennen und verstehen wollen. Und damit meine ich ganz ausdrücklich nicht nur die „Kreationisten"[48], sondern auch die Anhänger einer naturalistischen Schöpfungslehre.

Wissenschaftler, die Gott mit ihrem Verstand lieben

Andere nehmen nicht nur das praktische Wissen über die Zusammenhänge der Welt wahr, sondern drücken mit ihrem zunehmenden Verstehen ihre Liebe zu Gott aus. Sie erkennen die Welt als einen Lebensraum, in dem Gott uns begegnet, und ihre Gesetzmäßigkeiten als einen Ausdruck der Liebe Gottes an. Sie erwidern diese Liebe mit ihrem ganzen Verstand. Manche Menschen sind überrascht, in der Riege bahnbrechender Wissenschaftler tiefgläubige Menschen vorzufinden. Für sie ist die Auflistung der folgenden Stimmen vielleicht eine Ermutigung. Einen Gottesbeweis liefern solche Stimmen natürlich nicht. Sie drücken jedoch die Freiheit des Menschen aus, seine Existenz mit dem Verstand so zu deuten, wie er es möchte.

„Die Mathematik ist das Alphabet, mit dem Gott das Universum geschrieben hat."

Galileo Galilei (1564–1652), italienischer Mathematiker, Physiker, Astronom und Philosoph

„Zwischen Religion und Naturwissenschaft finden wir nirgends einen Widerspruch. Sie schließen sich nicht aus, wie manche glauben und fürchten, sondern sie ergänzen und bedingen einander. Wohl den unmittelbarsten Beweis für die Verträglichkeit von Religion und Naturwissenschaft auch bei gründlich-kritischer Betrachtung bildet

48 Kreationismus wird von lat. *creatio* – „Schöpfung" abgeleitet. Unter „Kreationisten" werden nur die zusammengefasst, die auf einer wortwörtlichen Auslegung der biblischen Schöpfungstexte beharren und „alternative Wissenschaftskonzepte" dafür entwickeln. Eine seltsame Allianz in diesem Verständnis bilden christliche Gruppen, vor allem in den USA, mit der islamischen Bewegung „Harun Yahya" und orthodoxen Juden.
Die Türkei hat in diesem Jahr die Evolutionstheorie aus dem Lehrplan für Schulen verbannt. Sie darf erst in der Universität als These vorgestellt werden.

die historische Tatsache, dass gerade die größten Naturforscher aller Zeiten, Männer wie Kepler, Newton, Leibniz von tiefer Religiosität durchdrungen waren."

Max Planck (1858–1947), deutscher Nobelpreisträger für Physik und Begründer der Quantentheorie

„Wenn in den letzten Jahrzehnten der Strom der Entdeckungen und Erfindungen so übergewaltig in unsere Zeit eindrang, so heißt das, dass Gott, der Schöpfer, lauter, vernehmlicher als je durch Forscher und Erfinder zu uns spricht."

Friedrich Dessauer (1881–1963), deutscher Biophysiker und Naturphilosoph, Begründer der Röntgen-Tiefentherapie und der Quantenbiologie

„Die gängige Vorstellung, ich sei Atheist, beruht auf einem großen Irrtum. Wer sie aus meinen wissenschaftlichen Theorien herausliest, hat sie kaum begriffen. Im unbegreiflichen Weltall offenbart sich eine grenzenlos überlegene Vernunft. Wissenschaft ohne Religion ist lahm, Religion ohne Wissenschaft ist blind. Nicht Gott ist relativ, und nicht das Sein, sondern unser Denken."

Albert Einstein (1879–1955), deutscher Begründer der Relativitätstheorie, Nobelpreis 1921

„Ich denke über die Weltordnung nach, um sie unausgesetzt zu bewundern und den weisen Schöpfer anzubeten, der sich in ihr offenbart."

Jean-Jacques Rousseau (1712–1778), französisch-schweizerischer Schriftsteller und Kulturphilosoph

„Die Größe und unendliche Weisheit des Schöpfers wird nur derjenige wirklich erkennen, der sich bestrebt, aus dem gewaltigen Buche, das wir Natur nennen, seine Gedanken herauszulesen."

Justus von Liebig (1803–1873), deutscher Chemiker, Begründer der Agrikulturchemie

„Der erste Trunk aus dem Becher der Naturwissenschaft macht atheistisch. Aber auf dem Grund des Bechers wartet Gott."

Werner Heisenberg (1901–1976), deutscher Atomphysiker und Nobelpreisträger

„Wer sollte nicht durch die stete Beobachtung und den sinnenden Umgang mit der von der göttlichen Weisheit geleiteten herrlichen Ordnung des Weltgebäudes zur Bewunderung des allwirkenden Baumeisters geführt werden!“

Nikolaus Kopernikus (1473–1543), deutscher Astronom, Begründer des modernen Weltbildes

„Die große Fülle moderner Entdeckungen [...] hat den alten Materialismus vollkommen zerstört. [...] Das Universum zeigt sich heute unseren Augen als Gedanke. Ein Gedanke aber setzt das Vorhandensein eines Denkers voraus.“

John Ambrose Fleming (1849–1945), britischer Physiker und Radiotechniker

„Die Erhabenheit Deiner Schöpfung wollte ich den Menschen verkünden, soweit mein beschränkter Verstand Deine Unendlichkeit begreifen konnte – Astronomie treiben heißt, die Gedanken Gottes nachlesen.“

Johannes Kepler (1571–1630), deutscher Mathematiker und Astronom, Entdecker der Bewegungsgesetze der Himmelskörper

So sind Forschung und Bildung keine Bewegung weg vom Glauben, auch wenn der Glaube eine innere Dimension hat, die mit Forschung und Bildung nicht erfasst werden kann. Wir können Gott nie umfassend mit den Sammelbänden unseres Verstandes erklären. Wir können ihn auch nie umfassend mit den Schriften der Bibel erklären, obwohl wir theologische Systeme daraus entwickeln und Gewissheit für unseren Glauben beim Lesen in ihr erfahren können. Es ist letztlich ein „Buch des Lebens“, in das Gott unsere Namen geschrieben hat (nicht die Bibel); und es ist ein „Buch des Lebens“, in dem wir Gott finden. Schriften sind unserem Glauben nachgeordnet und ergänzen unsere Erfahrung und unser Korrektiv. Die (geschichtlich) früh Glaubenden hatten gar keine oder kaum Schriften.

Es braucht vor allem eine Offenbarung des Herzens und eine Erkenntnis des Geistes – beides von einer demütigen Haltung geprägt –, die uns zu den Höhen und Tiefen einer Begegnung mit Gott führen. Trotzdem sind die Bücher und Dateien der Welt, nicht nur „das Buch der Bücher“[49] ein Zeugnis für die Tiefe und Größe der Liebe Gottes zu seiner Welt. Sie können, wie alles im Leben, zu einem Instrument seiner Liebe und zu einem Kanal für unsere Liebe zu ihm werden. Wohl dem Menschen, der in sich den Mut spürt, sein Denken tief in die Wissens- und Verstehensangebote unserer Zeit zu tauchen, um seinem Glauben Relevanz[50] und nachvollziehbare Vernunft hinzuzufügen. Es ist ein Lockruf der Liebe, der den Wunsch auslöst, tiefer und breiter nachzudenken. Wie schade um die christlichen Gruppierungen, die das ergebnisoffene, vergleichende und analytische Denken kleinhalten wollen, weil sie befürchten, dass sie ihren Einfluss über Menschen verlieren, die gedanklich über ihren Horizont hinauswachsen könnten. An dieser Haltung ist nichts Ehrenwertes. Es ist häufig nicht mehr als nackte Verlustangst.

Die denkende Liebe zu Gott in der Theologie

Anbetung als Gottesliebe mit dem ganzen Verstand fand auch immer ihren Ausdruck in der Theologie. Immer neue Denkansätze, Denkschulen und komplexe Systeme der Reflexion erwuchsen aus dem Wunsch, zu begreifen und verständlich zu machen, wie Gottes Liebe unser gesamtes Dasein erfüllt und umhüllt. Ordnung in die Gedanken und Beobachtungen zu bringen, Klarheit zu schaffen, Hintergründe zu erhellen und Verständnis zu ermöglichen, ist vor allem in der Theologie[51] ein „Zurücklieben Gottes“. Menschen erforschen mit dem Verstand, was sie mit dem Herzen lieben. Sie schreiben, diskutieren, entwerfen und vergleichen. Sie stellen die Gedanken der Menschen über Gott in vergleichende Systeme, erforschen die

49 Wir müssen das Buch angesichts der rasanten Digitalisierung als ein Übergangsmedium betrachten, das sich nur noch aufgrund einer sentimental-haptischen Erfahrung und einer gewissen Ästhetik tapfer gegen die Flut der Bildschirme stemmt. Statt vom „Buch der Bücher“ werden wir dann vielleicht irgendwann von der „Datei der Dateien“ oder „dem Hologramm der Hologramme“ sprechen. Die „Jesus-People“ der Gegenwart gehen jetzt schon nicht mehr mit ledergebundenen Bibeln in den Gottesdienst, sondern mit Tablets und Smartphones, die Bibel-Apps enthalten. Es wird auch kaum noch geblättert, sondern nur noch gescrollt und gezoomt.

50 Der Glaube gewinnt an Relevanz, wenn er im Kontext der Gedanken seiner Zeit thematisiert und formuliert wird.

51 Natürlich kann man das nicht pauschal für jede Theologie sagen. Es gibt auch Schulen des Denkens über Gott, die von einer radikalen Skepsis und einer neuen Art der „Bilderstürmerei“ (das Zerstören heiliger Bilder oder Denkmäler der eigenen Religion) geprägt sind. Sie zerlegen und demontieren Gottesbilder oft, ohne ein sinnhaftes und Halt gebendes wahres Bild von Gott zu entwickeln.

Geschichte dieses Denkens und seiner Früchte. Sie suchen nach der Bedeutung des Glaubens für ihre Zeit mit der ganzen Kraft ihres Denkens. Dieser Aufwand, all diese Mühe und Aufmerksamkeit weisen auf die tiefe Spur einer Liebe hin, die sich in ihre Herzen gegraben und sie zum Nachdenken über Gott gebracht hat.

Das gilt auch für die, die alte Deutungsmuster radikal infrage gestellt und in schwere Wasser eines neuen und anderen Denkens über Gott aufgebrochen sind. Viele von ihnen sind in ihren Absichten als Gottesleugner und Grundlagenvernichter verkannt worden. Manche von ihnen waren es vielleicht auch. Häufig sind dies aber schnell hervorgebrachte Unterstellungen derer, die sich vor der Macht des freien Denkens fürchten. Sie haben Angst, solche Gedankenwege könnten sie von Gott wegführen und den totalen Glaubensverlust der Seele einleiten. Wohin das Denken einen Menschen führt, kann man oft erst an der Frucht seines Lebens sehen. Die ersten Provokationen einer eingefahrenen Denkkultur zeigen noch keine „Gottlosigkeit“. Wer bereit ist, mit dem Herzen hinzuhören und wohlwollende Fantasie einzubringen, findet bei den Rebellen unter den christlichen Denkern oft auch den Puls der Liebe hinter den Provokationen. Und natürlich gilt das auch für die Ultrakonservativen, die sich darum sorgen, die Reinheit der Lehre zu verlieren, die sie lieben und weitervermitteln wollen. Nur jemand, der die Wahrheit leidenschaftlich liebt, wird streiten und den Konflikt wagen, um zum Kern der Wahrheit vorzudringen. Das Internet ist voller Aufsätze widersprüchlicher christlicher Denkschulen, die ihre Logik ausführlich ausbreiten. Wie weit wir solchen Denkern folgen wollen, müssen wir selbst abwägen. Wir müssen aber nicht in die Schreie von Alarm und Verrat einstimmen, die wir überall hören und die eine ganze Zunft des Abfalls vom Glauben bezichtigen. „Die Gedanken sind frei“[52], ebenso die Gedanken über Gott und das Wesen des christlichen Glaubens. Nur so können Gedanken auch zu einem eigenständigen Ausdruck der Liebe werden.

52 *„Die Gedanken sind frei, wer kann sie erraten, sie fliehen vorbei wie nächtliche Schatten. Kein Mensch kann sie wissen, kein Jäger erschießen, es bleibet dabei: die Gedanken sind frei.“* Erste Strophe eines alten deutschen Volksliedes; aus: Richter, Ernst Heinrich Leopold: „Schlesische Volkslieder mit Melodien. Aus dem Munde des Volkes von August Heinrich Hoffmann von Fallersleben“. Breitkopf und Härtel 1842, S. 307.

Um Gott mit dem ganzen Verstand zu lieben, müssen wir nicht unbedingt sehr klug werden. Wir müssen weder beeindruckende intellektuelle Kenntnisse entwickeln noch ein weites Repertoire an Wissen aufbauen. Jeder muss für sich herausfinden, ob die Liebe zu Gott ihn zu einem engagierten Denken herauslockt oder in dem abgesteckten Terrain seines Gedankenumfangs bleiben lässt. Geliebt werden wir nicht um unserer Denkkünste willen. Es geht nicht um die Fülle des Verstandes, sondern um die Ausrichtung. Wenn mein Leben gedanklich in der Betrachtung der Liebe Gottes verankert ist und ich meine Gedanken, wie schlicht sie auch sein mögen, einsetze, um seinen Willen zu verstehen und meinen Platz in dieser Welt auszufüllen, bin ich ein „Anbeter mit ganzem Verstand“. Auch die „einfacheren Gemüter“ haben es in der Hand, Gott mit ganzem Verstand zu lieben. Es ist nicht schwer. David wurde angeboten, in der Rüstung Sauls mit Goliath zu kämpfen. Sie war ihm zu schwer. Er vertraute Gott innerhalb seiner gewohnten Verhältnisse und nahm nur seine leichte Steinschleuder mit. Damit überwand er den Riesen. Auf das Vertrauen kommt es an, nicht auf die Schwere der Rüstung. Manchmal werden wir allerdings herausgefordert, „aufzurüsten“. So ging es mir.

Um Gott mit dem ganzen Verstand zu lieben, müssen wir nicht unbedingt sehr klug werden.

In meiner Biografie kam vor gut zehn Jahren eine Zeit, in der ich spürte, dass ich mein Denken noch einmal grundsätzlich aufstocken sollte, um die Welt aus meinem Glauben und meiner Liebe zu Gott heraus besser zu verstehen. Bis dahin war ich damit zufrieden, ein gesättigtes Bibelverständnis und einen rudimentären Überblick über das christliche Denken meiner Zeit zu haben. Außerdem hatte ich durch meine Kindheit in einer bürgerlichen Familie ein akzeptables Allgemeinwissen mitbekommen und konnte mich sprachlich gut ausdrücken. Mit der Zeit bemerkte ich jedoch schmerzhaft und sehnsuchtsvoll die vielen Lücken, die ein tieferes Verständnis meiner Welt verhinderten. Ich entwickelte einen Hunger nach theologischen Systemen, die die Komplexität des modernen Lebens besser erfassen konnten. Meine Liebe zu Gott ging nicht mehr in den eher schlichten Gedankenwelten meiner frühen

Meine Liebe zu Gott ging nicht mehr in den eher schlichten Gedankenwelten meiner frühen Glaubensprägungen auf.

Glaubensprägungen auf. Sie drängte mich dazu, meine gedankliche Reichweite zu vergrößern. Sie ermutigte mich, mir einen größeren Radius meiner Welt „einzuverleiben" oder besser gesagt „anzuverwandeln"[53].

Ich habe seit dieser Zeit neue (Fach-)Sprachen – aus den Bereichen Theologie, Philosophie und Soziologie – gelernt und mir neue Bildungsräume erobert, die mir bis dahin verschlossen waren. Ich habe dabei manches theologische Denken meiner Vergangenheit revidiert und einige mühevolle Anpassungsprozesse durchgemacht, bis ich mein Denken über Gott wieder in eine gewisse „Stimmigkeit" bringen konnte. In diesem Prozess habe ich aber nichts von der Liebe verloren, die mich von Anfang an zu Gott gezogen und für ihn begeistert hat. Mein Denken hat sich dadurch gewissermaßen gehäutet und alte Schichten abgestreift. Mein Glaube und meine Liebe zu Gott sind geblieben, vielleicht sogar gewachsen. Doch wer kann das in sich selbst schon beurteilen?[54]

Mit Sicherheit bin ich zutiefst dankbar für diese Erfahrung und erlebe sie als eine große Bereicherung. Meine „Bewunderung", meine Achtung und meine Ehrfurcht haben andere Ankerpunkte in Gott gefunden als früher. Meine Anbetung ist dadurch weder besser noch schlechter, nur anders geerdet. Mir scheint, dass es in der heutigen Christenheit nicht wenige Menschen wie mich gibt, die in ihrem Glauben und ihrer Anbetung nach solchen neuen Ankerpunkten suchen. Es sind Menschen, die Gott nicht an einem alten Weltbild festmachen, sondern mit ihm in einer neuen Zeit aufgehen wollen.

Nachdenklichkeit und Denkhilfen in der Anbetung

Die Liebe zu Gott mit ganzem Verstand fordert die christliche Anbetungsgemeinschaft heraus, nicht bei den Verständnisklischees alter Zeiten stehen zu bleiben, mit denen man Gottes Größe, Herrlichkeit und Liebe unter den Menschen früher bezeugt hat. Gott mit

53 Hartmut Rosa nutzt den Begriff „anverwandeln" häufig, um eine Beziehung zur Welt zu beschreiben, die nicht reines „in Besitz nehmen" und „sich gefügig machen" beschreibt, sondern die Öffnung zur lebendigen Partizipation. Wir machen uns damit etwas so zu eigen, dass es nicht nur ein Depot oder eine Verfügungsmasse wird, sondern ein integraler Bestandteil unseres Wesens. Wir instrumentalisieren unsere Welt nicht nur, sondern wir lassen uns auf sie ein.

54 „Ich maße mir über mich selbst kein Urteil an" (1Kor 4,3b; HFA).

ganzem Verstand zu lieben ruft uns gerade in der Anbetung dazu auf, unser Denken über Gott zu hinterfragen, umzuformen, zu erweitern und zu präzisieren. Mit unserem Verstand können wir manchmal ausfindig machen, warum wir bei bestimmten Liedern und Begriffen heute Widerstände spüren, vielleicht sogar Ärger, Traurigkeit oder Gleichgültigkeit empfinden, wo Liebe und Dankbarkeit sein sollten. Wenn wir merken, dass der Verstand nicht mehr mitkommt, müssen wir nachforschen, nachlegen und aufstocken, was fehlt, bis unsere Anbetung wieder stimmig und „rund" ist. Das kann geschehen, indem wir alte Traditionen und Kernthemen wiederentdecken, die wir jetzt aber aus unserer heutigen Perspektive verstehen. Oder wir entwickeln neue Anbetungsmuster und Lieder. Wenn wir merken, dass unsere Anbetung den Verstand unserer Mitmenschen überfordert, weil die Denkkonzepte und Sprachmuster für unsere Zeitgenossen nicht mehr nachvollziehbar sind, müssen wir unsere Liebe zu Gott so investieren, dass wir neue Übersetzungen, Brücken und Denkhilfen für den modernen Menschen schaffen. Nicht zuletzt deshalb schreibe ich diese Buchsammlung, um zu einer umfassenderen Liebe zu Gott „mit dem ganzen Verstand" beizutragen. Es ist ein Anliegen der Liebe, das aus meiner Haltung als Anbeter Gottes hervorgeht.

Gott mit ganzem Verstand zu lieben ruft uns dazu auf, unser Denken über Gott zu hinterfragen, umzuformen, zu erweitern und zu präzisieren.

Am Ende muss jeder mit seinem eigenen Verstand dem Geheimnis des Glaubens auf die Spur kommen. Er muss seine persönlichen Zweifel ausräumen, seinen Denkgrund finden und ausbauen. Das Liebesgebot existiert als solches sicher auch, weil der Mensch schon seit je her die Erfahrung macht, dass Liebe erkalten und verwelken kann. Sie braucht immer wieder frische Nahrung – für das Herz, die Seele, den Mut und den Verstand. Der Mensch muss diese Nahrung suchen, sammeln und sichern. Doch er bleibt der „zuerst Geliebte" und lebt von der Liebe Gottes, „die ausgegossen ist in unsere Herzen durch den Heiligen Geist" (Röm 5,5; LÜ).

Wer Gott selbstbewusst lieben will, wird sich Gott mit jeder „Faser seines Selbst" bewusst entgegenstrecken. Er wird alle Anteile seines Wesens Gott gegenüber öffnen, entfalten und auf ihn ausrichten. Wir können Gott nicht irgendwo auf einer undefinierbaren geistlichen Ebene lieben, sondern immer nur in der Vielfalt unserer menschlichen Lebenswirklichkeit aus Herz, Seele, Kraft und Verstand. Anbetung mit erhobenem Haupt zieht das gesamte körperliche, seelische *und* geistige Dasein des Menschen in ihren Bann. Sie ist Liebe zu Gott als Ganzheitserfahrung, als Herzenssache, Seelenübung, Kraftakt und Verstandesangelegenheit.

3. Anbetung als geistliche Resonanz

Ein Bild lebt durch die Gesellschaft eines sensiblen Betrachters, in dessen Bewusstsein es sich entfaltet und ausweitet.
Mark Rothko, Maler (1903–1970)

Anbetung ist Begegnung, die eine gewisse Sensibilität für Gott erfordert. Die Lebendigkeit Gottes ist sicher eine andere als die Lebendigkeit eines Bildes, das erst durch einen sensiblen Betrachter zum Leben erweckt wird. Gott „lebt" auch ohne die Menschen, die auf ihn mit ihrem Bewusstsein reagieren. Lebendige Begegnungen sind auf Resonanz (von lat. *re sonare* – „zurückklingen", „schallen", „tönen") angelegt. Wir begegnen Gott in dem, was uns anspricht. So werden zum Beispiel im Gottesdienst Liedzeilen oder Gebetsformeln lebendig und reden zu uns. Eigene, persönliche Gebete formen sich in unserem Inneren als Resonanz auf das Gehörte und Gefühlte. Das ist geistliche Resonanz. Gott als lebendig und wirksam zu spüren, geht über den Rahmen kirchlicher Erfahrungen hinaus.

In der Natur erleben wir manchmal ein Gefühl der Ganzheit und Verbundenheit mit allem. Es ist nicht nur das Zusammenspiel der Naturgesetze in ihren wundersamen Zyklen und Rhythmen, sondern etwas, was über die Natur hinausgeht. Wir fühlen uns angesprochen. In unserem Alltag durchbrechen manchmal Momente der Erkenntnis und Ergriffenheit unsere Routinen. In einem Gespräch, einer Wendung der Ereignisse, über die wir ins Nachdenken geraten, oder in einer Übergangsphase von A nach B wird uns klar, dass sich unser Leben nicht nur um uns selbst dreht. Wir spüren ein Geheimnis von Sinn und Schicksal hinter den Abläufen von Zufall und Notwendigkeit. Wir fühlen uns angesprochen.

In der Erzählung eines Buches, den Dialogen eines Filmes oder den Versatzstücken eines Liedes im Radio finden wir uns plötzlich selbst widergespiegelt und sind tief gerührt. Wir spüren Resonanz. Wir fühlen uns angesprochen. Bei tieferem Nachdenken kommen wir auf den Gedanken, dass diese Momente der Berührung und des Ergriffenseins mit Gott zu tun haben. Sie lassen etwas in uns aufleuchten, das hinter den Kulissen permanent, aber unbemerkt mitschwingt. Es ist ein Draht, der plötzlich aufglüht, ein

Hintergrundrauschen, das plötzlich zu Musik wird, ein Moment, der die Zeit stillstehen lässt und mit einer neuen Färbung überzieht. Wir fühlen uns angesprochen.

Anbetung ist eine Erfahrung der Resonanz. Wir fühlen uns von Gott angesprochen. Gott kann uns aber nur „ansprechen", weil etwas in uns ihm „entspricht". Ohne eine solche Entsprechung gäbe es keine Resonanz. Anbetung wird lebendig, wenn wir sie als einen „vibrierenden Draht", eine Resonanzachse erleben. Es ist das Gefühl, bewegt und ergriffen zu werden und dabei selber etwas zu ergreifen und zu begreifen. Resonanzachsen sind elementare Verbindungskanäle, durch die wir in einen lebendigen Austausch mit unserer Welt treten. In unserem Inneren klingen sie, weil etwas oder jemand sie in Schwingung versetzt.

Gott kann uns nur ansprechen, weil etwas in uns ihm entspricht.

Füsse und Haut

Die Welt spricht uns an und ruft Resonanz in uns hervor, weil wir „in ihr stehen". Wir fühlen den Boden unter unseren Füßen. Er trägt uns und gibt uns zusammen mit dem Gesetz der Schwerkraft unser Grundgefühl der Sicherheit im Leben. Bei unsicherem Boden testen wir mit den Füßen, ob es sich vielleicht um etwas Flüssiges, Scharfkantiges und Spitzes oder Nachgebendes und Verschlingendes wie Treibsand handelt. Erst wenn die Resonanz des Bodens uns sicher erscheint, antworten wir mit unserem „Auftreten". Bis wir dem Leben diese Antwort geben, bleiben wir in unseren Schutzräumen wie die Taube auf der Arche Noahs: „Da aber die Taube nichts fand, wo ihr Fuß ruhen konnte, kam sie wieder zu ihm in die Arche; denn noch war Wasser auf dem ganzen Erdboden" (1Mo 8,9; LÜ).

Das gilt auch im Blick auf eine Gottesbeziehung. Der Mensch kommt erst aus seinem „Sicherheitsgehäuse" heraus, um das Leben zu erkunden, wenn er einen festen Boden unter seinen Füßen spürt, ein Gefühl von Sicherheit, Stabilität und Seriosität. Einem schwimmenden Etwas vertraut er sich nicht an. Der Mensch wagt sich im Blick auf Gott erst dann vor und tritt aus seiner Komfortzone heraus, wenn das Umfeld, in dem ihm „Gott nahegebracht wird", eine gewisse Sicherheit aussendet. Wenn es um ihn herum sowohl fest als auch geöffnet und weit ist, kann er auf die Einladung antworten und in einen „tastenden Dialog“ mit Gott und seinem eigenen Glauben gehen.

Unsere Anbetungszeiten brauchen einen seriösen und festen Mutterboden für „Archetypen“ – im Bild Noahs gesprochen.[55] Die erfahrenen „Glaubenswandler“ spüren die Resonanz schon unter ihren Füßen. Andere müssen den Boden noch für sich testen können. Nur wer sein ganzes Gewicht irgendwann auf den neuen Grund verlagert, wird die Resonanz der Tragfähigkeit spüren, die glaubenden Menschen Trost, Geborgenheit und das Gefühl der Nähe zu Gott vermittelt. Um Resonanz zu ermöglichen, müssen Gemeinden immer wieder über Bodenhaftung und Tragfähigkeit nachdenken. Wir etablieren eine geistliche Resonanzachse, wenn wir Menschen in einem sicheren Umfeld ermöglichen, den Boden des Glaubens „auf seine Tragfähigkeit“ zu testen. Jede Gemeinde, die zur Anbetung einlädt, sollte sich bewusst sein, dass sich unter ihren Besuchern auch „Tauben-Typen aus der Arche Noahs“ befinden, die ruhelos über der Masse der Eindrücke schweben, bis sie einen festen Boden für ihren eigenen Glauben gefunden haben. Erst dann verlassen sie ihre „Sicherheitszone“. Erst dann kann ihr Draht zur Welt Gottes durch eigene Schritte des Glaubens etabliert werden.

Doch noch mehr als mit Füßen und Beinen gibt uns unsere Haut einen Sinn für „die Welt da draußen“. Die Haut ist nicht nur das größte menschliche Organ, sondern auch „die entscheidende Schnittstelle für jede leibliche Weltbeziehung“[56]. Sie ist das Bindeglied und die Trennlinie gleichermaßen. Der „Sinn für das Selbst, für das eigene, und für die Grenze oder die Unterscheidung zwischen beiden entsteht durch (taktile) Hauterfahrung: durch berühren, begreifen, behandeln, aber ebenso durch das Berührt-, Ergriffen- und Behandeltwerden. An der Haut und mittels der Haut begegnen sich Selbst und Welt unmittelbar und beständig, wenn auch unter ständig wechselnden Bedingungen.“[57]

55 Archetypen der Anbetung als Sinnbilder für Personen und Wesen aus der Anfangszeit der biblischen Erzählungen habe ich in meinem ersten Buch *Faszination Anbetung* entwickelt. Hier meine ich mit Arche nicht den Ursprung, sondern die Arche als Schiffsmodell, mit dem Menschen und Tiere die Sintflut überlebten (siehe auch 1Mo 6–9).

56 Rosa, Hartmut: „Resonanz – eine Soziologie der Weltbeziehung“. Berlin: Suhrkamp 2016, S. 85.

57 Ebd., S. 85.

Man könnte die Haut als „eine semipermeable [= halb durchlässige] Membran verstehen, die Welt und Subjekt miteinander in Beziehung setzt und sie wechselseitig empfänglich und durchlässig macht“[58]. So klingt die Welt in unseren Sinnesorganen schon seit dem ersten Erwachen des Menschen im Mutterleib an.

Der bergende Resonanzraum des Mutterleibes

Der deutsche Philosoph und Kulturwissenschaftler Peter Sloterdijk (geb. 1947) vermutet, dass die erste Resonanzerfahrung als eine Art Antwortbeziehung mit der Umwelt schon im Mutterleib geschieht. Hier bildet sich das Haut- und Zellsystem des Embryo in einem „umhüllenden, tragenden und bergenden Resonanzraum, indem er den Pulsschlag der Mutter hört und fühlt, von ihr umgeben und von ihrem Blutkreislauf durchströmt wird, und Mutter und Kind können gar nicht umhin, leiblich, in einem physischen ‚Antwortverhältnis‘ aufeinander zu reagieren“[59].

Sloterdijk schreibt hier eine ziemlich sperrige Wortstrecke, die aber die Schönheit und Genialität unseres Daseins als Resonanzwesen zum Ausdruck bringt:

> *Im Anfang werden [...] Menschen von etwas umgeben, was nie als Ding erscheinen kann. Sie sind zunächst die unsichtbar Ergänzten, die Entsprechenden, die Umfassten [...]. Zu meiner Existenz gehört das Umschwebtsein von einem vorgegenständlichen Etwas, das dazu bestimmt ist, mich sein zu lassen und zu fördern. Darum bin ich nicht, wie die aktuellen Systemiker und Bio-Ideologen es mir in den Mund legen, ein Lebewesen in einer inneren Umwelt; ich bin ein Schwebewesen, mit dem Genien Räume bilden.*[60]

Das Schweben im Resonanzraum des Mutterleibes wird mit der Geburt schmerzhaft durchbrochen. Der werdende Mensch muss diesen lieb gewordenen Ort des Trostes und der vertrauten Signale und Rhythmen unwiderruflich verlassen. Der neue Raum ist anders – weiter, leerer, greller und gefahrvoller. Wo vorher Nabelschnur und

58 Ebd., S. 85.

59 Ebd., S. 86.

60 Sloterdijk, Peter: „Sphären I: Blasen“. Frankfurt/M.: Suhrkamp 1998, S. 487f.

Plazenta (der sogenannte Mutterkuchen) Nahrung lieferten und Glücks- und Geborgenheitsgefühle auslösten, muss jetzt ein neuer Resonanzraum erschlossen werden. Das gemeinsame Pochen des Herzens und der körperlich mitgefühlte Klang der Stimme sind jetzt nicht mehr in verbundener Schwebe, sondern nur noch in relativer Nähe und manchmal in schmerzhafter Distanz. Nun müssen Hautkontakt und Stimme die Nabelschnur ersetzen. Der Zwang, selbstständig und eigenständig zu werden, hat unwiderruflich eingesetzt.

Sloterdijks vorgeburtliches „Schwebewesen" wird zu einem Lebewesen im offenen und festen Raum. Es muss selber lebensfähig werden und steht unvermeidlich in der Entwicklung, sich abzunabeln. Die Fähigkeit zur Resonanz bleibt. Sie wird nur ab jetzt anders aussehen. Das Umhülltsein und die direkte Angebundenheit an die Mutter bleiben nur noch als Erinnerung. Martin Buber schreibt dazu sehr poetisch:

> *Das vorgeburtliche Leben des Kindes ist eine reine naturhafte Verbundenheit, ein Zueinanderfließen, eine leibliche Wechselwirkung; wobei der Lebenshorizont des werdenden Wesens in einzigartiger Weise in den des tragenden eingezeichnet und doch auch wieder nicht eingezeichnet erscheint; denn es ruht nicht im Schoß der Mutter allein. Diese Verbundenheit ist so welthaft, dass es wie das unvollkommene Ablesen einer urzeitlichen Inschrift anmutet, wenn es in der jüdischen Mythensprache heißt, im Mutterleib wisse der Mensch das All, in der Geburt vergesse er es.*[61]

Die Urerinnerung des UmgebenSeins

Vielleicht kommt der wunderbare Vers des 139. Psalms aus der Urerinnerung des Menschen an diese vorgeburtliche Existenzweise: „Von allen Seiten umgibst du mich und hältst deine Hand über mir. Diese Erkenntnis ist mir zu hoch und zu wunderbar. Ich kann sie nicht begreifen" (V. 5–6; LÜ). Zu diesem „Wissen des Alls", wie Buber es beschreibt, gehört auch das Wissen um ein „Gesehenwerden": „Deine Augen sahen mich, da ich noch nicht bereitet war" (V. 16; LÜ).

61 Buber, Martin: „Das dialogische Prinzip". Gerlingen: Schneider 1994, S. 28f.

Durch die Geburt vergessen wir alles, was vorher war, um uns auf ein völlig neues Dasein einzustellen. Aber auch in unserem neuen Dasein entwickelt sich neben den neuen Gegebenheiten mit der Zeit die Erinnerung, dass wir auf etwas Höheres bezogen sind, das in der Mutter nur einen vorübergehenden Ausdruck fand – eine nährende Macht, die darauf aus ist, „mich sein und werden zu lassen". Darum ist das Mütterliche, das Weiche, Fördernde und Ernährende auch ein wichtiger Bestandteil eines wahren Gottesbildes, das in der Trinitätslehre des christlichen Glaubens in der *Ruach* (hebr. für „Geist", immer mit weiblicher Präposition) zum Ausdruck kommt. Sie ist in der Erzählung von der Erschaffung der Welt die nährende, wörtlich brütende[62] Umgebung, aus der heraus Gott Realitäten entstehen und „konkret werden ließ".

Mit der Mutter wird zunächst über die Haut (durch Streicheln und Berührtwerden) die Resonanzachse auf einer neuen Ebene wieder aufgebaut. Dabei wird die Haut „zur ersten Sprache", in der das Kind wieder angesprochen wird. Thomas Fuchs beschreibt das so:

> *Indem die Mutter das Kind streichelt und liebkost, hilft sie ihm ebenso zur Erfahrung seiner Eigenständigkeit, wie sie es ihre Nähe und Wärme spüren lässt. [...] Die Bedeutung der leiblichen Berührung geht also weit über eine lustvolle Stimulation hinaus; sie ist die erste Sprache, in der das Kind angesprochen und durch die sein Selbstempfinden geweckt wird.*[63]

Die Sprache der Haut

Diese Sprache ist auch für Erwachsene eine Art Resonanzmembran, mit der wir auf die Welt (und auf Gott) reagieren. Bei Kälte oder seelischem Berührtwerden bildet sich eine „Gänsehaut". Wir reagieren mit der Haut durch Rotwerden (wenn wir von etwas peinlich berührt sind, färbt sich die Gesichtshaut rot) oder durch

62 „... und der Geist [die Ruach] schwebte über den Wassern" (1Mo 1,2; LÜ). Hebr. *richeph* – „schweben"; eigentlich „decken", „beschützen", daher „lagernd" oder „deckend etwas hegen", „pflegen", „schützen"; „über etwas brüten"; „sich über etwas schützend niederlassen". Aramäisch: „über etwas liegen", „um zu beleben", „schützen", „hegen" (Hebräisches und Chaldäisches Handwörterbuch über das AT, Leipzig 1857, Band 2, S. 366).

63 Fuchs, Thomas: „Leib, Raum, Person". Stuttgart: Klett-Cotta Verlag 2000, S. 115.

plötzliches Erbleichen und Erblassen bei erschreckenden Erfahrungen und Erkenntnissen. Wir sprechen auch von einem Schauer, der uns über den Rücken läuft, wenn uns etwas tief im Inneren berührt (ein Musikstück, eine berührende Geschichte, ein ergreifender Anblick). Unser Lebensgefühl bringen wir zum Ausdruck, wenn wir sagen, dass wir uns bei einer Tätigkeit oder Begegnung „nicht wohl in unserer Haut fühlen".

Die Haut ist ein Mitteilungsorgan, mit dem wir freiwillig und unfreiwillig auf atmosphärische und innere Vorgänge des Lebens reagieren. Als Mose mit Gott „geredet hatte", wusste er nicht, „dass die Haut seines Angesichts glänzte" (2Mo 34,29; LÜ). Den „geistlich toten", hoffnungslosen und unempfindsam gewordenen Israeliten kündigte Gott durch den Propheten an: „Ich überziehe euch mit Haut und will euch Odem geben, dass ihr wieder lebendig werdet, und ihr sollt erfahren, dass ich der Herr bin" (Hes 37,6; LÜ).

Erst wenn wir wieder eine empfindsame Haut haben, mit der wir „das Wehen des Windes Gottes" spüren, und einen Atem haben, mit dem wir sprechen und auf Gottes Reden antworten können, machen wir die Erfahrung, „dass Gott der Herr ist" (eine Umschreibung für das Erleben Gottes als allmächtige, über alles herrschende Kraft des Daseins). Die geistlichen Anlagen für eine innere Resonanz müssen uns gegeben oder wieder neu geweckt werden, wenn wir sie verloren haben. Das kann in der Anbetung geschehen.

Das Erwachen des geistlichen Resonanzsystems

Bevor Anbetung mehr als eine kulturelle oder ästhetische Erfahrung werden kann, muss eine Resonanzachse im Herzen der Gottesdienstbesucher gebildet werden. Sie brauchen eine Haut, mit der sie das Wehen des Geistes wahrnehmen können. Ansonsten bleiben Gottesdienst und Anbetungszeit „viel Wind um nichts" für diese Menschen.

Menschen brauchen eine „Haut", mit der sie das Wehen des Geistes wahrnehmen können. Ansonsten bleibt eine Anbetungszeit „viel Wind um nichts".

Doch Gott wirkt. Er schafft „Haut" und „neue Herzen". Wir dürfen darauf vertrauen, dass auch das Neue und Andersartige, das wir in den Liedern der Anbetung zum Ausdruck bringen, eine Resonanz in den Menschen hervorruft. Derselbe Gott, der in uns einmal ein solches Erwachen zu einem völlig neuen

„Resonanzsystem“ geschenkt hat, ist auch in denen am Werk, die als Besucher und Gäste in unsere Glaubensversammlungen kommen.

Es ist vielleicht am Anfang nur eine Ahnung, ein „Ziehen“[64] oder Gezogenwerden, ein Gefühl, dass da „etwas auf uns einwirkt, um uns wirbt“[65]. Wir reagieren darauf, wenn wir uns öffnen, den Raum in uns weiten und eine eigene Resonanz in uns zulassen. So kann ein lebendiger, (zeitweilig) vibrierender Draht zwischen uns und Gott entstehen. Wenn diese Beziehung mit Gott eingespielt ist, ernähren und pflegen wir sie mit Gedanken, Gebeten und Gesten. Wir suchen die Resonanz in der Beziehung zu Gott aber am stärksten im „Hören“ seiner Stimme. Jesus sagte: „Meine Schafe hören meine Stimme, und ich kenne sie und sie folgen mir“ (Joh 10,27; LÜ). Jesus spricht in dieser Metapher von der lebendigen Resonanz des Glaubenden. Schafe reagieren auf die Stimme ihres Hirten. Sie haben eine „Kennung“ eingerichtet, die den Klang ihres Hirten aus den Klängen anderer Stimmen und Geräusche herausfiltert und darauf reagiert. Sobald die Stimme des Hirten erklingt, wird etwas in ihnen angestoßen, etwas schwingt mit. Die Resonanz kann sehr unterschiedlich in ihrer Beschaffenheit sein. Mal kann die Stimme Alarm auslösen und auf Gefahren hinweisen, mal kann sie trösten und Sicherheit vermitteln. Es geht Schafen nicht um „den Text“, sondern um „den Klang“ der Stimme. Wenn eine andere Stimme denselben Text spricht, regt sich nicht viel in der Kennung des Schafes. Die Stimme des Hirten jedoch löst immer den Wunsch aus, zu hören, zu folgen, dranzubleiben und im Umfeld dieser Stimme zu leben.

Anbetung wird immer dann eine lebendige, resonanzerfüllte Erfahrung für die „Herde“, wenn in den Texten, Liedern und Stimmen der Gestalter etwas von der Stimme des „Hirten“ mitschwingt. Das Lebendige und Hoffnungsvolle in uns in Bezug auf Gott wird angesprochen, aktiviert und zur Resonanz gebracht, wenn in anderen die Stimme unseres Hirten „durchklingt“. Es ist wie bei der Begegnung zwischen Maria, die gerade erfahren hatte, dass sie Jesus

64 „Niemand kann zu mir kommen, wenn nicht der Vater, der mich gesandt hat, ihn zieht“ (Joh 6,33; ElbÜ).

65 „Siehe, ich stehe an der Tür und klopfe an; wenn jemand meine Stimme hört und die Tür öffnet, zu dem werde ich hineingehen und mit ihm essen, und er mit mir“ (Offb 3,20; ElbÜ); „Und der Geist und die Braut sagen: Komm! Und wer es hört, der spreche: Komm!“ (Offb 22,17; ElbÜ).

zur Welt bringen sollte, und ihrer Verwandten Elisabeth, die auch ein besonderes Kind der Verheißung (den späteren Johannes, den Täufer) in ihrem Leibe trug: „Maria kam in das Haus des Zacharias und begrüßte Elisabeth. Und es begab sich, als Elisabeth den Gruß Marias hörte, hüpfte das Kind in ihrem Leibe" (Lk 1,40–41a; LÜ). Elisabeth hatte einen starken geistlichen Impuls und nahm Maria die Worte aus dem Mund, noch bevor sie ihre seltsame Geschichte erzählen konnte: „Da wurde Elisabeth vom Heiligen Geist erfüllt und rief laut und sprach: Gesegnet bist du unter den Frauen, und gesegnet ist die Frucht deines Leibes! Und wie geschieht mir, dass die Mutter meines Herrn zu mir kommt? Denn siehe, als ich die Stimme deines Grußes hörte, hüpfte das Kind vor Freude in meinem Leibe" (Lk 1,41b–44; LÜ).

Allein die Stimme Marias, in deren Leib Jesus heranwuchs, löste eine „Kennung" im Leib der Elisabeth aus, wo der sechs Monate alte Embryo des Johannes auf diese Stimme freudig reagierte. Das wiederum führte zu einer tiefen Resonanz in Elisabeth, die Maria für ihren Glauben ehrte und segnete. Dadurch entstand Marias Lobgesang, ein Anbetungslied voller Freude und Staunen über die Wege Gottes. In dieser Begebenheit glühen alle Resonanzdrähte und stoßen eine tiefsinnige und weitsichtige Anbetung an.

Natürlich verstummen diese Resonanzachsen wieder und schweigen in der Normalität des Lebens, das auch diese besonderen Menschen mit ihren einzigartigen Berufungen zu führen hatten. Doch ein warmer Nachklang, ein inneres Mitvibrieren in jedem kleinen Entwicklungsschritt begleitete alle vier Personen: Maria und Jesus, Elisabeth und Johannes. Diese erste Resonanz entwickelte sich mit der Zeit zu einer tiefen Verwobenheit, einem aufeinander bezogenen Dasein.

Samuel richtet seine „Kennung[66]" ein

Gott ruft in Menschen eine Resonanz durch seine Stimme hervor. Er macht sich bemerkbar und spricht uns an, bis wir uns „auf seine Stimme einstellen". Ein schönes Bild dafür finden wir in der Berufung des Propheten Samuel, der als kleiner Junge Hilfsdienste im Tempel ausführte. Er „hatte sich gelegt im Tempel des Herrn, wo die

66 Im Seewesen oder Funkwesen ist das die Kennzeichnung einer bestimmten Frequenz, auf der gesendet und empfangen werden kann.

Lade Gottes war. Und der Herr rief Samuel“ (1Sam 3,3–4; LÜ). Der junge Samuel hielt diese Stimme zunächst für die des alten Priesters und meldete sich bei ihm. Der aber sagte ihm: „Ich habe nicht gerufen; geh wieder hin und lege dich schlafen. Und er ging hin und legte sich schlafen“ (V. 5). Mehrmals passierte dieses Phänomen. Jetzt erst erklärt der Text, was passiert war: „Aber Samuel kannte den Herrn noch nicht, und des Herrn Wort war ihm noch nicht offenbart“ (V. 7). Samuel konnte den Klang dieser Stimme noch nicht zuordnen, er hatte noch „keine Kennung eingerichtet“. Der alte Priester Eli aber spürte in dieser Episode das Rufen Gottes, das er selbst einmal als sehr lebendig erlebt hatte, und ermutigte Samuel, das nächste Mal „seine Antenne auf Gott selbst auszurichten“.

Gottes Beziehung zu den Glaubenden seit Abraham ist die eines Rufenden und Redenden: „Ich, der Herr, habe dich gerufen in Gerechtigkeit“ (Jes 42,6; LÜ) und „Ich habe dich bei deinem Namen gerufen; du bist mein“ (Jes 43,1; LÜ). Das Charakteristische an dieser Anrede ist, dass Gott uns unserer Zugehörigkeit zu ihm zuspricht. Gott redet nicht einfach vor sich hin. Es ist nicht nur die Stimme der Weisheit, die auf den Gassen erschallt und Weisheiten vor sich hinredet, die man hören oder ignorieren kann (vgl. Spr 1,20ff). Es ist kein Tonband, keine Textnachricht, keine Informationseinheit und kein Selbstgespräch. Es ist ein „Draht“, um Zugehörigkeit, Gemeinsamkeit und Verbundenheit zu etablieren. Gott redet zu „unserem Herzen“, um es „zu gewinnen“, nicht (nur) zu unserem Verstand, um ihn zu überzeugen. Es ist der Klang der Zugehörigkeit in unseren Herzen, der in der Anbetung eine Resonanz in uns auslöst. Es ist nicht die Information an sich, sondern das Klangbild, der charakteristische Ton, die vertraute Stimme des „Herrn und Hirten unserer Seele“[67].

Dieses Bewusstsein, zu Gott zu gehören und trotzdem eigenständig zu sein, baut sich aus. In gewisser Weise wird Gott mit der Zeit nicht nur ein „Gegenüber für uns“, sondern es entwickelt sich ein „Miteinander in uns“. Die Beziehung zu Gott ist nicht nur auf ein dialogisches Miteinander

In gewisser Weise wird Gott mit der Zeit nicht nur ein Gegenüber für uns, sondern es entwickelt sich ein Miteinander in uns.

67 „Denn ihr wart wie irrende Schafe; aber ihr seid nun umgekehrt zu dem Bischof und Hirten eurer Seele“ (1Petr 2,25; LÜ).

beschränkt wie ein Gespräch von sich gegenüberstehenden Parteien. Ihr Ziel ist eine ineinandergreifende und untrennbar verbundene Einheit. Das ist nicht nur ein hehres Ziel, sondern sogar eine faktische Voraussetzung, da wir ohne Gott gar nicht existieren könnten. Daher ist dieses „Miteinander in uns" aber auch nur eine partielle, gebrochene Einheit, die uns einlädt, eine reale, tiefere Verbundenheit anzustreben, sozusagen nicht nur „durch ihn", sondern auch „in ihm" zu sein. Wir pendeln oder schweben zwischen einer existenziell vorhandenen Grundeinheit und einer tatsächlich übereinstimmenden, aufeinander ausgerichteten tieferen Einheit.

Wenn wir diese Übereinstimmung spüren und zu dem Klang und Rhythmus Gottes in uns mitschwingen, erleben wir Resonanz. Wir spüren diese Resonanz in der Summe, wenn wir mit „den Füßen unserer Seele" auf einem festen Boden der Wahrheit stehen und einen soliden Widerstand spüren, wenn wir einen lebendigen Windhauch auf „der Haut unserer Seele" spüren und wenn wir den Klang einer Stimme hören, die „in den Ohren unserer Seele" aus Texten, Melodien und Gebeten heraus zu uns spricht. Anbetung bewegt uns auf mehreren Ebenen.

Resonanz erwidern und Mitschwingen

Resonanz bedeutet in der Physik, dass ein Körper mit einem anderen Körper mitschwingt. In der Kommunikation ist es ein anderes Wort für eine Reaktion, zum Beispiel für einen Zuspruch („Der Vorschlag fand große Resonanz"). Wikipedia beschreibt Resonanz als „das verstärkte Mitschwingen eines schwingfähigen Systems"[68]. Der Begriff selbst stammt aus der Akustik, wo er das deutlich bemerkbare Mitschwingen von Saiten bei Tönen geeigneter Tonhöhe bezeichnet.

Wenn ich auf einem Flügel eine Taste anschlage, klingen nicht nur die Saiten mit, die von dem Filzklöppel der Hammermechanik getroffen werden, sondern auch die anderen Saiten, die auf die Tonhöhe oder Klangfrequenz des Tones reagieren. Der Flügel selbst wird zum Resonanzkörper. Der gehörte und gefühlte Ton ist nicht nur der Ton der einzelnen Saite, sondern auch der Gesamtklang des Flügels, der mit dem Ton mitklingt, sowie die Schwingungen der Eigenresonanz im äußeren Gehörgang unseres Ohres. So bringt

68 https://de.wikipedia.org/wiki/Resonanz; letzter Zugriff: 12.09.17.

in der Anbetung der Glaubende nicht nur seine eigene Stimme vor Gott in Bewegung. Er bewegt seinen Ton in einem Klangsystem, das ihn umgibt, bedingt und bei dem er mitschwingt. Beim Klavier schwingen andere Saiten mit ähnlicher Tonhöhe mit, ebenso der Raum des Holzkörpers, der die Saiten umgibt. Ähnlich erlebt der Betende, dass sein Gebet etwas „Passendes" oder „Paralleles" in Gott mitschwingen lässt. Anbetung ist Eigenklang und Mitschwingen, Ruf und Antwort, Initiative und Verstärkung. Lebendige Anbetung bedeutet, Resonanz zu erfahren. Unser Gefühl für Gott wird erwidert. Unsere Sehnsucht nach Gott findet eine Stimme. Glaube, Liebe und Hoffnung finden einen Klang. Es ist ein Grundklang, der zuerst von Gott ausgegangen ist. Der Mensch ist das „schwingfähige System", das von Gott selbst zum Mitschwingen gebracht wird. Er ist (nach Sloterdijk) das „Schwebewesen" in der Sphäre Gottes, mit dem Gott selbst geniale (Resonanz-)Räume bildet.

Da andere Menschen in der Gemeinschaft des Glaubens mit anbeten, kommt es auch hierdurch zu einer Resonanzverstärkung. Mittlere und große Anbetungsgemeinschaften lösen immer eine stärkere Resonanz aus als die reine Eigenschwingung. Das erklärt, warum wir Gott oft in der Gemeinschaft der Glaubenden stärker wahrnehmen als in unserer geschlossenen Privatsphäre.[69] Die Eigenresonanz des Klanges wird von der Raumresonanz der Glaubensgemeinschaft unterstützt. Auch das Bewusstsein, mit einer weltweiten Kirche und damit mit Menschen aus anderen Kulturen und Kontinenten verbunden zu sein, löst eine Resonanzverstärkung aus. Bei ihnen allen schwingen dieselben Erfahrungen und Überzeugungen mit. In der Anbetung erleben wir ein Stück Einheit des Glaubens. Anbetung ist ein Resonanzgeschehen mit vielen Resonanzachsen. Sie bezieht sich auf etwas, durch dessen Mitschwingen unsere Liebe zu Gott verstärkt wird. Das können die alten Gebete, Liturgien und Kirchenlieder sein

Anbetung ist ein Resonanzgeschehen mit vielen Resonanzachsen.

69 Das sagt allerdings nichts über die Tiefe der Begegnung aus. Was in „unserem stillen Kämmerlein" passiert, kann unendlich viel gehaltvoller und bedeutungsvoller sein, weil es eine „reinere" Resonanz ist, die sich dort nur zwischen Gott und mir ereignet. In dem größeren Geschehen können die Klänge, Stimmen und Elemente der anderen „Resonanzkörper" unsere Eigenresonanz überstimmen. Andererseits können sie aber auch etwas „anstoßen", was wir alleine in unserer gewohnten Umgebung so nicht erleben würden.

oder das modern gewebte Netz aus Pop, Rock und neuen Sprachwelten, die vor allem junge Menschen lieben, weil hier der Glaube in ihrer eigenen Sprache zu ihnen spricht.

Wenn die Sinn-Resonanz verschwindet

Die „Ursünde" in der jüdisch-christlichen Tradition wird als Zustand der Beziehungslosigkeit verstanden, vor allem wenn sie ein Zustand ist, in dem der Mensch glaubt, sich selbst Antwort genug zu sein. Es ist ein Zustand, in dem als Folge einer Abwendung von Gott jegliche Resonanz verstummt. Der Mensch verliert das Gefühl für das Geheimnis der Zusammengehörigkeit, das ihm in der Begegnung mit Gott die Welt zum Klingen bringt: Er verliert die Fähigkeit und manchmal sogar das Bedürfnis, den Klang der Liebe Gottes zu hören, wenn er der Welt begegnet.

Der Mensch ohne die Sinnquelle „Gott" oder „Liebe" fragt am Ende nur noch nach dem Nutzen. Das Leben besteht für ihn nur noch darin, alles zu bewerten, abzuwägen, zu wählen und zu verwerfen. Es ist alles noch da, aber es spricht ihn nicht mehr an. Das ganze Leben wird zu einer Ressource, einem leblosen Hintergrundsummen. Es macht nichts mehr mit ihm, es wird langweilig und reizlos. Der Mensch „verschlingt und verbraucht" nur noch. Er begegnet niemandem mehr, er vernimmt keine andere Stimme mehr im Leben. Die Welt und die Dinge „sprechen" nicht mehr zu ihm. Sie entsprechen nur noch bestimmten Erwartungen. War der Mensch einst noch existenziell mit Gott verbunden, ist er nun ein distanzierter Ausbeuter seines Schöpfers. Er ist nur noch Konsument und steht am Rande des Lebens, um die Ernte zu planen und zu beaufsichtigen. In vieler Hinsicht ist er abgeschnitten und isoliert, wird unempfindlich gegenüber dem Wunder des Lebens. Je stärker sich der Mensch als Ausbeuter seines Lebenssystems verhält, desto mehr verstummt die Resonanz zu dem Geheimnis einer inneren Verbundenheit.

Am Ende baut sich im Menschen mitten in Sicherheit und Überfluss eine Verdrossenheit auf, ja manchmal sogar ein Ekel vor seinem Dasein, der auf einem Mix aus Sinnlosigkeit und Beziehungslosigkeit beruht. Der Mensch existiert noch und konsumiert vielleicht noch viel, aber all das erfüllt ihn nicht mehr mit Dankbarkeit und Liebe, sondern er empfindet Überdruss.

In seinem Buch *Der Ekel* beschrieb der französische Schriftsteller Jean-Paul Sartre dieses existenzielle Gefühl im modernen Menschen. Ein Mensch versucht, die Ursache für sein Lebensgefühl des Ekels herauszufinden, das ihn trotz einer unproblematischen, relativ normalen Existenz immer wieder beschleicht. Er sieht diese Ursache in der Sinnlosigkeit und Zufälligkeit seines Daseins. Weil er nichts mehr spürt, das ihn „unbedingt angeht", verkommt seine Existenz zu etwas Stummem, zu einem Dasein ohne Resonanz, Herausforderung, Verheißung und Lebendigkeit. Sartre schreibt:

> *Und es stimmte, ich war mir dessen immer bewusst gewesen: Ich hatte kein Recht zu existieren. Ich war zufällig erschienen, ich existierte wie ein Stein, eine Pflanze, eine Mikrobe. Mein Leben wuchs aufs Geratewohl und in alle Richtungen. Es gab mir manchmal unbestimmte Signale; dann wieder fühlte ich nichts als ein Summen ohne Bedeutung.*[70]

Ein Mensch ohne das Bewusstsein, auf tiefe Weise von Gott geliebt zu sein, „findet sich nur noch vor". Er hat den Grund für sein Dasein verloren, nämlich dass er von Gott geliebt ist und dass er dadurch zu einem Leben in Resonanz berufen ist. Er erlebt sich nur noch als zufällige Erscheinung, als ein „willkürliches Existenzphänomen". Auch wenn seine Welt voll lebendiger Reize und Ablenkungen ist, fühlt er sie nur als ein Summen ohne Bedeutung.

Der anbetende Mensch dagegen findet sich in der Sphäre der Liebe Gottes vor. Es ist eine Liebe, die ihn ruft, beim Namen nennt und in unzähligen Kleinigkeiten und Großartigkeiten des Lebens anspricht und berührt. Sie wird zum Sinn und Resonanzboden seines Daseins. Auf solchem Boden kann sich Ekel in Dankbarkeit verwandeln. Auf solchem Boden bleibt das Leben spannend, weil wir es nicht nur „abtragen und ausbeuten". Es ist reich und voller Überraschungen, weil wir in Natur, Welt und Gesellschaft einem unverfügbaren Gegenüber mit eigener Stimme und eigenem Recht gegenüberstehen.

70 Sartre, Jean-Paul: „Der Ekel. Roman in neuer Übersetzung". Hamburg: Rohwolt 1963, S. 135.

„Etwas ist da“

„Etwas ist da, etwas ist gegenwärtig.“ So beginnt der Soziologe Hartmut Rosa sein Kapitel über vertikale Resonanzachsen und die Verheißung der Religion.[71] In seinem Buch *Resonanz – eine Soziologie der Weltbeziehung* schildert er die großen Krisen der Gegenwartsgesellschaft so, dass sie die Resonanz in der Beziehung zur Welt verloren hat. Die Welt droht zu verstummen. Es klingt in unseren Herzen nichts Tieferes mehr zurück, wenn wir die Welt nur instrumentalisieren und verdinglichen. Ein distanzierter Zugang der Wissenschaft, der alles nur mit neutralem Blick durchs Mikroskop oder durch die Statistik sieht, verengt unsere Wahrnehmung. Die Vermessung, Verwaltung und Optimierung des Lebens bis in die kleinsten Bereiche – all das lässt die „eigene Stimme“ verstummen, mit der die Welt zu uns spricht. Wir sind so sehr damit beschäftigt, immer mehr Dinge und Beziehungen zu erfassen, zu planen, zu machen und zu verwalten, dass wir das staunende und lebensspendende Gefühl, „etwas ist da“, nicht mehr wahrnehmen. Wir leben in einer Steigerungslogik, die in allen Lebensbereichen auf Kontrolle und Anhäufung abzielt. Rosa nennt es den getriebenen Versuch, „unsere Weltreichweite zu vergrößern, indem wir unsere Vermögenslage verbessern oder unser Freundes- und Bekanntennetz ausdehnen oder unsere Gesundheit steigern. Aber das ist eine Art des In-der-Welt-Seins, eine Form der Weltbeziehung, die uns eben resonanzarm macht.“[72]

Viele Menschen setzen diesem Beschleunigungs- und Steigerungsdruck Gegengewichte wie Slow Work, Slow Food und dergleichen. Mit einem „entschleunigten“ Leben wollen sie auf Zeitknappheit, Stress und Hektik im Alltag reagieren. Doch wenn nur die Geschwindigkeit gedrosselt oder etwas bewusster getan wird, können damit nicht die Probleme auf der Ebene gelöst werden, auf der sie entstanden sind. Lebensqualität und lebendige Tiefe in uns haben auch mit der Fähigkeit zu

Loslassen und Vertrauen ist Voraussetzung für die Resonanz, die wir im Anbetungsgeschehen von Gott her erwarten.

71 Rosa, Resonanz, S. 435.

72 http://www.deutschlandradiokultur.de/soziologe-rosa-ueber-sein-buch-resonanz-entschleunigung-ist.1008.de.html?dram:article_id=347513; letzter Zugriff: 12.09.17.

tun, zu vertrauen, loszulassen, weniger zu kontrollieren und sich mehr auf Menschen und Situationen einzulassen. Dieses Loslassen und Vertrauen ist Voraussetzung für die Resonanz, die wir im Anbetungsgeschehen von Gott her erwarten.

> *Etwas ist da, etwas ist gegenwärtig. Das ist Grundform aller Weltbeziehung. Es ist die Urform aller Wahrnehmung und allen Bewusstseins, [...] die Urform des Daseins. Religion kann verstanden werden als die in Riten und Praktiken, in Liedern und Erzählungen, zum Teil auch in Bauwerken und Kunstwerken erfahrbar gemachte Idee, dass dieses Etwas ein Antwortendes, ein Entgegenkommendes – und ein Verstehendes ist.*[73]

In der Anbetung treten wir diesem Antwortenden, Entgegenkommenden und Verstehenden gegenüber und öffnen uns dafür. Wir bekennen, dass die Welt mehr ist als reine Verfügungsmasse. Sie ist die Schöpfung eines lebendigen Gegenübers, das mit eigener Stimme zu uns spricht. Anbetung lässt in uns etwas anklingen und mitschwingen, das mit dem Gegenüber korrespondiert, sie ist aber auch gleichzeitig das ganz Andere und Unverfügbare. Diese Erkenntnis macht uns demütig, nicht ohnmächtig. Sie öffnet unser Dasein für einen Sinn, den wir uns selbst nicht einfach selber geben können. Gott ist nicht unser Entwurf, sondern unser Schicksal. Im Glauben und in der Anbetung spüren wir ihn als die Antwort, als denjenigen, der uns versteht und uns entgegenkommt – selbst wenn er schweigt.

Gott ist nicht unser Entwurf, sondern unser Schicksal.

Resonanz in der „Anschauung des Universums"

In seinem berühmten Buch Über die Religion. Reden an die Gebildeten unter ihren Verächtern sieht der Theologe Friedrich Schleiermacher die Theologie im Verdacht, nur „ein leeres Spiel mit Formeln" zu betreiben und „tote Buchstaben" zu produzieren, die zu den „Fesseln eines Systems" werden.[74] Dem stellt er die eigentliche

---

73 Rosa, Resonanz, S. 435.

74 Schleiermacher, Friedrich: „Über die Religion. Reden an die Gebildeten unter ihren Verächtern". Stuttgart 1969, S. 29.

religiöse Erfahrung gegenüber, die er als eine dynamische, in ihrer Art einmalige Beziehung zwischen Subjekt und „Universum“ begreift und in der es zu einer echten wechselseitigen Berührung kommt. Wie im Buch Hartmut Rosas bestimmt Schleiermacher diese Berührung im Sinne eines Resonanzgeschehens; für ihn ist es ein Wechselspiel zwischen einem Ergriffenwerden und einer Emotion. Dabei nennt er das, was uns ergreift, etwas rätselhaft „das Universum“ anstatt Gott. Aber vielleicht will er mit dieser Redeweise die schnelle schemenhafte Besetzung des Wortes Gott in eine andere größere Metapher verwandeln, ohne ihren Sinn zu verändern.[75] Für Schleiermachers Gebrauch von „Universum“ als Metapher für Gott spricht, dass das deutsche Wort „Universum“ zurückgeht auf lateinisch *universus* – „gesamt“. Das Universum als Metapher für Gott kann als „das große Ganze“, „das Leben an sich“, „die uns umfassende größere Wirklichkeit“ verstanden werden. In diesem Sinne ergeben die etwas kryptisch oder esoterisch anmutenden Worte Schleiermachers wieder Sinn. So wird Religion bei ihm kurz und knapp mit der Formel „Anschauen des Universums“ zusammengefasst. „Anschauen“ ist nicht nur eine ästhetische Wahrnehmung der Welt, sondern Schleiermacher versteht Anschauen im Sinne einer Begegnung. Es ist ein tieferes Hinschauen, ein Erkennen, ein Gewahrwerden. Dabei begegnet der kleine Mensch dem großen Ganzen, das Geschöpf dem Schöpfer, der Bedürftige seinem Wohltäter. „Das Universum“ übt den ersten Einfluss aus. „Es“ schaut den Menschen an, sodass Menschen in der Bibel ihn bezeugen als einen Gott, „der mich sieht“ (1Mo 16,13; LÜ). Der Mensch „verliebt sich“ quasi in das, was ihn aus dem Universum heraus „anliebt“[76].

Anschauen im Sinne einer Begegnung ist ein tieferes Hinschauen, ein Erkennen, ein Gewahrwerden.

---

75 Wenn er einfach das materielle Universum mit Gott gleichsetzen würde, wäre es nur die Neuauflage der Häresie des Pantheismus – alles, was ist, ist Gott. Das ist aber nicht Schleiermachers Position.

76 Auch das menschliche „Verliebtsein“ basiert auf einer Mischung von Entsprechung und Andersartigkeit. Wir erkennen in dem geliebten Gegenüber etwas, was zu uns passt, mit uns schwingt und uns in Eigenschwingung versetzt. Gleichzeitig erkennen wir die komplementäre Andersartigkeit, fühlen uns gerade deshalb zum anderen hingezogen, weil er/sie das hat, was wir nicht haben, das ist, was wir nicht sind.

So die Religion; das Universum ist in einer ununterbrochenen Tätigkeit und offenbart sich uns jeden Augenblick.[77]

Die Offenbarung Gottes ist zwar verhüllt und nur dem Auge des Glaubens zugänglich. Doch Gott spielt keine Versteckspiele. Sein offenbarendes Wesen ist ununterbrochen auf uns ausgerichtet. In dem Moment, wo der Mensch die Augen des Glaubens öffnet, dem offenbarenden Werben Gottes nachgibt, wird aus einem Augenblick ein Herzensblick. Schleiermacher beschreibt einen solchen Moment der Resonanz als eine wechselseitige Berührung. Er tut dies in einer mystischen und poetischen Tiefe, wo ich und das „es" oder „er" Gottes verschmelzen, sich durchdringen und „einer von dem anderen weiß", wie man es nur im Glauben wissen kann:

Ich liege am Busen der unendlichen Welt: ich bin in diesem Augenblick ihre Seele, denn ich fühle alle ihre Kräfte und ihr unendliches Leben, wie mein eigenes, sie ist in diesem Augenblicke mein Leib, denn ich durchdringe ihre Muskeln und Glieder wie meine eigenen, und ihre innersten Nerven bewegen sich nach meinem Sinn und meiner Ahndung wie die meinigen. […] Dieser Moment ist die höchste Blüte der Religion.[78]

Für einen kurzen mystischen Moment kann der Glaubende, der nicht nur ein „Fürwahrhalter von Glaubenssätzen ist", sondern ein „staunend an das Geheimnis Gottes Angeschlossener", sich selbst in einer untrennbaren Verbindung mit Gott erleben. Weil Gott alles durchdringt, erhält und verbindet, erlebt der Anbetende seine Verbindung mit Gott als eine Verbindung mit allem. Weil er einen „lebendigen Draht zu Gott hat", spürt er auch einen Draht zu allem Lebenden in diesem Universum. Er schaut nicht nur an, er schwingt mit.

Hartmut Rosa schreibt dazu:

Diese Herstellung einer „Tiefenresonanz" erlebt der Betende als eine Ausrichtung nach innen und außen gleichermaßen. Er schließt die Augen und wendet sich nach innen und spricht gleichzeitig ein

77 Schleichermacher, Über die Religion, S. 38f.

78 Ebd., S. 50f.

Draußen an mit dem Ziel, eine intensive Verbindung zwischen beiden spürbar werden zu lassen. Da Resonanz immer das Starre, Gegenüberliegende auflöst und eine Art Vermischung oder gar Verflüssigung auslöst, lässt sich für den Betenden gar nicht mehr genau angeben, was innen und was außen ist.[79]

Dieses Problem schildert schon Augustinus in seinen Bekenntnissen:

Wie aber soll ich anrufen ihn, meinen Gott und Herrn? Denn zu mir hinein rufe ich ihn ja, wenn ich ihn anrufe. Wie heißt die Stätte, dahin mein Gott komme zu mir, wohin der Gott komme zu mir, der Himmel und Erde gemacht hat? So ist also, Herr, mein Gott, etwas in mir, das dich zu fassen vermag? Fassen dich denn Himmel und Erde, die du gemacht hast und in deren Bereich du mich geschaffen hast? Oder fasst dich deshalb alles, weil ohne dich nicht wäre, was ist? Da nun auch ich bin, was bitte ich dich denn, in mich zu kommen, der ich nicht wäre, wenn du nicht wärst in mir? [...] Ein Nichts wäre ich, mein Gott, wäre überhaupt nicht vorhanden, wenn du nicht wärest in mir. Oder ich wäre vielmehr nicht, wenn ich nicht wäre in dir [...]. Ja, so ist es, so ist es, o Herr! Wenn ich dich anrufe, wohin rufe ich, da ich ja bin in dir? Wohin sollte ich wohl gehen über Erde und Himmel hinaus, dass von da käme zu mir mein Gott![80]

In der Anbetung verflüssigen sich die Grenzen der sich gegenüberstehenden Parteien. Sich Liebende „haben sich" gegenseitig und würden doch scharf protestieren, wenn einer von ihnen daraus einen Besitzanspruch ableitet. Freiheit und Selbstständigkeit werden in dieser Beziehung nicht aufgelöst. Sie gehören einander zwar, aber nicht so, wie Dinge einem Besitzer gehören, sondern wie „liebevoll aufeinander Hörende" sich wahrnehmen. Anbetung im Sinne von Schleiermachers Religionsbegriff ist „Anschauung" mit der Offenheit, sich berühren und ergreifen zu lassen.

In der Anbetung verflüssigen sich die Grenzen der sich gegenüberstehenden Parteien.

79 Rosa, Resonanz, S. 435ff.

80 „Die Bekenntnisse des heiligen Augustinus". Wiesbaden 2008, S. 16.

Anschauen ist nicht Weltanschauung

Man darf dieses Wort Anschauung auf keinen Fall mit dem Begriff einer Weltanschauung verwechseln. „Anschauen" hat mit einem berührenden Blick, einer inneren Öffnung für das zu tun, was uns da aus der Welt heraus zuerst anschaut. Eine Weltanschauung ist ein Komplex von Überzeugungen, wie „die Welt sein sollte". Sie ist oft mit dem Wunsch verbunden, dieses Ideal herbeizuführen. Weltanschauungen sind wertende Vorstellungen, die ein unvoreingenommenes Ansehen, Staunen und Ergriffenwerden stark einschränken. Je ideologischer ein Mensch eine Weltanschauung vertritt, desto weniger Resonanz erlebt er in seiner Begegnung mit der Welt. Er wird immer erst versuchen, die Welt dahin zu verändern, wie sie seiner Meinung nach sein sollte. Er ist im „Weltverbesserungsmodus" fixiert und kann die Schönheit, Größe und Vielfalt der Welt nur begrenzt würdigen, geschweige denn sich tief davon bewegen lassen.

Es gehört zur Tragik seiner geschichtlichen Entwicklung, dass das Christentum in vielen Ausprägungen des Glaubens eher eine Weltanschauung als eine Einladung zur Begegnung geworden ist. Weltanschauungen sind getrieben von starken Wertungen, die häufig Abwertungen und Verurteilungen dessen sind, was der Idealwelt widerspricht. Weltanschauungen wollen die Welt „herrichten", umpolen und „wieder gerade machen", was ihrer Meinung nach schiefläuft. Dafür machen sie gerne auch erst einmal das Unvollkommene des Bestehenden kaputt, gehen im schlimmsten Fall über Leichen.

Es gehört zur Tragik seiner geschichtlichen Entwicklung, dass das Christentum eher eine Weltanschauung als eine Einladung zur Begegnung mit Gott geworden ist.

Anbetung überwindet den ideologisch-analysierenden Blick. Sie empfängt die Welt von Gott und ruht zuerst einmal in dem, was er dort alles schon Gutes eingerichtet hat. Jesus rief seine Jünger zur Anbetung auf, als er sagte: „Seht die Vögel unter dem Himmel an: Sie säen nicht, sie ernten nicht, sie sammeln nicht in die Scheunen; und euer himmlischer Vater ernährt sie doch" (Mt 6,26; LÜ).[81] Was für eine tiefe Naturverbundenheit und liebevolle Sicht der von Gott gewirkten Zusammenhänge kommt hier zum Ausdruck! Jesus

81 Ebenso: „Schaut die Lilien auf dem Felde an, wie sie wachsen: sie arbeiten nicht, auch spinnen sie nicht. Ich sage euch, dass auch Salomo in aller seiner Herrlichkeit nicht gekleidet gewesen ist wie eine von ihnen" (V. 28–29).

betonte: Glauben heißt sehen, was Gott wirkt. „Selig sind die Augen, die sehen, was ihr seht“ (Lk10,23; LÜ). Dagegen steht leider sehr häufig der moralisierende Blick, der die Welt skeptisch analysiert und richtet, anstatt ihre Windungen und Wege zunächst als Ausdruck der Vielfalt und Großzügigkeit Gottes zu sehen. Die Perspektive der Anbetung führt über die Versuchung, perfektionistisch und kleinkariert alles zu betrachten, hinaus in die Weite.

Der Glaubende sieht das Wirken Gottes nicht nur in Natur und Umwelt, sondern auch in der Bereitschaft der Menschen, sich Gott gegenüber zu öffnen. Jesus betrachtete die Frau am Brunnen Samarias und die zu ihr gehörigen Menschen mit ihren Fragen über Gott wie ein reifes Erntefeld. Den Pessimismus der frommen Weltanschauung über die allgemeine Verdorbenheit der Menschen, besonders der Samariter, teilte er nicht: „Sagt ihr nicht selber: Es sind noch vier Monate, dann kommt die Ernte? Siehe, ich sage euch: Hebt eure Auge auf und sehet auf die Felder: sie sind schon reif zur Ernte“ (Joh 4,35; LÜ). Jesus betrachtete die Welt als ein Feld, das Gott selbst bestellt hatte. Die Menschen, die ihm begegneten, waren „reif zur Ernte“. Es war ein verheißungsvoller Blick, der mit Gottes Vorauswirken in den Biografien der Menschen rechnete. Es war ein Blick der liebevollen Zuwendung zu allen Kreaturen, der sowohl Vögel und Pflanzen als auch suchende Menschen mit Gottes Güte sah. Deshalb rief Jesus immer eine so starke Resonanz bei den Menschen hervor. Er brachte ihren Draht zu Gott zum Glühen. Er öffnete ihre Augen für das Wirken Gottes in ihrer eigenen Welt. Jesus wartete nicht auf die idealen sittlichen Voraussetzungen bei den Menschen, sondern stachelte ihren individuellen Durst nach Gott an. Er wies sie auf das Tiefere, Schönere und Wesentlichere im Leben hin, ohne zu moralisieren und zu verurteilen. Er verbreitete keine Weltanschauung, sondern sprach sich für eine Anschauung des Universums aus, in dem Gott überall im Großen und Kleinen wirksam war.

Anbetung ist Anschauung der Welt mit Tiefenresonanz

In der Anbetung löst die Anschauung einer Welt „unter“ Gott eine tiefe Resonanz in uns aus. Wir gehen dabei davon aus, dass die Welt ohne Gott gar nicht sein kann, dass er sie ermöglicht und durchdringt. Wir spüren eine Verbindung, die uns nicht nur mit Gott, sondern gleichzeitig mit allem und allen anderen in der Welt verbindet. Wir hören immer mehr, was Gott uns durch die Welt sagt – durch die Vögel unter dem Himmel wie durch die Lilien auf dem Felde. Wir bringen ihre Stimmen und die Stimme der christlichen Überlieferungen in eine Beziehung zu unserer Anbetung. Der „Draht zu Gott" vibriert, das Klangspektrum der Seele meldet sich. Wir spüren und verstehen die Beziehung Gottes zu seiner Welt als die Beziehung eines Vaters zu all denen, denen er das Leben geschenkt hat. Die Erkenntnis, dass Gott der Welt nicht nur ein (mütterlich-versorgendes) Lebenssystem, sondern auch ein liebender Vater ist, findet Resonanz in unseren Herzen durch den Geist Jesu. Jesus spürte und sah Gott so. In dem aramäischen Wort „Abba", mit dem Jesus Gott statt des üblichen JHWHs seinerzeit anredete, schwingt Bewunderung, Dankbarkeit, Zärtlichkeit und Vertrautheit mit. Nach dem lutherischen Theologen und Orientalisten Joachim Jeremias (1900–1979) ist der Ausdruck Abba eine kindliche Lallform des aramäischen Wortes für Vater „Ab" – ähnlich dem deutschen Wort Papa. Diese Form begegne uns nur im Munde Jesu, sonst nirgends in palästinischen Quellen jener Zeit, sodass sie Ausdruck der besonderen Vertrautheit Jesu mit Gott und sein ureigenes Wort sei.[82]

In der Anbetung erleben wir eine der tiefsten Glaubensresonanzen. Wir rufen mit Jesus Gott als Vater an. Gleichzeitig spüren wir das Prinzip der Resonanz: Wir rufen, weil in uns schon etwas anderes ruft. Wir beten an, weil in uns schon „etwas/jemand" Gott anbetet. Wir glauben, weil der Geist Jesu in unseren Herzen unseren Glauben anregt und inspiriert. Die Anbetung Jesu klingt in unseren Herzen nach und schwingt mit[83]: „Gott sandte den Geist seines Sohnes in unsere Herzen, der da ruft: Abba, Vater!" (Gal 6,4; ElbÜ).

Für echte Resonanz ist es wichtig, dass zwei eigenständige Stimmen/Klangkörper aufeinander reagieren. Sonst wäre die Reaktion nur ein Echo, eine akustische Spiegelung, eine blutleere und „ich-lose" Angelegenheit. Darum bedeutet christliche Anbetung nicht einfach, dass der Menschen nur ein „notwendiger Wirt" für das Gottesvirus in dieser Welt wäre. In der Anbetung strebt der Mensch zwar nicht nach Autonomie, sondern er möchte sich auf Gott abstimmen und

82 Vgl. https://de.wikipedia.org/wiki/Abba_(Bibel); letzter Zugriff: 12.09.17.

83 „Ihr habt den Geist empfangen, der euch zu Söhnen macht, den Geist, indem wir rufen: Abba, Vater" (Röm 8,15b; EÜ).

sich ihm angliedern. Darüber hinaus gibt die Anbetung dem Selbst des Menschen aber eine starke, wohlwollende und eigenständige Ausgangsposition. Der anbetende Mensch ist kein reiner „Gottesträger“, sondern ein „Wesen in eigenem Recht“, das in der Liebe zu seinem Schöpfer aufblüht.

4. Anbetung als religiöses Selbstbewusstsein

Wie aber ist Selbstbewusstsein möglich?
Dadurch, dass ich mich mir selbst entgegensetze, mich von mir selbst trenne, aber ungeachtet dieser Trennung im Entgegengesetzten als dasselbe erkenne.
Friedrich Hölderlin (1770–1843)[84]

Anbetung ist Gotteserkenntnis auf der Grundlage des Selbstbewusstseins. Wenn der Mensch kein Selbstbewusstsein hätte, könnte er sich auch nicht als Wesen wahrnehmen, das vor Gott steht. Gotteserkenntnis ist ein Erkenntniselement im Bewusstsein des Menschen, selbst wenn Gott schon ewig „war" und weit über alles hinausgeht, was der Mensch sich vorstellen kann. Bevor der Mensch ein religiöses Selbstbewusstsein entwickelte, musste er erst einmal über eine Art Selbstbewusstsein verfügen. Wie wurde der Mensch zu einem selbstbewussten Wesen, das dann auch irgendwann den anbeten konnte, der es erschaffen hat?

Das Werden des Menschen bezeichnet man auch als Anthropogenese (die Genesis des Anthropos). Da dieses Werden nur durch Rückschlüsse über Spuren, Traditionen und Geschichten über das Werden des Lebens überhaupt erkannt werden kann, existieren zwei grundsätzlich verschiedene Geschichten, wie diese Menschwerdung zustande kam. Jeder Mensch muss entscheiden, welche für ihn die glaubwürdigere ist.

Geschichte: Werkzeuggebrauch, Bewusstsein und Sprache

Nach Pannekoek geschah Menschwerdung rein zufällig, weil ein paar Affen auf die Idee kamen, Werkzeuge zu benutzen.

Nach einer Theorie des niederländischen Astrophysikers Anton Pannekoek (1873–1960), den ich als Beispiel für ein auf die Biologie reduziertes Denken über die Menschwerdung anführe, passierte sie einfach zufällig, weil – polemisch zugespitzt – ein paar Affen auf die Idee kamen, Werkzeuge

84 Hölderlin, Friedrich: „Urteil und Seyn (1794/95)". Sämtliche Werke. Bd. IV Stuttgart: Kohlhammer 1961, S. 216f.

zu benutzen.[85] Für Pannekoek unterscheidet sich der Mensch von den Tieren durch drei wesentliche Merkmale: abstraktes Denken, Sprache und der Gebrauch von Werkzeugen, die er selbst herstellt. Selbstbewusstsein muss sich seiner Meinung nach irgendwann aus der Reflexion über die Fähigkeit des Menschen, Werkzeuge gebrauchen zu können, gebildet haben.

Auch Tiere verwendeten schon immer tote Naturgegenstände für ihre Zwecke; der Mensch allein bildete diese aber seit einem bestimmten Zeitpunkt[86] in planmäßiger Vorbereitung zu Werkzeugen um. Das in die Hand genommene Werkzeug spielte dieselbe Rolle wie das Körperorgan beim Tier. Da das Werkzeug ein toter Gegenstand war – losgelöst vom Körper –, konnte es ersetzt werden, sobald es kaputt war. Es konnte zu vielerlei Formen umgeformt und immer differenzierter eingesetzt werden. So könnte man sagen: Ab einem bestimmten Zeitpunkt war der Mensch ein Tier mit auswechselbaren Organen. Das Werkzeug konnte durch Erfindungen andauernd verbessert werden und wuchs an Vollkommenheit über jedes tierische Organ hinaus; dank dieses größeren Instrumentariums wurde der Mensch in der Evolution den Tieren überlegen.

Dies alles geschah mithilfe des Denkens. Auch die Tiere können in gewisser Form denken, sie können in bestimmtem Maß reflektieren, sie haben eine Art Bewusstsein, vielleicht sogar geistige Fähigkeiten. Bei ihnen bilden die Empfindungen der körperlichen Bedürfnisse und der Sinneseindrücke mit dem darauffolgenden Handeln jedoch immer ein Ganzes. Alles geschieht überwiegend reflexartig. Bei dem Menschen ist diese Einheit zerschnitten; die Eindrücke sammeln sich irgendwo an („im Geist" oder Bewusstsein), ohne dass der Mensch sofort handelt. Das Handeln erfolgt später als spontane Tat. Darin können immer noch reflexartige Muster sichtbar werden, aber sie sind nicht mehr automatisiert. Von dem Sinneseindruck zur Handlung folgt das Denken beim Menschen einem Umweg bzw.

85 Eine Zusammenfassung von Anton Pannekoeks „Anthropogenese – ein Studium der Ursprünge des Menschen" von 1945 findet sich hier: http://www.left-dis.nl/d/ursprung.pdf; letzter Zugriff: 12.09.17.

86 Man geht davon aus, dass die frühesten Werkzeuge des Menschen Steinwerkzeuge waren, und nennt die Zeit, aus der die meisten Funde dieser Werkzeugepoche stammen, die Steinzeit – vgl. https://de.wikipedia.org/wiki/Steinzeit; letzter Zugriff: 12.09.17.

vielen Umwegen, zwischen denen der Mensch wählen muss. Eine Anzahl von Vorstellungen/Überlegungen/Verhandlungen schiebt sich zwischen einen Reiz und eine darauffolgende Handlung. Sie sind wie Ketten, deren Glieder sich als freie Wechselstücke verschieden zusammenfügen lassen. Sie werden zum Gegenstand eigener Wahrnehmung im Bewusstsein und können von uns als abstrakte Begriffe unterschieden werden.

Der wichtigste Baustein des spezifisch Menschlichen ist die Sprache.[87] Wenn Tiere erregt sind, äußern sie Laute, die bei in Gemeinschaft lebenden Tieren dazu dienen, einander zu warnen und sich mitzuteilen. Nur beim Menschen sind diese Laute zu Worten und einer Grammatik geworden, zu willkürlich geformten Klangsymbolen und Satzstrukturen, die etwas ganz anderes bedeuten als reine Warn- und Locklaute. Sie wurden zu Namen von Dingen und Handlungen, zu Begründungen und Erklärungen. Sie wurden zu einer Bestandsaufnahme des Daseins. Sie bildeten eine Sprache, die als komplizierter und vollendeter Mitteilungsmechanismus dient, um alle Aktionen zu koordinieren. Die Sprache ist ein Organ der Gemeinschaft und kann nur in einer Gemeinschaft entstehen und bestehen bleiben; sie ist die Vorbedingung gemeinschaftlicher Arbeit und gemeinschaftlichen Kampfes. Sie verkörpert und bewahrt die stetig wachsende Masse der abstrakten[88] Kenntnisse. Für die Bildung und den Gebrauch von Sprache ist eine gewisse geistige

Nur beim Menschen sind Laute zu Worten mit einer Grammatik geworden.

87 In einer Neuverfilmung des Fantasybuches *Der Planet der Affen* von Pierre Boulle (1963) als *Planet der Affen – Prevolution* zeigt darum auch die (fiktive) Entwicklung der Sprache bei einem Menschenaffen den Durchbruch zu einer Entwicklung, die Affen den Menschen zunächst ebenbürtig und dann später sogar überlegen werden lassen. Das erste Wort, das der Menschenaffe Cesar in dem Film spricht, ist „Nein". Es ist ein bewusstes, von Überzeugungen getragenes Widerstehen des Denkens und kein reflexartiges Reagieren mehr.

88 Abstraktion kommt von lat. *abs-trahere* – „abziehen, entfernen". Sprache ist das Ersetzen der einmaligen tatsächlichen Erfahrung oder Situation mit einem Symbol. Das Symbol hilft uns, die Erfahrung mit Fantasie und Logik „nachzuvollziehen". Sie simuliert das Erlebnis und seine einzelnen Aspekte mit einer ausgetauschten, abstrakten Äußerung (oder auch „Beschreibung"). Ein Mensch kann sich durch abstraktes Denken, das in Sprache kulturell weitergegeben wird, anderen verständlich machen, Erinnerungen und Empfindungen mitteilen, ohne alle Originalzutaten der Erfahrung frisch und konkret mitliefern zu müssen. Sprache ist eine Fähigkeit des abstrakten Speicherns und Kodierens von Erlebnissen.

Entwicklung erforderlich. Umgekehrt konnte nur durch die Sprache das menschliche Denken entstehen; Begriffe konnten sich nur dadurch bilden und festgehalten werden, dass sie als Namen und Worte ausgedrückt wurden; bewusstes Denken ist Mit-sich-selbst-Sprechen in Worten. Anbetung basiert auf bewusstem Denken. Sie ist nicht nur ein Reflex, sondern Gedanken werden in Bildern und Worten konstruiert.

Bewusstes Denken ist Mit-sich-selbst-Sprechen in Worten.

In der Evolutionstheorie geht man von folgenden Wechselwirkungen der drei Faktoren aus. Durch den Umstand, dass diese drei Merkmale des Menschen einander als Vorbedingung benötigen, konnten sie sich nur gemeinschaftlich aus den ersten Anlagen entwickeln. In gemeinschaftlichem Wachstum schob jedes durch seine kleine schrittweise Zunahme die anderen weiter. Dies alles wurde zugleich dadurch unterstützt, dass das Gehirn immer weiter wuchs. Der erste Anstoß ging dabei von einer Umänderung der Lebensweise aus, der die Ahnen des Menschen von baumbewohnenden zu aufrecht gehenden, die Ebene bewohnenden Wesen machte. In einem Zeitraum von Hunderttausenden Jahren – erst unmerkbar langsam, danach immer schneller – haben sich Werkzeuggebrauch, Sprache und das Denken in Begriffen entwickelt. Die vorhergehende Entwicklung im Tierreich konnte dadurch, dass die Änderung der Körperorgane von biologischen Gesetzen abhängt, nur äußerst langsam stattfinden, indem sich neue Arten bildeten. Die schnelle Entwicklung der einen Tierart Homo sapiens wurde dadurch bewirkt, dass bei gleichbleibendem Körper das rasch ersetzbare Menschenwerkzeug anstelle des tierischen Organs trat und im Kampf ums Dasein immer mehr vervollkommnet wurde. Dadurch wurde der Mensch, rein evolutionär betrachtet, Herr über die Erde und schloss die organische Entwicklung der Tierwelt ab.

2. Geschichte: Menschwerdung in der Genesis

Die Erzählung der Bibel vom Entstehen des Menschen ist eine andere: Der Mensch wurde zum Menschen, weil nur Gott ihn zum Menschen machen konnte, denn Menschsein hat mit Gottes Gegenwart in dieser Welt zu tun. Der Mensch hat sein Selbstbewusstsein, weil er von Gott erschaffen wurde. Dies wird in der Genesis mit zwei Begriffen erläutert: Gott nahm den Menschen aus dem Staub der

Erde (das kann man durchaus heute als ein Sinnbild für den Prozess der Evolution sehen) und blies ihm den Hauch oder Odem seines eigenen Lebens in seine Nase (vgl. 1Mo 2,7; LÜ). Das, was Gott ihm einhauchte, war etwas Besonderes, was der übrigen „Staubwelt aus der Erde" nicht zuteilwurde. Es wird an anderer Stelle als ein Sein (oder Bewusstsein) im „Bilde Gottes" beschrieben (1Mo 1,26–27; LÜ). Die Frage, wie das Selbstbewusstsein entstand, wird von der biblischen Genesis so beantwortet: Der Mensch wurde in seiner Einzigartigkeit als ein Gegenüber zu Gott belebt oder erweckt. Er ist sich seiner selbst bewusst geworden, als Gott ihn mit der Fähigkeit begnadete, sich selbst als etwas anderes als „Staub der Erde" zu erleben, ein selbstbewusstes Geschöpf in der Gegenwart eines höheren Schöpfers zu sein. In der Bibel hat das Erwachen des menschlichen Selbstbewusstseins damit zu tun, dass Gott den Menschen „beatmet" und ihn anredet. Ob dies in einem einzigen Augenblick geschah oder über einen längeren Zeitraum hinweg, ist nicht relevant. Den Sinngeschichten der Bibel geht es in der Regel nicht um genaue Zeiten, sondern um symbolische Zeiträume. Wir sind von der Genesis her mit einem Selbstbewusstsein ausgestattet, das uns von den Tieren unterscheidet, weil Gott uns etwas von sich selbst geschenkt hat. Er hat uns damit einen anderen Sinn für uns selbst und ein anderes Bewusstsein für das Leben gegeben als der restlichen Welt. Nach der Bibel ist der Mensch deshalb Mensch, weil Gott ihn mit etwas von sich selbst ausgestattet hat, das ihn nach Gott fragen lässt. Das erkennen wiederum moderne Gehirnforscher, wie der indische Neurologe Vilayanur Ramachandran (geb.1951) aus San Diego/Kalifornien, als eine außergewöhnliche Eigenschaft an, die den Forschern Rätsel aufgibt:

Nur Gott konnte den Menschen zum Menschen machen, denn Menschsein hat mit Gottes Gegenwart in dieser Welt zu tun.

> *Wir Menschen besitzen viele Eigenschaften, die nur unserer Art eigen sind, aber keine von ihnen ist so rätselhaft wie die Religion – unser Hang, an eine höhere Macht zu glauben, die die Welt der Erscheinungen transzendiert*[89]*. Es ist äußerst unwahrscheinlich,*

89 über die Welt unserer Wahrnehmungen hinaus geht (von lat. transcendere – überschreiten, übertreffen, wörtlich: durchziehen, um darüber hinauszugehen)

dass irgendein anderes Geschöpf nach „dem Sinn des Ganzen" fragen kann.[90]

In der biblischen Erzählung vom Werden des Menschen wird dieser durch Gott erschaffen. In der Annahme dieser „Wahrheit" gewinnt der Mensch eine andere „narrative Identität", ein Selbstverständnis durch eine Erzählung. Erzählungen in der Bibel können sowohl Berichte, Reportagen und Protokolle von tatsächlichen Ereignissen sein, also das faktisch Geschehene nüchtern wiedergeben. Sie sind immer wieder aber auch „erfundene" oder besser „gestaltete" Darstellungen, die sich nicht als Lügen oder Übertreibungen verstehen, sondern als eine poetische Parallele der Wirklichkeit. Vom ersten Buch Mose über die Geschichten Jesu bis hin zur Offenbarung des Johannes begegnen uns solche erzählerischen Konstruktionen und Gleichnisse („Es war einmal ein reicher Mann" – Lk 16,19 – und „mit dem Reich Gottes ist es wie mit einem Senfkorn ..." – Mt 13,19). Man kann nicht immer leicht ausmachen, ob in einem Text Tatsachen nüchtern geschildert werden oder ob es sich um eine gestaltete Darstellung handelt; die Übergänge sind manchmal fließend. Häufig weisen aber die Geschichten, die eher als Sinnbilder erzählt werden und nicht streng wörtlich genommen werden wollen, eine besonders anspruchsvolle sprachliche Gestaltung auf (genaue, zueinanderpassende Zahlen, rhythmische Abläufe etc.). Die Glaubwürdigkeit der biblischen Erzählungen hängt nicht ausschließlich davon ab, inwiefern das Erzählte genau so und geschichtlich belegbar in Raum und Zeit passiert ist. Die wichtigere Frage ist, ob es die Wahrheit Gottes und die Wahrheit des Menschen treffend beschreibt. Das kann auch in einer Geschichte sein, einer wahren „Möglichkeit", wie es hätte sein können, wie wir uns etwas vorstellen können. Die Wahrheit bricht nicht in sich zusammen, wenn kleine Einzelaspekte der Geschichte strengen logischen und genauen historischen Gesamtzusammenhängen nicht mehr entsprechen. Sie hat immer noch ihren „Sitz im Leben" und ist mehr als ein Märchen, eine Lügengeschichte oder eine Legende.

Fiktionale Erzählungen haben einige Vorteile gegenüber reinen „Faktensammlungen". Sie erweitern den Horizont und die

90 Ramachandran, Vilayanur S. / Blakeslee, Sandra: „Die blinde Frau, die sehen kann. Rätselhafte Phänomene unseres Bewusstseins". Reinbek bei Hamburg: Rowohlt 2002, S. 285.

Hörfähigkeit der Zuhörer, weil diese jetzt ihre Fantasie einbeziehen und sich in die Geschichte hineinversetzen. Sie begünstigen Reifungsprozesse und vertiefen das Selbstverständnis, weil sie zur Identifikation einladen und Empathie mit den Erzählfiguren wecken. In dem Sinne sind wir alle Adam und Eva, hören alle manchmal auf die Schlange und manchmal auf Gott, spüren alle „Geschaffensein", „Versuchtwerden", rechtfertigen, vertuschen, verstecken, hoffen und ahnen. Wir alle erleben wie Adam und Eva die Welt als mühsamen Kampf ums Dasein. Wir leben in mühseligen Zyklen mitten unter Dornen und Disteln, was heute eher symbolisch gedeutet werden muss, da wir in unseren modernen Industriegesellschaften keinen Bezug mehr zur Agrarkultur der biblischen Zeiten haben, es sei denn, wir besitzen einen Kleingarten. Wir sind auch wie Kain und Abel von Neid, Minderwertigkeit, Zorn und Gewalt im Miteinander geplagt. Hier erleben wir meist das kleine Drama in unserem durch Rechte und Pflichten geregelten westlichen Leben, während wir die großen Dramen weltweit in den vielen Kriegen im Fernsehen verfolgen können. Wir erleben dennoch im Kleinen wie im Großen das Leben immer wieder als Neuanfang wie Kain, der von Gott trotz seiner schweren Schuld eine neue Lebensperspektive bekam. Wir erleben wie Noah und seine Familie sowohl katastrophale Naturgewalten mit schweren Opfern und erschütterndem Leid als auch Erfahrungen göttlicher Bewahrung und Treue. Wir führen die Erschütterungen der Natur nicht mehr wie damals auf direkte Strafurteile Gottes zurück. Wir fragen uns vielleicht sogar, wo diese geblieben sind, wenn Gewalt, Missbrauch und Ungerechtigkeit neue Pegelausschläge erreichen und „zum Himmel schreien". Wir sind aber gleichsam froh, dass die Zeiten sich geändert haben und jeder Einzelne für sich betrachtet wird und nicht nur in der Zuordnung zu einer Gruppe.

Die Erzählungen der Bibel helfen dabei indirekt, unsere eigene Erfahrungen zu klären und zu bearbeiten. Sie sind attraktiv, weil sie anschaulich, spannend und unterhaltsam sind. Sie können als Elemente des kollektiven Gedächtnisses Verständigungstexte für Gemeinschaften sein.[91] Sie erzählen: So sind wir in gewisser Weise

91 Vgl. Artikel von Franz Wendel Niehl auf https://www.bibelwissenschaft.de/de/stichwort/100026/; letzter Zugriff: 12.09.17.

immer noch, und durch diese uralten Lernschritte zwischen Wahrheit und Irrtum wurden wir zu dem, was wir sind. Außerdem erzählen sie davon, dass der Mensch „erlösungsbedürftig" ist und in Gott nicht nur einen Schöpfer, sondern auch einen Erlöser hat.

Biblische Erzählungen sind keine alternativen Fakten

Anhand der biblischen Garten-Eden-Erzählung können wir die drei Elemente der evolutionären Erzählung vom Werden des Menschen um die Dimensionen einer Welt in Beziehung zu Gott ergänzen. Wir müssen die biblische Erzählung nicht als „alternative Fakten" den vorliegenden wissenschaftlichen Ergebnissen entgegenhalten. Sie stehen auf einer anderen Ebene der Wahrheitsfindung. Wir müssen uns nicht zwischen einem exklusiven Theismus (nur durch Gott) und einem exklusiven Naturalismus (nur durch die Natur) entscheiden. Gott verliert nicht, wenn evolutionäre Konzepte in der Welt der modernen Wissenschaft an Überzeugungskraft gewinnen. Ich bekenne mich zum naturalistischen Schöpferglauben[92], einer hybriden[93] Theorie, die den Brennstoff der Offenbarungsquellen des Glaubens mit dem Sprit der Naturwissenschaften wechselweise oder auch gemeinsam verarbeiten kann. Ich glaube nicht, um in einem modernen Versorgungsbild zu schreiben, an die Notwendigkeit unterschiedlicher Tankstellen. Der Mensch lebt nicht vom Brot allein. Er ist nicht nur Biologie und Stoffwechsel. Er ist auch Geist, Glaube, Seele und Liebe, die ihren Ursprung in Gott hat. Ein Anbeter integriert die naturwissenschaftlichen Thesen in seine geistlichen Deutungssysteme. Er kann Gott als unsichtbare Folie über die Erkenntnisse der Forschung legen und auch da eine Welt

92 Weltbilder können sich aus den beiden Paradigmen Naturwissenschaften und Theologie unterschiedlich zusammensetzen. Man kann Natur und Gott entweder in einen Konflikt setzen (entweder *„exklusiver Theismus"* oder *„exklusiver Naturalismus")* oder ein hybrides, komplementäres Verhältnis annehmen (*„naturalistischer Schöpferglauben")*. Vgl. Höger, Christian: „Was Kinder und Jugendliche vom Kosmos wissen und wie es sich wandeln kann". In: Dieterich, Veit-Jakobus / Büttner, Gerhard (Hg.): „Weißt du, wieviel Sternlein stehen?". Kassel 2014, S. 121–136.

93 Das Wort hybrid hat zwar denselben Wortstamm wie *hybris* – „Übermut, Vermessenheit", wird aber im Altgriechischen auch als Kraft durch Kreuzung bzw. Mischung verschiedener Quellen verstanden. Aus diesem Grunde sprechen wir heute in der Autobranche von einem Fahrzeug, das mit einer Mischung aus wechselnden Brennstoffen fährt. In diesem Sinne gebrauche ich das Wort für die Kraft zweier Denkströme zur Erklärung unserer Entstehung. Vgl. https://de.wikipedia.org/wiki/Hybrid; letzter Zugriff: 12.09.17.

durch Gott sehen, wo andere nur natürliche Entwicklungen sehen. Ein Glaubender im Geist des Buchstabens muss darauf beharren, dass alle Äußerungen in den Heiligen Schriften des Glaubens auch den Status eines wissenschaftlichen Dokumentes haben. Sein „Kartenhaus" zerfällt, wenn man nur einen Baustein aus seinem Glaubensgebäude entfernt. Er kennt nur eine „Entweder-oder-Logik". Der aufgeschlossen glaubende Mensch erkennt, dass menschliche Forschung und Formulierung niemals eine absolute Deckung zwischen Welt und Gott herbeiführen kann. Das Wirken Gottes selbst steht für ihn nicht in Frage, sondern die Perspektive der Menschen.

Ein Anbeter kann Gott als unsichtbare Folie über die Erkenntnisse der Forschung legen und auch da eine Welt durch Gott sehen, wo andere nur natürliche Entwicklungen sehen.

Einen besonderen Verweis auf die Werkzeugbenutzung als wesentlichen Teil der Menschwerdung finden wir in der biblischen Erzählung nicht, nur die allgemeine Formulierung, dass „Gott den Menschen in den Garten Eden setzte, dass er ihn bebaute und bewahrte" (1Mo 2,15; LÜ). Der erste Akt des Selbstbewusstseins ist die traurige Erkenntnis, dass der Mensch unter den Tieren niemand hat, der ihm entspricht. In der Erzählung der Bibel ist es Gott, dem dies auffällt (V. 18). Der Mensch ist anders als die Tiere. Er ist ein Wesen in einer eigenen Kategorie. Er hat in den Tieren um sich herum zwar Mitlebewesen, aber keine Seelenverwandte. Gott erschafft ihm ein Gegenüber aus „seiner eigenen Seite", dessen Nähe, Ähnlichkeit und Verständnis seine Einsamkeit nimmt. Eva ist Adam „ein Helfer" bei der Aufgabe, er selbst zu sein – als Hüter des Gartens, bei der Entfaltung seiner Anlagen und der Erfüllung seiner Bedürfnisse. Der Mensch wird sich in einem weiteren Schritt seiner selbst in der Tatsache bewusst, dass er Gut und Böse unterscheiden, wertend denken und eigenständig entscheiden kann. Auch das wird ihm von Gott in der Metapher vom Baum der Erkenntnis des Guten und Bösen vor Augen geführt. Gott warnt ihn davor, davon zu essen, da es sein Leben, wie er es kennt, zerstören würde (V. 17). Das Wissen um Gut und Böse ist in gewisser Weise ein Vorrecht, das Gott alleine zusteht. Es ist aber auch nötig, um überhaupt moralische Entscheidungen treffen zu können, die nicht nur instinktgesteuert sind. Die Schlange spielt mit dieser Erkenntnis in den Gedanken des Menschen und stellt es so dar, als ob Gott mit dem Verbot, vom Baum der Erkenntnis essen zu dürfen, um seinen Vorteil und seine Macht fürchtet, und ermutigt den Menschen, sich von Gott abzunabeln und einen eigenen Status als Gott zu entwickeln (1Mo 3,1–5).

Das „Mit-sich-selbst-Sprechen-in-Worten“, das Abwägen von Möglichkeiten und Konsequenzen wird in dieser Geschichte auf drei verschiedene Parteien verteilt. Im Menschen und zum Menschen spricht zum einen Gott, der die Voraussetzungen des Selbstbewusstseins schafft und ihm eine Orientierung gibt (du darfst und du sollst). Dann spricht etwas im Menschen als die Schlange – etwas, das die Weisung Gottes missgünstig hinterfragt und dem Menschen die Versuchung einpflanzt, selbst wie Gott sein zu können. Nicht zuletzt findet sich der Mensch selbst als eigenes, verantwortliches Wesen zwischen Gottvertrauen und verschiedenen Möglichkeiten, das entscheiden kann, wie und wer er selbst sein will. Der Mensch in der Bibel wird zum Menschen in einer Entwicklung zwischen Harmonie mit seinem Schöpfer und der Versuchung, sich über Gebot und Intuition hinwegzusetzen. Die Bibel betont: Gott setzt dem Menschen die Grenze, sich nicht selbst zu Gott, zum Herrn über alles Leben zu machen. Er tut dies aber nicht aus niederen Motiven, wie die Schlange (als Symbol für eine bestimmte Art der „Klugheit“ des animalischen Denkens[94]) es unterstellt, sondern weil er die Begrenztheit des Menschen kennt. Es geschieht aus Sorge vor dem Leiden, das der Mensch über sich und die Schöpfung bringen wird, wenn er sich mit seiner Erkenntnis von Gut und Böse von Gott abkoppelt. Im eigenständigen Denken und Werten liegt sowohl eine von Gott gewollte Freiheit und Würde[95] als auch die

94 „Die Schlange war listiger als alle Tiere auf dem Felde, die Gott, der Herr gemacht hatte“ (1Mo 3,1; LÜ). Aus der Gesamtmasse des Staubes des Erde, aus der Gott sowohl Tiere als auch den Menschen gemacht hatte, ragt die Fähigkeit des Hinterfragens, Zweifelns und Umdeutens aller Gegebenheit im werdenden Bewusstsein des Menschen wie ein einzelnes kluges Tier heraus, das später auch mit dem Bösen oder dem Teufel in Verbindung gebracht wird. Hier in dieser Geschichte ist es zunächst nur ein kluger, aber verhängnisvoller Gedanke, der etwas verzerrt und mit einer Teilwahrheit aus dem Gleichgewicht bringt.

95 Gott selbst fordert den Menschen ja zur eigenständigen Entfaltung und Kultur des Gartens auf. Er soll das Werden des Lebens prägen. Er soll den Tieren Namen geben. Der Mensch bekommt „als Bild Gottes“ gottähnliche Mitschöpfungsaufgaben. Er darf und soll im Sinne Gottes autonom und eigenständig denken und handeln. Unabhängigkeit und Selbstständigkeit sind keine „Erfindung der Schlange“! Die Schlange dreht dieses Denken nur in Richtung Abkoppelung von Gott und Überschreitung aller letzten Grenzen.

Verführung der Hybris, der Vorstellung, selbst als Maßstab für alles gelten zu können. In der Genesis ist die Entwicklung des Selbstbewusstseins deshalb eine Mischung aus Gabe Gottes und Bruch mit Gott. Es ist eine tragische Entwicklung: Weil der Mensch die Frucht vom Baum der Erkenntnis des Guten und Bösen isst, fällt er aus der automatischen, instinktiven und selbstverständlichen Beziehung mit seinem Schöpfer heraus. In dieser Beziehung waren auch vorher schon Selbstbewusstsein und Eigenständigkeit vorhanden und von Gott intendiert. Doch der Mensch gibt der Versuchung nach, auch die letzte Grenze einzureißen. Er ist mit der Rolle als Hüter und Entwickler des Gartens nicht mehr zufrieden. Das Essen von allen Bäumen des Gartens, die ihm ja zugänglich sind, reicht ihm nicht mehr aus. Angestachelt von einem zweifelnden und hinterfragenden Bewusstsein (in Gestalt der Schlange) will er sich auch über die letzte Grenze hinwegsetzen, um „wie Gott selber zu sein". Damit stürzt er sich und seine Art aber regelmäßig ins Unglück.

Im eigenständigen Denken und Werten liegt sowohl eine von Gott gewollte Freiheit und Würde als auch die Verführung der Hybris, die Vorstellung, selbst als Maßstab für alles gelten zu können.

In der Genesis wird das Entstehen von Selbstbewusstsein nicht als rein zufällig stattfindende Entwicklung geschildert, sondern im Kontext einer göttlichen Fügung und Verheißung. Der Mensch der Bibel lebt nicht nur im Angesicht der eigenen Möglichkeiten, sondern als Wesen, das von Gott so gewollt, aber auch begrenzt und infrage gestellt wird. Der Glaube ruft den Menschen in eine solche Beziehung zu Gott zurück. Er erinnert ihn daran, dass er sich nicht nur vor seinen eigenen Erwägungen verantworten muss. Überleben, überwinden und Vorteile in der Evolution entwickeln ist nicht alles. Nach der Botschaft der Bibel lebt und existiert der Mensch im Angesicht von etwas Höherem, etwas Vorgegebenem und etwas über ihn Hinausreichendem.

Antonio Damasio – sich im Akt des Wissens ertappen

Wenn man genauer auf die biologisch-chemische Ebene des Gehirns schaut, wie es die Neurowissenschaftler unserer Zeit tun, kann man sich Bewusstsein im Gehirn als eine komplexe Art von „Repräsentationen" vorstellen. Unserem Gehirn ist es offensichtlich möglich, die Außenwelt und unsere Erfahrungen darin in einer inneren Vorstellung widerzuspiegeln. Es ist eine Art innere Bühne, auf der das Geschehen um uns und mit uns als Modell noch einmal dargestellt wird. Man spricht dann von einem „Phänomenalen Selbstmodell“ (PSM).[96] Es ist ein Modell, dass sich aus den „Phänomenen“ (den Erscheinungen[97] bzw. allem, was dem Menschen widerfährt, allem, was er registriert) ein Gesamtsystem „bastelt“. Es erlaubt einem biologischen Organismus wie unserem Körper, auf eine intelligente und ganzheitliche Weise in ein Wechselspiel zwischen Innenwelt und äußerer Welt zu treten. Das nennt man Wahrnehmen oder Denken.

Wenn wir Gott anbeten, tun wir das aus diesem PSM heraus. Es erlaubt uns, uns selbst, unsere Welt und Gott in einer aufeinander bezogenen Welt zu „denken“. Es ist ein hochkomplexes Denkmodell mit mehr Dimensionen als die Bewusstseinsmodelle der anderen Wesen um uns her. Der Unterschied zu dem inneren Modell der Tiere, die ihre Welt (als sie umgebende Erscheinungen) ja auch wahrnehmen, liegt darin, dass wir den Vorgang des Repräsentierens an sich noch einmal repräsentieren und uns dadurch – wie der Hirnforscher Antonio Damasio sagen würde – „im Akt des Wissens ertappen“. Wir repräsentieren uns sozusagen noch einmal als repräsentierende Systeme, und zwar immer in Echtzeit, das heißt gleichzeitig, während all diese Phänomene und Erlebnisse stattfinden. Diese Fähigkeit nimmt uns aus der primär instinkt-, trieb- und impulsgesteuerten Reaktionsweise der Tiere auf eine andere Ebene und macht uns zu Denkern von Gedanken – und zwar nicht nur unserer eigenen, sondern auch der (potenziellen) Gedanken unserer Mitmenschen. Wir sind Wesen, die fremde Bewusstseinsinhalte erfassen und durchdenken können. Das erfordert ein hohes Maß an Fantasie und Abstraktion. Ich glaube, dass ich Sie, lieber Leser, gerade jetzt mit diesen Gedanken herausgefordert, vielleicht sogar ein wenig ins Schwimmen gebracht habe. Ich freue mich, wenn Sie mir mit Ihrem PSM folgen konnten. Denn diese komplexe Denkfähigkeit ermöglicht uns, die Inhalte unseres Geistes nach außen darzustellen. So sind wir in der Lage,

96 Nach der Selbstmodell-Theorie der Subjektivität von Thomas Metzinger, vgl. http://www.philosophie.uni-mainz.de/metzinger/publikationen/SMT-light2UTB.pdf; letzter Zugriff: 12.09.17.

97 von griech. fainomenon – ein sich Zeigendes, ein Erscheinendes

durch Kooperation und Kultivierung unserer Bewusstseinsinhalte komplexe Gesellschaften zu bilden. Durch dieses Bewusstsein können wir zeitliche und geschichtliche Dimensionen wahrnehmen und ein reflektiertes Verhältnis zu uns selbst und anderen entwickeln.

Wir können uns nicht nur selber „etwas vorstellen" (eine knappe Beschreibung des phänomenologischen Selbstmodells), sondern uns auch vorstellen, was andere denken bzw. wie es in ihnen aussieht und sich anfühlt. Irgendwann in der Entwicklungslinie des Menschen soll sich der Mensch aus den Menschenaffen heraus vom Homo erectus (dem aufrecht gehenden Menschen) zum Homo sapiens (dem weisen oder klugen Menschen) entwickelt haben. Ein Beispiel dieser Vorstellung habe ich weiter oben mit den Gedanken Pannekoeks zum Thema Werkzeuggebrauch, Sprache und Bewusstsein entfaltet. Ob Zeit und Zufall ausgereicht haben, um eine solche Komplexität und Dominanz des Menschen in der Welt herbeizuführen, ist eine Glaubensangelegenheit.

Der Versuch, die Welt und den Menschen gänzlich ohne Gott zu erklären, steht den Konzepten der Religion gegenüber. Man nennt diese Art des Denkens auch Reduktionismus[98]. Eine solche reduktionistische Philosophie des Bewusstseins finden wir bei dem Mainzer Professor Thomas Metzinger. Er behauptet in seinem Buch *Der Ego-Tunnel*[99], dass das Selbst nichts als ein großes Zusammenwirken von Nervenzellen im Gehirn ist, die das Erlebnis erzeugen, in einer Welt und in einer Zeit zu sein. Eigentlich findet im Gehirn nur „eine Verschmelzung taktiler und visueller rezeptiver Felder statt" und dies spiegelt sich „in der Aktivierung von Nervenzellen im prämotorischen Kortex wider".[100] An sich ist es faszinierend, wie hier die Arbeit des Gehirns geschildert wird und wie die Synchronisation und

98 Reduktionismus ist die philosophische Lehre, nach der ein System durch seine Einzelbestandteile („Elemente") vollständig bestimmt wird. Dazu gehört die vollständige Zurückführbarkeit von Theorien auf Beobachtungssätze, von Begriffen auf Dinge und von gesetzmäßigen Zusammenhängen auf kausaldeterministische Ereignisse (die Vorstellung, dass nur das geschieht, was durch automatische Abläufe vorherbestimmt ist). https://de.wikipedia.org/wiki/Reduktionismus; letzter Zugriff: 12.09.17.

99 Metzinger, Thomas: „Der Ego-Tunnel – eine neue Philosophie des Selbst: Von der Hirnforschung zur Bewusstseinsethik". München: Piper 2009.

100 http://www.zeit.de/2010/02/L-S-Metzinger/komplettansicht#comments; letzter Zugriff: 12.09.17.

Organisation von phänomenalen Repräsentationen funktioniert. Sie läuft auf eine Feststellung hinaus, die wir mit unserem Glauben an ein größeres Handeln Gottes in all diesen Dingen gut vereinbaren können: „Unser bewusstes Wirklichkeitsmodell ist eine niedrigdimensionale Projektion der unvorstellbar reicheren und gehaltvolleren physikalischen Wirklichkeit, die uns umgibt und uns trägt."[101]

Gott hat uns mit dem Gehirn ein Wahrnehmungs- und Darstellungsorgan seiner Welt gegeben. Wir können uns damit ein Bild machen, eine Beziehung herstellen, einen Sinn sehen und eine Geschichte daraus formen.

Aus glaubender Sicht können wir Metzingers Erkenntnis vielleicht so umformulieren: Gott hat uns mit dem Gehirn ein Wahrnehmungs- und Darstellungsorgan seiner Welt gegeben, das immer nur eine kleine Dimension des Ganzen verarbeiten kann. Und doch können wir darin sowohl uns selbst, die Welt, und, wenn wir wollen, auch Gott selbst wahrnehmen. Wir können uns damit ein Bild machen, eine Beziehung herstellen, einen Sinn sehen und eine Geschichte daraus formen.

Ein inneres „Zentrum des Erlebens"

Der Schweizer Philosoph Peter Bieri (geb. 1944) widerspricht der anmaßenden Vorstellung einiger Neurowissenschaftler wie Metzinger, dass sie das Rätsel des menschlichen Bewusstseins jetzt endgültig gelöst hätten, ihr Modell des Selbst das einzige stimmige sei und sich nur auf physikalischer Ebene habe entwickeln können.[102] Bieri dagegen meint, auch wenn wir immer mehr über die Zusammenhänge von Gehirn und Bewusstsein erführen, so wüssten wir dennoch immer noch nicht, *warum* diese Prozesse von Bewusstsein begleitet würden.

Seine Schilderung des Selbst ist sympathisch einfach, lebensnah und doch nicht naiv. In seinem aktuellen Buch *Würde – eine Art zu leben* sind wir als Selbst oder Subjekt „ein Zentrum des Erlebens". Wir sind körperliche Wesen mit einer reichhaltigen Innenwelt aus mehreren Dimensionen. Diese Innenwelt reicht von körperlichen

---

101 Ebd.

102 Vgl. „Was macht Bewusstsein zu einem Rätsel?"; veröffentlicht in: „Gehirn und Bewusstsein". Hrsg. v. W. Singer. Heidelberg: Spektrum der Wissenschaft 1994, S. 172–180.

Empfindungen bis hin zu moralischen Abwägungen und der Fähigkeit, sich selbst beurteilen zu können.

Wir haben in diesem Zentrum des Erlebens körperliche Empfindungen und

Sinneserfahrungen, aber auch Gefühle und Wünsche. Sie tauchen im Kontext von Erinnerungen der Vergangenheit und Entwürfen für unsere Zukunft auf. Das Zentrum des Erlebens bildet unsere Gedankenwelt in uns ab. Hier entsteht die Vorstellung, die wir uns von der Welt machen. Hier werden die Eindrücke und Gefühle zu einem Konzept verarbeitet, das immer wieder neu angepasst wird. Daraus entsteht bewusstes und selbstständiges Verhalten. Dies ist mehr als unwillkürliches Verhalten (Reflex, Zucken, Krampf, Lidschlag). Erst wenn es Ausdruck eines inneren Erlebens ist, ist es ein eigenständiges Handeln. Das Erleben hinter dem Handeln bedingt die Motive, die das Handeln steuern. Wir tun etwas, weil wir etwas fühlen und wünschen, uns an etwas erinnern, uns etwas vorstellen, uns etwas überlegt haben und etwas glauben. Nur dann sind wir Urheber unseres Verhaltens, Täter, die ihr Tun aus eigenem Erleben heraus entwickeln. Die Motive, die uns bei unseren Handlungen leiten, geben ihnen ihren Sinn!

Die Motive unseres Tuns können wir zur Sprache bringen und Worte für unser Erleben finden. Wir können sagen, aus welchen Gedanken, Wünschen und Gefühlen heraus wir handeln. So können wir uns verständlich machen, sowohl für andere als auch für uns selbst. Das können wir durch Geschichten über unsere Motive tun. Bieri formuliert es so:

Ein Subjekt, könnte man sagen, ist ein Zentrum erzählerischer Schwerkraft: Wir sind diejenigen, von denen unsere Motivgeschichten handeln. Es sind Erinnerungsgeschichten, Geschichten über gegenwärtiges Erleben und Geschichten über das, was wir uns als unsere Zukunft vorstellen. Geschichten darüber, wo wir herkommen, wie wir wurden, was wir sind und was wir vorhaben. In solchen Geschichten entsteht ein Selbstbild: ein Bild davon, wie wir uns selbst sehen.[103]

103 Bieri, Peter: „Würde – eine Art zu leben“. München: Carl Hanser Verlag 2013, S. 21.

Jeder Mensch, der sich anderen offenbart, erzählt solche Geschichten, die sein Selbstbild ausmachen. Menschen erzählen Gott seit dem Garten Eden ihre Geschichten über sich selbst. Dieses Selbstbewusstsein haben Tiere nicht. Sie haben Instinkte und Reflexe, können Informationen sammeln und weitergeben wie der Papagei. Er kann sogar Teile von Sprache durch Nachplappern erlernen etc., aber keine Geschichten erzählen. Wenn Papageien Sprachfetzen nachplappern, imitieren sie die genauen Laute, können aber die Konzepte des inneren Erlebens, die wir bei ihrem Klang haben, nicht nachvollziehen.

Dieses Selbstbild hat noch eine weitere Facette, die uns Menschen allein eigen ist. Zum Selbstbild der Menschen gehört auch die Vorstellung davon, wie wir sein möchten und sein sollten. Es ist das Vermögen, uns selbst bewertend zum Thema zu machen. Das tun wir, indem wir uns fragen, ob wir mit unserem Tun und Erleben zufrieden sind, ob wir es gut oder schlecht finden. „Wie war dein Tag, wie war der Urlaub für dich, wie hast du diese Situation erlebt? Hast du erreicht, was du dir vorgenommen hast? Wie ist es dir dabei ergangen?" Diese Fragen können wir anderen stellen, aber auch uns selbst. Es gehört zur Natur unseres Selbst, dass wir einen Konflikt erleben können zwischen dem, was wir sind, und dem, was wir sein möchten. Wir sind Wesen, die der inneren Zensur fähig sind; wir können uns Handlungen oder sogar Gedanken, Wünsche und Fantasien verbieten. Deshalb können wir uns auch selbst etwas vorwerfen, in einem inneren Zwist mit uns leben und uns achten oder verachten.

Wir können uns verändern. Wir sind nicht Opfer eines blind dahinfließenden Erlebens, sondern haben die Fähigkeit, mit Distanz zu reflektieren.

„Wir können uns nicht nur spiegelnd befragen und vergleichen, sondern auch planvoll Einfluss nehmen, um unser Tun und Erleben in eine gewünschte Richtung zu bringen. Wir können uns verändern. Wir sind nicht Opfer eines blind dahinfließenden Erlebens, sondern haben die Fähigkeit, mit Distanz zu reflektieren. Wir können etwas mit uns und für uns machen. Wir können eigenständig an unserer seelischen Identität, unserem Selbst, arbeiten."[104]

104 Ebd., S. 22.

Geschenktes Selbstbewusstsein und geschenkte Liebe

Wir haben nun eine Theorie entwickelt, wie Selbstbewusstsein entstanden ist – aus einer rein evolutionären Perspektive und aus einem naturalistischen Schöpferglauben (einer Deutung der biblischen Genesis in Synthese mit naturwissenschaftlichen Erkenntnissen). Wir können Gott selbstbewusst aus diesem Gedanken heraus lieben, weil Gott selbst uns sowohl das Selbstbewusstsein als auch die Liebe zu ihm geschenkt hat. Obwohl unser Selbst nur eine phänomenale Selbstrepräsentation in unseren Gehirnarealen ist und chemisch-biologische Grundvoraussetzungen hat, wird Gott durch eine solche Theorie des Bewusstseins nicht überflüssig.

In der Anbetung müssen wir uns weder etwas vormachen noch etwas verdrängen, was „nicht sein darf", aber ist. Die Realität Gottes, die uns zur Anbetung ruft, befähigt und (er-)zieht, ist von einer Tiefe und Größe, dass sie andere Dimensionen der Realität in sich birgt und über sie hinaus geht. Gott auszuschließen, weil sich in den Gehirnwindungen und den Feuerungsprozessen der Neuronen keine „Gottesbeweise" melden, ist so kindisch wie die russische Propaganda in der frühen Weltraumära, als der Kosmonaut Juri Gagarin nach seine Landung sagen musste, er habe „Gott nicht gefunden, da oben"[105]. Der sowjetische Präsident Nikita Chruschtschow feierte den Flug Gagarins als „Sieg der Arbeit, der Wissenschaft und des Verstandes der Völker der Sowjetunion". Andere sowjetische Kosmonauten hatten offenbar andere Empfindungen, quasi mystische Erscheinungen. Sie konnten diese Erlebnisse erst nach dem Lösen der Fesseln von Parteidoktrin äußern:

> *Ich saß in der Station am Bullauge und beobachtete. Wer weiß warum, sehr oft, fast immer schien es so, als ob jemand von der Seite mich beobachtete. In jenem Augenblick war etwas. Und mir schien, dass irgendetwas Großes mich beobachtete und schaute, wie ich das machte. Wie ich mit diesem Flug zurechtkomme. [...] Was das war, ist schwer zu sagen. Aber es war wirklich. Es war irgendeine gewaltige Vernunft des Weltalls.*[106]

105 http://www.deutschlandfunk.de/der-himmel-ist-leer.740.de.html?dram:article_id=112005; letzter Zugriff: 12.09.17.

106 Ebd.

Sowohl Hartmut Rosas „Etwas ist da“ als auch die „Anschauung des Universums“ des Theologen Schleiermacher klingen in diesen Statements durch. Wie sehr dieses „Sehen und Gesehenwerden“ in der Anbetung unsere Sicht von uns selbst und unser Gefühl von Identität verändert, wird uns im nächsten Kapitel beschäftigen.

5. Anbetung als Identitätshilfe

Ein Selbst ist man nur unter anderen Selbsten.[107]
Charles Taylor, kanadischer Politikwissenschaftler und Philosoph

Wer bin ich? Einsames Fragen treibt mit mir Spott.
Wer ich auch bin, Du kennst mich, o Gott![108]
Dietrich Bonhoeffer, evangelischer Theologe

Ich bin, was ich bin, niemals nur vor mir selbst. Ich alleine könnte mich nie umfassend genug erkennen. Um zu verstehen, wer ich bin und was ich sein will, brauche ich einen Horizont aus Bezugspersonen, Vorbildern und Idealen. Meine Existenz kommt nicht aus dem Nichts. Ich stehe auf den Schultern meiner Geschichte von Begegnungen und Prägungen. Wir brauchen Spiegel, um uns zu entdecken, Augen anderer, um wahrgenommen zu werden, und Aussagen anderer über uns, um uns im Kontext unserer Welt zu verstehen. Indem wir diesen Zuschreibungen zu diesem Selbst zustimmen oder uns von ihnen abgrenzen, können wir im Laufe der Zeit ein eigenes Verhältnis zu uns selbst zu finden. Im Idealfall können wir uns selbst annehmen, entwickeln ein gesundes Selbstverständnis und stimmen relativ gut mit uns selbst überein. Diese Übereinstimmung mit uns selbst ist aber nie endgültig festgeschrieben, sondern erlaubt gleichzeitig Veränderungsmöglichkeiten. Wir leben mit einem Horizont, aber in grundsätzlich offenen Verhältnissen. Anbetung ist eine Identitätshilfe in unserem ständigen Suchen, wer wir sind und noch sein wollen. Wir finden und verändern uns gleichzeitig. Der kanadische Philosoph Charles Taylor (geb. 1931) sagt:

Anbetung ist eine Identitätshilfe in unserem ständigen Suchen, wer wir sind und noch sein wollen.

> *Definiert wird meine Identität durch die Bindungen und Identifikationen, die den Rahmen oder Horizont abgeben, innerhalb*

107 Taylor, Charles: „Quellen des Selbst – die Entstehung der neuzeitlichen Identität“. Frankfurt: Suhrkamp 1996, S. 69.

108 Bonhoeffer, Dietrich: „Widerstand und Ergebung – Briefe und Aufzeichnungen aus der Haft“. Gütersloh: Gütersloher Verlagshaus 1970, S. 381.

dessen ich von Fall zu Fall zu bestimmen versuchen kann, was gut und wertvoll ist oder was getan werden sollte bzw. was ich billige oder ablehne. Mit anderen Worten: dies ist der Horizont, vor dem ich Stellung zu beziehen vermag.[109]

Wir beziehen nicht nur Stellung, sondern suchen einen Raum, indem wir akzeptiert und bestätigt werden. Einen großen Teil unseres Lebens verbringen wir damit, „jemand" oder etwas zu werden, auf das wir stolz sein können, jemand, den andere akzeptieren und respektieren. Man könnte sagen, wir arbeiten unser Leben lang an unserer „Ich-AG".

Der Begriff wurde von den Autoren des Hartz-Konzeptes als ein Instrument der Arbeitsmarktpolitik geprägt. „Ich-AG" bezeichnete ein Einzelunternehmen, das von einem Arbeitslosen gegründet wurde, der für diese Existenzgründung einen Existenzgründungszuschuss erhielt.[110] Ich nutze den Begriff ironisch als Sinnbild für die Summe der Anstrengungen, die wir unternehmen, um uns selbst als „Jemand" zu fühlen und als solcher von anderen wahrgenommen zu werden.

In der Anbetung finden wir einen Raum, der uns aus der Tretmühle dieser mehr oder weniger erfolgreichen Ich-AG-Bemühungen heraushebt. Das Selbst, vor dem unser Ich hier gespiegelt und beleuchtet wird, ist der höchste Maßstab und die höchste Autorität: Gott. Aus diesem Grund haben auch viele Menschen so viel Angst oder Respekt davor, sich auf Gott glaubend einzulassen, weil es eine Veränderung unserer Identität nach sich zieht. Es modifiziert unser mühsam aufgebautes Selbstbild. Es erschüttert unsere ohnehin schwache Selbstsicherheit, kann sie dann aber auch erheblich stärken. Der Glaube an Gott verunsichert wenigstens einmal unser Selbstwertgefühl, nämlich dann, wenn wir erkennen, dass wir vor Gott „Sünder" sind – Menschen, die aus sich selbst heraus vor seiner Heiligkeit nicht bestehen können.[111] Jesus sagt, dass der Heilige Geist

109 Taylor, Quellen, S. 55.

110 Vgl. https://de.wikipedia.org/wiki/Ich-AG; letzter Zugriff: 12.09.17.

111 Vor Gott erkennen wir allerdings gleichermaßen, dass wir geliebte Kinder, Berufene, Gesandte, Gesegnete und Begnadete sind. Der Identitätsbaustein „Sünder" ist nur eine notwendige Voraussetzung, um sich Gott gegenüber recht einzuschätzen. Es ist eine Einstiegserfahrung, die nur zu einem bleibenden und belastenden „Sünder-Komplex" werden kann, weil unser Denken fehlgeprägt wurde. Entlastend ist auch die Erkenntnis, dass wir diesen Status mit allen Menschen teillen („sie sind allesamt Sünder"; Röm 3,23; LÜ).

dem Menschen diese Wahrheit in seinem Innersten nahebringt, wenn er sich ihm nähert (Joh 16,8–9; LÜ).

Ohne eine solche Erschütterung werden wir Gott nie wahrhaft erkannt haben, sondern uns nur mit einer weiteren Krücke der Selbstbestätigung ausstatten. Doch unsere neue Identität vor Gott ist nur vordergründig und anfänglich davon geprägt, sich schuldig und erlösungsbedürftig zu fühlen. Sie geht sofort auf in einem Blick der Liebe und Wertschätzung. Es ist ein tieferer und umfassenderer Blick, der gerade deshalb so heilsam und aufbauend ist, weil er auch unsere dunklen Seiten klar wahrnimmt. Gottes entlarvenden Blick nur aus der Perspektive der Strafverfolgung zu deuten, ist missbräuchlich. Vor Gott sind wir mehr als „Versager vor seinem Gesetz". Wir sind seine geliebte Schöpfung (vgl. Joh 3,16). Vor Gott sind wir auch mehr als das, was wir vor anderen Menschen und uns selbst zu sein versuchen. Wir sind mehr als die Summe unserer Leistungen, die Mühe unserer Versuche, uns selbst zu beweisen, und mehr als das Profil, mit dem man uns in unserer Welt identifiziert. Wir sind ein Geheimnis (vgl. Ps 139,14.17), ein Kunstwerk (*Poema* – „Gebilde, Gedicht"; vgl. Eph 2,10), ein Segen (vgl. 1Mo 12,2), ein Geschenk (vgl. Phlm 22). Vor Gott ist unser Sein mit anderen Voraussetzungen und Qualitäten verbunden.

Anbetung hebt uns heraus aus dem Zwang, „uns gut zu verkaufen". Sie befördert uns auf eine Ebene, in der wir um unserer selbst willen geliebt, verstanden und geachtet werden. Sie führt uns in eine Beschäftigung mit uns selbst, die nicht in der Frage stecken bleibt, wie viele Menschen uns wahrnehmen und gut finden. Sie macht uns zu Gesehenen, Gesegneten und Gerufenen vor Gott. Wo wir schuldig geworden sind, macht sie uns zu Empfängern von Vergebung und Agenten der Versöhnung, denn wer sich als begnadigt erlebt, kann auch anderen mit mehr Gnade begegnen. Vor Gott sind wir immer mehr als das, was wir in den Augen der Welt sind.

Anbetung hebt uns heraus aus dem Zwang, uns gut zu verkaufen.

Anbetung ist GesehenWerden

Der anbetende Mensch sieht sich also nicht nur durch die Brille seiner Selbstbewertung und das Feedback seines Umfeldes. Er nimmt diese Sicht in seine Begegnung mit Gott mit, aber er findet dort diesen ganz anderen Blick vor, der auf ihm ruht. In der Anbetung spürt er, wie er mit purer Liebe angesehen wird. Es ist ein Blick von „oben" oder „innen", aus einer „höheren" Perspektive oder einer anderen Dimension. Es ist ein Blick, den er nur durch den Glauben wahrnimmt. Durch den Glauben versteht er, dass dieser Blick ihn schon gesehen hat, als er noch im Werden war. Es ist ein Blick, der ihn jetzt sieht, wie er wirklich ist: ein entlarvender Blick, aber auch ein Blick auf die verborgenen Qualitäten, die in seiner Welt vielleicht übersehen werden. Es ist ein Blick, der sieht, warum er so geworden ist, wie er jetzt ist, und der Barmherzigkeit mit ihm hat wegen dem, was er erdulden und erleiden musste. Und nicht zuletzt ist es ein Blick, der sein ungenutztes Potenzial in seiner ganzen Fülle sieht – eine Welt des Wachsens und Werdens. Es ist ein Blick der Verheißung, voller „Gedanken des Friedens, um Zukunft und Hoffnung zu geben"[112]. All das sieht Gott, wenn er das Selbst des Menschen sieht, das lebendige Zentrum des Erlebens, das einen Menschen ausmacht.

Der Gott, der mich sieht

„Du bist ein Gott, der mich sieht", sagte Hagar, die verstoßene Magd, als ihr der Engel des Herrn mit einem Aufruf und einem Wort der Verheißung begegnete (1Mo 16,13; LÜ). Die Geschichte ist anrührend und beschreibt exemplarisch, wie Gott Menschen in ihren Konflikten wahrnimmt. Sie zeigt uns, wie Gott uns sieht und was er uns in einer Begegnung mit ihm zumuten kann.

Hagar war eine ägyptische Magd im Haushalt der Familie Abrahams, der damals noch kinderlos war und darunter sehr litt. Seine Frau Sara, der Hagar diente, schlug vor, dass sie, dem Brauch der damaligen Zeit folgend, mit Abraham so lange Verkehr haben sollte, bis sie schwanger wurde. Dann sollte sie wieder Platz für Sara machen.

Nun können wir uns zwischen den Zeilen vorstellen, was diese Dreiecksbeziehung für Probleme ausbrütete. Die vorher machtlose Dienerin einer einflussreichen Frau ließ sich von dem Rausch des Privilegs davonreißen. Vielleicht war Abraham ihren Reizen gegenüber etwas zu entgegenkommend und bestellte sie öfter abends in sein

112 „Denn ich weiß wohl, was ich für Gedanken über euch habe, spricht der HERR: Gedanken des Friedens und nicht des Leides, dass ich euch gebe Zukunft und Hoffnung" (Jer 29,11; LÜ 2017).

Zelt, als dies vorher bei Sara der Fall war. Vielleicht wurde sie frech und machte sich sogar vor anderen über Sara lustig, machte schäbige Bemerkungen über ihr hohes Alter und ihre schwindende sexuelle Attraktivität. Sara bekam es mit und war verletzt. Zu ihrer Scham, nicht selber Kinder gebären zu können (ein echter und schlimmer Makel in einer Zeit, in der das Gebären von Nachkommen der wichtigste Zweck einer Ehe war), kam noch die Demütigung hinzu.

Als Hagar dann tatsächlich schwanger wurde und es triumphierend überall verkündete, platzte Sara der Kragen. Sie ging zu Abraham und bedrängte ihn, etwas zu unternehmen. Der wollte das heiße Gemisch aus Gefühlen nicht anfassen (wieder keine Sternstunde seines Charakters) und gab seiner Frau Sara freie Hand, zu entscheiden, was sie mit Hagar machen wollte. Das bekam die Dienerin mit und floh vor lauter Angst, dass Sara sie jetzt über die Maßen demütigen würde. Das brisante Gefühlsgemisch aus Pflichtbewusstsein, erwachenden echten Gefühlen der Liebe und Zuneigung, Konkurrenzkampf um die Aufmerksamkeit Abrahams und offenem Triumph ihrer Herrin gegenüber schwenkte nun um in blanke Panik. Aus Angst vor einer überzogenen Strafe und Demütigung floh Hagar in die Wüste, vielleicht sogar um sich und das Kind aus Trotz umzubringen und so noch einmal über ihre Herrin zu triumphieren. An einem abgelegenen Brunnen sprach sie jemand an, der sie kannte. Sie hatte ihn aber noch nie gesehen. Im Nachhinein wurde ihr klar, dass dies eine Begegnung mit Gott gewesen sein musste, und nannte die Person „den Engel des Herrn". So entstand dieser Dialog:

Engel: „Hagar, Saras Magd, wo kommst du her und wo willst du hin?" Hagar: „Ich bin meiner Herrin Sara davongelaufen." Engel: „Kehre wieder um zu deiner Herrin und demütige dich unter ihre Hand. Ich will deine Nachkommen so mehren, dass sie der großen Menge wegen nicht gezählt werden können. Siehe, du bist schwanger geworden und wirst einen Sohn gebären, dessen Namen sollst du Ismael nennen; denn der Herr hat dein Elend erhört. […]" Hagar: „Du bist ein Gott, der mich sieht. Gewiss hab ich hier hinter dem hergesehen, der mich angesehen hat" (1Mo 16,8–13; LÜ).

Der Gott, der sie sah, sprach sie an, als ob er sie kennen würde, und fragte sie nach ihrem Woher und Wohin. Er kannte ihren Namen, er kannte ihre Aufgabe im Leben, er kannte ihr Beziehungsgeflecht und er fragte sie, was ihre Absichten seien. Es war eine Gelegenheit, offen einzugestehen, was in ihr los war. Sie antwortete mit einem Eingeständnis: Ich bin meiner Herrin davongelaufen. Das war im Orient ein schweres Vergehen, das hart bestraft werden konnte. Wer einmal Filme über das Schicksal entflohener Sklaven im Süden Amerikas gesehen hat, kann sich vielleicht ungefähr vorstellen, was dieses Geständnis in den Ohren des falschen Zuhörers auslösen konnte. Hagar schien aber zu diesem verständnisvollen Fremden so viel Vertrauen gewonnen zu haben, dass sie ihm ihre Lage ungeschönt schilderte. Nun kam eine schwere Zumutung, aber die wahrscheinlich einzige Lösung, die ihr eine Zukunft bot. Sie sollte zurückgehen und sich unter die Hand ihrer Herrin demütigen. Sie sollte sich für ihr Verhalten entschuldigen und Verantwortung dafür übernehmen. Sie sollte dies in einer Haltung der Demut tun und Sara das Recht zusprechen, über ihr Verhalten zornig zu sein. Und nun äußerte der Engel im Gespräch ein Detail, das er wahrscheinlich von niemandem wissen konnte. Er bezog sich auf ihre Schwangerschaft und kündigte ihr die Geburt eines Sohnes an (der absolute Hauptgewinn einer damaligen Schwangerschaft). Auch ihr sprach der Engel die Verheißung zu, die Abraham schon einmal gehört hatte: Ich will deine Nachkommen so mehren, dass sie der großen Menge wegen nicht gezählt werden können.

Nun begriff Hagar, dass sie es nicht mit einem gewöhnlichen Menschen zu tun hatte. Wer ihr hier begegnete und zu ihr sprach, war „der Gott, der sie sieht". Sie reflektierte dies noch einmal in einem Wortspiel: „Gewiss habe ich hier hinter dem hergesehen, der mich angesehen hat." In der Begegnung mit Gott bekommt der Slogan „Sehen und gesehen werden" eine ganz andere Bedeutung.

Wie Jesus Menschen „sah"

Auch Jesus hatte eine ganz besondere Art, Menschen zu sehen. Er schien ihnen manchmal direkt ins Herz schauen zu können. Es war, als ob die Augen Gottes seine Augen manchmal überlagerten und etwas in den Menschen sahen, dass nur sie selbst wussten. Er sah sie so, wie sie noch niemand gesehen hatte, nicht einmal sie selbst.

Die Frau am Brunnen – eine lebensdurstige Seele

Im Gespräch mit einer Frau am Brunnen von Samaria sah Jesus einer Frau die wechselvolle Beziehungsgeschichte ihres Lebens an.

Er versprach ihr lebendiges Wasser, das nicht mehr durstig machte. Als sie das begehrte und darum bat, forderte Jesus sie auf, ihren Mann zu holen. Darauf antwortete sie nur knapp: „Ich habe keinen Mann.“ Jetzt zeigte Jesus ihr, dass er sie sah, wie sie innerlich war, und in ihr lesen konnte wie in einem Buch. „Jesus spricht zu ihr: Du hast recht gesagt: Ich habe keinen Mann. Fünf Männer hast du gehabt, und den du nun hast, der ist nicht dein Mann; da hast du recht gesagt. Die Frau spricht zu ihm: Herr, ich sehe, dass du ein Prophet bist“ (Joh 4,17b–19; LÜ).

Eigentlich müsste es Menschen unheimlich werden, wenn sie von Jesus so entlarvt werden. Aber in dem Blick und den Worten Jesu schwang nie die Härte eines Richters mit, eher die Diagnose eines Arztes oder Lebensberaters. Jesus sah in den Defiziten der Menschen nämlich nicht zuerst die Sünde oder das moralische Fehlverhalten wie die Gesetzesgelehrten seiner Zeit. Er sah vor allem den Lebenshunger, die Sehnsucht nach Erfüllung, den verzweifelten Durst der Seele, der sich scheinbar nie stillen ließ. Diese Bedürftigkeit der Seele war es, die Jesus in den Menschen sah. Es erfüllte sein Herz mit Erbarmen[113]. Weil Menschen diese Grundhaltung des Wohlwollens aus Liebe und Verständnis spürten, konnten sie sich ihm öffnen. Er sah ihre Fragen im Blick auf ihre tieferen Bedürfnisse. Er sah das Wesentliche, das sie beschäftigte. Das war es auch, was er schon vor dem Gespräch in der Frau am Brunnen gesehen hatte. Damit hatte er das Gespräch eröffnet. („Wenn du wüsstest, wer dich gerade um etwas zu trinken gebeten hat, würdest du selber ihn um das Wasser bitten, das eine ganz andere Qualität hat.“)

Jesus begegnete Menschen immer mit einer Mischung aus Herausforderung und Verheißung.

Jesus begegnete den Menschen, die er sah und die sich von ihm ins Herz schauen ließen, immer mit einer Mischung aus Herausforderung und Verheißung. Er besänftigte und vertröstete nicht nur, sondern rief sie auf, sich erneuern zu lassen. Gleichzeitig sagte er den Menschen, wie Gott sie sah, ermutigte sie und begoss den Samen des Neuwerdens in ihnen.

113 „Und als Jesus aus dem Boot trat, sah er eine große Volksmenge und wurde innerlich bewegt über sie, denn sie waren wie Schafe, die keinen Hirten hatten“ (Mk 6,34; ElbÜ).

Der Zöllner Zachäus – ein Sohn Abrahams

So begegnete Jesus auch dem kleinen Chefzöllner Zachäus, der ihn unbedingt sehen wollte und deshalb auf einen Baum kletterte, weil er so klein war. Als Jesus dann an diese Stelle kam, drehte sich das Blatt, und Jesus sah Zachäus. Er sah ihn so, wie er und andere sich noch nie gesehen hatten, als einen Freund Gottes, als jemand, mit dem Gott gerne Zeit in seiner Wohnung verbringen *würde*. Jesus lud sich provokativ selbst in das Haus des Zachäus ein: „Komm schnell runter. Ich muss heute noch zu dir kommen" (Lk 19,5; *LÜ*). *Zachäus nahm Jesus voller Freude bei sich auf. Keine Vorwürfe, keine Demütigungen, kein kleinliches Aufzählen seiner Sünden und Fehltritte! Nur der* dringliche Wunsch nach Kontakt, Austausch, Gemeinschaft und Verbundenheit. Das ließ Zachäus gleich von sich aus darüber nachdenken, was er tun könnte, um sein Fehlverhalten der Vergangenheit zu korrigieren. Statt Geiz fühlte er jetzt Großzügigkeit und die Fähigkeit, loszulassen („die Hälfte meines Vermögens werde ich den Armen geben"). Statt Genugtuung darüber zu empfinden, bei seinen Betrügereien nicht erwischt worden zu sein, wollte er jetzt von sich aus mit den Menschen, die unter ihm gelitten hatten, ins Reine kommen. Er sah sich auf einmal mit anderen Augen. Er sah wahrscheinlich zum ersten Mal das, was Jesus in ihm sah – dass auch er „ein Sohn Abrahams", ein Glaubender, ein Freund Gottes war.

Nathanael – ein wahrer Gottsucher

Nathanael steht für die Menschen, die Jesus (und seiner Kirche) kritisch gegenüberstehen. Als er von Philippus auf Jesus hin angesprochen wurde und erfuhr, dass dieser ursprünglich aus Nazareth kam, reagierte er mit einer rhetorischen Frage: „Was kann aus Nazareth schon Gutes kommen? Wie kann ein solch unscheinbarer, kleiner Ort die Brutstätte für einen besonderen Menschen sein, gar eines Messias?" Nathanael reagierte auf das klassische Problem der Verborgenheit Gottes in der Unscheinbarkeit. „Wir hielten ihn für nichts" (Jes 53,3b). Philippus forderte Nathanael heraus: „Komm mit und schau ihn dir selber an. Sag mir, was du in ihm siehst." Nathanael ließ sich darauf ein. Er ging mit, um sich diesen Jesus einmal anzuschauen – kritisch, selbstbewusst, ohne eine festgelegte Meinung. Und dann wurde er von Jesus gesehen, wie er von noch niemand anderem vorher gesehen wurde.

Jesus begrüßte Nathanael mit einem überraschenden Kompliment: „Ah, ein wahrer Israelit" (Joh 1,47; HFA). Damit bezeichnete Jesus ihn als jemanden, der von Israel abstammte, der in seiner geistlichen Linie lebte, der sein Anliegen weitertrug (hebr. *Isra el* – „der mit oder für Gott kämpft", „ein Kämpfer für Gott" oder auch „einer, der innerlich mit Gott ringt", „einer, der sich wirklich für Gott engagiert"). Nathanael stellte auch diese Behauptung erst einmal infrage: „Woher kennst du mich? Wie willst du wissen, wie ich ticke? Wie kannst du mir Attribute zuschreiben, obwohl du mich doch gerade erst zum ersten Mal gesehen hast?" Und dann wurde es sehr persönlich und privat. Jesus sagte nur: „Ich sah dich unter dem Feigenbaum."

Niemand weiß bis heute, was „unter dem Feigenbaum" geschah. Niemand weiß, was Jesus gesehen hatte, ob es eine Beobachtung war, die er im Vorbeigehen gemacht hatte, als er Nathanael schon vorher einmal bemerkt hatte, oder ob es ein innerer Eindruck wie bei der Frau von Samaria war, mit dem er „den Nagel auf den Kopf traf". Wir wissen nicht, was dort geschah. Wir können nur aus der Reaktion Nathanaels schließen, dass es etwas sehr Persönliches und Bedeutsames für Nathanael war, vielleicht ein „Ringen mit Gott" wie bei Jakob (der später den Namen Israel erhielt) am Fluss Jabbok. Vielleicht war Nathanael so verzweifelt und hoffnungslos wie einst Elia, der sich unter einen Ginsterstrauch legte, sich den Tod wünschte und Gott innerlich entgegenschrie: „Jetzt ist Schluss! Ich kann und will nicht mehr. Lass mich bitte in Ruhe." Es war auf jeden Fall etwas, was Nathanael mit sich und Gott in Verbindung brachte, denn jetzt war auf einmal für ihn klar: „Rabbi, du bist Gottes Sohn, du bist der König von Israel!" Jesus antwortete ihm: „Du glaubst, weil ich dir gesagt habe, dass ich dich gesehen habe unter dem Feigenbaum."

Damit brachte Jesus das auf den Punkt, was Menschen zu allen Zeiten zum Glauben an Gott geführt hat. Menschen glauben, weil sie sich von Gott gesehen fühlen. Es ist ein existenzielles Wissen: Gott hat mich angesehen. Er kennt mich. Er ist mit mir vertraut. Er hat mich im Blick. Es geht nicht mehr um die theoretische Frage, ob Gott „existiert". Das allein hätte für mich noch keine Relevanz. Das Entscheidende an der Erfahrung, dass Gott mich sieht und kennt, ist dieses: Er ist mit mir.

In der Anbetung erfährt sich der Mensch als der, „mit dem Gott ist". Er ist das Wesen, das von Gott gesehen wird.

In der Anbetung erfährt sich der Mensch als der, „mit dem Gott ist". Er ist das Wesen, das von Gott gesehen wird. Er glaubt, weil er „zu sehen ist", und zwar nicht nur im Spiegel der eigenen Reflexion oder im Echo der Meinungen anderer, sondern auf eine Weise, die über diese Welt hinausgeht.

Petrus – ein Fels und ein schwacher Mensch

In den Evangelien wird zweimal ausdrücklich erwähnt, dass der Blick Jesu auf Petrus fiel: bei der ersten Begegnung und kurz nach der Verleugnung. Beide Blicke sind für die Erfahrung des Glaubens repräsentativ. Es ist der Blick des Wissens um unsere innere Berufung und der Blick des Wissens um unsere Schwäche und unser Versagen.

In der Begegnung mit Jesus erleben wir zunächst den Blick der Verheißung. Er sieht in uns etwas, was wir noch nicht sind. Er sieht in uns das, was Gott durch sein kreatives Wort hervorruft. Er sieht in uns das, was unser Wesen von Gottes Berufung her bestimmt. Johannes zieht in seinem Evangelium die große Umbenennung des Simon in Petrus – der Fels, das Feste, die Grundlage, das Fundament – schon in die erste Begegnung Jesu mit ihm hinein. Vielleicht ist sie tatsächlich erst nach dem Bekenntnis des Petrus erfolgt, auf das die Kirche sich gründet.[114] Vielleicht hat Jesus sie auch gleich schon am Anfang Petrus auf den Kopf zugesagt und bei seinem Bekenntnis nur noch einmal erneuert. Das Wesentliche an den Erzählungen in den Evangelien liegt nicht darin, dass die Reihenfolge immer akribisch richtig ist.

Das Johannesevangelium hat, noch mehr als die anderen drei Evangelien, eine sehr „gestaltete" Form des Erzählens. Daran ist nichts gelogen, übertrieben oder falsch im Sinne von irreführend dargestellt. Es ist alles so, dass es der Wahrheit der Glaubenserfahrung

114 „Da antwortete Simon Petrus: Du bist Christus, des lebendigen Gottes Sohn! Und Jesus antwortete: Selig bist du, Simon, Jonas Sohn, denn Fleisch und Blut hat dir das nicht offenbart, sondern mein Vater im Himmel. Und ich sage dir auch: Du bist Petrus, und auf diesen Felsen will ich bauen meine Gemeinde" (Mt 16,16–18; LÜ). Bei den Katholiken ist es mehr die Person des Petrus, die zum Fels, zur Grundlage der Kirche wird, aber auch wegen dieses Bekenntnisses. Bei den Protestanten wird das Bekenntnis herausgestellt und Petrus als Person zurückgestellt, weil man sich dem damit verbundenen „Machtanspruch" eines Petrus-Nachfolgers als Papst nicht unterordnen will.

entspricht und sie in eine Sinn-Form gießt, die den Glaubenden aller Zeiten Anteil gibt an den reichen Erfahrungen der ersten Jünger mit Jesus. Wer hier Spalten aufrichtet und Zeiten und Orte auf Widersprüche abklopft, ist auf einer völlig falschen Fährte. Er versteht weder das Genre noch den Sinn des Geschriebenen.

Das Entscheidende an beiden Erzählungen ist: Jesus sah Petrus, und er sah ihn aus der Perspektive Gottes. Er sah ihn in der Herrlichkeit seiner Berufung und seines Potenzials. Er gab ihm einen neuen Namen. Es war sein Wesensname[115]: „Dieser findet zuerst seinen eigenen Bruder Simon und spricht zu ihm: Wir haben den Messias gefunden – was übersetzt ist: Christus. Und er führte ihn zu Jesus. Jesus blickte ihn an und sprach: Du bist Simon, der Sohn Jonas'; du wirst Kephas heißen – was übersetzt wird: Stein" (Joh 1,41–42; ElbÜ).

Doch Jesus sah Petrus auch ausdrücklich in seiner Schwäche. Er sagte ihm in „der Nacht des Verrats", wie das Ereignis später heißen wird, voraus, dass er dem Druck nicht standhalten und ihn mehrere Male verleugnen werde. Die Erwähnung vom zweimaligen Krähen des Hahnes und drei Verleugnungsszenen soll das umfassende Einknicken des Petrus zum Ausdruck bringen. Es soll ihm, der sich für so standhaft und leidenschaftlich hielt, vor Augen führen, dass seine menschliche Standhaftigkeit einer ausgewachsenen Bedrängnis nicht gewachsen ist. Es soll ihn aber nicht demütigen, sondern ihm die Treue zeigen, die Gott ihm auch in seinem Versagen erweist. „Und Jesus spricht zu ihm: Wahrlich, ich sage dir, dass du heute, in dieser Nacht, ehe der Hahn zweimal kräht, mich dreimal verleugnen wirst" (Mk 14,30; ElbÜ). Es ist eine Ankündigung voller Verständnis und Mitgefühl, eine herbe, aber gleichzeitig barmherzige Aufdeckung der Wahrheit.

„Ich aber habe für dich gebetet, damit dein Glaube nicht aufhöre; und du, bist du einst zurückgekehrt, so stärke deine Brüder" (Lk 22,32; ElbÜ). Nach diesen Worten erst entfaltet die besondere Erzählung, wie Jesus Petrus ansah, ihre Wirkung. Jesus blieb in

115 Die Wahrheit, dass Gott uns bei einem neuen Namen nennt, der unser wahres Wesen ausmacht, wurde von einigen christlichen Traditionen in der frühen Kirche und der Missionsgeschichte durch die Umbenennung des Glaubenden bei seiner Taufe hervorgehoben. Der heidnische oder weltliche Name wurde abgelegt und stattdessen ein biblischer Name mit einem entsprechenden Verheißungscharakter angenommen.

seinen letzten Stunden ganz Seelsorger, Hirte seiner Schafe. Er beugte einem völligen Zusammenbruch des Petrus vor, indem er ihn darauf hinwies, dass er diesem Druck nicht gewachsen sein werde, dass es aber nichts an ihrer Beziehung verändern werde. Der Blick, mit dem Jesus sich umdrehte und Augenkontakt mit Petrus aufnahm, entlarvte ihn zwar und nahm ihm den letzten Rest seiner Selbstüberschätzung. Er ließ das falsche Selbstbild platzen, das sich in Petrus eingenistet hatte – er als edler Held, der nicht einknickte, als tapferer Glaubenskämpfer, der bis zum bitteren Ende die Fahne hochhielt. Er erinnerte ihn aber auch an das Gebet Jesu für ihn und seinen Auftrag, wenn er sich von dieser Enttäuschung erholt hätte und wieder zurückkehrte auf den Weg des Glaubens. Es war ein Blick der Trauer, aber auch ein Blick der Aufforderung. Er gab Petrus den Mut, sich selbst ehrlich zu betrachten und zu sagen: „So bist du also." Er hörte mit diesem Blick die Worte in seinem Inneren: „Gestehe es dir ein, komm darüber hinweg und finde zurück zu deinen Stärken. Du bist zwar schwach und von der Angst um dein Wohlergehen bestimmt, aber das ist nicht alles, was du bist. Du bist ein Fels mit verletzlichen und schwachen Stellen. Du bist ein Sünder wie alle anderen, aber du bist auch ein Berufener Gottes und wirst anderen ein Segen sein. Kehre zurück zu dem, was dich vor Gott ausmacht."

„Und der Herr wandte sich um und blickte Petrus an; und Petrus gedachte an das Wort des Herrn, wie er zu ihm sagte: Ehe der Hahn kräht, wirst du mich dreimal verleugnen. Und Petrus ging hinaus und weinte bitterlich" (Lk 22,61–62; ElbÜ). Petrus war zunächst einmal gebrochen und tief von sich selbst enttäuscht. Jesus erschien ihm nach seiner Auferstehung gezielt in weiteren seelsorgerlichen Episoden. Am Ende des Johannesevangeliums wird erzählt, dass Jesus ihn dreimal fragte: „Liebst du mich?" Damit gab er Petrus die Chance, sein dreimaliges Verleugnen durch ein erneutes Bekennen seiner Liebe zu ihm aufzuheben. Jedes Mal erneuerte Jesus auch seinen Auftrag an Petrus: „Kümmere dich um meine Schafe. Sammle, begleite und ermutige meine Nachfolger. Es gibt viele wie dich, die erste Anläufe im Glauben gemacht haben und dann an einer Hürde der Bedrängnis gescheitert sind. Zeig ihnen, dass es nicht wichtig ist, wie oft sie versagen, sondern ob sie noch einen Rest Liebe in sich spüren. Lass sie den Ruf dieser Liebe hören, die Kraft dieser Liebe fühlen und den Mut dieser Liebe finden, so wie du sie heute gehört, gefühlt und gefunden hast. So wie ich dich in deiner Gesamtheit sehe und liebe, so sollen sich alle in meiner Herde sehen."

In der Anbetung nimmt der Mensch sich unter dem Blick Gottes wahr. Er ist ein von Gott Angesehener. Er sieht sich mit den Augen Jesu, der ihn wie die Frau am Brunnen zur Wahrhaftigkeit ruft, wie Zachäus zur Freundschaft, wie Nathanael zum Vertrauen und wie Petrus zu Versöhnung und Dienst. Im Blick Gottes, der auf dem anbetenden Menschen ruht, ist eine Wahrnehmung, die den Menschen aus der Selbstwahrnehmung befreit, auf die ihn andere Menschen in seiner Umgebung festgelegt haben. Es ist eine Wahrnehmung, die ihm „etwas Eigentliches" zeigt, das an ihm ist und sich entfalten will. Der Blick bestätigt und wertschätzt den Menschen, gleichzeitig ruft er ihn auf und gibt ihm einen Auftrag. Unter diesem Blick kann der Mensch „ein anderer" oder vielmehr „ganz er selbst" werden, wenn er sein Selbst nicht mehr nur in Beziehung zu den Meinungen anderer über sich setzt.

Im Blick Gottes, der auf dem anbetenden Menschen ruht, ist eine Wahrnehmung, die den Menschen aus der Selbstwahrnehmung befreit, auf die ihn andere Menschen in seiner Umgebung festgelegt haben.

In Deinem Licht siehst Du mich,
hast mich erkannt, bei meinem Namen genannt.
Du kennst mein Herz, Dank und Schmerz,
es liegt vor dir offen, Herr.
Mein ganzes Sein, tagaus, tagein, ergibt nur Sinn,
wenn ich nicht jemand anderes bin.
Wie du mich siehst und was du in mir liebst,
das will ich sein und nur das allein.
Darum geb ich hin, alles, was ich bin, lasse los und bete an.
Denn Dein Ja zu mir macht mich frei vor Dir,
einfach nur ich selbst zu sein.[116]

Selbstfindung und Authentizität

Eine der ältesten Forderungen der Philosophie an den Einzelnen lautet, sich selbst zu erkennen und die eigene Identität zu finden.

116 Martin Pepper © 1998 mc-peppersongs

Wer nicht weiß, was er ist und was er noch werden will, wird nur zu dem, was andere in ihm sehen (aus Nützlichkeitsaspekten). Wir müssen das, was andere in uns sehen und sehen wollen, in unseren Blick einbeziehen, denn jedes Leben steht in einer Wechselbeziehung zu anderen. Darum können wir unsere „Wunschidentität" nie leben, wenn wir uns radikal von den Bedürfnissen und Vorstellungen anderer ablösen. Wir müssen uns nützlich machen, wir müssen auf das positive Echo anderer auf bestimmte Eigenschaften und Fähigkeiten von uns eingehen. Aber wir dürfen nie aus den Augen verlieren, dass wir eine unverwechselbare Prägung, ein einmaliges Erbe und eine individuelle Wahl haben, was wir aus all dem machen wollen. Aus diesem Grund ist es wichtig, eine ungefähre Vorstellung davon zu haben, wer und was wir sind, und darin zu ruhen[117]. Das können wir vielleicht nicht immer beschreiben oder anhand von unseren vorherrschenden Merkmalen auflisten, aber wir wissen es instinktiv. Wir spüren es, ob wir „nur eine Rolle spielen" oder ob wir als wir selbst antreten – mit uns selbst übereinstimmen. Das nennt man heute authentisch sein.

Identität – Wer bin ich eigentlich?

Der Begriff Identität stammt von lat. *idem* – „derselbe" ab. Es ist die Feststellung, dass es etwas übereinstimmt. Sie ist ein Statement: Das bin ich, damit stimme ich überein. Identität beruht andererseits auf Unterscheidung – es werden Unterschiede, Verschiedenheiten und Andersartigkeiten ausgemacht. Sie sagt deshalb auch: Das bin ich nicht, damit stimme ich nicht überein. Menschen entwickeln ihre Identität in einem Wechselspiel von „Dazugehören" und „Abgrenzen". So entwickelt ein Kind nach der Geburt erst im Laufe der Jahre eine Identität, indem es sich von der Mutter abgrenzt. „So bin ich und nicht so. Das bin ich. Das gehört zu mir, das ist meins – das da aber nicht." Identität heißt, ein Gespür für sich selbst zu haben, „ich selber zu sein", anstatt in einem reinen Kopier- und Anpassungsmodus zu leben.[118] Es hat damit zu tun, dass ich meine Befindlichkeiten

117 „Durch Gottes Gnade bin ich, was ich bin" (1Kor 15,10; LÜ).

118 Ganz ohne Anpassungsprozesse und vorübergehendes Kopieren kommen wir allerdings im Leben nicht voran. Entscheidend ist nicht, dass wir „immer nur ganz wir selbst und nie auf irgendeine Weise angepasst sind", sondern dass wir mit der Zeit unser Eigenes finden, entwickeln und behaupten lernen!

kenne und annehme. Es setzt voraus, das ich nicht nur Rollen spiele und Erwartungen anderer erfülle, sondern ein Gefühl dafür habe, wer ich selber bin, was mich ausmacht. Dorthin zu finden ist manchmal ein lebenslanger Prozess. Wir können nie mit vollständiger und vollkommener Gewissheit sagen, wer wir sind, weil wir trotz aller Prägungen immer in einer Offenheit leben, uns noch immer verändern zu können. Identität ist gleichzeitig vorhanden und befindet sich in der Schwebe. Das macht den Reiz und die Spannung unserer inneren Entwicklungen aus.

Sich identifizieren und sich finden

„Können Sie sich identifizieren?", fragt der Polizeibeamte und möchte meinen Personalausweis sehen, der die Eckdaten meiner unverwechselbaren Existenz enthält – ein Foto meiner physischen Erscheinung und andere Daten, die mich zu einem ganz bestimmten Menschen machen. Der Ausweis sagt dann: „Das bin also ich." Zum Glück verstehen wir, das dies nur eine offizielle, sehr verkürzte und äußerliche Art ist, unser Ich zu definieren.

Es werden immer wieder nur ganz bestimmte Aspekte unserer Identität abgefragt. Bei den Dokumenten, die wir vorweisen, ist es eine verkürzte Liste von Namen, Wohnort, Körpermaßen etc., die zu uns passen und uns in der Kombination dieser Faktoren unverwechselbar machen sollen. Es ist wahr, was dort über uns steht, aber es ist nur die Spitze des Eisbergs. Wie tief wir im Ozean des Lebens liegen, welche Maße und welches innere Gewicht wir auf die Waage des Lebens bringen, sagen diese Eckdaten nicht aus. Es sind ja in dem Sinne auch keine „Eckdaten", sondern es ist nur ein Erkennungscode, mit dem man uns auf die Schnelle von anderen Menschen unterscheiden will.

Den festen Kern des Ichs, die eigene Identität in ihrer Summe zu finden, ist eine lebenslange, schwierigere Aufgabe. Wir müssen unseren Frieden damit machen, dass es nie ein völlig zufriedenstellendes Endprodukt geben kann.

Es gibt etliche Darstellungsebenen von Identität. Viele Menschen haben eine Identität in den sozialen Medien und pflegen ihr Erscheinungsbild durch Fotos, Meinungsäußerungen, Abgrenzungen von anderen Meinungen, Darstellung von Entwicklungsschritten (Abschlüsse) und Zugehörigkeiten (Partner, Kinder, Eltern). Aber auch das ist immer nur ein Teil unserer Identität, weil wir darin nie ganz „aufgehen". Den festen Kern des Ichs, die eigene Identität in ihrer Summe zu finden, ist eine lebenslange, schwierigere Aufgabe. Immer dann, wenn wir uns zu sehr „eingerichtet haben", taucht die Frage auf: Bist du das wirklich? Willst du der, die oder das sein, was andere gerade in dir sehen und bestätigen? Oder spürst du den Drang nach einer Veränderung, weil noch so viel mehr in dir liegt und realisiert werden will? Diese Unruhe begleitet uns das ganze Leben und kann uns sehr irritieren. Wir müssen unseren Frieden damit machen, dass es nie ein völlig fertiges und zufriedenstellendes Endprodukt geben kann. Denn in dem Augenblick, wo dieses fertige Ich im Raum steht, haben wir unsere Freiheit verloren, etwas zu werden und uns zu verändern.

In dem Augenblick, wo ein fertiges Ich im Raum steht, haben wir unsere Freiheit verloren, etwas zu werden, und uns zu verändern.

Die Identität einer Person ist das, was sie ausmacht und von anderen – auch durch ihre Erscheinungsformen (Verkleidungen, Deformationen, „Entgleisungen") – unterscheidet. Identität bezeichnet das Wesen.

Das Christentum hat ein Wesen, das es von anderen Religionen unterscheidet (zum Beispiel von dem Islam oder dem Hinduismus und Buddhismus, auch wenn es Überlappungen in bestimmten Aspekten gibt). Das Christentum hat ein Wesen, das seinen vielfältigen Erscheinungsformen zugrunde liegt. Die konfessionellen Kirchen und Gemeindebewegungen haben etwas von diesem Wesen, drücken dieses Wesen aber nur sehr begrenzt aus. Das Christentum hat ein Wesen, das sich von seinen Entartungen und Deformationen unterscheidet, den Kreuzzügen, Folterungen, Hexenjagden und der Inquisition. Deformation ist Identitätsverlust – das innerste Wesen einer Sache ist bedroht, entstellt und verzerrt zu werden.

Identifikation mit Christus bedeutet nicht, sein selbst auszuschalten

Der Glaube findet einen neuen Anhaltspunkt für seine Identität in der Wahrheit, dass nur Gott mich ganz kennt. Es liegt nicht nur an uns, ein „gutes Produkt" herzustellen, eine Entsprechung für eine sinnvolle und erfüllende Existenz zu finden. Als Glaubende sind wir auch darin in Gott „aufgehoben". Zu unserer gesuchten eigenen Identität und dem Streben nach Individualität gesellt sich eine Glaubensidentität – das Wissen darum, wer wir „in Gott sind“. Dadurch bekommen wir eine neue Identität, die uns in ein neues Verhältnis zu uns selbst und anderen setzt: „Darum ist jemand in Christus, ist er eine neue Kreatur. Das Alte ist vergangen, siehe, Neues ist geworden“ (2Kor 5,17; LÜ). Menschen, die mit uns den Weg des Glaubens gehen, werden zu „Brüdern und Schwestern, Vätern und Müttern in Christus“. Wir selbst dürfen uns als geliebte, angenommene Kinder eines himmlischen Vaters verstehen. Wir sind „Christen“, das heißt Menschen, die mit Jesus, dem Christus, identifiziert werden. Das ist sowohl ein Geschenk als auch eine Aufgabe, sowohl eine „Zuschreibung von Gott“ als auch eine Entwicklungsperspektive für uns selbst. Wir „ziehen den neuen Menschen an, der nach Christus geschaffen ist“.

Es ist eine transparente geistliche Identität, die den Selbstwerdungsweg unseres natürlichen Ichs „veredelt“, nicht aber unsere Identität ersetzt. Man kann so viel bekennen, glauben und zitieren, wie man will, am Ende muss doch eine reale Person in dieser Welt die Rechnungen bezahlen, seinen Mann oder seine Frau stehen und die Verantwortung für sich selbst in dieser Welt übernehmen. Das nimmt uns kein Gott, keine geistliche Wirklichkeit, kein Gebet und kein Bibelstudium ab. Das ist herausfordernd. Die Identifikation mit Christus, das Christsein, ist keine Ersatzidentität, aber auch keine uns überfordernde religiöse Traumrolle. Eine befreiende Perspektive bringt das Gedicht *Wer bin ich?* des Theologen Dietrich Bonhoeffer, das er in seiner Zelle im Gefängnis schrieb. Es endet mit diesen Zeilen: „Wer bin ich? Einsames Fragen treibt mit mir Spott. Wer ich auch bin, Du kennst mich, o Gott!“[119]

In der Anbetung müssen wir nicht zusätzlich zu den vielen Baustellen, an denen wir unsere „Ich-AG“ im Leben in Stellung bringen, ein neues und anderes Dasein aufbauen. Es ist ein Geschenk, das die eine Identität mit der anderen verbindet. Wir sind eingeladen, alles, was uns ausmacht, in die Anbetung mitzubringen und Gott eine ungeteilte Version unseres Ichs entgegenzuhalten. Eine gesunde Anbetungskultur setzt uns von dem Druck einer geistlichen

119 Bonhoeffer, Dietrich: „Widerstand und Ergebung – Briefe und Aufzeichnungen aus der Haft“. Gütersloh: Gütersloher Verlagshaus 1970, S. 381.

„Performance“ frei und stellt uns in das Licht seiner Annahme. In der Anbetung bringe ich das aktuelle und das werdende Ich vor Gott. Wir möchten im Leben gut dastehen, um angenommen, beachtet und geschätzt zu werden. Das hängt in unserer Welt immer von vielen Faktoren ab, und oft genug fühlen wir uns überfordert, all dem Genüge zu tun.

In der Anbetung fällt dieser Forderungsdruck von mir ab, weil ich begreifen darf, dass Gott mich nicht wegen bestimmter Vorzüge liebt, sondern um meiner selbst willen. Mein unsicheres und werdendes Selbst ist in den Augen Gottes gut genug, um seine Liebe zu rechtfertigen. Es bedarf keiner weiteren Streckübungen, Wichtigkeitsbeweise, Erfolgsbekundungen und Liebenswürdigkeiten. Wichtig ist Gott nur, dass wir uns selbst vor ihm einbringen, dass wir nicht nur „eine Rolle spielen“. Es geht darum, selber anzutreten, wenn wir Gott gegenübertreten, individuell und persönlich, ganz und gar als wir selbst.

Es geht darum, selber anzutreten, wenn wir Gott gegenübertreten, individuell und persönlich, ganz und gar als wir selbst.

Anbetung unterstützt die Identitätsfindung

Zur beglückenden Erfahrung der Anbetung gehört die Erkenntnis, dass Gott uns nicht zu etwas anderem „machen“ will, sondern uns in unserer eigenen Individualität annimmt und ermutigt. Dabei entdecken wir Aspekte an uns selbst, die uns aus der Sicht Gottes zufließen und die wir vorher vielleicht nicht wahrgenommen haben. Wenn wir diese Begegnung reflektieren, verändern wir uns in ein Bild, das immer noch wir selbst ist, aber durch die Begegnung mit Gott angereichert und ausgerichtet wird. Paulus sprach von einer „Metamorphose“, einer Umwandlung in sein Bild (2Kor 3,18). Dies geschieht, wenn wir „seine Herrlichkeit anschauen“. Das passiert nicht auf magische Weise, es ist kein „Zwinkern der bezaubernden Jeannie“ (eine Metapher für alle, die diese amerikanische Fernsehserie aus den 1960er-Jahren noch kennen). Es geschieht einfach in dem Maß, wie eine Erkenntnis Gottes uns erfasst und berührt. Es ist eine Art Osmose – „etwas suppt durch und kommt in uns an“, ohne dass wir einen Direktkontakt feststellen können. Je offener wir uns Gott gegenüber zeigen und je tiefer wir sein Wesen verstehen, desto mehr verändert es unser Bewusstsein. Wir können es selten konkret beschreiben. Es ist auch nie berechenbar oder immer dramatisch. Aber es geschieht durch den Prozess der Identifikation mit dem, was Gott über uns aussagt und in uns sieht. Diese Zugehörigkeit und Berufung zu etwas Höherem stützt unsere Identität. Unsere natürliche Identität löst sich vor Gott nicht auf. Sie wird überkleidet, veredelt, gestärkt und ausgerichtet.

Die Aussage „Ich bin gar nichts, Christus ist alles" hört sich fromm und beeindruckend (für manche Christen) an. Sie ist aber eine falsche Alternative. Die Intention Gottes kann nicht darin bestehen, dass wir unser menschliches Wachsen und Werden auflösen! Wer sich mit einer „Christus-Schablone" gleichschaltet und dadurch die Farben und Formen seiner menschlichen Individualität ausschaltet, zerstört die Schönheit der Schöpfungsvielfalt, die Gott in seiner Welt angelegt hat. Gott ist nicht in der Branche der Robotik tätig. Er produziert Leben, keine Maschinen.

Gott ist nicht in der Branche der Robotik tätig. Er produziert Leben, keine Maschinen.

Wer nicht mehr mutig „sein und werden" möchte, was er alles in sich vorfindet, verliert die Substanz, in der sich Christus als „wohlriechender Duft der Erkenntnis Gottes" ausdrücken will, wie es Paulus formulierte: „Weil wir mit Christus verbunden sind, lässt er uns immer in seinem Triumphzug mitziehen und macht durch uns an jedem Ort bekannt, wer er ist, sodass sich diese Erkenntnis wie ein wohlriechender Duft überallhin ausbreitet. Ja, weil Christus in uns lebt, sind wir ein Wohlgeruch, der sowohl zu denen dringt, die gerettet werden, als auch zu denen, die verloren gehen" (2Kor 2,14–15; NGÜ).

Anbeter sind individuelle Menschen mit einer ausgeprägten und offenen Identität. In der Anbetung wird diese Individualität angenommen und gleichzeitig veredelt. Anbetung ist kein Anpassungsvorgang, kein Abgleich nach Schablone. Es ist der Duft des Lebens, der entsteht, wenn echte Menschen Gottes Wesen betrachten und dabei seine liebende Perspektive für ihr Dasein entdecken. So wird unsere Anbetung ein „duftender Wohlgeruch, ein angenehmes Opfer, Gott wohlgefällig" (Phil 4,18). In diesem Sinne kann auch ein moderner Mensch vor Gott treten, ihn anbeten und sich seiner Sicht aussetzen. Er kann sich selbst treu bleiben, echt sein und dennoch einen Einfluss auf seine Entwicklung zulassen.

Anbetung etabliert einen Mehrwert

Aus der Sicht Gottes sind wir immer mehr als das, was wir in den Augen der Welt oder in unseren eigenen Augen sind. Wir neigen nämlich dazu, uns auf das zu reduzieren, was uns vertraut ist. Gott öffnet diesen Horizont und ruft uns dazu auf, ein größeres Selbstverständnis aufzubauen.

Der Prophet Jesaja erlebte das Reden Gottes bei seiner Berufung als einen solchen Aufruf. Gott sprach von einem „Zu-wenig" in seiner Selbsteinschätzung und forderte ihn zu einem weiteren Blick heraus: „Es ist zu wenig, dass du mein Knecht bist, die Stämme Jakobs aufzurichten [...], ich habe dich auch zum Licht der Heiden gemacht, dass du seist mein Heil bis an die Enden der Erde" (Jes 49,6; LÜ). Christen deuten diese Worte zuerst im Blick auf Jesus, der nicht nur zu seinem Volk Israel gesandt war, sondern als ein „Licht der Welt" (Joh 8,12; LÜ) zur gesamten Menschheit.

Wir sehen in dieser Passage aber auch eine Art geistliches Prinzip. Aus der Begegnung mit Gott erwächst immer wieder eine Perspektive, die uns ermutigt, das „Zu-wenig" unseres Lebens hinter uns zu lassen und eine andere Sicht von uns zu entwickeln. Es ist ein feiner Grad zwischen dem Aufbauschen unserer Bedeutungsfantasien durch großspurige Prophetien, wie es manchmal in pfingstlich-charismatischen Kreisen[120] geschieht, und der tiefen, aber heilsamen Wahrnehmung unserer geistlichen Identität vor Gott. Der Blick auf Gott, wenn er von Glauben, Liebe und Ehrfurcht erfüllt ist, weitet auch immer unseren Blick auf uns selbst. Das Leben ist mehr, wenn es von Gott erfüllt ist. Wir sind mehr, wenn wir Menschen der Verheißung und nicht mehr nur Menschen der Gewohnheit und der Selbsteinschätzung sind. Eine Begegnung mit Gott eröffnet dem Menschen immer einen Mehrwert für seine Identität. Das „Ich-bin" unserer eigenen Vorstellungen wird von

Eine Begegnung mit Gott eröffnet dem Menschen immer einen Mehrwert für seine Identität.

120 Ich möchte diese Glaubenspraxis des „Hörens auf prohetische Eindrücke" nicht grundsätzlich diskreditieren, weil sie ein segensreiches und kraftvolles Element von bevollmächtigten Menschen sein kann. Doch es besteht ein feiner Unterschied, ob jemand vorsichtig nach Perspektiven Gottes tastet oder ob er auftrumpfende und überdrehte Aussagen verbreitet, die sowohl den Überbringer der Botschaft als auch den Zuhörer „aufblähen".

Gottes „Es-ist-zu-wenig-dass-du-…-bist“ infrage gestellt und mit der Erkenntnis ergänzt: „Ich habe dich auch dazu gemacht, dass du seist …“ Was wir vor Gott sind, hat nichts mit einer ganz bestimmten Aufgabe zu tun, sondern vor allem mit einer Person, der Gott etwas anderes zutraut als das, was wir bisher in uns gesehen haben. Durch dieses Mehr an Identität, das aus unserer Selbstwahrnehmung vor Gott entsteht, wachsen auch die Qualitäten, die mit dem Attribut männlich und weiblich bezeichnet werden können.

Männliche und weibliche Identität

Wir entwickeln und festigen eine eigene (auch geschlechtliche) Identität, indem wir männlichen und weiblichen Rollenmodellen begegnen.

In der Anbetung stehen wir damit sprachlich vor einem Problem. In unserer deutschen Sprache ist die Gottesbegegnung im Gegensatz zur hebräischen nur „männlich“ besetzt.[121] Rein sprachlich betrachtet beten wir in der Dreieinigkeit eine versammelte Männerwelt an, den Vater, den Sohn und den Heiligen Geist. Theologisch und von den Ursprachen her ist Gottes Wesen bipolar. „In seinem Bilde“ sind wir männlich und weiblich geschaffen (beides spiegelt etwas vom Wesen Gottes). *Ruach* – das Wort für Wind, Geist, Atem – ist im Hebräischen weiblich. Es ist die *ruach*, die (weibliche) Kraft der schöpferischen Lebensentfaltung. In der Bibel und den Glaubensbekenntnissen aus der frühen Kirchengeschichte dominiert das „männliche“ Reden von Gott (Gott, der Herr, der Vater, der Richter der Lebenden und Toten etc.). Doch gelegentlich taucht auch schon in der Bibel die Rede von Gott als Gebärender, Mutter oder Hausfrau auf: „Ich will euch trösten, wie einen seine Mutter tröstet“ (Jes 66,13; LÜ). Weitere Stellen wie Hiob 38,29, Psalm 123,2; 131,2, Jesaja 42,14, Hosea 11,3f; 13,8, Matthäus 13,33, Lukas 13,21 und 15,8–10 zeigen: Der Glaubende in der Anbetung wird vor Gott „so still wie ein grad gestilltes Kind“ – die Begegnung mit Gott hat mütterlich tröstende, ernährende, beglückende Elemente. Der Mensch, der seine eigene Identität formt, begegnet Gott in zwei sich ergänzenden Seinsweisen.

121 Auf Hebräisch ist das Wort für „Geist“ (*ruach*) weiblich. So müsste die Dreieinigkeit korrekt mit „der Vater, der Sohn und die Geist“ ausgedrückt werden. Manche spotten deshalb: Irgendwann in der Kirchengeschichte hat die Heilige Geistin eine Geschlechtsumwandlung bekommen.

Er wird ermutigt, bei aller vorgefundenen biologischen Geschlechtlichkeit ein inneres Wesen zu entwickeln, das beide Elemente in Balance hält. Damit wird nicht gleich die steile These unterstützt, dass Geschlechtlichkeit nur „eine soziale Konstruktion" ist. Das Männliche und Weibliche in der Welt ist aber nicht nur ein biologisches Schicksal, sondern auch eine Seinsweise, eine Art, auf das Leben einzugehen.

Das Männliche und Weibliche in der Welt ist nicht nur ein biologisches Schicksal, sondern auch eine Seinsweise, eine Art, auf das Leben einzugehen.

Zwei Seinsweisen, die jeder Mensch erlebt und entwickelt

Der holländische Anthropologe, Psychologe und Sportmediziner Frederik Jacobus Johannes Buytendijk (1887–1974) meinte, dass Menschsein von uns immer in zwei Möglichkeiten erfahren werde, entweder im „Modus der Männlichkeit" oder im „Modus der Weiblichkeit"[122]. Dieser Seinsmodus ist aber nicht einfach getrennt auf die Geschlechter verteilt. Denn so, wie sich in jedem Individuum männliche und weibliche Gene finden, so gehört zur Vollentwicklung der Person, dass als Mann bzw. Frau doch auch der gegenteilige Modus relativ verwirklicht werde. Wir können uns also nicht einfach willkürlich unser Geschlecht aussuchen – oder noch schlimmer: jede Ausprägung geschlechtlicher Zuordnungen diktatorisch ausmerzen –, wie es manche „Gender-Ideologen" gerne sehen würden (die politischen Programme dazu liegen vor, erleben aber Widerstand von allen Seiten). Wir können nur unsere vorgegebene geschlechtliche Identität[123] durch das „andere Sein in uns" relativ ergänzen und ausgleichen. Buytendijk erklärte:

> *Darum fordert das volle menschliche Dasein beide Entwürfe, beide Sichten, sowohl die männliche wie die weibliche Seinsform in jedem Menschen […]. Erst ein so intimes Mit-dem-Anderen und An-dem-Anderen kann uns zur Höhe des eigenen Selbstentwurfes*

---

122 Buytendijk, Frederik Jacobus Johannes: „Die Frau. Natur – Erscheinung – Dasein". Bachern 1953, S. 246f.

123 Dass es hier Ausnahmen und Grauzonen bei einer beträchtlichen Anzahl von Menschen gibt, die wir in ihrem Suchen und Tasten nach ihrer sexuellen Identität sensibel unterstützen müssen, anstatt eine eindeutige „Einordnung" zu fordern, ist mir bewusst.

und dadurch zur kulturellen Höhe von Ehe, Wir-Gemeinschaft, Gesellschaft, Volk und Völkergemeinschaft führen.[124]

Distanz und Nähe im Männlichen und Weiblichen

Der evangelische Theologieprofessor Wilfried Härle beschreibt den Unterschied zwischen Distanz und Nähe im Glauben als Erfahrung des Männlichen und Weiblichen. Beide Aspekte berühren unser Anbetungsverständnis und wirken sich auf unser eigenes Identitätsgefühl aus. Auf beide „Seinsweisen Gottes" reagieren wir, beide Erfahrungen sind nötig für eine gesunde Gottesbeziehung. Ich zitiere eine längere Passage aus seiner *Dogmatik*:

Das weiblich-mütterliche Element kommt dabei zum Ausdruck in Bildern und Aussagen, die körperliche und seelische Nähe, behütende und nährende Fürsorge sowie Lebensbegleitung, Zärtlichkeit und Trost zum Ausdruck bringen. Das männlich-väterliche Element findet Ausdruck in Bildern und Aussagen, die auf großzügige Güte, verlässlichen Schutz, ermutigendes Zutrauen, aber auch auf Strenge hinweisen. Der weiblich-mütterlichen Nähe korrespondiert auf männlich-väterlicher Seite ein Element der Distanz. Dass die männlichen, distanzierenden Metaphern beim biblischen und kirchlichen Reden von Gott überwiegen, hat einen guten Grund: Durch sie wird der Unterschied zwischen Gott und Geschöpf stärker betont. […]

Andererseits kann das Neue Testament ganz unbefangen, ja sogar betont unter Aufnahme weiblicher Metaphorik davon sprechen, dass die Glaubenden als Gottes Kinder aus Gott geboren sind. (So Joh.1.13; 3.5f; Röm.8.15-17, Gal.4.5-7, Eph.1.5; 1.Joh.3.9; 4.7; 5.1-18 und Jak.1.18) Damit wird gerade das, was nicht von Natur aus gilt, durch den Glauben wirklich, und damit entsteht eine Nähe zwischen Gott und Mensch, die über die allgemeinen männlichen Metaphern hinaus die spezifisch väterlichen und insbesondere die mütterlichen Metaphern an sich zieht. Insofern besteht zwischen den männlichen und den weiblichen Metaphern ein Steigerungsverhältnis zwar nicht quantitativer, wohl aber qualitativer Art. Von daher ist es zu bedauern, dass in der Bibel (und in der

124 Buytendijk, Die Frau, S. 282f.

kirchlichen Überlieferung) die männliche Metaphorik dominiert, dass primär die Distanz zwischen Gott und Mensch zur Geltung kommt. Trotzdem wäre es problematisch, als Konsequenz dieser Einsicht die männliche Metaphorik generell durch die weibliche ersetzen zu wollen.[125]

Was Härle hier zum Ausdruck bringt, ist Folgendes: Väterliche Distanz und Größe sind vielleicht manchmal unbequem und sperrig. Diese Respektskultur verhindert aber, dass der Mensch zu früh in eine vertraute Selbstverständlichkeit und einen naiven „Kuschel- und Kumpelglauben" abgleitet. Gottes Nähe wird erst vor dem Hintergrund seiner erschütternden Größe und Macht als Geschenk erfahren. Eine Liebe, die Hindernisse überwindet und Unverdientes schenkt, wird von den Geliebten als tiefer erfahren. Liebe als gegebene Selbstverständlichkeit wird schnell gering geschätzt.

Gottes Nähe wird erst vor dem Hintergrund seiner erschütternden Größe und Macht als Geschenk erfahren. Liebe als gegebene Selbstverständlichkeit wird schnell gering geschätzt.

Erst wenn wir über die liebevolle Aufmerksamkeit Gottes staunen können, sind wir in einem Geist der Anbetung angekommen. Dann begreifen wir, dass Gott in seiner Größe allein unser Bedürfnis nach Wahrnehmung, Wertschätzung, Herausforderung und innerer Leitung erfüllen kann.

Wir tasten, wir suchen: was ist unser Weg
in Zeiten des Fragens, wohin es mit uns geht.
Man sieht uns in den Rollen, die das Leben für uns schreibt,
doch wer erkennt, was dann noch in uns bleibt?
Herr, Du siehst mich; mein wahres Ich,
das, was ich bin, und all das, was in mir verborgen liegt.
Du kennst mein Herz, kannst mich verstehen,
auch in der Menge kannst du meine Seele sehen.
Der Mensch sieht, was vor Augen ist, doch du, du siehst mich.[126]

---

125 Härle, Wilfried: „Dogmatik". Berlin: de Gruyter 2000, S. 254.

126 „Du siehst mich", Martin & Jennifer Pepper © 2016 mc-peppersongs, Berlin.

Bei der Anbetung erleben wir, wie unsere Selbstwahrnehmung verändert wird. Gott sieht den Einzelnen, liebt ihn bedingungslos auch mit den „zerbrochenen Anteilen" seines Lebens. Der sich selbst suchende und immer neu erfindende Mensch steht unter dem Einfluss und liebenden Blick seines Schöpfers. Diese Sicht lässt sich auch auf die ganze Welt übertragen und führt zu einer warmen und wertschätzenden Sicht der Welt. Ein Anbeter, der den liebenden Blick Gottes auf seinem Leben erfahren hat, sieht die ganze Welt mit den Augen dieser Liebe. Er sieht die Welt selbst als einen Ausdruck der Liebe Gottes und eine Einladung zur Entfaltung einer vielseitigen und spannenden Existenz. Auch wenn die Welt manche Gefahr und Verführung birgt, ist sie kein unreines und aussätziges Wesen. Man kann sich ihr neugierig und aufgeschlossen nähern, ja sie sogar umarmen.

Teil 2

Die Welt umarmen

6. Anbetung als Weltverhältnis

Denn von ihm und durch ihn und zu ihm sind alle Dinge.
Ihm sei Ehre in Ewigkeit! Amen.
Römer 11,36; LÜ

Anbetung ist nicht nur Gottesliebe und Resonanzbeziehung in einem unsichtbaren, personalen Verhältnis. Sie äußert sich auch in Respekt und Dankbarkeit vor dem Wirken Gottes in der Zeit. Sie entfaltet nicht nur ein Verhältnis zu Gott, sondern auch ein Weltverhältnis. Wer die Liebe und Größe Gottes verstanden hat, lernt, seine ganze Existenz und die ihn umgebende Welt zu umarmen. In dieser Umarmung betet er Gott selbst an.

Wenn ein Mensch in den Entwicklungen seiner Welt Gottes geheimnisvolles Wirken bemerkt, ändert sich seine Perspektive. Er sieht „die Errungenschaften seiner Zeit" nicht nur als etwas, was sich die Menschheit trotzig angemaßt hat, sondern auch als einen Ausdruck der Liebe Gottes. Gott ist in Raum und Zeit der uns umgebenden Welt am Werk und entwickelt sie mit. Die größten menschlichen Leistungen sind nicht ohne Gott entstanden.

Es ist nicht nur die Welt da draußen, sondern auch unsere Welt, weil unser Gott darin wirkt und waltet: „Es sei Welt, Leben oder Tod, es sei Gegenwärtiges oder Zukünftiges, alles ist euer.
1Kor 3,22–23; LÜ

Wenn wir Gottes Wirken in der Zeit anbetend wahrnehmen, erleben wir nicht nur die Welt, sondern sind auch stolz, dazuzugehören. Es ist nicht nur die Welt da draußen, sondern auch unsere Welt, weil unser Gott darin wirkt und waltet: „Es sei Welt, Leben oder Tod, es sei Gegenwärtiges oder Zukünftiges, alles ist euer, ihr aber seid Christi, Christus aber ist Gottes" (1Kor 3,22–23; LÜ).

Dieses Gefühl der Zugehörigkeit wird durch Aussagen eingeschränkt, in denen der Mensch von der Welt abgegrenzt wird. Sie wollen verhindern, dass wir uns zu sehr „in der Welt verstricken" oder uns nur noch mit der Welt identifizieren. Es sind aber Einschränkungen eines an sich positiven Weltverständnisses. Das wollen wir näher untersuchen, um uns die Freude an der Welt nicht rauben zu lassen. Doch vorher tauchen wir ein in eine kurze Geschichte der Zeit aus der Sicht des Glaubens.

Der Anfang des Seins

Gott ist von Ewigkeit zu Ewigkeit. Aus dem Nichts entstand das Sein. Es wurde durch Gott. Er war von Ewigkeit her, das Nichts und das Sein in sich tragend. Der Urknall, wenn es ihn denn so gegeben hat, wie es wissenschaftliche Theorien vermuten, war dann die Explosion des Seins in die Form. Aus dem reinen Sein entstand ein Dasein. Es äußerte sich in Materie, Raum und Zeit. Leben regte sich in kleinsten Atomen und Molekülen. Gaswolken waberten durch das Universum. Chemische Elemente reagierten aufeinander. Energie entwickelte sich und explodierte in unfassbar hohen Temperaturen. Die Welt entstand als ein Bekenntnis des Daseins. Sie ruft bis heute: Etwas ist da, das uns wollte!

Für den Glaubenden offenbart sich Gott mit der Welt, an der Welt und in der Welt. Das ganze Leben trägt die Signatur des Schöpfers und ist ein Anlass zur Anbetung. Die Welt als Summe der existierenden Wesen und Prozesse ist in sich selbst eine Art Anbetung, ein Hymnus, ein Lobgesang auf Gott.

Für den Glaubenden offenbart sich Gott mit der Welt, an der Welt und in der Welt. Das ganze Leben trägt die Signatur des Schöpfers und ist ein Anlass zur Anbetung.

Das Leben, das sich so formte, wurde zu einer Geschichte. Sie erzählt von einer großen Liebe, die in immer höheren Ausdrucksformen Raum für Bewusstsein schafft. In diesem Bewusstsein spiegelt und vermehrt sie sich. Es ist die Geschichte einer rührigen und kreativen, ja sogar verschwenderischen Liebe, die sich in immer neuen Schüben verströmt. Sie ließ eine Welt entstehen, in der eines ihrer Wesen Bewusstsein erlangte. Der Mensch war das erste Wesen, das Gott selbstbewusst lieben konnte. Er entwickelte ein eigenständiges, komplexes, inneres Zentrum des Erlebens. Die Bibel erzählt diese Geschichte, in der der Mensch im Bilde Gottes geschaffen wurde. Sie zeigt dem Menschen, dass er „gottfähig" ist und dass darin eine besondere Würde liegt. Sie nimmt dem Menschen gleichzeitig eine Urangst vor den Elementen, die man in den Mythen früherer Zeiten selbst für Götter hielt.

In den zwei Geschichten der Bibel, die die Erschaffung der Welt und des Menschen thematisieren, leuchten unterschiedliche Aspekte auf. Die erste Erzählung der Bibel ist eine Art Aufklärungsgeschichte. Sie nimmt den religiösen Mythen der damaligen Zeit ihre

Verzerrung der Realität. Dabei zerstört sie aber nicht den Zauber, der auf der Welt liegt. Gott bleibt in ihr der Schöpfer und das tiefere Geheimnis der Welt. Doch Sonne, Mond und Sterne sind keine Götter mehr, Himmel und Erde keine Schicksalsmächte. Die Ordnung des Daseins ist nicht die dunkle Kunst unberechenbarer Mächte, mit denen wir uns gut stellen müssen. Sie ist die Schöpfung eines großen Geistes, der die Welt entwirft, sie umgibt und mit Güte erfüllt[127]. Die zweite Geschichte hat als Schwerpunkt die „Erschaffung" des Menschen. Als Mythos[128] – wenn man das Wort nicht negativ als Lügengeschichte versteht – ist sie eine Erzählform, die uns mit dem Geheimnis des Lebens in Verbindung bringt. Diese Erzählung sagt uns, wer wir auf einer tieferen Ebene sind, und stiftet damit Identität. Sie gibt eine moralisch-geistige Orientierung, setzt uns in einen anderen Zusammenhang. Sie will keine nüchterne Datensammlung, kein wissenschaftliches Dokument, keine Reportage sein. Sie spielt mit unseren Vorstellungen, lässt Raum für Fantasie und vermittelt doch eine Wahrheit, die uns im Herzen trifft und abholt. Sie ist das Gründungsdokument einer Welt, in der der Mensch sich seiner Beziehung zu Gott bewusst wurde. Auch wenn der Mensch am Ende der Geschichte nicht mehr „im Garten der Unschuld" lebt und in einem „Ringen ums Überleben"[129] steht, ist der Mensch nicht ohne Gott. Er lebt weiterhin unter dem liebenden Blick seines Schöpfers. Diese

Sonne, Mond und Sterne sind keine Götter mehr, Himmel und Erde keine Schicksalsmächte. Die Ordnung des Daseins ist nicht die dunkle Kunst unberechenbarer Mächte, mit denen wir uns gut stellen müssen.

127 Das immer wiederkehrende Statement „und siehe, es war gut" zieht sich rhythmisch durch die Erzählung.

128 Über den Begriff „Entmythologisierung" hat es in der Theologie eine lange und sehr heftig geführte Debatte um die Frage gegeben, was der wahre Kern der biblischen Mythen sei und wie weit man die Bibel „entmythologisieren" müsste, um ihre Botschaft dem rationalen Denken des modernen Menschen zugänglicher zu machen. Aus meiner Sicht ergänzen sich Mythos (fantasievolle Deutung) und Logos (logisch-vernünftige Schilderung) als Darstellungsformen der Wirklichkeit.

129 Darwins „struggle for existence" (wörtlich „Bemühen um die Existenz") hat in der deutschen Übersetzung vom Kampf ums Dasein leider einen kriegerischen Anklang, der in uns die Vorstellung von einem „evolutionären Hauen und Stechen" hervorruft. Die Literaturwissenschaftlerin Julia Voss übersetzte den Begriff neu mit „Ringen ums Überleben" (http://sciencev2.orf.at/stories/1626683/index.html; letzter Zugriff: 12.09.17).

Erfahrung des Geliebtseins inspiriert unsere Anbetung. Sie ist der Kern eines gesunden Selbstbewusstseins, der Maßstab für die Sicht auf das Weltgeschehen und die Heilung für unsere tiefsten inneren Verwirrungen.

Unter der Oberfläche unseres Lebensspiegels ist diese Sicht der Welt eine massive Konsistenz, die gelassen in den unterirdischen Strömungen ihre Kreise zieht und ihren Beitrag zur Mischung aus Festem und Flüssigem in unserem Leben leistet. Gott ist von Ewigkeit zu Ewigkeit. Der Mensch ist in ihm geborgen.

Gottes Sein in Ewigkeit

Das Wesen der Zeit besteht darin, zu vergehen. Der Glaube setzt dieser Vergänglichkeit die Ewigkeit entgegen. Ewigkeit ist eine Metapher für die längste vorstellbare Zeit. Um Gottes Sein von allem anderen Bestehenden zu unterscheiden, wird dieses Sprachbild noch einmal gesteigert: Gott ist „von Ewigkeit zu Ewigkeit"[130]. Er „existiert" nicht nur in einer unendlich langen Zeitspanne jenseits von „gekrümmter Zeit" und sogenannten Wurmlöchern, sondern auch in einer geheimnisvollen Tiefe und Qualität, die alles Geschehende durchdringt.

In der großen Geschichte der Erlösung, die sich durch die Bibel zieht, wird der Mensch aus dem Garten Eden oder Paradies ausgeschlossen, „damit er nicht von dem Baum des Lebens esse und lebe ewiglich" (1Mo 3,22; LÜ). Der Mensch hat eine „Gleichzeitigkeit mit Gott" verloren und ist nun gefangen in Zeit und Vergänglichkeit. Sein Leben ist kurz und oberflächlich, sein Kontakt mit Gott ein distanzierter. Erlösung bedeutet nicht, die reine Unvergänglichkeit in einer zeitlosen Endlosschleife wiederherzustellen. Erlösung „repariert" den Bruch der Beziehung, sie erneuert die verlorene Einheit mit Gott. Sie lässt den Menschen wieder eine partielle Gleichzeitigkeit mit Gott erleben und verheißt ihm, dass diese Einheit vollständig wiederhergestellt wird. Erlösender Glaube heilt unser Bild von Gott und restauriert unsere Lebenserfahrung in der Zeit aus einer Perspektive der Versöhnung. Ewiges Leben ist nicht der Topf Gold am Ende des Regenbogens. Ewiges Leben ist eine neue Qualität der

130 Zum Beispiel Ps 90,2 und Gal 1,5; LÜ: wörtl. von *aion* zu *aion* – „von Zeitalter zu Zeitalter".

Lebenszeit, etwas, was im lebendigen Glauben an Gott schon mitten in unserem irdischen Dasein vorhanden ist. Jesus sagt ganz ausdrücklich: „Wer glaubt, hat das ewige Leben“ (Joh 6,47; LÜ). Jesus selbst vermittelt diese Erlösung mit „Worten des ewigen Lebens“ (Joh 6,68; LÜ; Joh 5,24; LÜ), aber auch mit seiner sich aufopfernden Hingabe. Beides bewirkt „ewiges Leben“ (Joh 6,58; Joh 4,14; LÜ). Dieses ewige Leben beginnt nicht erst nach dem zeitlichen Ablauf des biologischen Lebens, sondern ganz „tagesaktuell“, wenn wir Gott und seinen Gesandten, Jesus Christus, erkennen (vgl. Joh 17,3; LÜ). Diese Erkenntnis und das daraus erwachsende Vertrauen sind wie eine neue Geburt, ein neues Dasein, geboren aus Liebe, Gnade und Ewigkeit. Die Zeit läuft zwar nach wie vor weiter in ihren manchmal gnädigen, manchmal gnadenlosen Rhythmen und Gesetzmäßigkeiten (der Wecker des normalen Lebenstaktes hört mit dem Glauben nicht auf zu ticken), aber im glaubenden Menschen fließt schon ein anderes Lebenssystem. Die Ewigkeit ist angebrochen, der Fluch der Zeit überwunden – sie kann uns nicht mehr von Gott trennen. Sie läuft nicht mehr nur ab und endet in einem großen Nichts, sondern sie hat durch die lebendige Teilhabe an Gottes Zeit eine Perspektive für die Zukunft weit über unsere Gedankengrenzen hinaus. Der Glaube vergewissert uns, wie unberührbar und unzerstörbar unsere Identität ist. „Denn wir wissen, dass, wenn unser irdisches Zelthaus zerstört wird, wir einen Bau von Gott haben, ein nicht mit Händen gemachtes, ewiges Haus in den Himmeln“, schwärmte Paulus in plastischen Bildern (2Kor 5,1; ElbÜ).

Die Zeit läuft zwar nach wie vor in ihren manchmal gnädigen, manchmal gnadenlosen Rhythmen und Gesetzmäßigkeiten, aber im glaubenden Menschen fließt schon ein anderes Lebenssystem.

Die Zeit – „böse Zeit“ vs. Zeit als Wirken Gottes

Bei dieser Freude über das Ewige kann das Zeitliche schnell zu einer wertlosen Übergangsform werden, zu etwas, was man über sich ergehen lassen muss. Es wird ein Zustand, den man irgendwie aushält, bis es vorbei ist. Die gegenwärtige Zeit wird dann mehr als ein „Ausharren bis zum Ende“[131] verstanden.

131 „Wer aber ausharrt bis ans Ende, der wird errettet werden“ (Mt 24,13).

An einigen Stellen der Bibel wird auch davor gewarnt, sich in der Zeit zu verlieren, die Sorgen dieser Weltzeit auf sich einwirken zu lassen, der Versuchung nachzugeben, das Flüchtige festzuhalten. „Alles ist ganz eitel – ein Haschen nach Wind", klingt es durch das Buch des Predigers (Pred 1ff.; LÜ). Jesus erwähnte Sorgen der Zeit als Glaubenshindernis: „Die Sorgen dieser Weltzeit ersticken das Wort" (Mk 4,18; Schlachter 2000 Ü). Paulus warnte vor der Verzettelung: „Kauft die Zeit aus, denn es ist böse Zeit" (Eph 5,16; LÜ). Der Prophet Amos beklagte die Herrschaftsverhältnisse einer unterdrückerischen Zeit, die von Korruption gezeichnet ist: „Darum muss der Kluge zu dieser Zeit schweigen, denn es ist eine böse Zeit" (Amos 5,13; LÜ). Und der Prediger beklagte, wie unberechenbar unsere biologische Lebenszeit im Schicksalsgefüge einer Weltzeit ist, die uns nie erlaubt, unser Leben sinnvoll durchzuplanen, denn alles geschieht unter Vorbehalt: „Auch weiß der Mensch seine Zeit[132] nicht, sondern wie die Fische gefangen werden mit dem verderblichen Netz und wie die Vögel mit dem Garn gefangen werden, so werden auch die Menschen verstrickt zur bösen Zeit, wenn sie plötzlich über sie fällt" (Pred 9,12; LÜ).

Drei Mal wird die Zeit also ausdrücklich als „böse Zeit" bezeichnet, ein Verbündeter des Bösen in der Welt! Das aber zu verallgemeinern ist eine verzerrte Wahrnehmung und wird dem Wert der Zeit nicht gerecht. Sobald die vorherrschenden zeitlichen Verhältnisse zu viel kritisiert werden und die „zukünftige Ewigkeit" zu sehr betont wird, kann die gegenwärtige Zeit schnell zum Schmuddelkind des Glaubens werden. Sie wird dann als ein ungeliebter Mitbewohner in der neuen Existenz empfunden, als jemand, den man mitschleifen und miternähren muss, obwohl die Familie zu Höherem berufen ist: „Wir haben hier keine bleibende Stadt, sondern die zukünftige suchen wir" (Hebr 13,14; LÜ).

Das ist aber nur die eine Seite. Denn die Bibel verleiht der Zeit sehr wohl auch einen positiven Wert, sie sieht Gottes Wirken in den sich immer wieder auf neue Weise entfaltenden Zeiträumen. Gottes Zeit ist nicht erst die Zukunft, sondern immer schon das Jetzt: „Siehe, jetzt ist die angenehme Zeit; siehe, jetzt ist der Tag des Heils" (2Kor 6,2; Schlachter 2000 Ü).

132 „Seine Zeit" im Sinne der genauen Zeitspanne, die er zur Verfügung hat.

Gottes Wirken beginnt nicht erst in einer von dieser Zeit losgelösten Dimension. Die Zeit ist sein Werk. Er hat sie geschaffen, er durchdringt sie und wirkt an ihrer Entfaltung mit. Gott ist nicht nur über der Zeit, sondern er ist auch in ihr. Der evangelische Theologe Jörg Zink (1922–2016) hat die christliche Vorstellung von Gottes Beziehung zur Welt einmal mit dem schönen Wort „Panentheismus" von der Vorstellung des „Pantheismus" abgegrenzt. Pantheismus kehrt den eigentlich schönen Gedanken „Gott ist in allem" um in „Alles ist Gott". Danach gibt es keine Andersartigkeit Gottes mehr, keine Transzendenz, die über das Dasein hinausgeht, keine Trennung von Schöpfer und Geschöpf. Eine solche Vorstellung schreibt Gott im gegenwärtigen System der Welt fest, macht ihn identisch mit der Welt. Sie identifiziert Gott mit allem – inklusive allem Bösen – und zeigt keine Erlösungsperspektive auf. Der Pantheismus wird mit Recht vom christlichen Glauben her abgelehnt.

Pantheismus identifiziert Gott mit allem – inklusive allem Bösen – und zeigt keine Erlösungsperspektive auf. Er wird mit Recht vom christlichen Glauben her abgelehnt.

Panentheismus – Gott mittendrin in allem

„Panentheismus" schiebt aber nun das kleine griechische Wort *en* – *„in"* ein, was zunächst wie eine Lappalie erscheint, aber tatsächlich einen riesigen Unterschied bewirkt. Man kann in eine Sache involviert sein und doch nicht damit restlos übereinstimmen. Man kann in einem Prozess mitwirken und doch nicht für alles verantwortlich sein, was da geschieht. So ist Gott in der Welt und in der Zeit, aber er kann damit nicht völlig identifiziert werden. Im Gegenteil: Gott ist die Hoffnung, dass die Welt sich verändert, dass die Zeit einen anderen Verlauf nimmt, dass es etwas Größeres gibt, was dieses „System überwinden kann"[133]. Er erlöst nicht nur von der bösen Zeit, sondern er hat auch die Macht, sie zur guten Zeit zu machen. Wenn die Redewendung stimmt, dass die Zeit Wunden heilt (was viele Menschen ja so erleben), ist es Gott selbst, der in dieser Zeit diese

133 So versteht Johannes Gottes Wirken in dieser Welt als eine überwindende Kraft im Blick auf alles Böse, Verletzende, Zerstörerische und Hoffnungslose: „Denn alles, was von Gott geboren ist, überwindet die Welt; und unser Glaube ist der Sieg, der die Welt überwunden hat" (1Joh 5,4; LÜ). Im Pantheismus wäre das nicht möglich, weil Gott sich dann selbst überwinden müsste.

Heilung bewirkt. Gott ist in der Zeit und kann ihre Qualität für uns verändern. Er kann sie „unterwandern“. Er ist ein subversiver Einfluss für das Böse (eine zersetzende Tätigkeit im Verborgenen, die alles „geplante Böse“ immer wieder untergräbt, aushöhlt und „auf dem Müllplatz der Geschichte“ landen lässt[134]). Gott selbst wirkt als unterschwellige Kraft zum Guten, als mitwirkender und verändernder Faktor in jedem Zeitsegment.

Jedes Gebet „Dein Reich komme“ macht sich eins mit Gottes subversivem Handeln in den Reichen dieser Welt. Das ändert das manchmal allzu düster gezeichnete Bild: Wir denken Gott zu klein, wenn wir ihn nicht im ganzen Weltgefüge am Werk sehen können. „Ich bin der Herr, der alles schafft!“, heißt es über Gott im Jesajabuch (Jes 44,24; LÜ). An späterer Stelle wird der Rahmen dieses Schaffens bis in die äußersten Enden jedes denkbaren Spektrums erweitert: „der ich das Licht mache und schaffe die Finsternis, der ich Frieden gebe und schaffe Unheil. Ich bin der Herr, der dies alles tut“ (Jes 45,7; LÜ). Das fordert unser Denken enorm heraus, weil wir jetzt sofort genauer differenzieren wollen, was hiermit gemeint ist und was nicht. Aber darum geht es dem Propheten nicht. Er will konstatieren: Gott ist überall in der Welt mit am Werk. Es gibt keine „religiöse Nische“, in der Gott wirkt auf der einen Seite, und dann daneben noch die große Welt mit ihrer Politik und ihrer Geistesgeschichte. Die schöpferischen Prozesse dieses Lebens sind ohne Gott nicht zu denken.

Es gibt keine getrennten Sphären: auf der einen Seite eine religiöse Nische, in der Gott wirkt und daneben die große Welt mit ihrer Politik und Geistesgeschichte. Die schöpferischen Prozesse dieses Lebens sind ohne Gott nicht zu denken.

Wie fatal es ist, wenn wir Gott auf kleine Ausschnitte des Lebens reduzieren

Für manche scheint Gottes Wirken in der Zeit nur das geschichtliche Spektrum der Bibel abzudecken. Sie sehen ihn nur in der Zeit und dem geschichtlichen Raum, in dem die Bibel ihre jetzige Gestalt gefunden hat. Diese Sicht möchte ich kurz skizzieren: ein starker

134 Selbst die schlimmsten Diktaturen und Gewaltherrschaften kamen mit der Zeit immer wieder an ihr Ende, auch wenn die Zeit „der Geduld Gottes“ immer wieder an die Grenzen des Menschen Erträglichen ging.

universaler Anfang mit der Schöpfung bis zur Sintflut, dann Israels Erwählungsgeschichte samt Poeten und Propheten bis zum Ende des Alten Testaments, dann Jesus und die Verbreitung des Christentums in die Welt des ersten und zweiten Jahrhunderts bis zum apokalyptischen Ende der Welt (im Buch der Offenbarung), das ja schon allein deshalb nah sein muss, weil die Welt sich seit dem so weit von allem wegbewegt hat, was in der Bibel „den Stallgeruch Gottes“ hat. Alles andere scheint mit Gott nur als Hintergrundkulisse für sein Wirken in Bibel und Kirchengeschichte zu tun zu haben.

Dass Gott in jeder Geschichtsphase, in jedem Volk, in jedem Menschen Entwicklungen begünstigt und Dinge zum Wohl dieser Welt hervorbringt, können diese Glaubenden nicht wahrnehmen. Sie kennen keinen Panentheismus, sehen kein Wirken Gottes in allem, sondern sie stellen zwei Parteien in krasser Weise gegenüber: Gott und seine Leute auf der einen Seite, die Welt und die bösen Mächte auf der anderen Seite. Christen mit einer solch polarisierten Sicht auf die Zeit haben in ihrem Glauben nur eine Erlösungs- und Erweckungsperspektive, jedoch keine Entwicklungs- und Bewahrungsperspektive[135]. Damit reduzieren sie das Handeln Gottes auf einen Teilbereich seines umfassenden Wirkens. Gleichzeitig bewirken sie damit bei den Glaubenden, dass sie sich ständig hin und her gerissen fühlen zwischen ihrer Loyalität Gott (und seiner abgegrenzten Welt) gegenüber und der Beteiligung an den Lebensprozessen der nicht religiösen Welt (soziale Kontakte, politisches Engagement, Teilnahme am Kunst- und Kulturbetrieb etc.). Dieses enge Denken wird von der Bibel selbst infrage gestellt. Die erste große Aussage ist das mächtige Diktum Gottes über seine Schöpfung: Sie ist gut!

„Das Sein als solches ist gut“

In der Genesis begegnet uns in der ersten Schöpfungserzählung eine Formel, die eine ungeheure Kraft hat, weil sie das Leben selbst als eine gute Einrichtung Gottes sieht und nicht als einen Unfall. Nach jedem Schöpfungsakt Gottes heißt es: „… und Gott sah, dass es gut war“ (1Mo 1,4ff; LÜ). Am Ende der „Schöpfungswoche“ heißt es dann sogar: „Gott sah alles an, was er gemacht hatte, und siehe, es

135 Man stellt manchmal diese beiden Betonungen als Erlösungsspiritualität und Schöpfungsspiritualität gegenüber.

war sehr gut“ (1Mo 1,31; LÜ)! Diese Qualität der Güte wird zwar in der Folgeerzählung eingeschränkt, da das menschliche Dasein neue Mühen erfährt (Dornen und Disteln, Schweiß der Arbeit, unerfülltes Begehren, die Mühen der Schwangerschaft), aber nicht aufgehoben. Das Dasein ist prinzipiell nach wie vor gut – gut genug für Gott: Dann sollten wir es auch als etwas Gutes verstehen.

Aus dieser Formel entwickelten die Kirchenväter der frühen christlichen Kirche den Lehrsatz: *Esse qua esse bonum est* – „das Leben als solches ist gut“. Das Leben ist kein Unfall, kein Versehen, kein aus den Fugen geratenes Experiment, sondern es ist eine grundsätzlich gute Einrichtung. Die Abläufe des Lebens sind gut. Der Rhythmus des Lebens ist gut. Das Raum-Zeit-Gefüge ist gut. Natürlich ist das Leben gelegentlich hart und abweisend. Es ist auch schwierig, belastend und mühsam. Aber das sind in der Regel nur Teilausschnitte, Durchgangsphasen und Momente. Das Leben in seiner Gesamtheit ist gut und – wenn man aufgeschlossen hinschaut – sogar manchmal wunderbar, faszinierend, herrlich und schön: „Ich danke dir dafür, dass ich wunderbar gemacht bin; wunderbar sind deine Werke; das erkennt meine Seele“ (Ps 139,14; LÜ). In vielen Psalmen klingt an, wie die Schöpfung als Einrichtung Gottes bejaht wird (zum Beispiel Psalm 104). Das Wirken Gottes wird sogar damit verbunden, wie sich die großen zeitlichen Entwicklungen entfaltet haben, denen sich die Menschen als Einzelne oft hilflos und machtlos gegenübersahen: „Gepriesen sei der Name Gottes von Ewigkeit zu Ewigkeit! Denn Weisheit und Macht, sie sind sein. Er ändert Zeiten und Fristen, setzt Könige ab und setzt Könige ein“ (Dan 2,20–21; ElbÜ). Dabei „bedient“ Gott sich nicht nur der Frommen und der „zu seiner Truppe gehörenden Liga“, sondern aller Mitwirkenden. Gott ist nicht nur der Klubvorsitzende der Rechtgläubigen, sondern „die Macht“ hinter allem. Er ist das große Prinzip des Lebens, eine wirkende, gestaltende, erweckende und entwickelnde Energie hinter der Geschichte. Dies kommt schon in der Aussage des Propheten Jesaja über den persischen Großkönig Kyrus zum Ausdruck: „So spricht der Herr, dein Erlöser und der dich von Mutterleib an gebildet hat: Ich, der Herr, bin es, der alles wirkt […], der von Kyrus spricht: Mein Hirte, er wird alles ausführen, was mir gefällt, indem er von Jerusalem sagen wird: Es werde aufgebaut“ (Jes 44,24.28; ElbÜ). „So spricht der Herr zu seinem Gesalbten, zu Kyrus […]: Ich,

ich habe ihn erweckt in Gerechtigkeit, und alle seine Wege ebne ich" (Jes 45,1.13; ElbÜ).

Mit diesen Stellen kann man nicht grundsätzlich den göttlichen Anspruch aller Könige oder Herrschaftsformen legitimieren (was man in der christlichen Auslegungsgeschichte leider oft gemacht). Es wird aber angedeutet, dass Gott im Geschehen der tagespolitischen Ereignisse mitwirkt. Denn wenn Gott der Herr ist, „der alles wirkt", gibt es keinen Raum, der Gott verschlossen wäre. Es gibt keine Zeit, in der Gott nicht am Werk ist. Es gibt keinen Bereich, der sich völlig autonom und unabhängig von Gott entfaltet. Gott hat überall Berufene, Gesandte, Mitwirkende und „Gesalbte", auch wenn diese nicht mit den Weihen der „richtigen" Religion ausgestattet sind.

Gott hat überall Berufene, Gesandte, Mitwirkende und „Gesalbte", auch wenn diese nicht mit den Weihen der „richtigen" Religion ausgestattet sind.

In meinem Buch *Faszination Anbetung* habe ich das Konzept der „Geistgemeinschaft" von Paul Tillich angeführt, um Menschen zu beschreiben, die in einer inneren Verbundenheit mit den Anliegen des Glaubens leben und wirken, ohne dies in der Terminologie der Religion zum Ausdruck zu bringen. Was sie beseelt und befähigt, das Gute in die Welt zu tragen, ist derselbe Geist, der das Gute in uns bewirkt. Dieses Konzept wirft viele Fragen auf und führt in manche gedankliche Zerreißprobe, wenn wir versuchen, das mit den Mitteln unserer Logik bis zum Ende durchzurechnen. (Wenn Gott da mitspielt und eingreift, warum dann nicht auch woanders? Wofür können wir Gott verantwortlich machen, wie können wir sein „Nichtwirken" in anderen sensiblen Bereichen „entschuldigen"?)

Der Glaube sieht Gott jedenfalls mitten in der Zeit als den, „der alles wirkt", wie der Prophet Jesaja sagte. So wie sich die Gesichter einer Zeit entwickeln, entsprechen sie zwar keinen logischen Ausformungen von Gottes Willen, aber sie sind dennoch Ausdruck seiner schöpferischen Liebe! Anbetung bedeutet, Gott dafür zu preisen und anzuerkennen, wie er in allen Abläufen des Daseins wirkt. Zeit ist ein Geschenk Gottes. Es ist kein Kontingent, das Gott wie einen Container in das Dasein setzt und von dem er sich dann wieder zurückzieht, um irgendwann mal das entstandene Chaos zu sichten und den Müll zu entsorgen. Zeit ist kein „Raum ohne Gott". Das Auf und Ab der menschlichen Gedanken und Handlungen, die eine Zeit prägen, besitzt kein Eigenleben, das von

Gott abgekoppelt ist. So schwierig dieser Gedanke zu fassen ist: Gott mischt in jeder Zeit mit, ist in ihr leidenschaftlich engagiert, widmet seiner gesamten Schöpfung in jeder Zeit Aufmerksamkeit und begleitet sie liebevoll. Zeiten können sich ändern, aber sie können sich nie vollständig von Gott ablösen. Sie sind und bleiben Gottes Zeiten.

Das Auf und Ab der menschlichen Gedanken und Handlungen, die eine Zeit prägen, besitzt kein Eigenleben, das von Gott abgekoppelt ist.

Zeit und Raum als Erbe der Glaubenden

Jeder Mensch ist ein Stück „gewordene Zeit". Er ist von seiner Zeit geprägt und hat ihr wiederum durch seine Reaktionen und Entscheidungen seinen unverwechselbaren Stempel aufgedrückt. Mit diesem Blick wollte der Apostel Paulus die Gemeinde in Korinth dafür gewinnen, aufgeschlossen gegenüber den verschiedenen Ausprägungen der Zeit zu sein, was die Persönlichkeit von Menschen betrifft. In einer Diskussion im ersten Korintherbrief über die verschiedenen Verkündigungsstile von Paulus, Apollos und Petrus ermutigte er dazu, die Unterschiedlichkeit und Vielfalt als Geschenk Gottes zu begreifen und sie nicht (ab-)wertend voneinander zu trennen. Jedem ist etwas von Gott gegeben. Jeder drückt durch seine Persönlichkeit Gottes Wirken in seiner Zeit aus. Jeder hat etwas begriffen und ausgestaltet, was er in seiner Zeit von Gott empfangen hat. Jeder spiegelt auch in seinem geistlichen Wirken etwas von der Zeit, die ihn geprägt hat.

Apollos hatte von der griechisch geprägten Philosophie profitiert, Paulus von seinem Lehrer Gamaliel und den Einflüssen des gelehrten Judentums seiner Zeit. Petrus wiederum kam aus der praktischen Welt eines Fischers im ländlichen Milieu. Seine Sprache und Resonanz auf das, was er von Jesus verstanden hatte, klang ganz anders als bei Apollos oder Paulus. Das, was die Menschen in einer geistlichen Verkündigung fasziniert und anspricht, vermischt den geistlichen Inhalt mit den Prägungen und Wertvorstellungen dieses Boten und seiner Zuhörer. Jeder ist durch seine Zeit und sein Umfeld geprägt und filtert deshalb auch seine geistlichen Erfahrungen innerhalb seines Wertesystems. Es gibt keinen Menschen, der in der Resonanz auf das Evangelium „nur von Gott geprägt ist", ebenso wie es keinen Menschen gibt, der den Beitrag anderer zu seinem Glauben

„nur auf einer göttlichen Empfangsschiene verarbeitet". Das Wirken Gottes ist immer mit den Zeiten verwoben.

Dieses Göttliche in Menschen und Zeiten ist den Glaubenden als „Familienbesitz" im Glauben mitgegeben: „Alles ist euer, es sei Paulus oder Apollos oder Kephas (Petrus), es sei Welt, Leben oder Tod, es sei Gegenwärtiges oder Zukünftiges; alles ist euer, ihr aber seid Christi, Christus aber ist Gottes" (1Kor 3,21–23; ElbÜ). Hier wird der große Zusammenhang von Christus und Gott, Zeit und Ewigkeit, Leben und Tod, Gegenwart und Zukunft als „Besitz" der Glaubenden bezeichnet. Es ist durch den Glauben „unser", das heißt unsere Schatzkammer, unser Verfügungsbereich, unser Spielfeld. Wir stehen den Ausprägungen einer Zeit nicht als Fremde oder gar Feinde gegenüber. Wir dürfen sie in ihrer ganzen Fülle dafür verwenden, unser Leben mit Gott zu entfalten.

Doch können wir die Geschichte nicht nur als Ressource, aus der Gott etwas machen kann, sondern auch als ein Handeln Gottes selbst verstehen?

Ist Geschichte ein Handeln Gottes?

Grundsätzlich ja, wenn wir im Glauben anerkennen, dass Gott in der Geschichte mithandelt. Sie vollzieht sich nicht ohne ihn, sie ist nicht gottlos, obwohl man auch eine Geschichte der Gottlosigkeit aus den Zeugnissen der Geschichte konstruieren kann (ebenso wie eine Geschichte des moralischen Fehlverhaltens der Gott-Gläubigen[136]).

Problematisch wird es, wenn wir nicht nur davon ausgehen, dass Gott in der Geschichte mithandelt, sondern uns auch fragen, wie das geschieht. Dann geraten wir in große Schwierigkeiten, wenn wir die Unverfügbarkeit und Freiheit Gottes mit unseren logischen Systemen vereinbaren wollen. Man nennt solche Systeme, die den Beweis antreten wollen, dass Gott in der Geschichte wirkt, teleologische (von einer Zielvorstellung getriebene) oder spekulative Theologie. Diese Bemühungen, Sinnzusammenhänge zwischen den Taten Gottes im Lauf der Geschichte zu erkennen, finden wir schon im Neuen Testament bei Paulus (Röm 9–11). Der endet seine heilsgeschichtlichen

136 Zum Beispiel: Karl-Heinz Deschners „Die Kriminalgeschichte des Christentums", https://de.wikipedia.org/wiki/Kriminalgeschichte_des_Christentums; letzter Zugriff: 12.09.17.

Überlegungen zum Glück mit dem großen Eingeständnis: „Wie unerforschlich sind Gottes Wege!“ (Röm 11,33; LÜ).

Zu denen, die besonders stark versucht haben, die Geschichte als ein durchgehendes und nachvollziehbares Handeln Gottes darzustellen, gehörten Vertreter des „deutschen Idealismus“[137], insbesondere Georg Friedrich Wilhelm Hegel (1770–1831) mit seiner Religionsphilosophie. Er sah in allem einen göttlichen Weltgeist wirken, der ein konsequentes Programm der geistigen Entwicklungen vorantrieb. Das war eine steile und gefährliche These, der von vielen Seiten widersprochen wurde.

Der evangelische Theologe Edmund Schlink schreibt:

Aussagen über die Sinnzusammenhänge zwischen den göttlichen Taten werden dann gefährlich, wenn ein einzelnes Schema in einer Weise systematisiert und verabsolutiert wird, dass die Freiheit der Liebe, in der Gott seine Taten tut, nicht mehr respektiert wird. Es ist zu beachten, dass bereits das Verhältnis von Verheißung und Erfüllung nicht verrechenbar ist, dass vielmehr Gottes Erfüllung die menschlichen Erwartungen souverän überbietet.[138]

Jede Zeit ist „Gottes Zeit“

Jede Zeit ist aus der Sicht des Glaubens „Gottes Zeit“. Wir dürfen uns jede Epoche und die Persönlichkeiten, die sie hervorgebracht hat, als Werkzeuge Gottes zu eigen machen, um uns weiterzuentwickeln. Wir können Gott preisen und ehren für die Entwicklungen in Kulturen und Zivilisationen, selbst wenn diese anders ausfallen als die der jüdisch-christlichen Welt. Gott ist auch hier zum Wohl

137 Als deutscher Idealismus wird die Epoche der deutschen Philosophie von Kant bis Hegel bezeichnet. Als zeitliche Rahmendaten gelten meist das Erscheinen von Kants *Kritik der reinen Vernunft* (1781) und der Tod Hegels (1831). Es war eine philosophische Strömung, die sich zur Aufgabe gesetzt hatte, in einem Gesamtentwurf das Ganze der Welt auf „wissenschaftliche“ Weise erschöpfend zu erkennen und darzustellen (vgl. https://de.wikipedia.org/wiki/Deutscher_Idealismus; letzter Zugriff: 12.09.17). Es hieß Idealismus, weil die Ideale einer kritischen Vernunft und einer umfassenden Erkenntnis der Bewegungen des Geistes gesucht wurden. Anfänglich begeistert aufgenommen, erkannte man später, dass vieles davon eine Überforderung darstellte. Der Begriff Idealismus wurde erst später von den Gegnern dieser Bewegung ins Spiel gebracht und etablierte sich neben dem Begriff „Klassische Deutsche Philosophie“.

138 Schlink, Edmund: „Ökumenische Dogmatik“. Göttingen: Vandenhoek und Ruprecht 1985, S. 63.

seiner Welt am Werk gewesen. Er hat Menschen mitten in Phasen der Verblendung und des Widerstandes gegen Gott Einsichten und Erkenntnisse geschenkt, die einen befreienden und heilsamen Wandel ausgelöst haben. Die Weisheit, Kraft und Schönheit jeder menschlichen Kultur ist ein Geschenk Gottes: „Der Herr schenkt Weisheit und Erkenntnis" (Spr 2,6; LÜ). „Er gibt den Weisen ihre Weisheit und den Verständigen ihren Verstand. Er offenbart, was tief und verborgen ist; er weiß, was in der Finsternis liegt, denn bei ihm ist lauter Licht" (Dan 2,21b–22; LÜ). Gott schenkt nicht nur verborgenes Wissen; im Prozess der menschlichen Erkenntnis ist er selbst der Geber. „Ein Mensch kann nichts nehmen, wenn es ihm nicht vom Himmel gegeben ist", sagte Johannes der Täufer (Joh 3,27; LÜ).

Bessere Lebenssysteme, neue Lebenskonzepte und technische Entwicklungen aus den Einsichten der Vernunft stammen letztlich aus der großzügigen Hand des Meisterdenkers, des Herrn aller Erkenntnisprozesse. Auch wenn das Denken sich verselbstständigen und sogar gegen Gott richten kann, verdankt es sich Gott. Das gilt vor allem für die Erkenntnisse, mit denen Durchbrüche im Verständnis der Völker gelangen, für bahnbrechende Entdeckungen, Erfindungen und theoretische Konzepte, die den Frieden und das Wohlergehen der Menschen fördern. Man muss immer genau hinschauen und aufpassen, dass man sich nicht in „Systemfallen" und falsche Zuspitzungen verstrickt. Aber grundsätzlich ist die sogenannte Geistesgeschichte – die Geschichte der menschlichen Denkkulturen – auch eine Gottesgeschichte mit dem Menschen.

Das ist meine feste Überzeugung und erlaubt mir, auch die Gedanken nicht christlicher Denker neugierig und mit Hoffnung auf eine gute Ernte zu erkunden. Die religiöse Haltung oder Indifferenz eines Menschen nimmt ihm nichts von seinen menschlichen Qualitäten und dem unterschwelligen Mitwirken Gottes in seiner Entwicklung. Die Vorstellung, dass nur religiöse Menschen der Welt wertvolle Impulse gegeben und nur nicht religiöse Menschen der Welt geschadet haben, ist naiv und wird von der Geschichte Lügen gestraft. Die Segenslinie Gottes mit

Die Vorstellung, dass nur religiöse Menschen der Welt wertvolle Impulse gegeben und nur nicht-religiöse Menschen der Welt geschadet haben, ist naiv und wird von der Geschichte Lügen gestraft.

den Menschen zieht sich durch alle Kulturen, Gedankenströmungen und Philosophien. Bei Gott gibt es nicht nur „kein Ansehen der Person" im Hinblick darauf, ob sie für das Heil tauglich sind, sondern Gott diskriminiert auch nicht im Blick auf die Gaben, die er in seiner Schöpfung verteilt. Es ist wahr, dass er den Glaubenden Segen für viele nachfolgende Generationen verspricht und denen, die ihn verachten, den Fluch eines „Tat-Folge-Zusammenhangs" über Generationen androht. Aber beide Entwicklungen können in der Freiheit des Menschen durchbrochen und gewendet werden. Das Wirken Gottes in der Welt ist weder deterministisch noch chaotisch und ohne jede Richtung (alles ist ein Würfelspiel des Zufalls). Im Blick auf seine Prinzipien ist Gott berechenbar, im Blick auf seine Gnade und Großzügigkeit voller Überraschungen.

Im Blick auf seine Prinzipien ist Gott berechenbar, im Blick auf seine Gnade und Großzügigkeit voller Überraschungen.

Wenn wir differenzierend, lernbereit und aufgeschlossen im Buch der Geschichte lesen und darüber nachdenken, sehen wir Spuren Gottes auch in den Ideen Andersdenkender. „Des Herrn ist die Erde und ihre Fülle" (Ps 24,1; ElbÜ). Dies gilt für mich auch im Blick auf die Fülle der menschlichen Gedanken. Aus meiner Sicht ist es nicht sinnvoll, den Gesamtwert eines menschlichen Denkers an seinem religiösen Bekenntnis alleine festzumachen.

Gott ist im Aufleuchten jeder guten Idee

Wenn Gott in den Gegebenheiten wirkt, die Vögel mit ihrer Nahrung und Blumen mit ihrer Schönheit ausrüstet, so ist er umso mehr im Aufleuchten jeder guten Idee. Er ist in jedem hilfreichen Impuls gegenwärtig, der problematische Verhältnisse verändert. Gott steigt in seiner Versorgung der Welt mit lebensfördernden Systemen nicht bei Vögeln und Blumen aus, um die Menschen ihren vielfältigen Gedanken zu überlassen. Er schenkt Eingebungen, Impulse und Ideen. Ihre Ausführungen werden zu Entwicklungen und Entscheidungen, die dann von Menschen verantwortet werden müssen. In der Summe kann man das Wirken Gottes, mit dem er Zeit und Geschichte beeinflusst, aus unserer Sicht nicht scharf von dem Wirken des Menschen trennen. Sie sind auf geheimnisvolle Weise miteinander verwoben.

Gottes Reich ist „ein Reich aller Zeiten“ (Ps 145,13; LÜ). Er wirkt „durch alle Generationen hindurch“. Er macht sich bemerkbar, er ruft, er beeinflusst und nimmt Anteil. Gott überdauert die Zeiten nicht nur (als „last man standing“), indem er sie irgendwo unberührt absitzt. Man kann sich deshalb den mit sich selbst versöhnten Buddha, fern von allen Leidenschaften des irdischen Strebens nach Fortschritt und Erfüllung, auch nur schwer als „Gott“ vorstellen. Die Figur des Buddha ist sicher eine Inspiration für den Menschen, wenn es darum geht, einen Gegenpol zu den Übertreibungen und Verstrickungen menschlichen Eifers zu haben. Als Gott bietet sie keine Empathie und kein Engagement für seine Schöpfung. Der Gott der Bibel aber ist mitten im Geschehen. Er leidet mit, er trägt mit, wirkt aber auch kreativ und „erschafft das Neue, könnt ihr es nicht sehen?“ (Jes 43,19; LÜ).

Kein naiver Fortschrittsoptimismus

Mit dieser Sicht erliegen wir keinem naiven Fortschrittsoptimismus, der das Neue als Heilsbringer versteht, nur weil es neu ist. Der biblische Realismus des Predigers (Salomo) sagt sogar: „Es gibt gar nichts [wirklich] Neues unter der Sonne“ (Pred 1,9; ElbÜ). Was als das absolut Neue, alles Verändernde gepriesen wird, ist letztlich auch nur eine Wiederauflage in anderer Form. Darüber kann man mit Recht manchmal müde werden und resignieren. Aber die Grundstruktur des Daseins, das Leben als Kampf mit Konflikten, aber auch sein Entwicklungspotenzial wird nie aufgehoben. Es gibt zwar durchaus eine Art ewige Wiederkehr der immer gleichen Zyklen.[139] Sie sind aber durch Gottes eigenes Wirken dem Neuen gegenüber immer aufgeschlossen. Das wahrhaft Neue in der Welt ist ein Werk Gottes. Der neue Zugang, der neue Ansatz, die Neuauflage einer guten Idee ist vielleicht von Gott inspiriert. Eine rückwärtsgewandte Sicht, die das Neue immer gleich verdächtigt und behindert, ist kein Ausdruck von Vertrauen zu Gott, sondern gerade das Gegenteil – ein Ausdruck

Gott ist ein lebendiger Teil des Dramas, in dem sich die Geschichte entfaltet. Er wirkt als engagierte Kraft, als Veränderungsfaktor und Erlösungshoffnung auch jenseits einschlägiger „Erweckungsfantasien“.

139 „Nichts Neues unter der Sonne“ (Pred 1,9–10; LÜ).

von Angst und Mutlosigkeit. Viel konservatives Gedankengut[140] wird aus diesem giftigen Brunnen der Angst vor Veränderungen gespeist! Es verweigert sich einer Zeit, die immer neue Lösungen für die sich wandelnden Verhältnisse finden muss.

Wer Gott liebt und aus Gott heraus die Welt liebt, geht „mit" der Zeit. Seine Anbetung drückt sich in einer Suche nach dem Wirken Gottes in seiner Zeit aus. Dabei sieht er Gott als lebendigen Teil des Dramas, in dem sich die Geschichte entfaltet, als engagierte Kraft, als Veränderungsfaktor und Erlösungshoffnung auch jenseits einschlägiger „Erweckungsfantasien"[141].

Jesus Christus als Konstante im Wechsel der Zeiten

Jesus wird im Hebräerbrief als eine Konstante im Wechsel der Zeiten dargestellt: „Jesus Christus ist derselbe gestern, heute und in alle Ewigkeit" (Hebr 13,8; ElbÜ). Damit ist er aber nicht der ewig Gleiche. Wir müssen das Erneuernde auch als Teil seines Wesens begreifen und dürfen ihn nicht in der Ausprägung eines bestimmten Verständnisses konservieren. Er ist der alles Erneuernde („Siehe, ich mache alles neu"; Offb 21,5; LÜ). Jesus betonte gegenüber den Traditionalisten seiner Zeit immer das Heute, in dem sich Gottes Verheißung neu und auf ungewöhnliche Weise erfüllen will: „Heute ist dieses Wort der Schrift erfüllt vor euren Ohren" (Lk 4,21; LÜ). Es war für seine Zeit ungewöhnlich und schon fast revolutionär (weswegen viele Revolutionen ihn auch als ihre Ikone missbraucht haben, zum Beispiel Hippies und Sozialisten). Für ihn war das alles „an der Zeit" oder „höchste Zeit". Diese Dringlichkeit, etwas in der Zeit zu verändern,

---

140 von *conservare* – bewahren. Konservativismus ist der Sammelbegriff für politische und geistige Bewegungen, die eine Bewahrung der bestehenden Ordnungen oder die Wiederherstellung früherer gesellschaftlicher Ordnungen zum Ziel hat. Dabei sind sie den Veränderungen des Denkens und der Methoden skeptisch oder offen feindselig gegenüber eingestellt. Christen haben politisch oft Zuflucht bei konservativen Bewegungen gesucht, weil sie sich von ihnen eine größere Stabilität der Verhältnisse erhofften. Dabei übersahen sie die Verhärtungen, Ungerechtigkeiten und Falschheiten, die das alte System erneuerungsbedürftig machten. Theologisch ist Gott in der Bibel eher im Neuen zu suchen als in der Bewahrung des Alten.

141 In „Erweckungskreisen" des christlichen Glaubens hofft man in der Regel nur auf eine dramatische Veränderung der Glaubenszunahme unter den Menschen (mehr christlich glaubende Menschen, mehr Zulauf zu den christlichen Gottesdiensten, kurz: mehr betende, Christus bekennende, für biblische Schriften und Sitten sensibilisierte Menschen).

war nicht im Blickfeld derer, die nur eine Wiederherstellung der alten Verhältnisse im Blick hatten (das „Gute-alte-Zeit"-Syndrom). „Das Aussehen des Himmels könnt ihr zwar beurteilen, aber die Zeichen der Zeiten könnt ihr nicht beurteilen" (Mt 16,13; LÜ)!

Der Grundtenor des Rufes Jesu war ein Ruf in die Erneuerung. Sein Motto „Kehrt um (tut Buße)" ist nur scheinbar eine Rückwärtsbewegung. In Wirklichkeit strebt sie nach vorne, indem sie etwas, was immer schon wichtig und gut war, wieder in die Gegenwart zurückholt, es erneuert und neu zur Geltung bringt. Die Verkrustungen des Lebens müssen immer wieder aufgebrochen werden – „Pflüget ein Neues" (Jer 4,3; Hos 10,12)! Umkehr bedeutet, ein geöffnetes Herz für die Saat des Lebens bereitzustellen, die uns unter den veränderten Bedingungen auch morgen noch überleben und wachsen lässt. Wir kehren nicht in den Schoß des Alten zurück, damit alles wieder so wird, wie es früher einmal war! Der Glaube will aber das Neue nicht um des Neuen willen, sondern um des Lebens willen. Denn das ist die Wirklichkeit, die sich immer wieder vor unseren Augen abspielt.

Neues Leben passt häufig nicht mehr in die alten Behältnisse. Jesus verglich es mit neuem Wein, der in neue dehnbare und anpassungsfähige Formen gegossen werden muss, weil die alten Weinschläuche schon hart und rissig geworden sind: „Neuen Wein soll man in neue Schläuche gießen" (Lk 5,37–38; LÜ). Das ist ein Bild, das Jesus zunächst für seine Bewegung des Glaubens innerhalb der jüdischen Kultur seiner Zeit benutzte. Es geht aber über diese Grenze hinaus. Neues Leben braucht immer neue Formen, in die es gegossen werden muss. Der Impuls des Neuen kommt von Gott, weil er ein Impuls ist, der das Leben ermöglicht.

Gottesbilder im Wandel

Das Bild, das wir Menschen von Gott haben, muss auch aktualisiert und verändert werden. Es bedarf immer wieder der reinigenden Erneuerung. Schon in der Bibel begegnet Gott dem Menschen in stets neuen Varianten. Man nennt das Phänomen, wenn Gott einem Menschen in wechselnden Gestalten begegnet, „Theophanie" – Gotteserscheinung (von griech. *theos* – „Gott" und *phainestai* – „erscheinen"). Solch einen Wechsel gibt es nicht nur in den Namen Gottes (z. B. Elohim, El, Adonai Herr, der Heilige Israels, König, Richter, Ehemann, Vater, Löser, Hirte, Töpfer, Arzt und Held), sondern auch in den Erscheinungen (mal sind es „Engel", mal Männer im Buch Genesis, mal ist es der brennende Dornbusch in Exodus, der vierte Mann im Feuerofen bei Daniel, der König im himmlischen Hofstaat bei Jesaja, das sanfte, leise Säuseln nach Sturm und Feuer bei Elia, der Heilige Geist als Taube über dem Haupt des getauften Jesus oder das Feuer der feurigen Zungen über den Häuptern der betenden Jünger). Die Erscheinungen Gottes in der Bibel sind trotz der monotheistischen Betonung („nur ein Gott über allem") sehr vielseitig. Gott scheint immer wieder zu dem zu werden, was die Menschen in ihrer Zeit von ihm verstehen konnten. Denn nur durch neue Verständniszugänge kann das Leben Gottes von den Menschen wahrgenommen und segensreich empfangen werden.

In den Berichten der Kirchengeschichte, wo Menschen eine Vision von Jesus hatten[142], ist der Typ Mensch, den diese Leute sahen, sehr unterschiedlich; Gesichtszüge, Haarfarbe, Größe und Gestalt variieren. Jesus erschien den Jüngern auf dem Weg nach Emmaus in einer anderen Gestalt als der, die sie noch aus der Zeit vor seiner Auferstehung kannten, und er gab sich ihnen erst nach einer Weile in dieser für sie fremden Gestalt zu erkennen.

So von Gott zu denken, ist natürlich irritierend für alle, die Verlässlichkeit im immer Gleichbleibenden suchen. Doch Treue ist etwas anderes als Gleichförmigkeit. Gott bleibt sich selbst in allen verschiedenen Erscheinungen treu, auch wenn diese unterschiedlich sind. Sie sind aber nicht widersprüchlich. Jesus selbst warnt ja auch vor „falschen Christussen", die mit einem ganz neuen Gottes- und Heilsverständnis die Menschen verwirren und verführen. Gott wechselt nur seine Gewänder, nicht sein Angesicht. In sich ändernden Zeiten wird Gott sich dem Menschen in immer neuen Facetten zeigen. Sein „Charakter", seine „Art", sein „Geist" – all das bleibt heilig und einzigartig, unbefleckt und unbeschadet vom Lauf der Welt. Sein Wesen ist und

Treue ist etwas anderes als Gleichförmigkeit.

142 Z. B.: Wiebe, Philip: „Visions of Jesus – Direct Encounters from the New Testament to Today". Oxford University Press 1997. Sein Buch listet geschichtliche Zitate über „Jesus-Erscheinungen" und bearbeitet eine Anzahl aktuellerer Fallstudien aus seiner Generation (Menschen, die er interviewte, zeitgenössische Berichte und Zeugenaussagen), die er aus verschiedenen Perspektiven betrachtet.

bleibt die Liebe (vgl. Joh 4,8). Gott ist „der Vater des Lichts[143], bei dem keine Veränderung ist noch Wechsel des Lichts und der Finsternis" (Jak 1,17; LÜ). Licht kann sich brechen und in immer neuen Farben und Spektren sichtbar und spürbar werden, aber es bleibt seinem Wesen treu. Gott ist kein Hirngespinst des Menschen, das sich bei näherer Betrachtung „auflöst". Er entzieht sich aber der „objekthaften Erfassung". Er ist nicht nur einem einzigen Phänomen, einer einzigen Erscheinung, einer einzigen bestimmten, greifbaren Form zuzuordnen. Er ist in seinem Wesen beständig, wird von Menschen erfahren als gut, vertrauenswürdig und treu. Man kann sich auf seine Güte und Liebe verlassen. Und dennoch ist er die Kraft des Wandels, der alles Erneuernde und der Inbegriff jeder Veränderung zum Guten. Alte, geschichtliche Bilder von Gott, die für Menschen der Moderne problematisch geworden sind, dürfen wir nicht „entsorgen". Wir müssen vielmehr auf ihnen aufbauen, sie aber moderner interpretieren und ergänzen mit aktuelleren Bildern.

Weitergabe des Feuers, nicht Anbetung der Asche

„Tradition ist nicht die Anbetung der Asche, sondern die Weitergabe des Feuers", sagte der österreichische Komponist und Dirigent Gustav Mahler (1860–1911). Er war ein Befürworter des Wandels in der musikalischen Form seiner Zeit, denn er stand für den Übergang von der Spätromantik zur Moderne. Um in seinem Bild von der Religion zu sprechen: Der brennende Dornbusch muss den Menschen in der Wüste unserer Zeit aufleuchten und zu ihnen sprechen; die Asche verbrannter Weltbilder ist es nicht wert, als göttlich verehrt zu werden. Gott selbst ist unbeschadet daraus hervorgegangen, dass die Zeit verschlissen ist, und begegnet dem Menschen der Moderne immer wieder neu mitten in seiner

Der brennende Dornbusch muss den Menschen in der Wüste unserer Zeit aufleuchten und zu ihnen sprechen; die Asche verbrannter Weltbilder ist es nicht wert, als göttlich verehrt zu werden.

143 Auch dieses Bild ist keine Festschreibung, wie ich schon vorher erläutert habe. Gott ist in der Bibel auch „gebärende Frau" (4Mo 11,12, 5Mo 32,18, Jes 42,14), „stillende Mutter" (Ps 131,2, Hos 11,4), „Mutter-Henne", die ihre Küken unter ihre Flügel bringen will (Mt 23,37; Ps 17,8; 57,2), Bärenmutter (Hos 13,8), Adlermutter (2Mo 19,4; 5Mo 32,11–12), Hausfrau (Ps 123,2; Lk 15,8–10), Bäckerin (Lk 13,20–21), „die Weisheit" (Spr 1,20.32) und „die Geistkraft" (*Ruach* im Alten Testament mit femininem Genus im Hebräischen).

neuen Verständniswelt. Er „trägt manchmal neue Kleider, hat aber kein neues Gesicht“. Er erscheint in neuen Kontexten, Stimmungen und Erlebnisfeldern, aber er bleibt der Gott des Lebens und der Liebe, der sich in Jesus Christus offenbart hat.

Anbetung will das Erleben Gottes und das Hören seiner Stimme für die heutige Welt in den Sprachen und Stimmungsfeldern unserer Zeit vermitteln. Es geht um die Essenz seines Wesens und darum, Metaphern der Vergangenheit zu ehren. Gott darf aber dabei nicht zum Gefangenen unserer Sprachbilder werden.

Wir haben nun verstanden, dass Gott in der Entwicklung von Raum und Zeit aktiv mitwirkt, sowohl in der Natur als auch in den geschichtlichen und geistigen Entwicklungen der Menschheit. Unsere Anbetung nimmt auch staunend und dankbar eine gütige Hand und ein liebendes Herz wahr mitten in den oft grausamen, schwierigen und ungerechten Verhältnissen des Weltgeschehens. Die Welt ist sowohl *gott-los*, weil sie eine „losgelassene“, nicht von Gott detailliert gesteuerte Welt ist, als auch *gott-voll*, weil sie immer noch voll seines gütigen, heilenden, erneuernden und barmherzigen Wirkens ist. Der kritisch analysierende Verstand und der Wunsch nach umfassender Gerechtigkeit verzweifeln vielleicht manchmal an dem schieren Ausmaß dessen, was in dieser Welt ungerecht, krank und kaputt ist. Umgekehrt staunt man im Angesicht des zerbrechlichen Daseins nicht schlecht, wenn man die gelingenden Entwicklungen nicht als rein selbstverständlich, sondern als Wirken eines gnädigen, welterhaltenden Gottes sieht. Beide Perspektiven sind für uns unfassbar.

In der Betrachtung von Raum und Zeit wollen wir nun die Vogelperspektive verlassen und auf die jüngere Vergangenheit der letzten 400 Jahre zoomen. Es geht um die Ablösung vom sogenannten „christlichen“ Mittelalter in die Neuzeit, um unsere Zeit, die Moderne, zu verstehen und einige Spuren Gottes in dieser Entwicklung zu verfolgen. Ich versuche nicht, eine umfassende Rechtfertigung der Ereignisse und Entwicklungen vorzunehmen. Es ist aber wichtig, dass wir nicht in eine pauschale Abwertung unserer Zeit geraten, weil wir das Wirken Gottes nur auf frühere und vermeintlich bessere Zeiten und Sitten (die der Bibel oder des christlichen Mittelalters) projizieren. Der Erneuerer der Welt ist nicht in diesen Zeiten zurückgeblieben. Er hat sich nicht in die kleinen Festungen konservativer Glaubenszirkel zurückgezogen, um die Welt ihrem unheilvollem Lauf zu überlassen und sich nur um die „wahren" Gläubigen und deren potenzielle Jünger (durch Mission) zu kümmern. Er ist und bleibt der, „von dem, durch den und zu dem alle Dinge sind"[144].

Wer hat die Kraft aus vergangenen Zeiten,
wer kann uns Menschen in die Zukunft leiten,
was bleibt als Hoffnung beständig im Wandel der Zeit?
Wer kann den Boden für Neues bereiten,
Herzen verändern und das Sichtfeld weiten? Einer, der immer schon da war, und das bist nur du.

Du bist der Zeitenverbinder, Herzensveränderer,
der Gott unserer Väter und die Zukunft der Kinder.
Du trägst in deinem Wesen das Beste der Zeit.
Du bist die Liebe zum Leben, du rufst uns auf Wegen,
die Altes bewahren und Neues vertragen.
Du bist der Anfang,
der nach jedem Ende noch bleibt bis in Ewigkeit.[145]

144 „Denn von ihm und durch ihn und zu ihm sind alle Dinge. Ihm sei Ehre in Ewigkeit! Amen" (Röm 11,36; LÜ).

145 Pepper, Martin & Jennifer: „Zeitenverbinder", mc-peppersongs, 2012.

7. Anbetung in einer säkularisierten Welt

Es ist erst eine sehr kurze Zeit, dass die Religionen sich friedlich benehmen. Und zwar nicht aus eigener Einsicht, sondern weil sie dazu durch Säkularisierung und Aufklärung genötigt wurden.
Henryk M. Broder (1946)

Aus vielen Gründen empfinden Menschen heute ein „Unbehagen an der Moderne“[146]. Wenn Christen heute an die Moderne denken, bedauern viele von ihnen als Erstes die mit ihr verbundene Säkularisierung. Sie wird im Sinne des Einführungszitates als eine Art Nötigung empfunden, eine aufgezwungene, ungeliebte Einschränkung. Sie löst bei ihnen einen unterschwelligen Groll aus. Säkularisierung? Das ist der Feind!

Man kann die Entwicklung hin zur Säkularisierung aber auch als eine gnädige Wendung Gottes in der Geschichte verstehen, die da, wo sie nicht ideologisch verbissen und glaubensfeindlich praktiziert wird, das Zusammenleben menschlicher, entspannter und rationaler gemacht hat. Wenn wir uns einmal fragen, wozu wir da eigentlich gezwungen worden sind (friedlich mit Menschen anderen Glaubens zusammenzuleben), dann ist diese Form des Zwangs doch eher eine Befreiung, endlich so zu leben, wie es unser Glaube eigentlich selber will. Damit verliert Säkularisierung die dämonische Fratze eines gierigen Götzen, der uns und anderen die Liebe zu Gott rauben will, und gewinnt das freundliche Gesicht eines Vaters, der seine Kinder dazu erzieht, andere zu tolerieren und zu achten.

Die meisten verstehen unter Säkularisierung einen Prozess der Verweltlichung, in der das Christliche immer mehr abnimmt und „die Welt“ immer mehr Raum gewinnt. In Wirklichkeit ist es eher ein Prozess der Versachlichung, der religiöse Hitze und weltanschauliche Bedrängnis aus Begegnungen herausnimmt. „Das Christliche“ verliert vordergründig zunächst Machtanteile, gewinnt aber auf längere Sicht an Glaubwürdigkeit, Sympathie und Attraktivität, wenn sich Christen im Geiste Jesu der Welt dienend und anbietend zur Verfügung stellen. Der christliche Glaube selbst kann durch

146 Taylor, Charles: „Das Unbehagen an der Moderne“. Frankfurt: Suhrkamp 1995.

Säkularisierung nicht beschnitten werden, nur die Versuchung, weltliche Macht im Namen des Glaubens zu missbrauchen. An dieser Selbstbegrenzung von Macht wirkten nicht nur Gottesleugner und Feinde der Religion mit, sondern vor allem sensible, glaubensbewegte Menschen aus den Reihen des erwecklichen Christentums.

Wie die Welt „weltlich" wurde

Wir leben heute in vieler Hinsicht in einem säkularen Zeitalter. Religion ist weitgehend Privatsache geworden. Wahrheit wird nicht mehr als ein festes und für alle verbindliches Denksystem begriffen, sondern es wird offen nach Zusammenhängen geforscht, die unsere Wirklichkeit bestimmen und verschiedene Schlussfolgerungen zulassen. Was früher Kirche und König aus Bibel und Tradition ableiteten, wird heute von Wissenschaft und Gesellschaft in einem offenen Diskurs entwickelt. Das, was für alle Menschen verbindlich und normativ zu Gesetzen, Sitten und Bräuchen wird, muss in einem Prozess der Verständigung immer wieder neu entschieden und angepasst werden. Es gibt keine christliche, selbstverständlich gläubige Welt mehr, wie sie vielleicht im Mittelalter und noch in der Zeit der Reformation im sogenannten Abendland existierte. Es gibt „nur noch" eine säkularisierte Welt mit religiösen Subkulturen.

Was früher Kirche und König aus Bibel und Tradition ableiteten, wird heute von Wissenschaft und Gesellschaft in einem offenen Diskurs entwickelt.

Die „neue Welt", in der wir heute leben, nennt man zeitgeschichtlich „die Moderne" oder auch „Neuzeit". Sie prägt das Leben und Denken eines großen Teiles dieser Welt seit ca. 300 bis 400 Jahren. Sie hat sich vom Mittelalter und seinen Autoritäten abgelöst und dem Menschen ein neues Weltbild und ein anderes Selbstbewusstsein gegeben. Sie hat das kirchliche Weltbild der älteren Zeiten (Antike und Mittelalter) in vielen Punkten hinter sich gelassen und fordert den christlichen Glauben deshalb in besonderer Weise heraus. Humanismus, Aufklärung und Säkularisierung haben dieser modernen Welt ein neues Gesicht verpasst. Was viele nicht wissen: Christliche Denker haben dabei mitgewirkt, diese neuen Verständnishorizonte zu entwickeln.

Den Begriff Moderne kann man auf verschiedene Weise verstehen. Als Gattung in Kunst und Literatur bildet die Moderne einen relativ kleinen Zeitraum in der Kunstgeschichte ab und ist nur für wenige Menschen von Interesse. Doch als Geschichtsepoche ist es die Zeit, in der wir alle seit gut 300 Jahren bis heute leben.[147] Wir können uns ihr nur sehr begrenzt entziehen. Sie ist unsere Zeit, unser Schicksal und bildet den Rahmen unserer eigenen Existenz. Auch wenn wir geistlich im Glauben verwurzelt sind, haben wir unsere gedanklichen und emotionalen Wurzeln im Mutterboden der Moderne. Ihre Sprache, ihr Denken und ihre Sicht haben uns geprägt, auch wenn wir meinen, dass unsere wichtigsten Prägungen aus unserem Glauben hervorgegangen sind. Diese Erkenntnis schmälert den Wert unserer Prägungen durch den Glauben nicht. Ich möchte den christlichen Glauben auch nicht nur als ein zeitliches Phänomen deuten und damit das Besondere, Tiefe und ganz andere dieser Erfahrungswelt leugnen. Aber sie spielt sich auf der Hintergrundfolie einer zeitlichen Färbung ab, der wir uns nicht entziehen können.

Wenn wir Gott heute anbeten, tun wir das nicht mehr als Menschen des Altertums oder des Mittelalters, sondern als Menschen der Moderne. Es ist eine Zeit mit anderen Sprachen (und ich meine damit nicht die Fremdsprachen, sondern die Codes für unsere Lebenserfahrungen), anderen Werten und anderen Lebensmustern. Wir bedienen uns zwar noch immer mancher Worte für Gott, Glauben und Gebet aus den Steinbrüchen der ersten Zeiten, aber sie sind übersetzungsbedürftig geworden. Sie stehen nicht mehr für sich allein, zeigen nicht mehr das Ganze, was man zu ihrer Zeit mit ihnen verbunden hat. Sie müssen interpretiert, ergänzt und gestützt werden. Glaube und Anbetung in der Moderne müssen mit neuen Begriffen dechiffriert und kombiniert werden. Sie dürfen sich auch nicht grundsätzlich in einen Gegensatz zur säkularisierten Welt stellen und einen Gestus des letzten Widerstandes gegen eine böse gewordene Welt einnehmen. Was an der

Glaube und Anbetung in der Moderne müssen mit neuen Begriffen dechiffriert und kombiniert werden.

147 Der Begriff Postmoderne (lat. *post* = „hinter“, „nach“) ist seit Anfang der 1980er-Jahre eine politisch-philosophische Richtung, die sich gegen bestimmte Methoden, Begriffe und Grundannahmen der Moderne wendet und sie zu überwinden sucht. Eine allseits anerkannte Zeitenwende hat sie allerdings noch nicht eingeleitet. Die Postmoderne gilt bei Historikern als ein selbstkritisches Phänomen innerhalb der Moderne.

Welt böse und verdorben ist, war auch in früheren Zeiten schon schlecht. Was an ihr erlösungsbedürftig und hoffnungsvoll ist, ist es heute mehr denn je. Der Anbeter der Moderne darf sich nicht in einem falschen Kampf gegen den Zeitgeist aufreiben, sondern er muss die Zeichen der Zeit verstehen, um das Wirken Gottes in einer neuen Welt nicht zu verpassen.

Der Anbeter der Moderne darf sich nicht in einem falschen Kampf gegen den Zeitgeist aufreiben, sondern er muss die Zeichen der Zeit verstehen, um das Wirken Gottes in einer neuen Welt nicht zu verpassen.

Moderne ist Neue Struktur, nicht neue Mode

Wir dürfen in der Einschätzung unserer Zeit zunächst nicht den Fehler machen, Moderne von dem Wort Mode, das auch in ihr steckt, abzuleiten. Moden werden von Trendsettern gesetzt, sind in erster Linie Geschmacksfragen und am Ende äußerst flüchtige und äußerliche Erscheinungen. Sie sind dazu die auch noch untrennbar mit der menschlichen Eitelkeit verbunden. Wenn wir die Moderne als nur eine Mode der Zeit in Verbindung mit menschlicher Eitelkeit einschätzen und behandeln, tun wir dasselbe, was Jesus den Menschen einmal vorgeworfen hat – wir schätzen die Zeichen der Zeit nicht richtig ein (vgl. Mt 16,4). Die Moderne ist keine geschmackliche Laune oder Stilfrage, sondern die Tiefenstruktur einer umfassenden, neuen Denk- und Daseinsweise. Wir müssen eher an Zahnräder als an Seidentücher denken, an Schienen, Strukturen und Fundamente, nicht Düfte oder Farben. Die Moderne ist das Neue, das uns in seine Struktur hineinzieht, ob wir es wollen oder nicht. Wir können ihr zwar tapfer Widerstand leisten, aber wir isolieren und entfremden uns damit nur in einem unzumutbaren Maß von aller Normalität. Ab einer gewissen Stufe ist es auch technisch nicht mehr möglich, sich ihr zu entziehen. Einige Amisch-Gruppen (eine strengere Ausprägung von Mennoniten in Amerika) verweigern sich zwar dem „unbiblischen" Reißverschluss und tragen nur Hosen mit Knöpfen. Sie können aber ohne Handy nicht mehr am Handel teilnehmen, der für sie überlebenswichtig ist. Das haben sie verstanden und für sich akzeptiert.

Man nennt die Moderne auch Neuzeit, denn nach Frühzeit, Altertum und Mittelalter ist es die zeitlich gesehen neueste Zeit. Das lateinische Wort *modernus* – „neu", „neuzeitlich", „gegenwärtig" stammt von dem Adverb *modo* – „eben", „eben erst". Es beschreibt das Lebensgefühl der Moderne ganz gut, denn die Moderne als Erlebnisraum ist gekennzeichnet von einer neuen Schnelligkeit des Wandels. Eine rasante Veränderungskultur, die neue Möglichkeiten eröffnet, aber auch einen enormen Anpassungsdruck und große Unsicherheit erzeugt, beschreibt das Lebensgefühl von Menschen in der Moderne. Die Moderne ist eine Welt im Grundmodus der beschleunigten Veränderung.

Die Moderne ist eine Welt im Grundmodus der beschleunigten Veränderung.

Die Geschwindigkeit des Wandels

Eben erst war die Welt noch eine andere. Jetzt ist sie schon in eine neue Erscheinungsform getreten. Diese Erfahrung machen wir nicht nur einmal, sondern wir erleben dies rhythmisch in immer kürzeren Zeitspannen.

In der Geschichte der Menschheit hat es schon immer Veränderungsschübe gegeben. Es gab große Durchbrüche in Erkenntnis und Entwicklung, regelrechte Quantensprünge, die die Welt in ein Vorher und Nachher einteilten (Erfindungen, Werkzeuge, Denkarten). Doch seit gut 300 Jahren treten solche Veränderungen in einer so engen zeitlichen Dichte auf, dass man innerhalb einzelner Generationen keine gesicherte Kontinuität mehr verzeichnen kann. Die Alten, die früher noch abgeschlossene Lebenszyklen kannten, die sich immer wiederholten, sind für die jüngere Generation nicht mehr „weise", weil sie die Welt in ihrer Neuheit, ihrer „Modernität" nicht mehr verstehen. Die Vergangenheit ist für junge Menschen nicht mehr Quell einer sich nie verändernden Weisheit, sondern nur noch die Zeit, „in der es das, was uns heute selbstverständlich ist, noch nicht gab". Die Veränderungen sind so tief und umfassend, dass man immer wieder einen ganz neuen Zugang zu den Dingen braucht. Dabei verwechseln viele junge Menschen Weisheit und Innovation. Die Welt der Alten mag in vieler Hinsicht nicht mehr in die heutige Welt passen. Ihre Weisheit aber liegt im Reichtum von Lebenserfahrung und Beobachtung. Diese Reife sollte man nicht unterschätzen oder gering achten. Bestimmte Dinge im menschlichen Denken und Verhalten ändern sich nicht, auch wenn die Struktur der Welt andere Züge angenommen hat.

Die Moderne hat das Verhältnis des Menschen zur Vergangenheit grundlegend verändert. Seit Beginn der Moderne fanden Menschen heraus, dass viele Grundgegebenheiten, die sie früher als selbstverständlich und gegeben betrachtet hatten, bei näherem Hinsehen falsch waren. Die Sonne drehte sich nicht um die Erde, sondern die Erde um die Sonne (Johannes Kepler). Der Glaube, den die Kirche immer in einer bestimmten Weise als gegeben dargestellt hatte, entpuppte sich beim Studium der Originaltexte als etwas anderes. Luthers Reformation zeigte, dass man mit einem anderen Deutungsschlüssel christlichen Glauben ganz anders verstehen kann. Die Autorität verschob sich von der Tradition zum gebildeten Einzelnen. Jetzt wollte man vieles nicht mehr einfach nur glauben, sondern es genau wissen. Deshalb wurde die Wissenschaft auch zur neuen Autorität. Als letzte Autorität – als neuer Gott - ist die Wissenschaft sicher überfordert. Sie kann weder Sinn stiften, noch trösten, ganzheitlich heilen oder Gemeinschaft stiften. Aber mithilfe von wissenschaftlichen Methoden können wir im Blick auf unsere Weltstruktur Tatsachen ermitteln. Dadurch schaffen wir eine Sicherheit in innerweltlichen Zusammenhängen. Es entstehen neue Freiräume und Entwicklungsmöglichkeiten. Die Folge der aufkommenden „Wissenschaftsgläubigkeit" ist bis heute spürbar. Es wird nicht mehr „einfach geglaubt". Alles muss jetzt durch Erfahrungen und nüchterne Beobachtungen „empirisch" bestätigt werden.[148] Diese Ermächtigung der Wissenschaft, diese „Neuvermessung der Welt" zeigt sich seit der Moderne. Die Schlussfolgerungen dieses offenen Denkens und die Umsetzung dieser Gedanken in politische Theorien und soziale Systeme haben unsere Welt verändert.

Damit hat sich nicht nur das Aussehen der Welt, sondern vor allem das Lebensgefühl der Menschen grundlegend verändert. Wir wissen jetzt nicht nur, dass die Erde sich um die Sonne und um die eigene Achse dreht, sie scheint sich auch immer schneller für uns zu drehen. Es wird uns manchmal fast schwindelig beim steigenden

148 Empirisch ist vom griech. *empeiría* – Erfahrung abgeleitet. Die tatsächliche Erfahrung statt der überlieferten Erzählung und das untersuchende Beiwerk von Thesen, Theorien und Beweisen sichern heute unser Wissen ab. Es ist für unsere Zeit nur dann Wissen, wenn es auch Erfahrungswissen ist und einer nachweisbaren, wiederholbaren und nachvollziehbaren Erfahrungswelt entspringt. Der Rest erscheint als eine ungesicherte Form des „für wahr Haltens".

Takt der vielen Veränderungen, die uns zugemutet werden. Die psychischen Krankheiten, bei denen Menschen Stabilität und Sicherheit verlieren, haben zugenommen. Es fällt vielen Menschen schwer, sich an so viel Neues anzupassen und auf das Leben in dieser Geschwindigkeit überhaupt einzulassen. Wir würden lieber wie der Igel im Märchen „Der Hase und der Igel" einfach stehen bleiben und nur die anderen laufen lassen. Dem Igel gelingt diese Strategie mithilfe einer Täuschung. Der Mensch, der sich der Moderne verweigert, erlebt aber eher eine Selbsttäuschung. Er merkt dann, dass das Leben an ihm vorbeizieht, anstatt auf ihn zuzukommen oder auf ihn zu warten. Das nehmen viele Menschen persönlich und ziehen sich zurück. Der Glaube kann dann auch ein falscher Rückzugsort werden, wo man hofft, mit anderen Wartenden abgeholt zu werden und wie der Igel im Märchen zu gewinnen, während die anderen Menschen sich um das „Mitgehen in der Zeit" bemühen.

Da wir alte Sicherheiten preisgegeben haben, ist unser Leben unruhiger und instabiler geworden. Die Moderne wird immer als ambivalent erlebt. Man freut sich über technische Fortschritte und Veränderungen zum Guten, beklagt aber gleichzeitig, dass vieles nicht mehr übereinstimmt und nicht mehr sicher genug ist. Man fürchtet sich weniger vor Gottes Gericht durch Krankheiten, Naturkatastrophen und Ernteausfälle wie in früheren Zeiten, sorgt sich aber mehr vor den Folgen, die wir mit dieser rasanten Veränderungskultur heraufbeschwören. Wir wissen auch nicht genau, wie wir uns auf etwas ganz Neues einstellen und darin einrichten sollten, weil die Moderne selbst nie zu einem fertigen Ergebnis, einem gesunden Abschluss kommt. Es gibt anscheinend immer nur neue Provisorien. Das verunsichert, erschöpft und lässt die Sehnsucht nach langfristig stabilen Verhältnissen und länger gültigen Systemen aufbrechen. Aber es ist auch keine Lösung, sich von den Prinzipien der Säkularisierung abzuwenden und zu den religiösen Diktaturen zurückzukehren. Wir müssen es wagen, mit Gott bei der Suche nach einer gesunden Mischung aus Alt und Neu die Balance zu halten.

Sehnsucht nach der Postmoderne

Diese Müdigkeit und Enttäuschung von der Moderne schlug sich in einem Ruf „zurück zu den guten alten Fundamenten" nieder. Fundamentalismus als religiöse oder politische Ideologie ist die große Versuchung der Moderne. Menschen wollen einfach ihre vermeintlich „gute, alte Welt“ wiederhaben. Der Begriff täuscht jedoch. Es geht nicht um gute und wichtige Fundamente, auf denen auch heute noch alles beruhen sollte. Es geht vielmehr um eine Rolle rückwärts in die alten Denk- und Lebensweisen, die scheitern mussten, weil sie von großen Ungerechtigkeiten und überzogenen Härten geprägt waren. Doch auch eine ganz andere Haltung ist Ausdruck des Versuches, die Moderne „zu überwinden“. Seit den Achtzigerjahren gewann die Philosophie der Postmoderne an Attraktivität, die kurzerhand die Moderne als Projekt, mit dem der Menschheitszustand durch Vernunft, Wissenschaft und Forschung verbessert werden sollte, für gescheitert erklärte. Die Postmoderne hatte aber weder die Antworten noch den Anspruch, eine neue, bessere Geschichtsepoche einzuleiten. Sie war überwiegend eine Kritik am Anspruch der Moderne und ihren Versprechen, ein besseres Dasein zu eröffnen.

Dennoch ist die Moderne ungeachtet ihrer Befürworter oder Kritiker der epochale Rahmen geblieben, dessen Einrichtungen uns bis heute prägen. Wir können uns ihrer nicht entledigen. Wir können nur begrenzt protestieren. Wir können vielleicht das eine oder andere Mobiliar in diesem neuen Lebensraum umstellen, aber wir können nicht mehr grundsätzlich anders kommunizieren, konsumieren und konstruieren. Die Welt hat in ihrer Entwicklung Grenzen überschritten, hinter die wir nicht mehr zurückkehren können. Das Gebiet, das jetzt vor uns liegt, ist das einzige Terrain, in dem wir leben können. Das Was ist keine Option mehr, nur noch das Wie. Wir können keine gänzlich andere Welt fordern oder in utopische Subkulturen abtauchen. Die Versuchung ist groß, als Christen einfach eine Gegenposition zur Moderne einzunehmen und uns hinter den Schriften der Bibel in einer Welt, die es nicht mehr gibt, zu verschanzen. Das bringt uns aber weder im Blick auf unseren persönlichen Glauben weiter noch im Blick auf den Auftrag, Menschen für ein Leben aus diesem Glauben heraus zu gewinnen. Unser Verhältnis zur Moderne muss ein Versöhntes werden. Das beginnt damit, das wir die

Wir können vielleicht das eine oder andere Mobiliar in diesem neuen Lebensraum umstellen, aber wir können nicht mehr grundsätzlich anders kommunizieren, konsumieren und konstruieren.

Gegebenheiten unseres Daseins nicht grundsätzlich verteufeln, sondern in ihrem Mischverhältnis von Vor- und Nachteilen würdigen. Das Gefühl von Fremdheit wird für glaubende Menschen immer bleiben, weil Religion grundsätzlich das rein Faktische oder Diesseitige infrage stellt. Wir haben hier „keine bleibende Stadt" und sind „als Pilger und Fremdlinge" unterwegs. Wir können uns nicht „auf Dauer" in dieser Welt einrichten. Trotzdem müssen wir die Gegebenheiten unserer Zeit verstehen und akzeptieren.

Unser Verhältnis zur Moderne muss ein Versöhntes werden.

Von Traditionellen Autoritäten zu Vernunft und erfahrung

Versöhnung mit der Moderne fällt Christen auch deshalb schwer, weil die Moderne aus einem Aufbegehren gegen die alten Autoritäten heraus entstanden ist. Diese beriefen sich auf Gott und das Christentum.[149] Die Moderne entstand dadurch, dass sie mit den Traditionen der Vergangenheit brach. Sie rief nach Vernunft und Erfahrung und wandte sich davon ab, vorgegebene Lebensmuster des Mittelalters einfach zu akzeptieren. Das Mittelalter war die Blütezeit einer von der christlichen Kirche geformten und beherrschten Welt. Man sprach auch vom christlichen Abendland. Das Weltbild des Mittelalters stellte die Welt als ein geschlossenes und hierarchisches System dar. So sah dieses System in etwa aus:

Die Natur ist von Gott geschaffen und wird von ihm gelenkt. Die Geschichte ist Heilsgeschichte und beginnt mit der Vertreibung aus dem Paradies. Sie läuft auf das Jüngste Gericht zu, nach dem das Gottesreich auf Erden existieren wird. Die europäischen Königreiche, insbesondere das Heilige Römische Reich Deutscher Nation, das am 6. August 1806 unterging, werden als dessen Vorläufer verstanden. Der einzelne Mensch ist in dieser göttlichen Ordnung fest eingebunden. Er stellt sie nicht infrage, sondern trägt seine Pflicht zum Erhalt des Systems bei.

149 Wie wenig von dieser sogenannten Christlichkeit auch geistlich wahr und dem Evangelium Jesu gemäß war, wird oft unterschlagen. Man könnte sogar sagen, die Moderne war in vieler Hinsicht nötig, um falsche Vorstellungen und Verkrustungen des christlichen Glaubens zu durchbrechen. Sie war wichtig, um dem Geist der Wahrheit und der Liebe Gottes in neuen Verhältnissen Freiraum zu schaffen. Sie war auf jeden Fall nicht nur der Anfang einer unguten Entwicklung, sondern auch ein Raum der Verheißung und Veränderung durch Gott.

Für die Menschen des Mittelalters war die christliche Welt und deren damalige Geschichtsdeutung etwas Selbstverständliches, sie empfanden sie als ein „Immer-so-Gewesenes"[150]. Bis dahin lebten die Menschen „aus der Kraft der Vergangenheit". Die Alten waren die Weisen, weil sie die Kreisläufe der sich immer wiederholenden und in gerader Linie fortführenden Entwicklung kannten.

Diese geschlossene, als sicher und beständig empfundene Welt brach am Ende des 15. Jahrhunderts aufgrund verschiedener Faktoren auseinander. Gewaltige und umfassende Veränderungen brachten die Welt, wie sie war, unwiderruflich ins Wanken. Sie ereigneten sich mit einer solchen Schnelligkeit und Dynamik, dass das Lebensgefühl der Sicherheit wegbrach. Die alten Autoritäten wurden angezweifelt. Die alten Antworten passten nicht mehr zu den neuen Wirklichkeiten. Das menschliche Erleben und Wissen brach zu neuen Ufern auf. Der Mensch emanzipierte sich von den Konstanten des Gegebenen und suchte neue Verbündete, um das Leben zu erklären und zu bewältigen. Sprache und Denken entwickelten sich zu einem offenen System. Es war eine Art Erwachsenwerden, ein Eintritt in die Selbstständigkeit.

Für die Menschen des Mittelalters war die christliche Welt und deren damalige Geschichtsdeutung etwas Selbstverständliches. Sie empfanden sie als ein „Immer-so-Gewesenes".

Der Mensch im Mittelalter sah und erlebte sich selbst in erster Linie als ein Gemeinschaftswesen, das abhängig von anderen war. Er war in seiner Gruppenzugehörigkeit gefangen, lebte in Ständen und Klassen. Man wurde in seinen Stand hineingeboren. Beruf und Ausbildung waren praktisch vorgegeben. Es gab keine Möglichkeit aufzusteigen. Alles blieb im Wesentlichen so, wie es „gegeben" war. Das Leben war ein kompaktes Etwas, was sich nach festen Rhythmen in Burgen, Klöstern, auf dem Land und in kleineren Städten abspielte. Der Mensch war identisch mit der Rolle, die ihm meist von Geburt

Der Mensch war identisch mit der Rolle, die ihm meist von Geburt vorgegeben war. Die Moderne löste diese Festlegungen auf und schuf ein anderes Bewusstsein.

150 Der Soziologe Max Weber spricht vom „Glauben an die Unverbrüchlichkeit des immer so Gewesenen". Weber, Max: „Wirtschaft und Gesellschaft". Tübingen: Mohr Siebeck, S. 580.

vorgegeben war. Die Moderne löste diese Festlegungen auf und schuf ein anderes Bewusstsein.

> *Im Mittelalter lagen die beiden Seiten des Bewusstseins – nach der Welt hin und nach dem Inneren des Menschen selbst – wie unter einem gemeinsamen Schleier träumend oder halbwach. Der Schleier war gewoben aus Glauben, Kindesbefangenheit und Wahn; […] der Mensch erkannte sich nur als Rasse, Volk, Partei, Kooperation, Familie oder sonst in irgendwelchen Formen des Allgemeinen. In Italien zuerst verweht dieser Schleier in die Lüfte, es erwacht eine objektive Betrachtung und Behandlung des Staates und der sämtlichen Dinge dieser Welt überhaupt: daneben aber erhebt sich mit voller Macht das Subjektive, der Mensch wird geistiges Individuum und erkennt sich als solches.*[151]

Das Neue in der Moderne lässt sich auch so beschreiben: Aus einer Rolle und einem Schicksal wurde eine Existenz in eigenem Recht. Aus einer Person (von lat. *persona* – „Maske", sprichwörtlich für eine Figur in einem Theaterstück) wurde ein Individuum (lat. *individuum* – „Unteilbares", „Einzelding", „das einzelne, in sich selber stehende Wesen"). Ein Gemisch von Person und Individuum bleibt auch bis heute noch bestehen: Jeder Mensch ist weiterhin in einer Rolle unter anderen, hat Rechte, Verantwortungen und Pflichten. Die Erwartung, wie viele kollektive Zwänge man dem Menschen immer noch zumuten kann, wird kontrovers diskutiert. Der Mensch hat aber in der Moderne mehr individuelle Eigenschaften, mit denen er sich von dem Kollektiv abgrenzen kann. Er hat Rechte, die ihm als Einzelnem auch gegen die Gemeinschaft zustehen. Die Entwicklung seiner relativen Selbstständigkeit, Besonderheit und Eigentümlichkeit nennt man Individuation (jemand findet immer mehr heraus, was ihn ausmacht, was untrennbar zu ihm gehört). Der Mensch wird sich seiner selbst bewusst und „findet zu sich selbst". In der Moderne bricht der Mensch aus der kollektiv geprägten Welt des Mittelalters heraus und wird zum Individuum. Das Wort „selbst" als Vorsilbe

---

151 Burckhardt, Jacob: „Die Kultur der Renaissance in Italien". Philip Reclam 1994; in: http://gutenberg.spiegel.de/buch/die-kultur-der-renaissance-in-italien-4970/22; letzter Zugriff: 12.09.17.

seines Bewusstseins und seiner Bestimmung ersetzt die schicksalhafte Vorgegebenheit des Daseins.

„Ein moderner Mensch existiert als ein selbstbewusstes, selbstbestimmtes und selbstschöpferisches Individuum nur in dem Augenblick, wo er gegen die Übermacht der gesellschaftlichen Tendenzen sein Leben nach einem sich selbst gegebenen und erfundenen Gesetz führt."[152]

Individualität ist Versprechen, Sehnsucht und Grundausrichtung eines modernen Daseins.

Er hört nicht auf, eine Person in einem Gefüge zu sein, aber das Individuelle herrscht vor. Individualität ist Versprechen, Sehnsucht und Grundausrichtung eines modernen Daseins. Anbetung in der Moderne muss deshalb auch dem einzelnen Menschen in seiner Individualität entgegenkommen.

Grosse Umbrüche – Gigantische Erschütterungen

Bedingt wurde diese Entwicklung durch geschichtliche Erschütterungen der alten Strukturen, die sich Mitte bis Ende des 15. Jahrhunderts ereigneten. Eine solche war zum Beispiel die Eroberung Konstantinopels durch die Ottomanen[153] im Jahr 1453. Damit ging das Byzantinische Reich unter, das letzte lebendige Staatsgebilde der Antike. Es war am Ende eine Mischung aus römischem Staatswesen, griechischer Kultur und christlichem Glauben.[154] Unter dem riesigen Flüchtlingsstrom nach Italien befanden sich auch viele Künstler und Gelehrte, die dann dort zur Renaissance beitrugen. Künstler der Renaissance wie Leonardo da Vinci und Albrecht Dürer zeichneten den Menschen auf neue Weise, Michelangelo schuf seinen David, die bekannteste Skulptur der Kunstgeschichte. Sie alle zeigten den Menschen als Individuum.

Durch die Eroberung Konstantinopels mit den einhergehenden Machtverschiebungen war der Landweg nach Asien blockiert. Das

152 Vorwort zu „Individuum und Moderne", Georg Simmel und Theodor Adorno im Vergleich; https://miami.uni-muenster.de/Record/ca7f0d87-a213-4b5c-934d-646a626c0f97; letzter Zugriff: 12.09.17.

153 Eine Bezeichnung für die Türken. Sie wurde aus dem französischen Adjektiv *ottoman* – „osmanisch" hergeleitet, was wiederum auf „Utman", dem arabischen Namen von Osman, dem Gründer des türkischen Reiches, zurückgeht.

154 Vgl. Ostrogorsky, Georg: „Geschichte des byzantinischen Staates". München: C. H. Beck 1963, S. 22.

löste das Zeitalter der Entdeckungen durch Seefahrer und Forschungsreisende aus. Ausflüge und Reiseberichte von Männern wie Kolumbus und Magellan, später James Cook, veränderten deutlich das Bild von der Beschaffenheit und Gestalt der Erde.

Aus den vielen alten Karten wurde langsam ein Globus. Aus der Erde, die früher als Mittelpunkt des Universums gedacht wurde, ein einzelner, wenn auch besonderer Planet in einem Sonnensystem. Ein neues geografisches Weltbild entstand und eröffnete das Denken dafür, dass vielleicht auch die inneren Landkarten neu gezogen werden mussten. Die Vorstellung von der Beschaffenheit der Welt und ihren Zusammenhängen wurde für viele Menschen grundlegend erschüttert. Sie musste neu vermessen und dargestellt werden. Die alten Orientierungssysteme wurden unglaubwürdig und waren nicht länger relevant. Um sich in der Welt erfolgreich zu bewegen, musste man sich auf die neuen Entdeckungen und Erkenntnisse einlassen.

Vor allem die neuen wissenschaftlichen Erfindungen waren es, die das Leben der Menschen völlig veränderten. Es waren zunächst nützliche Verbesserungen, um Dinge besser messen, verbinden, bewegen, erzeugen und darstellen zu können (die genauere mechanische Uhr statt der Sonnenuhr, Teleskop, Kompass, der Buchdruck, Papier, Glühbirne, Dampfmaschine, Dynamo, Schießpulver, später Telefon, Motoren etc.). Es gab aber auch medizinische Erkenntnisse, zum Beispiel wurden Viren und Bakterien entdeckt und die Ärzte lernten die Beschaffenheit des Körpers immer besser kennen. Die Entdeckung des Blutkreislaufs und der Zellen löste die alte Vorstellung von den Körpersäften ab. Fortschritte in Physik und Technik ermöglichten neue Erkenntnisse über das Nervensystem, die Verdauung, das Wirken von Hormonen und die Stoffwechselfunktionen. Die Entdeckung der Röntgenstrahlung und der Radioaktivität eröffnete neue Welten.

Vor allem die neuen wissenschaftlichen Erfindungen waren es, die das Leben der Menschen völlig veränderten.

Bald kam auch die Psychologie als Wissenschaft von den inneren Zusammenhängen auf. Nun konnte man Krankheiten erkennen und heilen, indem man sich mit dem seelischen Erleben des Menschen beschäftigte. Diese neue Form revolutionierte das Verständnis, wie das Leben zusammenhing. Es gab neue alternative Experten, Menschen und Institutionen mit ganz neuen Kompetenzen, die zu neuen Autoritäten wurden. Die Glaubwürdigkeit des Alten wurde schwer erschüttert, weil es nicht mehr automatisch sinnvoll, richtig und passend für den Menschen war.

Es entwickelten sich aber auch neue Gesellschaftsformen, die das bisher für selbstverständlich Gehaltene auflösten und umstrukturierten. Das „Bürgertum“ kam auf, eine neue Gesellschaftsschicht zwischen Oberschicht (Adel, Kirche und Königtum) einerseits und Unterschicht andererseits (abhängige Bauern und Arbeiter). Die Bürger organisierten sich in kaufmännischen Gilden und handwerklichen Zünften. Viele ihrer damals erkämpften Rechte gelten heute als Menschenrechte.

Die Welt des Mittelalters wurde aus den Angeln gehoben und auf einen ganz neuen Kurs gesetzt. Die Vorstellung, dass Gott die Verhältnisse, wie sie waren, einmal so eingerichtet hatte und bis zum Ende der Welt bewahren würde, löste sich auf. Das „Immer-so-Gewesene“ war auf einmal nicht mehr in jeder Hinsicht konstant. Die Behauptungen der Kirche als tonangebende Macht erschienen nicht mehr in allem als glaubwürdig. Menschen, die Gott anbeteten, mussten ihre Sicht von Gott entweder stark modifizieren oder ihren Glauben ganz an den Nagel hängen. Das Wort „Gott“ musste neu gefüllt werden. Die Ableitung Gottes durch die Traditionen der Vergangenheit war nicht mehr stimmig. Das alte Verständnis unterfütterte die Welt nicht mehr mit selbstverständlichem Sinn. Es widersprach den neuen Gegebenheiten in vielen Punkten. Gott war vielleicht nicht tot, wie es mutige Philosophen erst sehr viel später auszurufen wagten. Aber Gott und Schicksal, so wie man es zu kennen vorgab, waren nicht mehr in Deckung mit der Welt, die man vorfand. Das Verhältnis Gottes zur Welt und zum Menschen musste neu definiert werden. In der Kunst geschah das in der Renaissance[155], im Denken durch den Humanismus. Die Renaissance leitete den umfassenden

Die Welt des Mittelalters wurde aus den Angeln gehoben und auf einen ganz neuen Kurs gesetzt. Das Verhältnis Gottes zur Welt und zum Menschen musste neu definiert werden.

155 Eine europäische Kulturepoche des 15. und 16. Jahrhunderts. Der Begriff kommt von franz. *renaissance* – „Wiedergeburt“. Gemeint war eine Wiedergeburt der kulturellen Leistungen aus der römischen und griechischen Antike (Malerei, Architektur, Skulptur, Literatur und Philosophie).

Wandel zwischen Mittelalter und Neuzeit ein. Der Humanismus war die Bildungsbewegung, die diesen Umbruch begleitete und ihm wichtige Impulse gab.

Humanismus – der Mensch im Mittelpunkt

Humanismus ist ein Sammelbegriff für eine geistige Bewegung, die den Menschen in den Mittelpunkt stellt. Damit könnte man, oberflächlich gesehen, immer gleich eine Konkurrenz zum Gottesglauben sehen, bei dem „Gott im Mittelpunkt steht" – ein Motiv, das besonders in der Anbetungskultur häufig vorkommt. Dementsprechend würde dann Gott durch den Humanismus entthront und der Mensch würde sich zum Mittelpunkt des Universums erheben. Gegen solch eine Überheblichkeit des Menschen müssten Christen dann mit Recht Einspruch erheben. Humanismus als atheistische Ideologie und Selbstvergöttlichung des Menschen ist aus der Sicht des christlichen Glaubens ein Irrweg. Doch so einfach kann man sich die Sache mit dem Humanismus nicht machen, denn Jesus selbst ruft zu einer Art Humanismus auf , der den Menschen anstelle von religiösen Systemen in den Mittelpunkt stellt. Dabei wird der Mensch aber nicht als Maß aller Dinge gesehen, sondern aus der Perspektive der Liebe Gottes.

Jesus selbst ruft zu einer Art Humanismus auf , der den Menschen anstelle von religiösen Systemen in den Mittelpunkt stellt.

Halten wir zunächst fest, dass der Humanismus eine große Bandbreite von Denkrichtungen hat, die auf den Menschen und das Ideal der Menschlichkeit ausgerichtet sind. Sie reicht vom atheistischen Humanismus mit klarer Abgrenzung vom christlichen Glauben bis zum christlichen Humanismus, der sich dem Menschen um Gottes willen verpflichtet fühlt. Der Schweizer Soziologe Walter Ruegg (1918–2015) unterscheidet sechs humanistische Ausprägungen:

- der *idealistische Humanismus*, der die „harmonische Idealität der griechischen Menschen" wieder aufleben lassen will (wie der erste Humanismus in der Zeit der Renaissance);
- der *liberaldemokratische Humanismus*, der den allgemein gebildeten, aufgeklärten und beruflich erfolgreichen Bürger in der modernen Welt zum Ziel hat;

- der *marxistische Humanismus*, der die Selbstentfremdung des Menschen durch kapitalistische Arbeitsverhältnisse und Ausbeutung überwinden will;
- der *integrale Humanismus*, der in seinem Menschenbild die Tradition des Katholizismus mit den neuen Aufgaben in einer säkularisierten Gesellschaft zusammenführt;
- der *biblizistische Humanismus* protestantischer Herkunft, dessen Menschenbild ausschließlich auf die Bibel zurückgreift, dabei aber auch verschiedenen Humanismus-Auffassungen Raum gibt;
- der *existenzialistische Humanismus*, der vorgegebene Menschenbilder durchgängig zurückweist und eine freie Entwicklung der individuellen Existenz anstrebt.[156]

Die ersten Humanisten der aufkommenden Moderne waren idealistische Humanisten. Sie eiferten den klassischen Vorbildern für ideales Menschentum nach. Sie wollten sich damit von den vorhergehenden Jahrhunderten abgrenzen und die ursprüngliche Weise noch früherer Zeiten zurückholen. So kam es zu einer „Wiedergeburt" (franz. *renaissance*) der Antike[157], die man als die ursprüngliche, unverfälschte Form des Menschseins verstand. „Ad fontes – zurück zu den Quellen" war das Motto der Bewegung. Eines ihrer großen Vorbilder war der berühmteste Redner Roms, ein Politiker, Anwalt und Philosoph namens Cicero (106–43 v. Chr.). Er hatte betont, dass der Mensch sich vom Tier besonders durch die Sprache unterscheide. In der Ausbildung der Sprachfähigkeit und des philosophischen Denken liege der wahre Kern der *humanitas* (lat. für „Menschennatur", „das Menschengemäße", „das den Menschen Auszeichnende"). Dabei hatte er allerdings nur die Geistesbildung vor Augen, noch nicht den umfassenden Begriff der Humanität oder Menschlichkeit, der sich in der Moderne als Leitbegriff herausbildete.

Am Anfang war dieser „Renaissance-Humanismus" nur eine literarisch ausgerichtete Bildungsbewegung. Humanisten traten

156 Rüegg, Walter: „Die Humanismusdiskussion". In: Hans Oppermann (Hrsg.): Humanismus. Darmstadt 1977, S. 311–318.

157 lat. *antiquus* – „alt", „altertümlich", „altehrwürdig";
eine Epoche im Mittelmeerraum ab 800 v. Chr.,
die die griechische Kultur in der römischen Welt verbreitete.

für eine umfassende Bildungsreform ein. Davon versprachen sie sich, dass die menschlichen Fähigkeiten durch die Verbindung von Wissen und Tugend optimal entfaltet würden. Der Humanismus stellte im Laufe der Zeit aber immer mehr die Achtung vor allen Menschen und eine „menschliche" Behandlung in den Mittelpunkt. Seine politischen Ziele zeigen sich dann zum Beispiel in der Parole der Französischen Revolution: „Freiheit, Gleichheit, Brüderlichkeit". Aus dem Humanismus heraus entwickelte sich die Vorstellung von universalen Menschenrechten.

Der Humanismus Jesu

Einen deutlich humanistischen Akzent setzte Jesus. Der Mensch war für Jesus nicht eine Art „Gehorsamsmaschine für den Glauben", sondern hatte einen Wert in sich. Gottes Gebote und Weisungen, wie sie von den Menschen empfangen und tradiert worden waren, hatten mit der Zeit bei den Juden selbst eine Art göttlichen Status entwickelt. Das Wichtigste war für sie immer, die einzelnen Gebote zu halten, zum Beispiel den Sabbattag zu achten. Das war Jesus aber zu mechanistisch und lieblos. Er beugte und brach die einzelnen Vorschriften immer dann, wenn sie sich in etwas verwandelt hatten, was die Menschen stark belastete und eher bedrückte als unterstützte. Er setzte sich über Reinigungsvorschriften und die Trennung der „Gerechten" von den „Gottlosen" hinweg. Er aß und feierte mit den Sündern. Er sprach mit Frauen und nahm sie in seine Jüngergruppe auf. Vor allem kritisierte er immer wieder, wie die Menschen den Sabbat verstanden: „Der Sabbat ist um des Menschen willen gemacht und nicht der Mensch um des Sabbats willen" (Mk 2,27; LÜ).

Der Mensch war für Jesus nicht eine Art „Gehorsamsmaschine für den Glauben", sondern hatte einen Wert in sich.

Jesus stellte den Menschen mit seinen realen Bedürfnissen (in diesem Fall: essen sammeln, wenn er hungrig ist) vor Gesetz und Tradition. Es gibt einen christlichen Humanismus, der im Namen der Liebe Gottes gegen Unmenschlichkeiten in Religion und Gesellschaft aufbegehrt. Wer die „Rechte Gottes" (Gehorsam, religiöse Aufmerksamkeit in Gottesdiensten, finanzielle Unterstützung von Tempel, Synagoge oder Kirche etc.) scharf in den Gegensatz zu den Bedürfnissen des Menschen stellt, ignoriert den

Schwerpunkt, den Jesus dem Menschen gab. Gott hat ohnehin keine Bedürfnisse, die der Mensch stillen kann.[158] Wo der Humanismus das Recht, den Wert und die Würde des Menschen in den Mittelpunkt stellte, brachte er eine verdrängte biblische Wahrheit wieder zur Geltung.

Die Humanisten wollten sich nicht mehr damit abfinden, auf die Rechte Gottes zu pochen und auf die davon abgeleiteten Rechte für die Kirche. Der Ruf nach Menschlichkeit und Menschenrecht setzte sich immer mehr durch. Dazu war es nützlich, dass der Mensch befähigt wurde, selbstständig zu denken. Ein großer Begriff entwickelte sich aus der humanistischen Tradition: Aufklärung im Sinne von Erhellung, Erleuchtung, Befähigung zum Verständnis.

Wo der Humanismus das Recht, den Wert und die Würde des Menschen in den Mittelpunkt stellte, brachte er eine verdrängte biblische Wahrheit wieder zur Geltung.

Aufklärung – Das Wagnis zu denken

Neben dem Humanismus war die Aufklärung ein grundlegender Baustein der Moderne, der bis heute nachwirkt. Damit ist nicht die frühkindliche Sexualerziehung gemeint, sondern eine geistige Reformbewegung am Ende des 17. Jahrhunderts, die eigenständiges Denken und umfassende Entwicklung des Wissens ohne vorgefasste Meinungen anstrebte. Anstatt das Dasein wie früher einfach als ein „Immer-so-Gewesenes" zu akzeptieren, wurde es jetzt hinterfragt. Die Vernunft sollte dem Menschen den Weg ins Licht weisen. „*Sapere aude* – wage es, zu denken" wurde zum Schlachtruf dieser Bewegung. Dabei sollten Denkblockaden, die eine geistige Unmündigkeit begünstigten, beseitigt werden.

Das Zeitalter der Aufklärung dauerte in der Geschichte ca. 150 Jahre (von ca. 1650 bis 1800). Dann wurde zunehmend Kritik an diesem „Vernunftglauben" geäußert (zum Beispiel in Bewegungen wie Sturm und Drang, Romantik, Skeptizismus und Konservatismus). Als geistige Grundströmung und innerer Auftrag ist sie aber bis heute im Bewusstsein der modernen Welt verankert.

158 „Doch ich brauche deine Opfer nicht – weder die Stiere aus deinem Stall noch die Böcke aus deiner Weide. Denn alle Tiere gehören mir ohnehin, das Wild in Wald und Feld, die Tiere auf den Bergen und Hügeln" (Ps 50,9–10; HFA).

Immanuel Kant – Aufklärung als Schritt in die Mündigkeit

Die Aufklärung wollte in ihren Ursprüngen nicht „mit Gott selbst aufräumen“[159], die rein atheistische Variante war noch nicht dominierend.[160] Doch sie wollte die Deutungshoheit über das Leben nicht mehr seinen angeblichen Vertretern in dieser Welt (den Kirchen und Königen) überlassen. Einer der bekanntesten „Aufklärer“ war Immanuel Kant (1724–1804). Er selbst war ein tiefgläubiger Mann und „wurde als viertes von neun Kindern in einer kleinbürgerlichen Familie in Königsberg geboren. Ihn prägt der Pietismus, eine Frömmigkeitsbewegung innerhalb des Protestantismus. Ziel dieser Bewegung ist es, das gesamte Leben auf Gott auszurichten. Die Erziehung durch seine Mutter ist ebenso vom Pietismus geprägt wie seine gymnasiale Ausbildung.“[161]

Immanuel Kant formulierte die bekannteste Definition der Aufklärung:

Aufklärung ist der Ausgang des Menschen aus seiner selbstverschuldeten Unmündigkeit. Unmündigkeit ist das Unvermögen, sich seines Verstandes ohne Anleitung eines anderen zu bedienen. Selbst verschuldet ist diese Unmündigkeit, wenn die Ursache derselben nicht am Mangel des Verstandes, sondern der Entschließung und des Mutes liegt, sich seiner ohne Leitung eines anderen zu bedienen.

---

159 Auch der französische Philosoph Voltaire, den die Kirche wegen seiner Kritik als Atheisten brandmarkte, hatte christliche Wurzeln. Er schrieb zwar eine Bibel- und Religionskritik in seinem „tragbaren philosophischen Lexikon“ (Dictionnaire philosophique portatif, 1764). Diese deckte zahlreiche Widersprüche innerhalb der Bibel sowie auch Schwachstellen der katholischen Theologie auf und versorgte die Sympathisanten der Aufklärung mit bibel- und religionskritischen Argumenten. Noch im 19. Jahrhundert wurde es von dem antiklerikalen französischen Bürgertum beim Kampf um die Trennung von Kirche und Staat (Laizismus) benutzt. Voltaire hinterließ aber eine Kapelle in Ferney mit der Inschrift „Deo erexit Voltaire 1761“ (für Gott erbaut von Voltaire). Von ihm stammt auch der Satz: „Wenn Gott nicht existierte, müsste man ihn erfinden.“ Allerdings hatte Voltaire eine sehr allgemeine und intellektuelle Gottesvorstellung und lehnte bis zu seinem Tod die Gottessohnschaft Jesu ab (Franz Strunz: „Voltaires Tod“. In: Aufklärung und Kritik 1/2000, S. 116ff.).

160 Der vielleicht radikalste atheistische Aufklärer dieser Zeit war der französische Priester Jean Meslier (1664–1729), der „gottlose Gottesmann“. Er war der Erste in der Menschheitsgeschichte, der eine atheistisch-kommunistische Gesellschaft forderte. Natürlich konnte er seine kirchenkritischen Lehren erst nach seinem Tode veröffentlichen, da Ketzern damals der Scheiterhaufen blühte. Vgl. http://www.ak-schulfach-ethik.de/Personen/Meslier.htm; letzter Zugriff: 12.09.17.

161 Knoepffler, Nikolaus: „Schlüsselbegriffe der Philosophie Immanuel Kants“. München: Herbert Utz Verlag 2014, S. 13.

„Sapere aude! Habe Mut, dich deines eigenen Verstandes zu bedienen!“ ist also der Wahlspruch der Aufklärung.[162]

Das bringt den Gedanken der Emanzipation[163] in die Aufklärung. Ihn werde ich in Kapitel 9 erläutern und seine Beziehung zu Evangelium und Anbetung hervorheben. Kant forderte damit auch einen emanzipierten Glauben. Glaube dürfe nicht nur ein Für-wahr-Halten von Vorgaben anderer sein, egal, was die eigene Vernunft und das eigene Lebensgefühl dazu sagen. Kant kritisierte die Unmündigkeit, die sich entweder in Bequemlichkeit oder in einer Ängstlichkeit vor Autoritäten ausdrückt. Er wollte Menschen helfen, eigenständig zu hinterfragen, zu eigenen Überzeugungen und Ergebnissen zu kommen.

Besonders im evangelischen Glauben ist das Erbe des Vaters das Erbe der Freiheit. Martin Luthers Reformation war auch eine emanzipatorische Bewegung der Befreiung aus einem Glauben, der unhinterfragt akzeptiert, was ihm aus der Traditionslinie vorgegeben ist. Protestantischer Glaube beinhaltet das Wagnis, Selbstverständlichkeiten und Vorgaben von oben durch eigenes Denken zu überprüfen und gegebenenfalls dagegen zu protestieren[164]. Gott hat

162 Beantwortung der Frage: Was ist Aufklärung?
Berlinische Monatsschrift 1784/2, S. 481–494.

163 Vom lateinischen emancipatio – „Entlassung aus der väterlichen Gewalt“. Aus dem Akt des Gewährens von Selbstständigkeit wurde in der Moderne eine Aktion der Selbstbefreiung (sowohl gesellschaftlich und politisch wie auch innerlich). Es wird heute als eine Befreiung von Unmündigkeit verstanden. Ziel der Emanzipation ist es, einen Zugewinn an Freiheit, Gleichheit und Selbstständigkeit zu erreichen.

164 Protest heißt wörtlich übersetzt nur öffentliches Bekenntnis (von lat. *protestari* – „öffentlich bezeugen“). Gemeint ist aber das Bekenntnis eines Widerspruchs, einer Zurückweisung. Weil die neuen „Christentümer“ (Begriff des ev. Theologen Wilhelm Graf) in der Linie Martin Luthers sich von einigen Glaubensaussagen der römisch-katholischen Kirche öffentlich distanzierten (Luthers Thesen), nannte man sie Protestanten. Das konkrete Ereignis, das die Namensgebung auslöste, war der Protest gegen die Verhängung der Reichsacht über Martin Luther. Das geschah 1529 auf dem Reichstag zu Speyer (Die Protestation zu Speyer), unter anderem durch sechs Fürsten und die Bevollmächtigten von vierzehn Reichsstädten. Die Ächtung Martin Luthers und seiner Schriften hatte schon acht Jahre vorher auf dem Reichstag in Worms stattgefunden (Wormser Edikt 1521). Protestanten bekennen sich öffentlich zu den Grundaussagen der Reformation Martin Luthers und weisen vor allem diejenigen Glaubensaussagen der katholischen Kirche zurück, die eine Unmündigkeit der einzelnen Glaubenden festschreiben. Der Protest richtet sich nicht gegen die katholische Kirche als solche, sondern gegen strukturelle Widersprüche zum Geist des Evangeliums in der Kirche.

von einem kritischen Geist, einem hungrig suchenden, unruhigen Wesen, das die Tiefe des Lebens selbstständig ausloten will, nichts zu befürchten. Es sind nur die „Autoritäten", die in seinem Namen auftreten und Machtansprüche stellen.

Man könnte Aufklärung auch als das Aufklären (Erhellen, Beleuchten) von Sachverhalten durch rationales, selbstständiges Denken bezeichnen. Es ging den Aufklärern um den Aufbruch zu einem mündigen, erwachsenen Dasein.

Protestantischer Glaube beinhaltet das Wagnis, Selbstverständlichkeiten und Vorgaben von oben durch eigenes Denken zu überprüfen und gegebenenfalls dagegen zu protestieren.

Bildung und Kritikfähigkeit

Die Aufklärer wollten den Menschen aus Unwissenheit, Furcht und Abhängigkeit befreien. Die Aufklärung sollte über die Dinge der Welt neu erhellend informieren. Dabei wurden im Laufe der Zeit so gut wie alle bisherigen Weltsichten infrage gestellt, auseinandergenommen und neu entworfen. Die wichtigste Instanz zum Urteilen sollte die menschliche Vernunft sein, mit der Vorurteile bekämpft und naturwissenschaftlich geforscht werden sollte. Der einzelne Mensch sollte mehr Handlungsfreiheit gewinnen. Man hoffte, dies durch Bildung, Bürgerrechte und die Pflicht des Staates zum Gemeinwohl zu erzielen. Ein wichtiger neuer Begriff entstand: die Kritikfähigkeit! Die Menschen sollten in die Lage versetzt werden, selber zu prüfen, abzuwägen und dann intelligent zu entscheiden. Gemeint war also nicht die Fähigkeit zu kritisieren, damit man Mängel anprangern konnte, sondern ganz allgemein anhand von Maßstäben etwas beurteilen zu können. Kritik wurde als eine Grundfunktion der denkenden Vernunft verstanden und begrüßt.

So sind Immanuel Kants große Werke mit Anleitungen zum selbstständigen Denken alle eine „Kritik" (Kritik der reinen Vernunft, Kritik der praktischen Vernunft und Kritik der Urteilskraft). Bei Kritik im aufklärerischen Sinn geht es nicht darum, etwas oder jemanden herabzuwürdigen, sondern etwas oder jemanden fundiert zu überprüfen und zu würdigen, zum Beispiel Kunstkritik, Filmkritik, Theaterkritik. Nach den Vorstellungen einer modernen Pädagogik soll Schülern nicht mehr nur Stoff vermittelt werden (sie sollen nicht nur Fakten und Daten pauken), sondern auch die Fähigkeit des kritischen Denkens. Der mündige, selbstständige Mensch muss in der Lage sein, zu differenzieren, also zwischen Mängeln und Vorteilen abzuwägen, eine Differenz zum Ideal auszumachen. Er muss nicht weder pauschal zustimmen oder ablehnen, sondern kann eine informierte, gebildete „Mischposition" einnehmen. Diese Vorstellung von Kritik als „prüfende und analysierende Würdigung" stammt aus der Aufklärung, die das eigenständige Denken des Menschen freisetzen wollte.

Der Mensch der Moderne will vor allem ein aufgeklärter Mensch sein, der mithilfe seiner Vernunft selbstbestimmt entscheidet und handelt. Da die Kirche viele Erkenntnisse der Wissenschaften immer wieder zugunsten „eingefrorener" kirchlicher Vorstellungen verboten hatte, wehrte sich ein großer Teil der Aufklärung dagegen, durch totalitäre theologische Systeme bevormundet zu werden. Man nahm sich jetzt die Freiheit, auch die Kirche und ihre Positionen kritisch zu betrachten, nicht mehr nur gläubig und unterwürfig zu sein. Man wollte nicht mehr aus einer kirchlichen Perspektive „das Ganze unter Gott"[165] sehen, sondern jedes Einzelne für sich. Nichts war mehr „gegeben", alles musste sich erklären, seinen Sinn und seine Nützlichkeit beweisen.

Toleranz und Religionsvergleich – Lessings Nathan der Weise

Auch die Religion war nicht mehr ein selbstverständlich Gegebenes. Zum ersten Mal wurden Religionen verglichen und auf ihren Sinn und ihre Wirkung hin geprüft. „An die Stelle der Religion muss die Überzeugung treten", fasst der deutsche Dichter Gotthold Ephraim Lessing in seinem Drama *Nathan der Weise* diese Gedankenströmung zusammen. Hier findet man auch die berühmte „Ringparabel", einen Schlüsseltext der Aufklärung. Mit ihr wird eine Idee der Toleranz formuliert, die bis heute unser Denken prägt. Sie erzählt von einer Tradition, die gebrochen wurde, weil ein Vater seine Liebe nicht mehr nur auf einen Lieblingssohn beschränken wollte. Er ließ nicht, wie in der Vergangenheit bisher üblich, nur einen überaus wertvollen Ring anfertigen, mit dem der

Zum ersten Mal wurden Religionen verglichen und auf ihren Sinn und ihre Wirkung hin geprüft.

165 Und zwar so, wie die kirchlichen Autoritäten den Willen Gottes auslegten.

jeweilige Lieblingssohn zum Erben eingesetzt wurde, sondern gleich zwei weitere, sodass der Vater „kaum" und die Söhne gar nicht mehr entscheiden konnten, welcher Ring der ursprüngliche war. Lessing griff diese schon ältere Geschichte des Italieners Giovanni Boccaccio auf und stellte sie in einen religionsvergleichenden Zusammenhang:

Nathan (ein Jude) wird vor Saladin (den moslemischen Herrscher) gerufen und mit der Frage konfrontiert, welche der drei monotheistischen Religionen er für wahr halte. Nathan erkennt sie als Fangfrage. Wenn er die jüdische Religion als einzig wahre erklärt, wird Saladin das als Majestätsbeleidigung auffassen, schmeichelt er der Religion des Sultans, lebt er in einem inneren Widerspruch. So weicht er mit einem Gleichnis, ganz in der Tradition Salomos, aus:

Ein Mann besitzt ein wertvolles Familienerbstück, einen Ring, der die Eigenschaft hat, seinen Träger „vor Gott und den Menschen angenehm" zu machen, wenn der Besitzer ihn „in dieser Zuversicht" trägt. Dieser Ring wurde über viele Generationen vom Vater an jenen Sohn vererbt, den er am meisten liebte. Doch eines Tages tritt der Fall ein, dass ein Vater drei Söhne hat und keinen von ihnen bevorzugen will. Deshalb lässt er sich von einem Künstler exakte Duplikate des Ringes herstellen, vererbt jedem seiner Söhne einen der Ringe und versichert jedem, sein Ring sei der echte.

Nach dem Tode des Vaters ziehen die Söhne vor Gericht, um klären zu lassen, welcher von den drei Ringen der echte sei. Der Richter aber ist außerstande, dies zu ermitteln. So erinnert er die drei Männer daran, dass der echte Ring die Eigenschaft habe, den Träger bei allen anderen Menschen beliebt zu machen; wenn aber dieser Effekt bei keinem der drei eingetreten sei, dann könne das wohl nur heißen, dass der echte Ring verloren gegangen sei. Auf die Frage, wann dies geschehen sein könnte, geht der Richter nicht explizit ein; auch der Ring des Vaters kann schon unecht gewesen sein. Der Richter gibt den Söhnen den Rat, jeder von ihnen solle daran glauben, dass sein Ring der echte sei. Ihr Vater habe alle drei gleich geliebt und es deshalb nicht ertragen können, einen von ihnen zu begünstigen und die beiden anderen zu kränken, so wie es die Tradition eigentlich erfordert hätte. Wenn einer der Ringe der echte sei, dann werde sich dies in der Zukunft an der ihm nachgesagten

Wirkung zeigen. Jeder Ringträger solle sich also bemühen, diese Wirkung für sich herbeizuführen.[166]

Im Zeitalter der Aufklärung sahen sich Menschen zum ersten Mal nicht mehr in einem geschlossenen System der Religion mit einer Entweder-oder-Wahrheit. Sie verstanden, dass auch Religion Elemente enthält, die man „kritisch" betrachten konnte. Statt durch Machtkämpfe zu klären, welches der wahre Glaube sei, sollte man sich darauf konzentrieren, die Früchte einer heilsamen und erlösenden Wahrheit aus dem Glauben zu erbringen. Man sollte Andersdenkenden mit Toleranz und Achtung begegnen, weil auch sie eventuell den „wahren" Ring tragen könnten.

Statt durch Machtkämpfe zu klären, welches der wahre Glaube sei, sollte man sich darauf konzentrieren, die Früchte einer heilsamen und erlösenden Wahrheit aus dem Glauben zu erbringen.

Säkularisierung – eine Öffentlichkeit ohne religiösen Zwang

Die leidvolle Geschichte der Religionskriege fand in den Konfessionskriegen des 16. und 17. Jahrhunderts einen neuen Höhepunkt. Am bekanntesten ist für uns Deutsche der Dreißigjährige Krieg (1618–1648). Es gab aber auch einen vierzigjährigen Krieg, unter dem die Hugenottenkriege in Frankreich zusammengefasst wurden (1562–1598), und einen achtzigjährigen, der spanisch-niederländische Krieg (1568–1648). All diese Kriege waren durch die Unfähigkeit entstanden, religiöse Differenzen friedvoll zu klären. Da die Menschen über die unfassbaren Schäden und Verluste durch diese Kriege so erschüttert waren, entstand die Bewegung der „Säkularisierung", die eine Trennung von kirchlichen und weltlichen Einflüssen in allen Bereichen des öffentlichen Lebens anstrebte. Dabei ging es nicht darum, den Glauben auszurotten, sondern die Menschen wollten nicht länger durch religiöse Institutionen bevormundet werden. Die Vormachtstellung der Kirche in den Lebensbereichen,

Durch Säkularisierung wurde eine Verständigungskultur ermöglicht, bei der die Menschen nicht gezwungen werden, ihre Religionszugehörigkeit zu offenbaren.

166 Vgl. https://de.wikipedia.org/wiki/Nathan_der_Weise#Ringparabel; letzter Zugriff: 12.09.17.

die über die Kultur des Glaubens hinaus gingen[167], wurde gebrochen. Außerdem wurde eine Verständigungskultur ermöglicht, bei der die Menschen nicht gezwungen wurden, ihre Religionszugehörigkeit zu offenbaren.

Das hat bis heute eine Welt ermöglicht, die nicht erst durch religiöse Filter gehen muss. Wenn jemand heute eine Ausbildung zum Piloten macht, wird nicht mehr sein Glaube abgefragt, sondern nur das Sachdienliche, das zu seinem Arbeitsbereich gehört. In fast allen Bereichen des Lebens (bis auf die Religion selbst natürlich) können wir kommunizieren und agieren, ohne uns religiös outen zu müssen. Das verdanken wir dem sogenannten säkularen Diskurs, einer Sprachregelung, die religiöse Bekenntnisthemen ausklammert. Es begann im Rechtswesen, wo man über die Grenzen der Staaten hinweg nach einer Formel suchte, die Neutralität beim Beurteilen der Lage ermöglichte. Viele Ansprüche über Gebiet und Macht wurden vor der Säkularisierung mit „göttlichen Rechten" untermauert. Der Vorschlag eines holländischen Theologen änderte diese Praxis.

Hugo Grotius' Neutralitätsformel „Als ob es Gott nicht gäbe"

Der Rechtsgelehrte und reformierte Theologe Hugo Grotius aus Delft in Holland (1583–1645) gilt als früher Aufklärer, der mit seinem Buch *Mare Librum (Das freie Meer)* die päpstliche Weltordnung untergrub. Die Kirche teilte die Meergebiete per päpstlichen Erlass auf. Grotius dagegen erklärte, die Meere seien internationale Gewässer, und alle Nationen hätten das Recht, sie zur Handelsschifffahrt zu nutzen. Mit der Einschränkung einer Dreimeilenzone um das jeweilige Land sollte sich seine Version der Freiheit der Meere schließlich als die Grundlage des modernen Seerechts durchsetzen.

Dies war aber nur ein kleiner Schritt im Vergleich zu seiner Erneuerung des Völker- und Naturrechts! Sein 1625 in Paris erschienenes Hauptwerk Über das Recht des Krieges und des Friedens beschreibt nicht nur das Recht, welches in Kriegs- und Friedenszeiten zwischen

---

167 Das ist insofern auch problematisch, weil der Glaube ja vom Wesen her alle Bereiche des Lebens erfassen und durchdringen will. Das darf er aus der persönlichen Motivation heraus auch immer noch. Er darf sich mit seinen Glaubensvorstellungen nur nicht mehr absolut setzen und Andersdenkende damit bedrängen, diskriminieren und in eine Zustimmung zwingen.

den Völkern zu gelten habe, sondern „das Recht der ganzen Menschheit, d. h. alle Rechtsverhältnisse – auch zwischen Einzelpersonen innerhalb der größeren menschlichen Gesellschaft". In diesem Buch benutzt er eine alte, aus der mittelalterlichen Scholastik stammende Denkformel, nach der gewisse Prinzipien der natürlichen Gerechtigkeit auch dann gelten würden, wenn Gott nicht existieren würde. Mit dieser Formel *etsi deus non daretur* („als ob Gott nicht existieren würde") wurden in der Folge ein Gemeinwesen und eine Vorgangsweise entwickelt, die sich immer mehr der religiösen Neutralität verpflichtet fühlten. Glaube und Religion sollten durch Säkularisierung nicht ausgerottet oder mundtot gemacht werden, sondern in den Bereich des Privaten, Persönlichen und Individuellen ausgegliedert werden, damit der öffentliche Bereich des Lebens ohne Bekenntnis- und Glaubenszwänge funktionieren könnte. Wer glaubt, dass der christliche Glaube seine Macht nicht durch Institutionen, sondern durch persönliche Überzeugung und innere Erfahrung gewinnt, wird sich hierüber nicht empören wollen. Er wird vielmehr dankbar für einen Frieden sein, der ein unverzichtbarer Mutterboden für alle heilsamen Lebens- und Erkenntnisprozesse ist. In einem aufgeheizten Religionskonflikt, der mit Waffengewalt ausgetragen wird, kann sich der Glaube, der Frieden und Liebe in die Herzen der Menschen bringen will, nur schwer ausbreiten.

Grotius, der selber gläubiger Christ war, erlebte die Verfolgungen und Spannungen innerchristlicher Auseinandersetzungen am eigenen Leib. Er gehörte einer Glaubensrichtung innerhalb des Protestantismus an, die eine strenge Prädestinationslehre Calvins ablehnte. Nach dieser Vorstellung würden alle Menschen von vornherein von Gott entweder zur Erlösung oder zur Verdammnis bestimmt. Grotius dagegen glaubte mit den „Remonstranten" (von *remonstrare* – „zurückweisen") an einen freien Willen, an ein Element der Offenheit und Entscheidungsfreiheit, welches das Heil des Menschen mitbestimmt. Für die Remonstranten war die Bibel die einzige Richtschnur für den Glauben, die Toleranz das höchste ethische Gebot. Grotius musste aus Holland fliehen, lebte eine Zeit lang in Blankenese und Hamburg und starb in Rostock. Im Dreißigjährigen Krieg nahm er eine Schlüsselrolle in den Verhandlungen zwischen Schweden und Frankreich ein. Er erlebte die Verfolgungen, Unterdrückungen und Diskriminierungen religiös Andersdenkender aus nächster Nähe und am eigenen Leibe. Es verwundert also nicht, dass Grotius den giftigen Stachel religiöser Bevormundung aus dem Staatswesen entfernen wollte. Dabei war er kein Atheist, auch wenn die Formel es vermuten lassen würde.

Letzte Spuren dieser Auseinandersetzung in unserer Zeit sehen wir im Streit um religiöse Symbole wie das Kruzifix im Klassenraum oder das Tragen des Kopftuchs als religiöses Symbol des Islam (leider nicht „nur" ein religiöses Erkennungszeichen, sondern immer auch verbunden mit dem Anspruch, ein bestimmtes Frauenbild durchzusetzen).

Allerdings entwickelte die Säkularisierung, die zunächst nur auf Neutralität und Toleranz ausgerichtet war, mit der Zeit in einigen Kreisen eine regelrecht antichristliche Prägung. Man sah im Christentum und den anderen Religionen eine Bastion der Fortschrittsfeindlichkeit und Intoleranz gegenüber Andersdenkenden. Solche pauschalen Unterstellungen sind heute aber nicht mehr die Norm, sondern eher die Ausnahme. Der Grundgedanke der Säkularisierung selbst ist ein heilsamer Impuls, um menschlichen Beziehungen Frieden zu bringen. Aus ihr kann ein gesunder Pluralismus entstehen, ein friedfertiges und wertschätzendes Miteinander von verschiedenartigen religiösen und weltanschaulichen Positionen. Dieser Pluralismus ist die Grundfolie, vor der moderne Gesellschaften friedfertige Begegnungen ermöglichen. Sie zu verlieren, wäre ein Rückfall in Zeiten von Gewalt und Zerstörung. Ausschließlich religiös begründete Gesetze, sei es die islamische Scharia oder eine Variante biblischer Idealvorstellungen, eignen sich nicht mehr als Gesetzgebungen für den modernen Menschen. Selbst der scheinbar kleinste gemeinsame Nenner der Zehn Gebote würde schon eine Zerreißprobe unterschiedlicher Deutungen hervorbringen. Es müssen andere Qualitäten als das reine „Gott will es" dafür sprechen. Für den modernen Menschen ist eine Existenz, die autoritär von der Religion bestimmt ist, nicht mehr akzeptabel. Für einen christlichen Denker, der von der Person und Lehre Jesu her fragt, ist sie nicht einmal mehr wünschenswert, so sehr er für „das Kommen des Reiches Gottes" und den Einfluss des Geistes Gottes auf unsere Welt beten und hoffen mag.

Für den modernen Menschen ist eine Existenz, die autoritär von der Religion bestimmt ist, nicht mehr akzeptabel. Für einen christlichen Denker, der von der Person und Lehre Jesu her fragt, ist sie nicht einmal mehr wünschenswert.

Wer ein System aber nicht mehr abschaffen und zurückführen kann, muss sich der Wirklichkeit stellen und anpassen. Die Wirklichkeit und Veränderungsmacht Gottes wird dadurch nicht beschnitten. Sie wird nur nicht mehr mit einer menschlichen Instanz, die alle Menschen bevormundet, für jeden identifiziert.

Anbetung richtet sich nicht an ein religiöses System, sondern an den Gott, der hinter, über und in der Welt wirkt. Sein „Über-allem-Stehen" impliziert nie, dass eine menschliche „Repräsentation" dominiert und herrscht. Echte Repräsentanten Gottes in dieser Welt verstehen sich wie Jesus und Paulus nur als „Diener", die uns helfen, in unseren Anpassungen an das Leben die Perspektive Gottes zu finden. Diese Einsicht betont auch Papst Franziskus immer wieder. Darin ist es ein vorbildliches Bindeglied der jesuanischen Tradition und der Moderne.

8. Anbetung in einer sich verändernden Welt

Wenn wir eine Situation nicht ändern können,
müssen wir uns selbst ändern.
Viktor Frankl, Gründer der Logotherapie (1905–1997)

Die Sprache der modernen Welt ist der „säkulare Diskurs", eine Verständigungswelt und Sprachkultur, die das spezifisch Christliche weitestgehend aus Öffentlichkeit und Verwaltungsebene verbannt hat. Die Gründe dafür habe ich im vorigen Kapitel dargelegt. Es ist vergeblich, sich dagegen aufzulehnen oder daran abzuarbeiten. Es gibt ein christliches Ressentiment gegen diese Entwicklungen, das sich in eine Ablehnung der modernen Welt und harscher Kritik an „verweltlichten Gläubigen" ausdrückt. Diese Ressentiments sehen die Kirche als Opfer einer immer gottloser werdenden Welt. Aufgeschlossene Anbeter akzeptieren die gewachsenen Realitäten, sehen sogar Gottes gnädige Hand in den Wendungen der Geschichte und finden immer wieder neue Wege, wenn es darum geht, den Menschen mit der Liebe Gottes in Verbindung zu bringen. Das ist auch dringend vonnöten.

Nichts Christliches wird in unserer modernen Zeit mehr verordnet und vorausgesetzt, auch der kirchliche Religionsunterricht ist keine Pflicht. Eine Folge für unsere Gottesdienste ist diese: Die meisten Menschen, die wir in unsere christlichen Veranstaltungen einladen, sind ohne einen religiösen Sprachschatz und Inhaltskenntnisse aufgewachsen. Darum brauchen sie mehr Einführungs- und Übersetzungshilfen, gerade in den Zeiten, wo wir in biblischen Sprachwelten unsere Liebe zu Gott zelebrieren und unsere Hingabe erneuern. Kaum etwas erschließt sich diesen Menschen von selber. Sie sind auf sich allein gestellt, sie müssen raten, vermuten und wild spekulieren, wenn sie mit den Begriffen des Glaubens in der Anbetungskultur der Gemeinde konfrontiert werden. Das Wenige, das sie vom Glauben wissen, kommt aus Kinofilmen oder Nachrichtenmeldungen über große christliche Events wie Kirchentage und

Die meisten Menschen, die wir in unsere christlichen Veranstaltungen einladen, sind ohne einen religiösen Sprachschatz und Inhaltskenntnisse aufgewachsen.

Papstbesuche. Das Wort zum Sonntag und die sonntags übertragenen Gottesdienste im öffentlichen Rundfunk und Fernsehprogramm sind ein winziger Restbestand des Christlichen in der medialen Öffentlichkeit. Es hat manchmal einen musealen Charakter und präsentiert den Glauben oft als eine nette, religiöse Veranstaltung oder ein verstaubtes Ritual aus alten Zeiten. Es ist nicht leicht, in direkter Nähe zu den Nachrichten, der Sportschau und den großen Spielfilmen Gottes Wort zielgenau und unmissverständlich an den nicht sichtbaren Fernsehzuschauer zu bringen. Die Dramatik, Sprengkraft und Tiefe des christlichen Glaubens lassen sich auf dieser anonymen Ebene auch kaum passend darstellen. Die Fernbedienung erlöst den gelangweilten und desinteressierten Zuschauer schnell von diesem Angriff auf seine „wohlverdiente Abschaltzeit vom Alltag".

In einem Gottesdienst dagegen wirkt die Resonanz des gemeinsamen Glaubens, die reale Begegnung mit Menschen und Gedanken in einem festen Zeitrahmen. Die Begriffswelt des Glaubens ist immer noch sperrig und erklärungsbedürftig, aber der Besucher kann die Wirkung der Worte auf die Menschen beobachten. Er ist in einer Atmosphäre und in einem „Geist", die ihn direkter berühren als die digitale Oberfläche eines Gerätes.

Übersetzung in die Sprache unserer Zeit

Je stärker eine christliche Gemeinde sich an Gäste und Eingeladene aus der nicht kirchlichen Welt richten will, desto mehr muss sie zwischen den alten Texten und der Moderne vermitteln. Das beginnt nicht erst bei der Predigt, sondern geht schon in der Anmoderation erster Lieder in Zeiten der Anbetung los. Die Sprach- und Begriffswelt der biblischen Gedanken muss mit den Konzepten und Vorstellungen der modernen Welt gemischt werden, auch wenn man sich in einzelnen Punkten von dem „Mainstream der Moderne" abgrenzen will. Man muss sich aber in die Gedanken der Zuhörer und in ihre Gefühlsreaktionen auf bestimmte Begriffe hineinversetzen und versuchen, Missverständnisse auszuräumen, möglichst bevor diese sich in den Menschen festsetzen. Worte für geistliche Erfahrungen und

Man muss sich in die Gedanken der Zuhörer und in ihre Gefühlsreaktionen auf bestimmte Begriffe hineinversetzen und dann versuchen, Missverständnisse auszuräumen, möglichst bevor diese sich in den Menschen festsetzen.

göttliche Perspektiven in zeitgemäße Begriffe zu übersetzen und zu vermitteln, ist sicher mühevoller als in früheren Zeiten, wo man bestimmte Wissensinhalte einfach voraussetzen konnte.

Die (relativ) unberührte Gedankenwelt, die säkularisierte Menschen dem Christlichen gegenüber mitbringen, hat aber auch Vorteile. Es ist noch nicht so viel vordefiniert. Für viele Menschen ist der christliche Glaube ein unbeschriebenes Blatt. Damit haben Glaubende die Chance, den Zuhörern ihre eigene, neue und frische Bedeutung für christliche Gedanken zu vermitteln. Das funktioniert aber nur, wenn sie sich auch die Mühe machen, tatsächlich zu vermitteln. Eine solche Übersetzung der Anbetungsinhalte in moderne Lebenskonzepte sparen sich jedoch viele christliche Gruppen.

Es gibt solche, die ihre Anbetung möglichst „stylish" und mit einer modernen technischen Ausstattung (Instrumentarium, Sound, Licht etc.) gestalten, um den Menschen von heute ein attraktives, in unsere Zeit passendes Ambiente für Anbetung zu bieten. Das hat eine gewisse Berechtigung, die ich nicht infrage stelle. Es täuscht aber oft darüber hinweg, dass man den Inhalt nicht in ein Verhältnis zum Denken unserer Zeit bringt. Wer nur von Hingabe, Glaube und Gehorsam redet oder singt, übergeht die Fragen nach Sinn und Relevanz im Blick auf ihre Denkweise. Wer unkommentiert mit biblischen Zitaten oder frühen Bekenntnissen der Christenheit aus anderen Jahrhunderten hantiert, schafft bei allen modernen Umgangsstilen und Techniken ein Unbehagen. Das kann nur beseitigt werden, indem den Menschen die Dinge erklärt werden. Es muss immer wieder deutlich gemacht werden, dass die Sprache des Glaubens eine symbolische ist, dass man sich mit Vergleichen vortastet und die Begriffe nicht immer eine „klare Sache" sind. Gottesnamen und Gottesbilder dürfen nicht ausschließlich naiv direkt benutzt werden. Auch das Konzept der Hingabe und Auslieferung, das in der Anbetung häufig zum Ausdruck kommt, muss immer wieder von radikalen Vorstellungen befreit werden, sich selbst total aufzugeben.

Es muss immer wieder deutlich gemacht werden, dass die Sprache des Glaubens eine symbolische ist, dass man sich mit Vergleichen vortastet und die Begriffe nicht immer eine „klare Sache" sind.

Übersetzung der Inhalte heißt nicht, etwas zu verwässern oder „auf Akzeptanz zu trimmen". Es nimmt der christlichen Botschaft nicht ihre Herausforderung und Provokation. Es beseitigt nur die unnötigen Missverständnisse und hilft den Menschen, sich mit den Inhalten des Glaubens auseinanderzusetzen.

Die katholische Kirche hat mit dem zweiten Vatikanischen Konzil einen großen Sprung nach vorne in Richtung Säkularisierung gewagt, der bis heute von den Vertretern, die im Alten verharren wollen, angezweifelt und bedauert wird. Faktisch hat die Kirche damit eine Öffnung gewagt, die sie in beide Richtungen durchlässiger gemacht hat. Sie hat etwas von der modernen Welt in ihre vorher unbezwingbaren Mauern eingelassen und damit gleichzeitig die Tür geöffnet, um auf die Menschen der Moderne einzugehen. Der Jesuitenpater Wolfgang Seibel meint, dass sie damit in Kontinuität zu ihrer wahren christlichen Tradition gehandelt hat:

> *Die Grundstrukturen und Grundwerte der modernen Welt – Menschenrechte, Freiheit, Solidarität, Rechtsgleichheit – sind Wirkungen des christlichen Welt- und Menschenbilds, vor allem der christlichen Grundüberzeugung von der unantastbaren Würde des Menschen als Ebenbild Gottes. Es war eine große Tragik, daß die Kirche diese Verwurzelung des Neuen in ihrer eigenen Tradition nicht erkannte und deswegen lange Zeit glaubte, es ablehnen zu müssen.*[168]

Zeitgeist ist nicht gleich Zeitgeist

Wenn wir auf diese Weise den Menschen unserer Zeit die Anbetung näherbringen wollen, haben wir uns auch nicht „dem Zeitgeist ausgeliefert“.

Unter dem Begriff Zeitgeist verbirgt sich nicht nur eine Vorstellung. Zeitgeist kann tatsächlich für eine arrogante Überheblichkeit stehen, die der Vergangenheit jeden Wert abspricht. Manchmal werden neu aufgekommene Leichtsinnigkeiten damit vermischt, ständig nach Innovationen zu streben und gleichzeitig jede ältere Tradition zu verachten. Wer Zeitgeist nur so versteht, wird den Kritikern dieses Geistes zustimmen. Doch Zeitgeist ohne pauschale Vorverurteilung bedeutet erst einmal, sich mit der Gegenwart auseinanderzusetzen.

168 Seibel SJ, Wolfgang: „Säkularisierung“. In: http://www.stimmen-der-zeit.de/zeitschrift/archiv/beitrag_details?k_beitrag=2523512&k_produkt=2627890; letzter Zugriff: 12.09.17.

„Modern“ wird vom Duden definiert als „im Geist des Neuen, der Gegenwart zugewandt, für sie aufgeschlossen, an ihren Problemen und Auffassungen orientiert, in die Gegenwart passend“. Modernität ist das Bewusstsein dafür, dass die Zeit, in der wir heute leben, eine andere Grundstruktur mit neuen Problemen und Spannungsfeldern hat. Moderne Menschen sind dafür aufgeschlossen, das Leben im Blick auf diese Gegebenheiten immer wieder neu anzupassen. Damit stellen wir uns unserem Schicksal, denn wir sind in diese neue Zeit hineingeworfen. Wir müssen die Auffassungen der Vergangenheit überdenken und die Sprache der Gegenwart lernen, um Menschen unserer Zeit am Reichtum der Anbetung zu beteiligen.

Wir müssen die Auffassungen der Vergangenheit überdenken und die Sprache der Gegenwart lernen, um Menschen unserer Zeit am Reichtum der Anbetung zu beteiligen.

Ein chinesisches Sprichwort sagt: „Besser auf neuen Wegen etwas stolpern, als in alten Pfaden auf der Stelle zu treten.“ Oder: „Über Vergangenes mach dir keine Sorge, dem Kommenden wende dich zu.“ Am Schönsten aber finde ich: „Nicht der Wind, sondern das Segel bestimmt die Richtung.“ Wir können unser Segel in den Wind der Zeit setzen und doch selbst die Richtung bestimmen. Der Geist Gottes weht, wo er will, auch in Zeiten, die den biblischen in keiner Weise mehr ähneln.

Anbetung im Geist des Neuen heißt nicht, alles an den Zeitgeist zu verkaufen. Sie verkauft die kostbaren Perlen des alten Glaubens nicht. Sie wirft sie nicht vor die Schweine, um von ihnen zertrampelt zu werden, wie es in dem deftigen Gleichnis Jesu aus der Bergpredigt heißt. Sie übersetzt die Anliegen der Anbetung nur in die Gedankenwelt und Sprache der neuen Zeit. Anbetung im Geist des Neuen entspricht der Aufforderung Jesu, den „neuen Wein in neue Schläuche“ zu gießen, damit dieser sich darin flexibel ausdehnen kann (Mt 9,17; LÜ). Gleichsam wird gefordert, als „Hausvater aus dem Schatz des Glaubens Altes und Neues hervorzuholen“ (Mt 13,52; LÜ). Altes und Neues müssen nebeneinander bestehen und aufeinander aufbauen. Es muss sich ergänzen und gleichzeitig in flexible Behältnisse gefüllt werden. Darum geht es, wenn wir Anbetungsinhalte und Anbetungssprache in die Welt der Moderne tragen und im Geist unserer Zeit verständlich machen.

Verunsicherung und die Sehnsucht nach Klarheit

Ein wesentliches Kennzeichen der Moderne besteht darin, dass die Geschwindigkeit von Veränderungen extrem stark zunimmt und alles sehr schnell unübersichtlich wird. Dadurch verlieren viele Menschen an Klarheit und fühlen sich nicht länger zugehörig; das Leben zersplittert in immer unübersichtlichere Lebenswelten. Da die großen alten Autoritäten entmachtet wurden und das „Immer-so-Gewesene" zerschlagen ist, gibt es nun eine verwirrende Freiheit mit vielen Optionen, und einzelne Teilautoritäten haben zugenommen. Alles muss für sich stehen, vernünftig begründet und erklärt werden. Dabei hat die Wissenschaft für viele Menschen den Rang der höchsten Autorität eingenommen. Die Wissenschaft soll nun als große Vermittlerin der Wahrheit das Gesamtbild erschließen. Doch die Wissenschaftler sind selbst immer wieder in Machtkämpfe und Rivalitäten darum verstrickt. Der scheinbaren Subjektivität der Religion soll eine Objektivität der Sachwelt entgegengehalten werden. Doch Wissenschaft ist scheinbar selbst in vieler Hinsicht Interpretationssache. Darüber, welche Sicht der Dinge die wirklich wahre, umfassende und autoritative Sicht ist, wird trefflich gestritten (was ja vorher und bis heute bei den Institutionen des Glaubens nicht anders war und ist).

Das kann man sehr gut am Konflikt um die Zulassung des Pflanzengiftes Glyphosat beobachten. Im März 2016 sah es noch danach aus, als würden die Mitgliedsstaaten der EU die Wiederzulassung dieses Pestizides durchwinken. Doch dann gab es umfangreiche Aufklärungskampagnen, die zeigten, dass es innerhalb der Weltgesundheitsorganisation WHO zwei unterschiedliche Aussagen der angeblichen Experten zur Krebsgefahr gab: Die eine hatte das Ergebnis „unbedenklich", die andere „wahrscheinlich krebserregend". Besorgte Bürger und Aktivisten machten Druck auf ihre Abgeordneten in der EU-Kommission. Die Abstimmung am 6. Juni fand keine Mehrheit für Glyphosat.

Manches von dem, was gestern noch als gesichert galt, wird heute durch neue Entdeckungen, Erhebungen, Statistiken und Detailstudien wieder umgeworfen.

Wer sich die Wissenschaft so vorstellt, dass sie die gesicherten Wissensschätze des Menschen erhaben verwaltet, wird bei näherem Hinsehen schnell enttäuscht. Was gestern noch als gesichert galt, wird heute durch neue Entdeckungen, Erhebungen, Statistiken und Detailstudien wieder umgeworfen.

Man muss schon ein sehr umfassendes Wissen haben, um überall auch nur einigermaßen am Ball zu sein. Wir sind immer mehr auf Experten angewiesen, die einen extrem hohen Informationsgrad in ihrem Feld und eine besondere Spezialisierung mitbringen. Die sogenannten Universalgelehrten, wie es sie früher einmal gab, sind verschwunden.

Auch die Neuen Medien, die uns viel schneller und umfassender über alles informieren könnten, verwirren durch die „Kakofonie der Stimmen“, ein lautes und manchmal sehr widersprüchliches Geschnatter. Wir leben mit einem großen Zweifel, wie viel von dem, was wir hören, wirklich „gesichert“ ist. Das erzeugt ein Unbehagen, ein mulmiges Gefühl bei den vielen Veränderungen, die uns dauernd zugemutet werden. Dadurch werden wir auch versucht, alle Tatsachen als „alternative facts“ anzusehen und in eine Lieblingswelt zu flüchten, die sich mit ihren „Informationen“ gegenseitig bestätigt und aufrechterhält. Das geschieht heute weltweit und birgt große Gefahren für unser Zusammenleben. Es beruft sich auf ein Recht, nicht nur auf eine eigene Meinung in allen Dingen, sondern eine eigene Faktenlage für alles zu haben. Unsere Meinungen können darüber variieren, wie Fakten zu interpretieren sind und welche Strategien am besten geeignet sich, Probleme zu lösen. Sie dürfen aber die Faktenlage selbst nicht aushebeln und die Grundlagen gesicherter Erkenntnisse der Menschheit infrage stellen. Tatsachen oder Fakten sind alternativlos. Man kann nicht seine eigene Schwerkraft erfinden oder behaupten, es gäbe eine zweite Sonne in unserem Sonnensystem. Der Kampf findet in den Interpretationen statt, wie unser Wissen sinnvoll angewendet wird. Wir dürfen das Wissen selbst – das, was gesichert ist – nicht als Meinung infrage stellen.

Tatsachen oder Fakten sind alternativlos. Man kann nicht seine eigene Schwerkraft erfinden oder behaupten, es gäbe eine zweite Sonne in unserem Sonnensystem.

Infantilismus[169], Fremdeln und Reifen

Diese Verunsicherung kann dazu führen, sich pauschal zu verweigern. Da die Moderne bei manchen Glaubenden unter einem Generalverdacht steht, entwickeln sie das Phänomen des „Fremdelns“.

169 Von lat. *infantilis* – „kindlich“; Infantilismus beschreibt den Zustand des Zurückbleibens auf der Stufe eines Kindes in einer sozialen und emotionalen Unreife.

Fremdeln ist ein typisches Verhalten eines kleinen Kindes, das auf fremde Personen plötzlich mit starkem Misstrauen, mit Abneigung oder Angst reagiert. Das Kind entdeckt auf einmal, wie groß die Welt eigentlich ist und dass es neben den vertrauten Personen der Kernfamilie viele „verdächtige" andere Leute gibt. Mit ihnen will es nichts zu tun haben, allein der Kontakt löst Ängste aus. Es ist in der Regel eine vorübergehende Phase in der Entwicklung eines Babys zum Kleinkind und „verläuft" sich normalerweise, nachdem das Kind in gewissem Maß „Fremdkontakt" hatte, der dann doch nicht so schlimm ist wie erwartet. Das Kind öffnet sich auch Fremden und ist später in der Lage, sich immer mehr anderen Bezugspersonen (Erziehern, Lehrern etc.) gegenüber zu öffnen und anzuvertrauen.

Doch selbst nach der überwundenen Fremdelphase begleitet viele Menschen noch ein gewisser Infantilismus. Das Fremdeln ist zunächst ein natürlicher Reflex der Angst, durch das Fremde überwältigt zu werden. Mit der Zeit wird dieser Reflex durch die Gewohnheit, Neuem zu begegnen, und mit einer gesunden Unterstützung durch die Eltern überwunden. Fremdeln und Infantilismus werden aber oft gerade durch die Vertrauenspersonen der Erziehungsumgebung gefördert, wenn die Eltern nicht dabei helfen, Ängste abzubauen, sondern sogar schüren. Das geschieht, wenn das Kind Fremdes nicht neugierig betrachten kann, sondern gleich gewarnt wird. Generelle Verdächtigungen und Unterstellungen über „das andere dieser Welt" fördern die Paranoia und das Fremdeln.

Für einen allzu kontrollierten Glauben ist dann nur noch „der Mutterschoß der Gemeinde" vertrauenswürdig. Die Welt der Moderne mit ihren unzähligen Meinungen und Glaubensvorstellungen wird zu einer großen bösen Macht voll fremder Ideen und Gedankengänge. Dafür findet man dann auch noch unterstützende Bibelzitate. Sollten Kinder nicht nur die Muttermilch der unverfälschten Worte Gottes zu sich nehmen und der Welt skeptisch gegenüber bleiben? Heißt es doch: „Denn alles, was in der Welt ist, die Begierde des Fleisches, die Begierde der Augen, das Prahlen mit dem Besitz, ist nicht vom Vater, sondern von der Welt. Die Welt und ihre Begierde vergeht, wer aber den Willen Gottes tut, bleibt in Ewigkeit" (1Joh 2,16–17; EÜ).

Irgendwann werden wir zu Gefangenen unserer Bildsprache, wenn wir nicht lernen, unseren Bildern sinnvolle Grenzen zu setzen. Wenn es etwas gibt, was wir in der Welt ablehnen sollen, ist es die unverhohlene Gier und der arrogante Umgang mit Geld und Statussymbolen, aber doch bitte nicht die Welt als solche. Bitte nicht die Welt in ihrer schöpferischen Vielfalt. Bitte nicht die Welt des Lernens und der Bildung. Bitte nicht die Welt der sportlichen und künstlerischen Betätigung. Bitte nicht die Welt der Politik und der Gestaltung des öffentlichen Lebens. Bitte nicht die Welt der Medien an sich, auch wenn dort vieles aus dem Ruder läuft. Wir halten den Menschen klein, kindisch und unreif, wenn wir die ganze Erfahrungswelt eines Menschen darauf begrenzen, dass er Kind des himmlischen Vaters ist in einer geistlichen Bezugsgruppe, die als eine Art Familie fungiert.[170] Bei Jesus wird das Kindsein deshalb gelobt, weil Kinder besonders aufgeschlossen und empfänglich sind: „Wenn ihr nicht werdet wie die Kinder, könnt ihr in das Himmelreich nicht eingehen." Kinder sind noch nicht so zynisch, abgebrüht und halten ihre Reflexe nicht so unter Kontrolle wie Erwachsene. Sie sind noch unvoreingenommen und bereit, den Zauber des Lebens ungefiltert auf sich einwirken zu lassen. Diese Offenheit ist nötig, um das Geschenk des Glaubens zu empfangen. Bei Paulus wird das Kind dann aber auch herausgefordert, irgendwann erwachsen zu werden: „Als ich noch ein Kind war, redete ich, wie Kinder reden, dachte, wie Kinder denken, und urteilte, wie Kinder urteilen. Doch als Erwachsener habe ich abgelegt, was kindlich ist" (1Kor 13,11; NGÜ). Das Kind im Manne (oder gerne auch in der Frau) ist eine schöne Verbindung zum Spielerischen, Spontanen und Einfachen im Leben. Aber Kind sein taugt nicht als Dauermodus, wie wir das Leben bewältigen können. Es wird nicht erwachsen, reif, selbstständig und weltfähig.

Irgendwann werden wir zu Gefangenen unserer Bildsprache, wenn wir nicht lernen, unseren Bildern sinnvolle Grenzen zu setzen.

Das Kind im Manne ist eine schöne Verbindung zum Spielerischen, Spontanen und Einfachen im Leben. Aber Kind sein taugt nicht als Dauermodus zur Lebensbewältigung.

170 Zum Beispiel direkt in Gal 6,10; Eph 2,19 (NGÜ) und indirekt Mt 12,50; Mk 3,35; 10,30.

Wenn die Glaubensfamilie als heile Welt überschätzt wird

Kinder, die sich einem gesunden Reifungsprozess stellen und darin von ihren Eltern ermutigt werden, entdecken mit der Zeit zwei Dinge:

1. Das Fremde ist zwar potenziell gefährlich, aber die Welt ist zu groß und wertvoll, um sie unter einen Generalverdacht zu stellen. Man kommt im Leben weiter, wenn man grundsätzlich offen, positiv, wertschätzend und neugierig ist. Leben muss entdeckt, erobert und entwickelt werden. Neue Kontakte, neue Meinungen und neue Lebenswelten sind wichtig, weil sie uns größer und stärker machen, zumindest wenn wir sie auf gesunde Weise in unser eigenes Leben integrieren. Der heranwachsende Mensch muss die Herausforderung annehmen und eine weltbejahende Grundhaltung einnehmen.
2. Das Eigene, das Elternhaus, die vertraute Umgebung ist nicht nur ein Hort der Sicherheit, Wahrheit und Wärme. Die Familie (auch nicht die Gemeindefamilie) ist kein Paradies, keine ideale Welt ohne Brüche und Verletzungsgefahr. In Familien entwickelt sich auch immer eine unsichtbare Dynamik von kleinen Egoismen und Verbiegungen. Gewohnheiten, Reaktionsmuster, blinde Flecke und Verhärtungen, die gar nicht boshaft oder bewusst entstehen, setzen uns einen Stempel auf und bilden „Spurrillen". Nicht alle diese familiären Haltungen und Strategien sind „gesund". Man muss sich manchmal von seiner engsten Bezugsgruppe freistrampeln und in die Distanz gehen, um abzulegen, was nur kindgemäß ist. Man wird irgendwann auch bei seinen Eltern und Lieblingsgeschwistern das Schwierige, Fehlende und Brüchige entdecken. Dann ist es an der Zeit, zu verstehen, zu vergeben und trotzdem zu integrieren, was wir aus dem Mix dieses Angebotes übernehmen wollen.

Ein Kind wird nie ein eigener, ganzer und reifer Mensch, wenn es sich nur an seiner Familie orientiert. Es muss, metaphorisch gesprochen, hinaus in die Fremde, um dort sein Eigenes in einer gesunden Mischung aus Familienerbe und Erfahrungszuwachs der Fremde zu finden. Das gilt auch in Glaubensangelegenheiten. Und manchmal wird das Fremde dann sogar zum Verbündeten, um uns aus der Distanz heraus die Liebe zum Eigenen in der gesunden Balance wiederfinden zu lassen. Wir verlassen das Eigene, um über Umwege wieder zu ihm zurückzufinden. Wir müssen es manchmal erst einmal verlassen, um es nach Distanz und Prüfung ganz zu unserem Eigenen zu machen.

Ich möchte Menschen weder dazu ermutigen, ihre Gemeinde zu verlassen, noch sie gegen die Autoritäten ihres Glaubens aufwiegeln. Die Gemeinschaft des Glaubens ist ein sehr kostbares und zerbrechliches Gut. Jeder, der sich im Aufbau und in der Entwicklung von Gemeindestrukturen engagiert hat, weiß, wie leicht Menschen heute in eine kritisch-distanzierte Haltung abrutschen können und die Gemeinde nicht länger unterstützen. Besser ist es, kritisch-konstruktiv mitzuwirken, auch wenn es Elemente in Tradition und Verkündigung gibt, die uns Mühe machen.

Ich will auch nicht allen, die sich aus dem Glauben heraus kritisch zur Moderne äußern, Infantilismus oder „Fremdeln" unterstellen. Das würde der Reife und Robustheit vieler dieser Kritiker nicht gerecht werden. Außerdem gibt es berechtigte Sorgen und sehr reale Gefahren in unserer Zeit, die nicht verschwiegen werden dürfen. Es gibt aber dennoch psychologische Parallelen und wichtige Lektionen, die in diesem Vergleich stecken. Der Ruf zum „Erwachsenenwerden" klingt jedenfalls in den Texten des Neuen Testamentes immer wieder durch. Weder die Euphorie[171] darüber, wie großartig und überlegen der christliche Glaube ist, noch Fremdeln vor dem Andersartigen bringen uns in eine gute Ausgangslage. Wir sollten uns nüchtern und mutig dem Neuen stellen. „Prüfet alles, und das Gute behaltet", empfiehlt Paulus (1Thess 5,21; ElbÜ).

Wir sollten uns nüchtern und mutig dem Neuen stellen. „Prüfet alles, und das Gute behaltet", empfiehlt Paulus.

Integration statt Fundamentalopposition

Der Glaube strebt eine Versöhnung des Menschen mit Gott, sich selbst und seiner Welt an. Seine Wahrheit muss in das Leben eines Menschen integriert werden. Der Glaube wirkt so auf das Leben ein und verändert es in vieler Hinsicht. Der Mensch muss sein Leben aber auch im Glauben wiederfinden können. Es ist manchmal sogar nötig,

171 Euphorie (griech + lat. *euphoria*) ist eine überschwängliche Gemütsverfassung mit allgemeiner Hochstimmung, eine zeitlich begrenztes Hochgefühl, das subjektiv ein größeres Wohlbefinden und gesteigerte Lebensfreude auslöst. Es ist oft auch mit verminderten Hemmungen verbunden, was den Menschen im Zustand einer Euphorie verleiten kann, unvernünftig und selbstschädigend zu handeln.

die „angenommene Überlegenheit“ des Glaubens infrage zu stellen und dem Leben zu ermöglichen, dass es den Glauben umgestalten kann. Glaube darf dem Leben nicht nur übergestülpt werden, er muss das Leben auch aufnehmen und würdigen, was schon oder noch immer gut ist. Wir müssen in gleichem Maße umdenken und Einfluss nehmen, wenn Glaube und Leben sich gemeinsam gesund entwickeln sollen. Leider fühlen sich Menschen von manchen Texten der Bibel dazu aufgerufen, sich total zu verweigern und in eine „Fundamentalopposition“ zu gehen, wie man es aus dem politischen Leben kennt.[172]

Eine Fundamentalopposition – wenn man sich völlig weigert, an einer gemeinsamen Existenz konstruktiv mitzuarbeiten – widerspricht den biblischen Bildern vom Salz der Erde und vom Licht der Welt. Sie verträgt sich nicht mit dem Sauerteig, der sich mit dem anderen Teig vermischt, um ihn geschmacklich „umzustimmen“. Sie passt auch nicht zum Vorbild Jesu, sich unter die Menschen vorbehaltlos zu mischen, um sie für den Glauben zu gewinnen. Die Bürde, sich immer gegen alles Moderne zu positionieren, überfordert einen auf lange Sicht. Sie wird häufig mit einigen Bibelversen begründet, die den Christen in Kontrast zu der ihn umgebenden Welt stellen, ihn „herausrufen“ und ihn zur Heiligkeit in dem Sinne auffordern, dass er sich von ihr absondert. Hier wird aber etwas ungesund zugespitzt und grundsätzlich falsch betont. Erst wenn Glaubende verstehen, dass ihre Anbetung trotz aller Kontraste in den Kontext der modernen Welt passt, können sie befreit aufatmen, sicherer von ihrem Glauben sprechen und „mit erhobenem Haupt“ anbeten.

> *Wenn Glaubende verstehen, dass ihre Anbetung trotz aller Kontraste in den Kontext der modernen Welt passt, können sie befreit aufatmen und „mit erhobenem Haupt“ anbeten.*

Für Menschen, die von außen in eine christliche Gemeinde kommen und Anbetung erleben, ist es gewinnend und befreiend, wenn ihre grundsätzliche Glaubensstruktur nicht völlig negiert, sondern akzeptiert, modifiziert und bereichert wird.

Ich möchte zeigen, dass bestimmte Grundeinstellungen des Menschen, der von der Moderne geprägt ist, keine Feinde des christlichen

172 Fundamentalopposition = politische Opposition, die sich gegen das gesamte politische und gesellschaftliche System eines Staates wendet. http://www.enzyklo.de/Begriff/Fundamentalopposition

Glaubens sind. Wir müssen Menschen mit einer nicht christlichen Sozialisierung[173] nicht umpolen, wenn sie in die christliche Gemeinde kommen, um Gott lieben und anbeten zu lernen. Wir müssen ihnen keinen Horror vor der modernen Welt einimpfen, um sie zu „Jüngern Jesu" zu machen. Die Bibel spricht zwar von einem Umkehrungsprozess und davon, dass wir unseren Sinn erneuern und uns von falschen „Weltformeln" loslösen sollen: „Seid nicht gleichförmig dieser Welt, sondern werdet verwandelt durch die Erneuerung eures Sinnes" (Röm 12,1; ElbÜ). Welche Leitbilder, Leitsätze und inneren Antreiber da aber durchbrochen und im Sinne des Evangeliums umgedeutet werden sollen, muss im Einzelnen angeschaut werden. Es gibt an einigen Stellen zwar eine ziemlich pauschale Verdächtigung der Welt. Wir werden davor gewarnt, dass wir uns nicht „in ihr verlieren" und sie als „falsche Heimat" erwählen. Gleichzeitig werden wir dazu ermutigt, Pilger und Fremdlinge zu bleiben, damit wir nicht den falschen „Erfolgs- und Glückversprechen" einer Welt, die uns vereinnahmen will, auf den Leim gehen. Es braucht eine gesunde Weltskepsis, um der Welt nicht zu verfallen: „Habt nicht lieb die Welt noch, was in ihr ist" (1Joh 2,15a; LÜ). Es braucht aber auch eine gesunde Sicht der Schönheit, Liebenswürdigkeit und Herrlichkeit der Welt, wie wir sie in den Schöpfungstexten oder in der Beschreibung der Natur durch Jesus sehen. Das Motto „Die Welt ist nicht genug" stimmt ebenso wie „Die Welt ist schön". Skepsis und Aufgeschlossenheit, ja sogar eine gesunde Neugier müssen in Balance bleiben.

Es braucht eine gesunde Weltskepsis, um der Welt nicht zu verfallen. Es braucht aber auch eine gesunde Sicht der Schönheit, Liebenswürdigkeit und Herrlichkeit der Welt.

Die Identität des modernen Menschen

In Kapitel 6 habe ich die Identitätsentwicklung des einzelnen Menschen angesprochen und beschrieben, wie die Anbetung dieses

173 Die Entwicklung der Persönlichkeit durch den Einfluss der sie prägenden sozialen Welt (z.B. der Familie, Gesellschaft oder Gemeinde). Im Prozess der Sozialisierung übernimmt der Mensch zunächst ganz selbstverständlich die gesellschaftlichen Werte und Normen der ihn prägenden Welt und identifiziert sich mit ihnen. Jeder Übergang in eine neue „Welt" oder sozialen Gruppe ist mit einer Anpassung, Modifizierung und Veränderung seiner „Sozialisation" verbunden.

Selbst beeinflusst. In diesem Kapitel haben wir eine Art kollektive Identität des modernen Menschen entwickelt. Jeder Mensch, der in einen heutigen Gottesdienst kommt und eine Form christlicher Anbetung erlebt, erfährt sie aus dieser Grundmasse heraus. Nach dem Philosophen Charles Taylor basiert sie auf drei Grundfundamenten: dem Gottesglauben, dem Glauben an die menschliche Vernunft und einem romantischen Wunsch, seine natürlichen Anlagen ausleben zu können. Taylor formuliert es so:

> *Am Anfang steht die theistische Grundlegung; darauf folgt eine zweite Fundierung, in deren Mittelpunkt ein Naturalismus der desengagierten Vernunft steht, der heutzutage szientistische Formen annimmt; ferner gibt es eine dritte Gruppe von Ansichten, die ihre Quellen im Expressivismus der Romantik oder in einer der modernen Nachfolgeanschauungen findet.*[174]

Dieses komplexe Gebilde müssen wir kurz auseinandernehmen, um die Fachwortwüste in einen lebendigen Garten zu verwandeln. Die *theistische Grundlegung* der Basiserde meint, dass Gott Ursprung und Ziel der Welt ist. Die mittlere Schicht ist ein *Naturalismus.* Naturalismus will das, was in Wirklichkeit passiert, genau abbilden – eben naturgetreu. Das kann mithilfe der Literatur geschehen, aber auch der Malerei oder der Musik. Als literarische Strömung wirkte der Naturalismus zwischen 1880 und 1900. Der Naturalismus wurde von den Menschen – vor allem auch von vielen jungen Leuten – als modern begriffen, als revolutionär. Er war anders als das, was man bisher kannte. Die Welt wurde genau untersucht und wissenschaftlich abgebildet. Vor allem die sozialen Probleme der Zeit kamen zur Sprache. Das war etwas Neues. Ein Beispiel für diese neue „naturalistische" Beschreibung der Wirklichkeit war das Drama *Die Weber* von Gerhard Hauptmann.

Die *desengagierte Vernunft* ist eine Wortschöpfung Taylors, der sie einer engagierten, das heißt von vornherein sittlich urteilenden Vernunft gegenüberstellt. Unsere engagierte Vernunft ist immer geladen mit unseren Erfahrungen und Wertungen. Objektiv denkt man erst dann, wenn man ein „Sollte-so-sein" von einem „Ist-wie-es-ist"

174 Taylor, Quellen, S. 856.

trennt und erst nach der Prüfung Rückschlüsse zieht, wie etwas sein sollte. Dann ist die Vernunft nicht mehr „engagiert“, sondern „desengagiert“. „Desengagement steht immer in einer Wechselbeziehung zu einem Vorgang der Objektivierung [...]. Zur Objektivierung eines gegebenen Bereiches gehört, dass man ihm die normative Kraft nimmt, mit der er auf uns wirkt.“[175]

Es ist der Versuch, die Wirklichkeit zu neutralisieren und zu objektivieren. Es geht dann darum, *mithilfe der Wissenschaft (szientistische Formen)* Dinge nicht mehr nur subjektiv zu erleben und wahrzunehmen, sondern objektiv „festzustellen“. Der Zwang, alles auf diese Weise zu erfassen, hat zu dem ironischen Lied „Die Wissenschaft hat festgestellt, dass Marmelade Fett enthält“ geführt. Hier spottet man einerseits darüber, dass man alles, was man vorher intuitiv, einfach und ohne großen Aufwand sehen konnte, nun in wissenschaftlichen Begriffen kompliziert und gekünstelt darstellt. Andererseits kommt es auch durch manche Forschungsergebnisse zu eklatanten Irrtümern. Marmelade enthält wohl in der Regel viel Zucker, aber kaum Fett. Der Wissenschaft gegenüber gibt es verschiedene Grade der Vertrauensseligkeit von einem nüchternen Realismus, was Wissenschaft kann und nicht kann, bis hin zu einer Art Heilserwartung. Man müsste eigentlich fragen: Welche Wissenschaftler behaupten diese These, und was spricht dafür, was dagegen bzw. was sind die „belastbaren Ergebnisse“? Doch diese Genauigkeit überfordert den Einzelnen. Und so läuft weiterhin vieles – wie auch früher – auf der Basis von Vertrauen. Eine christliche Sicht stellt natürlich die Heilserwartung gegenüber der Wissenschaft infrage (Wie kann eine menschliche Methode oder Praxis etwas reparieren oder kitten, was einen Riss zwischen Gott und die Menschen gerissen hat?), akzeptiert aber auch gerne die Ergebnisse, die seriöse Forscher in allen Belangen des beobachtbaren Lebens erzielt haben.

Der Wissenschaft gegenüber gibt es verschiedene Grade der Vertrauensseligkeit von einem nüchternen Realismus, was Wissenschaft kann und nicht kann, bis hin zu einer Art Heilserwartung.

Die dritte Quelle der modernen Identität sieht Taylor im *Expressivismus der Romantik* und seinen modernen Nachfolgeanschauungen.

175 Ebd., S. 290.

Unter Romantik verstehen wir im heutigen Sprachgebrauch zuerst immer etwas, was mit romantisch sein zu tun hat: ein sentimentaler Zustand des Gefühlsreichtums, eine Art Schwärmen, Umwerben eines Liebespartners oder die bezaubernde Atmosphäre eines Weltausschnitts (der romantische Wald, das romantische Weinlokal). Es kann auch eine Sehnsucht nach einem verlorenen Idealzustand sein.[176] Romantik in der Philosophie leitet sich aber weniger von dem Gefühl als vielmehr von der geschichtlichen und literarischen Epoche ab, die man als einen Aufbruch in eine subjektive Eigenständigkeit gegenüber früheren Epochen verstand. Hier spielt das französische Wort Roman für eine Geschichte aus Bruchstücken und Erinnerungen des persönlichen Erlebens eine Rolle. Aus Berichten und Nacherzählen wurde das eigenständige Erzählen. Die traditionelle Nachahmungslehre in der Kunst entstand durch den Drang, selbst etwas auszudrücken und zu produzieren. „Nicht die Natur, sondern der Künstler selbst produziert das Schöne."[177] Dieser romantische Urwunsch, etwas zu entwickeln und auszudrücken, das mit uns selbst zu tun hat und uns selbst widerspiegelt, ist charakteristisch für den modernen Menschen. Wir begegnen diesem Wunsch auch in der modernen christlichen Gemeindewelt, die von Menschen bevölkert wird, die sich danach sehnen, dass diese Welt aus Anbetung, Bekenntnissen und Vorträgen aus der Bibel etwas mit ihnen selbst

In der modernen christlichen Gemeindewelt sehnen sich Menschen danach, dass diese Welt aus Anbetung, Bekenntnissen und Vorträgen aus der Bibel etwas mit ihnen selbst zu tun hat.

176 Ausführlicher fasst es das Wörterbuch der deutschen Umgangssprache von Heinz Küpper (6., bislang letzte Auflage 1997, hier zitiert nach der Ausgabe in der Digitalen Bibliothek Band 36, Berlin 2004): „Flucht in eine Welt des schönen Scheins; Gefühligkeit; neumodische Innerlichkeit, die sich zu den Maßstäben der Vergangenheit flüchtet; versponnen-rührselige Altertümelei; Neigung zu gefühlsbetonter Illusion als Abwehr der rauhen Alltagswirklichkeit." Dieser umgangssprachliche Wortgebrauch wird wie folgt historisch eingeordnet: „Spätestens gegen Ende des Ersten Weltkriegs aufgekommen und vor allem in Schlagern und Filmen gestaltet; nach 1945 wiederaufgelebt als sehnsüchtiges Streben nach der heilen Welt inmitten der Trümmerlandschaft; nach 1960 erneut vorgedrungen unter den jungen Leuten, die nach den Jahren der Gefühlsernüchterung ihren Gefühlen neuen Betätigungsraum zu schaffen suchen."

177 Vietta, Silvio: „Die Frühromantik". In: Wolfgang Bunzel (Hg): Romantik. Epoche, Autoren, Werke. Darmstadt: WBG 2010, S. 13.

zu tun hat. Das ist im Sinne Taylors die romantische Schicht der modernen Identität.

Jürgen Habermas (geb.1929) ist einer der bekanntesten Philosophen und Soziologen der Gegenwart. In mehr als 40 Sprachen werden seine Theorien weltweit diskutiert. Er hat sich von einer materialistischen Prägung der sogenannten Frankfurter Schule und ihrer „Kritischen Theorie" gelöst und ein weites Spektrum anderer Denkansätze seinen Theorien zugefügt. Als übergeordnetes Motiv seines Lebenswerkes gilt ihm „die Versöhnung der mit sich selbst zerfallenden Moderne"[178]. Er hält es für ist die Aufgabe des Menschen der Moderne, „die existenzielle Spannung zwischen Gottes Wort, der Vernunft des Menschen und den schöpferischen Kräften seiner inneren Natur"[179] auszuhalten und fruchtbar zu machen. Es ist meine Überzeugung, dass der christliche Glaube nur dann eine Anbetung mit erhobenem Haupt hervorbringen kann, wenn er diese Spannung aushält und fruchtbar macht, anstatt sie auflösen und der modernen Welt ein anderes Weltbild aufzwingen zu wollen. In der christlichen Gemeinde trifft die Makrostruktur der Moderne auf viele konkrete Individuen, die die Mikrostruktur ihrer Glaubensgemeinschaft in diese Makrostruktur einfügen und sie mit ihr versöhnen müssen. Es sind drei Grundquellen für Glaube, Moral und einen persönlichen Lebensentwurf. Hartmut Rosa beschreibt ihren Zusammenhang für unser Lebensgefühl so:

> *Unter den drei Moralquellen der Moderne – so könnte man zusammenfassen – versteht Taylor den Theismus der jüdisch-christlichen Tradition, den Rationalismus der Aufklärung und den Expressivismus der Romantik. Sie bilden die kulturelle Makrostruktur, innerhalb derer sich die mikrostrukturellen Differenzen zwischen konkreten individuellen Identitäten entfalten können.*[180]

178 Habermas, Jürgen: „Die neue Unübersichtlichkeit". Frankfurt: Suhrkamp 1985, S. 202.

179 Habermas, Jürgen: „Erläuterungen zur Diskursethik". Frankfurt: Suhrkamp 1991, S. 182.

180 Rosa, Hartmut: „Identität und kulturelle Praxis". Frankfurt: Campus Verlag 1998, S. 337.

Zur Makrostruktur der Moderne gehört auch, das Leben emanzipiert und selbstbestimmt mit einer größtmöglichen Autonomie zu gestalten. Wie kann diese Quelle der Sehnsucht und Identität mit der Vorstellung von Herrschaft, Hingabe und Unterordnung versöhnt werden, die sich in der christlichen Anbetungswelt durch die Sprachkultur der Bibel immer wieder ausdrückt?

Führt dieses Verhältnis, das auch korrektive Elemente enthalten kann, notwendigerweise zur Entmündigung? Bedeutet Hingabe an Gott automatisch, dass wir unsere menschliche Vernunft preisgeben? Übergeben wir „das Steuer unseres Lebens" tatsächlich an eine andere Lenkungsinstanz und nehmen „den Beifahrermodus" ein? Ist dieses populäre und oft gebrauchte Bild einer „Bekehrung" eine sinnvolle und zutreffende Beschreibung? Oder rauben wir dem modernen Menschen dadurch die Errungenschaften einer Epoche, selbstbestimmt leben zu können?

9. Anbetung in einer emanzipierten Welt

Emanzipation, ich hab mich befreit von einer falschen Hörigkeit Tochter und Sohn, nicht mehr nur Kind, noch immer verwandt, doch nicht mehr fremdbestimmt. Mündiges Wesen mit eigenem Verstand, ausgerüstet mit Herz und Hand! Ich werd' nicht gelebt, ich will Deinen Rat; und doch ist mein Tun ganz meine Tat![181]

Das Streben nach Autonomie und Emanzipation kennzeichnet die Welt des modernen Menschen. Wenn Anbetung mit Begriffen wie Herrschaft, Hingabe und absolutem Vertrauen arbeitet, muss irgendwo im Kontext dabei klargestellt werden, dass dies die grundsätzliche Autonomie des Menschen nicht ausschließt. Der Zuhörer versteht Anbetung sonst so, als wolle sie den Menschen bedrohlich einschränken und in eine selbstbestimmte Lebensgestaltung eingreifen. Wenn es ein „natürliches Unterwerfungsrecht Gottes" seiner Kreatur gegenüber geben sollte, hat Gott selbst sich dessen entäußert und dem Geschöpf eine Würde und Freiheit gegeben, die es ihm erlaubt, eigenständig zu leben. So groß, weise und wirkmächtig wir Gott auch zeichnen, wir dürfen niemals die Grenze zu einer Beziehung überschreiten, die von Überwältigung und Ohnmacht gekennzeichnet ist. Wo dies geschieht, wird Gott zum Dämon gemacht, er erscheint als eine bezwingende und den Menschen sich selbst entfremdende Macht.

Das Bild vom Herrschaftswechsel

Neben einer Verdächtigung der Welt als „Zone der Gottlosigkeit" gibt es noch einen weiteren Begriff, der Missverständnisse im Blick auf die Selbstständigkeit des Menschen auslöst. Es ist der Begriff vom Herrschaftswechsel, der aus einigen Bibelstellen und Katechismustexten[182] abgeleitet ist. Diese Rede von Gott als neuem Herrscher des Menschen scheint ein Frontalangriff auf das Recht zur

181 Pepper, Martin: „Emanzipation" © 2007 mc-peppersongs.

182 Der Katechismus ist ein Handbuch der Unterweisung in den Grundfragen des christlichen Glaubens. Es gibt seit der Reformation verschiedene Katechismen (Lutherische, Reformierte wie der Heidelberger Katechismus, Anglikanische und Römisch-Katholische).

Selbstbestimmung zu sein. Er redet von Menschen in Kategorien des Besitzes, so wie es früher in den gegebenen Herrschaftsverhältnissen der biblischen Geschichtswelt üblich war. Es ging damals nur darum, wie verständnisvoll und barmherzig diese Herren mit „ihrem Besitz" umgingen. Dass ein Mensch einem anderen „gehörte", war Teil der geschichtlichen Normalität. Wenn Menschen heute zum Glauben aufrufen, bemühen sie manchmal dieses Bild aus einer anderen Welt und setzen voraus, dass andere Menschen sich mühelos in diese Sicht hineinversetzen.

Diese Rede von Gott als neuem Herrscher des Menschen scheint ein Frontalangriff auf das Recht zur Selbstbestimmung zu sein.

So schreibt der evangelische Theologe Wilfred Härle: „Müsste man nicht sagen: was im Erlösungswerk Jesu Christi stattfindet, ist Herrschaftswechsel statt Erlösung und Befreiung? Dieser Einwand lässt sich sogar dadurch noch verstärken, dass der Anschein entsteht, dieser Herr [Jesus Christus] habe uns mit seinem Blut und seinem unschuldigen Leiden und Sterben erworben, um damit einen unübertrefflichen und unwidersprechlichen Besitzanspruch auf uns geltend machen zu können."[183] Das bringt Luther im Kleinen Katechismus (im Anschluss an 1. Petrus 1,18f) zum Ausdruck in den Worten: „Ich glaube, dass Jesus Christus [...] sei mein Herr, der mich verlorenen und verdammten Menschen erlöset hat, erworben, gewonnen [...] mit seinem unschuldigen Leiden und Sterben [...], auf dass ich sein eigen sei und in seinem Reich unter ihm lebe und ihm diene."[184] In dieselbe Richtung weist die grundlegende Frage und Antwort des Heidelberger Katechismus: „Was ist dein einziger Trost im Leben und im Sterben? Dass ich mit Leib und Seel, beide im Leben und im Sterben (Röm. 14.7-8) nicht mein (1. Kor. 6.19), sondern meines getreuen Heilandes Jesu Christi eigen bin (1. Kor. 3.23), der mit seinem teuren Blut (1. Petr. 1.18-19) für alle meine Sünden vollkömmlich bezahlt hat."

Härle lässt diese Bilder eines umkämpften und blutgetränkten Herrschaftswechsels nur unter einer Vorbedingung gelten. Man

183 Härle, Wilfried: „Dogmatik". 2. Auflage. Berlin/New York: de Gruyter 2000, S. 337–338.

184 BSLK 511,23-37.

muss den Blick darauf richten, „um welchen Herrn und damit um welche Herrschaft es sich hier handelt. Abstrahiert man diese Aussagen von der Einsicht des christlichen Glaubens, dass Jesus Christus nichts anderes ist als die menschgewordene Liebe Gottes, so werden solche Aussagen nicht nur missverständlich oder falsch, sondern sogar gefährlich und bedrohlich." Erlösung und Befreiung als Herrschaftswechsel zu denken, ist unter einem gewissen Aspekt nicht nur akzeptabel, sondern notwendig: „Es gibt kein Niemandsland, keine neutrale Zone zwischen Lieblosigkeit und Liebe." Aber „wäre die Erlösung von den widergöttlichen Mächten nicht zugleich Befreiung zur Liebe, so wäre sie nicht Erlösung und Befreiung"[185]. Dazu passt auch Luthers Auslegung des zweiten Artikels im Großen Katechismus: „Also sind nun alle Tyrannen und Stockmeister vertrieben, und ist an ihre Statt getreten Jesus Christus, ein Herr des Lebens, der Gerechtigkeit, alles Guten und der Seligkeit."[186]

Richtig verstanden kann mit der Rede von der Herrschaft Gottes als der Herrschaft der Liebe „alle weltliche, menschliche, politische Macht und Herrschaft relativiert werden. D.h. es wird damit ihr willkürlicher und uneingeschränkter Charakter bestritten. Sie wird begrenzt und muss sich messen lassen an ihrer Vereinbarkeit mit der Herrschaft Jesu Christi."[187]

Das ist die befreiende Variante: Es gibt für Christen keinen anderen „Herrscher" als den, dem sie sich selbst aus Liebe unterworfen haben. Wer den Pathos der Rede vom Herrschaftswechsel missbraucht, um ein Klima der Unterwürfigkeit zu fordern, hat den erlösenden Charakter dieses Herrschaftswechsels nicht verstanden. Er nimmt damit in Kauf, dass sich ein gesundes Selbstbewusstsein kaum noch entwickeln kann. Anbetung des Herzens erblüht nicht in einem Klima, das von Selbstverdächtigung und Selbstverachtung geprägt ist. Die Herrschaft Gottes entfaltet sich nicht, indem sie die menschliche Selbstmächtigkeit überwältigt und erniedrigt, sondern

Die Herrschaft Gottes entfaltet sich nicht, indem sie die menschliche Selbstmächtigkeit überwältigt und erniedrigt, sondern indem sie sie heilt und befreit.

185 Härle, Dogmatik, S. 339.

186 BSLK 651,36 ff.

187 Härle, Dogmatik, S. 339.

indem sie sie heilt und befreit. Das Ego des Menschen ist nicht das Problem, der Egoismus als rücksichts- und liebloser Absolutismus schon.

Viele Leitbegriffe unserer modernen Welt können helfen, den christlichen Glauben im Geist der Liebe zu interpretieren, den Jesus uns geboten hat. Dazu gehören auch Begriffe wie Selbstbewusstsein, Autonomie und Emanzipation. Wenn wir sie nicht oder falsch verstehen, erschaffen wir eine falsche Feindseligkeit. Wenn wir sie als Grundübel des gottlosen Menschen bezeichnen, stellen wir uns gegen alles auf, was den Menschen unserer Zeit wertvoll und wichtig ist. Wenn wir modernes Selbstbewusstsein kategorisch ablehnen und prinzipiell verurteilen, zwingen wir Menschen, in einem krassen Gegensatz zu ihrer Umwelt zu leben. Dann provozieren wir Missverständnisse und „Verfolgungen" aus falschen Gründen.[188] Auf diese Weise fordern wir Widerspruch, Sorge vor Vereinnahmung und die Angst vor geistlichem Missbrauch geradezu heraus. Dann fördern wir nicht Anbetung „in Geist und Wahrheit", sondern versuchen mit der Anbetung, andere zu dominieren.

Ich möchte Sie, lieber Leser, dafür gewinnen, das Selbstverständnis des modernen Menschen grundsätzlich zu bejahen und Gott mit erhobenem Haupt anzubeten. Ich möchte Sie dazu ermutigen, den Hang zur „Ich-Kritik" in christlichen Kreisen nicht unterwürfig hinzunehmen, sondern ihm, zumindest innerlich, entgegenzutreten, und zwar mit einem befreiten Selbstverständnis des Menschen durch das Evangelium. Ich möchte Ihnen helfen, Angriffe gegen die Welt und das Ich des Menschen in biblischen Texten nicht pauschal und kategorisch zu verstehen, sondern immer als Ausdruck eines bestimmten Missstandes. In meinem Verständnis von Anbetung darf und soll der Mensch Gott selbstverständlich und selbstbewusst lieben.

Moderne Begriffe und die Sprache der Bibel

Dietrich Schwanitz hat das Selbstverständnis des Menschen als Schlüsselelement zur Bildung in allen Zeiten bezeichnet. Dabei haben

188 Der Apostel Petrus unterscheidet zwischen einem Leiden um Christi willen und einem Abgelehntwerden wegen unwürdigen oder unklugen Verhaltens. Dazu zählt unter anderem, „sich in fremde Sachen einzumischen" (1Petr 4,15; ElbÜ). Wer Menschen pauschal angreift, weil ihm die Begriffe, die ihr Leben gestalten, fremd sind, muss sich nicht wundern, wenn die Reaktion auf diese Unsensibilität feindlich ausfällt. Er soll sich dann nicht als „Leidender um Christi willen" darstellen.

sich die Kategorien für dieses Selbstverständnis in der Moderne mit neuen Codes und Kennwörtern etabliert. Es ist sinnvoll, ein zumindest ungefähres Verständnis dieser neuen Leitbegriffe zu haben, um in unserer heutigen Welt mitdenken und mitreden zu können:

> *Bildung wurde immer als Form aufgefasst, in der man sich selbst versteht. Deshalb ist es unverzichtbar, dass man eine ungefähre Vorstellung von den Kategorien hat, in denen sich der Mensch selbst beschreibt und sein Verhalten begründet: Identität, Rolle, Psyche, Emotion, Leidenschaft, Gefühl, Bewusstsein, unbewusstes Motiv, Verdrängung, Kompensation, Norm, Ideal, Subjekt, Pathologie, Neurotik, Individualität, Originalität – alles das sind Leitbegriffe, ohne deren Verständnis man keinen Zugang zu entwickelten Formen der Selbstreflexion gewinnt.“*[189]

Keines dieser Worte wird sich in der Bibel finden lassen, wenn man sie als Begriffssuche in einer Bibelkonkordanz eingibt. Es sind ähnliche Worte wie Nähmaschine, Computer, Verkabelung und Maschendrahtzaun, um nur willkürlich einige Begriffe zu nennen, die erst in jüngerer Zeit durch Erfindungen entwickelt worden sind. In diesem Sinne ist die Bibel in einer primitiveren Sprachwelt gefasst, auch wenn man ihre Worte aus den alten Sprachen in ein modernes Deutsch übersetzt. Selbst dann finden sich moderne Begriffe dort nicht, weil sie einfach noch nicht „im Umlauf“ waren. Das bedeutet nicht, das die Gedankenwelt der Bibel primitiv und rückständig ist, denn die Aktualität der Bibel wird seit vielen Generationen von Menschen bis heute bezeugt. Ihre Texte wurden schon immer als relevant für die jeweilige Lebenszeit empfunden. Sie „entlarven“ und „beglücken“ Menschen noch heute. Sie zeigen zeitlose Lebenskrisen, Weisheiten und Wahrheiten auf, die deshalb immer wieder aktuell sind. Selbst wenn moderne Worte nicht als Begriffe in der Bibel auftauchen, sind sie doch in den Figuren und Geschichten der Bibel allgegenwärtig.

Selbst wenn moderne Worte nicht als Begriffe in der Bibel auftauchen, sind sie doch in den Figuren und Geschichten der Bibel allgegenwärtig.

189 Schwanitz, Dietrich: „Bildung – alles, was man wissen muss“. Frankfurt: Eichborn 1999, S. 668.

Zum Beispiel war das Leben des Stammvaters Israel davon geprägt, die eigene Identität in einer Welt der Fremdbestimmung zu finden. Menschen finden sich in Rollen wieder, die sie nicht gewählt haben, und müssen entscheiden, welche Rolle sie in ihrem Leben übernehmen wollen. Emotionen schwappen wie Wellen durch die Gefäße der Psalmen. Bewusstsein, Verdrängung, Kompensation – all das, was mit Gewissen, Gewissensbissen und Ersatzverhalten zu tun hat, wird von den Propheten des Alten Testaments angesprochen und herausgefordert, ohne die psychologischen Sprachformeln unserer Tage benutzen zu müssen. Vieles, worum es in unseren modernen Begriffen geht, ist immer da, zum Teil vorausgesetzt und impliziert, zum Teil auch direkt erwähnt.

Für mich sind im Umgang mit der Bibel zwei Dinge wichtig:

1. Wir dürfen die Weisheit der Bibel nicht verachten, nur weil sie nicht in der Terminologie unserer Zeit geschrieben ist. Das „altmodische“ Sprach- und Begriffsinstrumentarium der Bibel hat auch Vorteile. Die ganz andere Sprach- und Lebenswelt der Bibel gibt uns eine andere Perspektive, sie zwingt uns zur Übertragung. Diese Bergungs- und Deutungsanstrengung belebt das Denken und birgt in jeder Zeitepoche eine große Verheißung. Wir dürfen „Gottes Weisheit und Kraft“, die durch Menschen anderer Zeiten mit anderen Horizonten zum Ausdruck kommen, nicht verachten – sie ist in ihrer „Schwachheit“ oft stärker, mächtiger und hilfreicher als die Weisheit unserer Welt in ihrer modernsten Form. Wer nach Weisheiten der Bibel lebt, lebt nicht rückständig, nur weil man sich in diesen Zeiten anders ausdrückte und weil man einen anderen (zugegebenermaßen begrenzteren) Horizont hatte.

Wir dürfen die Weisheit der Bibel nicht verachten, nur weil sie nicht in der Terminologie unserer Zeit geschrieben ist.

2. Wir dürfen die Weisheit der Welt, die Summe ihrer Erkenntnisse, nicht in den Gegensatz zur Weisheit Gottes stellen. Paulus kritisierte am Anfang des ersten Korintherbriefes die Weisheit dieser Welt. Aber es ist nur eine spezielle Weisheit der Welt, die Christus verachtet, also ein Ausschnitt aus dem Gesamtpaket. Es ist nicht die Weisheit der Welt an sich. Von der Weisheit seiner Welt hatte

Paulus selbst in vieler Hinsicht profitiert und konnte sie nutzen, um das Evangelium zu veranschaulichen und auszubreiten. „Durch Gottes Gnade bin ich, was ich bin" (1Kor 15,10; LÜ), konnte Paulus von sich sagen. In dieser Dankbarkeit steckte auch die Wertschätzung für seine umfassende Bildung und Ausdrucksfähigkeit in den Begriffen und Metaphern seiner Zeit. Die hilfreichen Gedankenkonzepte, Erkenntnisse und Einsichten, die wir zusammenfassend als Weisheit der Welt bezeichnen können, stehen nicht grundsätzlich im Gegensatz zum Wirken Gottes. Von wem haben Menschen im Laufe der Zeit ihre Fortschritte und Einsichten denn bekommen? Ist die Entwicklung von neuen Denkkonzepten in der Moderne nicht auch ein Ausdruck dessen, der sagt: „Siehe, ich wirke Neues! Jetzt sprosst es auf. Erkennt ihr es nicht?" (Jes 43,19; ElbÜ). „An ihren Früchten werdet ihr sie erkennen", sagte Jesus einmal (Mt 7,16; ElbÜ). Ist es nicht eine „Frucht des Wirkens Gottes", ein besonderes Geschenk für die Menschheit, wenn aus den gottgeschaffenen Kompetenzen des Denkens Systeme entwickelt werden, die Menschen befreien, ungerechte Strukturen durchbrechen und Menschen zu neuen, verbesserten Lebenssituationen verhelfen? Kann es nicht sein, dass Gott gerade in den Denkern der Aufklärung gewirkt hat, um uns Menschen in eine größere Freiheit und Selbstständigkeit zu führen? Ist es nicht ein Gebot der Liebe, den geliebten Menschen zu einem eigenständigen Leben auszurüsten, anstatt ihn in bequemen Abhängigkeiten zu halten?

Wir dürfen die Weisheit der Welt, die Summe ihrer Erkenntnisse, nicht in den Gegensatz zur Weisheit Gottes stellen.

Wenn wir den Blick der Liebe Gottes auf den Menschen verinnerlicht haben, können wir das menschliche Streben nach Selbstverwirklichung nicht mehr als plumpen Egoismus verdächtigen. Die Selbstentfaltung des Menschen wird von drei Säulen gestützt: Autonomie, Emanzipation und Individualität. Welche Bedeutung sie für die Anbetung haben, werde ich im Folgenden genauer erläutern.

Autonomie – sich selbst ein Gesetz geben

Das vielleicht markanteste Wort für das Lebensgefühl des modernen Menschen ist Autonomie – Selbstbestimmung. Der Mensch von heute will nicht mehr vom Urteil und der Bestimmung anderer Autoritäten abhängig leben. Das griechische Wort *autos* bedeutet „selbst“. Die Vorsilbe *auto* bezeichnet alles Mögliche, das aus sich selbst heraus besteht oder wirkt (Automobil – kann sich selber bewegen etc.). *Nomos* ist griechisch für „Gesetz“. Aus den Wortfetzen *auto* und *nom* – „selbst“ und „Gesetz“ ergibt sich dieses Motto der Moderne: sich selbst ein Gesetz geben. Das kann ein im Vertrauen von anderen übernommenes Gesetz sein oder ein ganz für sich selbst entwickeltes Gesetz (was natürlich noch im Rahmen der gültigen Gesetze unseres Landes funktionieren muss). Aber es soll auf keinen Fall ein von oben verordnetes Zwangsgesetz sein, das früher Tradition und Religion für die Menschen festgelegt hatte. Diesen Wunsch nach Selbst-Gesetzgebung interpretieren manche negativ als Willkür oder Gesetzlosigkeit. Der moderne Mensch will aber nicht unbedingt gesetzlos und willkürlich leben. Er will nur selber bestimmen können, welchem Gesetz er sich unterordnet, welche Autorität er respektiert. Er ist skeptisch gegenüber allen, die autoritär auftreten und eine selbstverständliche Unterordnung unter ihre Agenda verlangen. Er begreift sich als Wesen der Freiheit und will aus dieser Freiheit heraus handeln. Selbstherrlichkeit und Überheblichkeit sind etwas anderes als Autonomie. Wir müssen Autonomie als Lebensbedürfnis zuerst einmal positiv verstehen.

Selbstherrlichkeit und Überheblichkeit sind etwas anderes als Autonomie. Wir müssen Autonomie als Lebensbedürfnis zuerst einmal positiv verstehen.

Mirandola: Autonomie als gottgegebene Würde

Ein italienischer Philosoph der Renaissance namens Giovanni Pico della Mirandola, auch als Graf von Concordia bekannt (1463–1494), formulierte schon früh eine christliche Sicht der Autonomie. In seiner Rede „Über die Würde des Menschen“ stellt er Autonomie als eine besondere gottgegebene Gabe des Menschen dar, die ihn von den Tieren unterscheidet. Zunächst bestätigt er in der Einleitung die damals angenommene besondere Begabung des Menschen:

> *Durch die Schärfe seiner Sinne, die Erforschung durch den Verstand und das Licht seiner Intelligenz ist er der Deuter der Natur. Er ist die*

Atempause zwischen dem Ewigen und dem Strom der Zeit, das verbindende, ja das hochzeitliche Glied der Welt – wie die Perser sagen – und laut dem Zeugnis Davids von beinah engelhafter Natur.[190]

Mirandola beschreibt, dass Gott, als er sämtliche Geschöpfe auf der Erde erschaffen hatte, als Letztes den Menschen schuf, also ein Wesen, das seine Schöpfung beurteilen konnte. Weil Gott alle besonderen Fähigkeiten bereits verteilt hatte, stellte er den Menschen in die Mitte der Welt. Gott ließ ihn als Einziges von allen Geschöpfen an seinen Fähigkeiten teilhaben, sodass sich der Mensch als personales Wesen seinen Platz in der Welt selbst suchen konnte. So nahm er den Menschen als ein Werk unbestimmter Art auf, stellte ihn in die Mitte der Welt und sprach zu ihm wie folgt:

Dir, Adam, habe ich keinen bestimmten Ort, kein eigenes Aussehen und keinen besonderen Vorzug verliehen, damit du den Ort, das Aussehen und die Vorzüge, die du dir wünschest, nach eigenem Beschluss und Ratschlag dir erwirbst. Die begrenzte Natur der anderen ist in Gesetzen enthalten, die ich vorgeschrieben habe. Von keinen Schranken eingeengt sollst du deine eigene Natur selbst bestimmen nach deinem Willen, dessen Macht ich dir überlassen habe. Ich stellte dich in die Mitte der Welt, damit du von dort aus alles, was ringsum ist, besser überschaust. Ich erschuf dich weder himmlisch noch irdisch, weder sterblich noch unsterblich, damit du als dein eigener, gleichsam freier, unumschränkter Baumeister dich selbst in der von dir gewählten Form aufbaust und gestaltest. Du kannst nach unten in den Tierwesen entarten; du kannst nach oben, deinem eigenen Willen folgend, im Göttlichen neu erstehen. […] Wozu soll all dies vorgebracht werden? Damit wir verstehen, dass wir vorbestimmt sind, das zu sein, was wir sein wollen.[191]

Autonomie bedeutet bei Mirandola nicht, unabhängig von Gott zu sein, sondern vom Gesetz der tierischen Instinkte und Reflexe.

190 Mirandola, Giovanni Pico della: „De hominis dignitate. Über die Würde des Menschen". In: http://www.willensbekundung.net/Assets/PDF_Dateien/Mirandola_Wuerde_des_Menschen.pdf; letzter Zugriff: 12.09.17.

191 Ebd., S. 65, 68.

Durch Autonomie wird der Mensch fähig, sich durch Beobachtung, Bewusstsein und Entscheidung seinen Platz in der Welt selbst suchen zu können. Es ist eine Art „Selbstmächtigkeit“ im Gegensatz zu einer Ohnmacht, die durch Zwänge von außen oder innen entsteht.

Obwohl diese frühe Sicht sehr idealistisch ist und der Mensch sich nicht in allem sein eigenes Gesetz geben kann, ist Selbstbestimmung als Grundvoraussetzung des modernen Lebens heute in gewisser Weise selbstverständlich. Der Mensch – zumindest in den Regionen der Welt, wo die Moderne Fuß gefasst hat – kann selbst bestimmen, welche Schule er wählt (wenn seine Leistungen dies hergeben), er kann bestimmen, welchen Beruf er wählen möchte, wo er leben und arbeiten will, mit wem er sein Leben partnerschaftlich teilen möchte und vieles mehr. Er kann Dinge wählen, die früher völlig ausgeschlossen waren, weil andere darüber zu bestimmen hatten: die Gesellschaftsschicht, in die er hineingeboren wurde, die Eltern, die Kirche, die Konventionen und Sittenverständnisse seiner Zeit. Der moderne Mensch kann seine Religion selbst bestimmen, lokal und national Menschen und Parteien seines Vertrauens wählen, die ihn repräsentieren sollen. Er kann Hobbys nachgehen und reisen, wohin er möchte, solange sein Konto es erlaubt. Vor allem kann er seine Zeit in vielen Punkten selber einteilen. Autonomie in diesem Sinne ist eine Selbstverständlichkeit der Moderne.

Durch Autonomie wird der Mensch fähig, sich durch Beobachtung, Bewusstsein und Entscheidung seinen Platz in der Welt selbst suchen zu können. Es ist eine Art „Selbstmächtigkeit“ im Gegensatz zu einer Ohnmacht, die durch Zwänge von außen oder innen entsteht.

Peter Bieri – Würde als selbstbestimmtes Leben

Wir wollen über unser Leben selbst bestimmen. Wir wollen selbst entscheiden können, was wir tun und lassen. Wir möchten nicht von der Macht und dem Willen anderer abhängig sein. Wir möchten nicht auf andere angewiesen sein. Wir möchten unabhängig und selbstständig sein. All diese Worte beschreiben ein elementares Bedürfnis – eines, das wir aus unserem Leben nicht wegdenken können. […] Situationen der Unselbstständigkeit, der Abhängigkeit und der Ohnmacht sind Situationen, in denen wir das Gefühl haben, dass unsere Würde verlorengeht.[192]

Der Schweitzer Philosoph Peter Bieri ist fest davon überzeugt, dass in der grundsätzlichen Selbstständigkeit unsere Würde begründet liegt. Dennoch räumt er ein, dass wir nicht alleine sind und nicht alles alleine machen können. „Wir hängen von vielen Menschen ab, und sie von uns. Wir sind auf sie angewiesen. Abhängigkeit und Angewiesensein an sich bedrohen unsere Würde noch nicht."[193] Aber „wir wollen nicht bloß benutzt werden. Wir wollen nicht bloßes Mittel zu einem Zweck sein, den andere setzen und der ihr Zweck ist und nicht der unsere."[194] Er spricht davon, dass der Mensch ein Selbstzweck sein will. Er will einen unantastbaren Wert in sich selbst haben. Bei einem Urteil über eine Frage, wie der Paragraf zur unantastbaren Würde des Menschen in unserem Grundgesetz auszulegen sei,[195] hatten die Richter „ein Verständnis von Würde vor Augen, das besagt: Menschen, auch wenn wir sie vielfältig als Mittel und Instrument betrachten und einsetzen, um einen Zweck zu erreichen, dürfen nicht auf diesen Zweck, diese Funktion reduziert werden, weder in der Betrachtung noch in der Behandlung"[196].

Aus diesem Grund wehren wir uns auch instinktiv, wenn im religiösen Jargon verlangt wird, der Mensch müsse sich Gott absolut ausliefern und sich von ihm abhängig machen. In der Anbetung wird manchmal eine solche „Abgabe" unserer Eigenständigkeit und Selbstbestimmtheit nahegelegt. Es ist deshalb sehr wichtig, diese Abhängigkeit des Menschen nicht als autoritäre Forderung in den Raum zu stellen, sondern darzulegen, dass wir ohnehin in einer existenziellen Abhängigkeit vor Gott leben. Das nimmt uns nicht die Würde eines sich selbst bestimmenden Wesens. In der Anbetungssprache geben wir freiwillig und vertrauensvoll der Einsicht

192 Bieri, Peter: „Eine Art zu leben – über die Vielfalt menschlicher Würde". München: Carl Hanser Verlag 2013, S. 18.

193 Ebd., S. 20.

194 Ebd., S. 23.

195 „Die Würde des Menschen ist unantastbar. Sie zu achten und zu schützen ist Verpflichtung aller staatlichen Gewalt." Artikel 1 des Grundgesetzes für die Bundesrepublik Deutschland.

196 Bieri, Eine Art zu leben, S. 27.

Ausdruck, dass ein Leben in der Hingabe an Gottes Liebe den größten Segen für uns selbst und für alle Menschen bedeutet. Gleichzeitig müssen wir immer wieder Worte, Statements, Versicherungen dafür finden, dass Gott unsere Hingabe nie als reinen Zweck sieht, sondern immer die Würde des freien Wesens vor Augen hat.

Hingabe und Auslieferung

In der Anbetungssprache ist viel davon die Rede, sich Gott hinzugeben, auszuliefern und seine Herrschaft zu akzeptieren. Damit ist etwas anderes gemeint, als die Preisgabe unserer Autonomie. Wir unterwerfen uns nicht einem fremden Gesetz, sondern übernehmen die Weisheit Gottes in eigenem Ermessen als die bestmögliche Einstellung. Wenn Paulus vom „Aufrichten eines Glaubensgehorsams" spricht (vgl. Röm 5,5; 16,26), ist damit nicht das repressive Verhalten oder die Einengung der persönlichen Freiheit gemeint, die ein totalitärer Staat seinen Bürgern aufzwingen will. In George Orwells Roman *1984* ging diese Art des Gehorsams bis in eine absolute Gedankenkontrolle und der Bereitschaft, alle eigenen Wünsche und Empfindungen zu töten, damit nur noch der Wille von „Big Brother"[197] gelten kann. Diese Art von Gehorsam ist eine Gesetzlichkeit von außen. Der christliche Gehorsamsbegriff beruht aber auf einem Hören und Handeln, das „aus dem Glauben", das heißt aus dem Vertrauen kommt. Ein solches Vertrauen basiert immer darauf, dass kein Zwang vorhanden ist. Der Glaube will also durch Vertrauen Gehör und Nachfolge (Gehorsam) gewinnen. Dazu schickt Jesus seine Jünger in die ganze Welt, um sie zu lehren. Jüngerschaft/Nachfolge oder „Glaubensgehorsam" erwächst aus einer verstandenen Lehre, einer Überzeugung von der Wahrheit, Nützlichkeit und Sinnhaftigkeit von Verhaltensweisen. Werden Gehorsam und Unterordnung ohne diese Überzeugungsarbeit eingefordert, ist dies autoritär. Das beraubt den Menschen der Würde eigener Überlegung, Wertung und Entscheidung.

Wir unterwerfen uns nicht einem fremden Gesetz, sondern übernehmen die Weisheit Gottes in eigenem Ermessen als die bestmögliche Einstellung.

197 Orwell, George: „1984". Boston: Houghton Mifflin Harcourt 1983.

Anbetung voller Liebe, Achtung und Hingabe kann niemals gelingen, wenn der Mensch eine autoritäre Vorstellung von seinem göttlichen Gegenüber hat. Das hat dann immer einen Geschmack von Buckeln, Schleimen und Kriechen. Wer Gott nicht als Autorität (im Sinne einer durch Kompetenz begründete Führungsmacht) begreift, sondern auf autoritäre Vorstellungen von Unterordnung reagiert, verliert das Lebensgefühl von Freiheit und Selbstbestimmtheit. Er wird zum „Untertanen", einem Unterworfenen und ohnmächtig Abhängigen. Wer ein autoritäres Bild von Gott verinnerlicht hat, fühlt sich selbst in seinem Verhalten auch anderen gegenüber zu einem autoritären Stil ermutigt. Er gibt nur „die Befehlskette weiter" und entwickelt bevormundende, absolutistische und unterdrückende Herrschaftsmuster. Das ist das Gift, das in christlichen (oder auch muslimischen und anderen) Sekten wirkt. Es lähmt die Selbstständigkeit, ermuntert zur radikalen Unterordnung und Aufopferungsbereitschaft, ohne nach Menschlichkeit und Verhältnismäßigkeit zu fragen. Das einzige Gegengift dazu ist ein Verständnis von wahrer Autorität.

Wer ein autoritäres Bild von Gott verinnerlicht hat, fühlt sich selbst in seinem Verhalten auch anderen gegenüber zu einem autoritären Stil ermutigt.

Wahre Autorität – Dienende Kompetenz

Jesus hat keinen Kadavergehorsam von seinen Jüngern gefordert. Er hat die Kompetenz, Weisheit und Liebe Gottes betont und die Resonanz in seinem Herzen vorgelebt, indem er den Menschen gedient und sich ihnen gegenüber barmherzig gezeigt hat. Wahre Autorität liegt nach Jesus in der Bereitschaft, menschliche Bedürfnisse auf bestmögliche Weise zu erfüllen: „Der Größte unter euch soll euer Diener sein" (Mt 23,11; LÜ). Er wusch seinen Jüngern demonstrativ die Füße. Er fragte nach den Bedürfnissen der Menschen wie ein Arzt: „Was willst du, dass ich dir tun soll?" (Lk 18,41; LÜ). Er sprach davon, dass ein guter Hirte sein Leben für die Schafe lässt (Joh 10,11).

Wer anderen hilft, ihr Leben zu bewältigen, es vormacht und sie dabei unterstützt, der entwickelt Führungsqualitäten und echte Autorität. Einer, der nur eine Position hat und sie nicht durch diese Art von Autorität untermauert, hat diese nicht verdient. Jesus widersprach jeder autoritären Vorstellung von Menschen als Verfügungsmasse. Zwingen, Bedrängen, Erpressen und Nötigen sind autoritär und entbehren echter Autorität. Es ist immer eine Art Missbrauch, eine Scheinautorität.

Anbetungsleiter und Pastoren sollten deshalb immer wieder auf die Gefahr hinweisen, wenn die Begriffe Herrschaft und Gehorsam aus einer autoritären Sicht verstanden werden. Auch wenn sich autoritäre Bilder des züchtenden Vaters, des streng urteilenden Richters, des Plagen entfesselnden Strafgottes durch die Seiten der Bibel ziehen, ist in dem Bild, das Jesus von Gott vermittelt, die autoritäre Selbstherrlichkeit eines Despoten gebrochen. Sie ist durch Milde, Weisheit und Güte in dienende und unterstützende Autorität im besten Sinne verwandelt worden. Wer den Gott Jesu Christi kennenlernt, der vertraut, anstatt sich ducken zu müssen. Er wendet sich ihm als Autorität des Lebens zu. Er betet ihn an als den Erfinder, Ermöglicher und Entfalter des Lebens, nicht als Bestimmer und Forderer absoluten, blinden Gehorsams. Wer sich Gott „ausliefert", sich von ihm „abhängig macht", ist sich immer einer selbst verantworteten Freiheit und Würde bewusst.

Wer anbetet, weiß um seine eigene Autonomie und verleiht Gott die Würde, Ehre und Macht, die ihm nach unserer Überzeugung aufgrund seiner Qualitäten zusteht, nicht nur aufgrund seiner Position. Wir reagieren nicht auf einen Automatismus, der mit Überwältigung und Einschüchterung zu tun hat. Der Straf- und Knüppelgott mit dem nervösen Herrschaftsfinger und der Lust am Ausrotten jeden Widerstandes hat in der christlichen Anbetung nichts zu suchen. Wer ihn beschwört und seine Herrschaft über die Menschen auch gegen ihren Willen ausruft und einfordert, dient einem Dämon, nicht dem Gott und Vater Jesu Christi.

Der Straf- und Knüppelgott mit dem nervösen Herrschaftsfinger und der Lust am Ausrotten jeden Widerstandes hat in der christlichen Anbetung nichts zu suchen.

„Ich werd nicht gelebt, ich will deinen Rat, und doch ist mein Tun ganz meine Tat!"[198]

Emanzipation – Durchbruch zur Mündigkeit

Um autonom leben zu können, muss der Mensch sich emanzipieren. Er muss den Mut aufbringen, Fremdherrschaft (auch die

198 Aus dem Lied „Emanzipation" von Martin Pepper © 2007 mc-peppersongs.

elterliche) abzulehnen, und eigene Verantwortung für sein Leben übernehmen. Er muss Abhängigkeiten verlassen, um auf eigenen Füßen zu stehen. Reife und Erwachsensein des modernen Menschen sind vom Begriff der Emanzipation geprägt.

Im Herkunftswörterbuch wird Emanzipation so definiert:

Emanzipation – Befreiung aus Abhängigkeit, Gleichstellung, Gleichberechtigung; aus lat. emancipatio „Entlassung eines Sohnes aus der väterlichen Gewalt, auch: eines Sklaven aus der Gewalt des Herrn", aus e- (in Zusammenfassung für ex) „aus, heraus" und mancipatio „feierliche Übergabe oder Übernahme einer Sache zum Eigentum", also „Verkauf, bzw. Kauf" (der Sohn wurde im alten Rom ... aus dem Schutz des Vaters in die Selbstständigkeit entlassen), zu mancipare (juristisch) „zum vollen Eigentum hingeben, übergeben, in aller Form verkaufen" wie auch umgekehrt (allgemeine und eigentliche Bedeutung) „„mit der Hand ergreifen, in Besitz nehmen" aus manus „Hand" und capere (cipare oder cipere) „fassen, ergreifen".[199]

Im Galaterbrief schrieb Paulus: „Solange der Erbe unmündig ist, unterscheidet er sich in nichts von einem Sklaven, obwohl er Herr über alles ist" (Gal 4,1; NeÜ). Paulus definierte den Status des unmündigen Erben wie den des abhängigen Sklaven und beendete seine Argumentation mit dem Appell: „Zur Freiheit hat Christus uns befreit"(Gal 5,1; LÜ). Paulus begriff den christlichen Glauben als ein selbstständiges, freies und mündiges Dasein. Die ständige Rückversicherung auf „Erlaubnisse" des Gesetzes muss dadurch ersetzt werden, dass der Mensch sich vertrauensvoll auf Christus ausrichtet.

Wenn wir die Bibel zum höchsten Maßstab erheben, dem sich alles in unserem Leben unterordnen muss, kann daraus eine sklavische Frömmigkeit entstehen, die Vernunft und Instinkt einer bestimmten Lesart der Bibel ausliefert.

Ein Mensch kann Herr über alles Mögliche in seiner Welt sein, aber in seiner Seele ein Sklave bleiben. Wenn sich jemand auf diese Art sklavisch unterwirft und hilflos ausliefert, passt das nicht zum Glauben an Jesus Christus, der uns zu

199 Wahrigs Herkunftswörterbuch, Bertelsmann Lexikon Institut, S. 169.

selbstständigen Söhnen (und natürlich Töchtern) macht und zur Freiheit beruft. Man kann in seinem Glauben ein befreites Dasein postulieren, aber in Wirklichkeit ein Sklave des Gesetzes sein. Wenn wir die Bibel zum höchsten Maßstab erheben, dem sich alles in unserem Leben unterordnen muss, kann daraus eine sklavische Frömmigkeit entstehen, die Vernunft und Instinkt einer bestimmten Lesart der Bibel ausliefert. Sklaverei ist der Gegensatz von Freiheit und Eigenständigkeit. Paulus bezeichnete sich selbst zwar an anderer Stelle als „Sklave“ (Doulos) oder Knecht Christi Jesu (Röm 1,1; LÜ), er betonte damit aber nicht die sklavische Abhängigkeit, sondern das Privileg des Dienens.

Der „aus der Hand gegebene“ Sohn im Gleichnis Jesu

Dass Gott ein emanzipiertes Dasein zulässt, zeigt sich auch in der Geschichte des „verlorenen Sohnes“, den der Vater aus Liebe „aus der Hand gibt“. Er lässt ihn mit seinem Erbe aus dem sicheren System der Familie in die ungeschützte Weite der Welt ziehen. Die Pointe der Geschichte ist nicht nur, dass das Verlassen des Vaterhauses zu Leid und Verlust führt. Es zeigt sich vielmehr auch, dass Gott als Vater ein aus eigenem Antrieb glaubender Sohn lieber ist als ein griesgrämiger, angepasster und „widerwillig“ folgender Sohn. Diesen Rückschluss legt das Bild des älteren Sohnes nahe, das Jesus hier zeichnete.

Diese Geschichte impliziert Folgendes: Gott spielt seine Herrschaft, die ihm durchaus zusteht, nie so aus, dass dadurch unmündige, fremdgesteuerte, ängstliche Anpassungswesen entstehen. Stattdessen bietet er diese Herrschaft immer in einem freiwilligen, selbstbestimmten Vertrauensverhältnis an. Diese Geschichte allein bricht die Vorstellung eines orientalischen Despoten, der blinden Gehorsam und einen perfekt angepassten, funktionierenden Hofstaat um sich haben will.

Nicht Herren, sondern Helfer

Das Lebensgefühl des modernen Menschen ist sehr stark vom Wunsch beseelt, selbstbestimmt leben zu können, sich nicht fremden Autoritäten unterzuordnen, sondern mithilfe des eigenen Verstandes (gerne auch durch überzeugende Erklärungshilfen anderer) zu den Ergebnissen zu kommen, die das persönliche Leben bestimmen. Ein unabhängiges Denken, ein „freier Geist“ in solch einer großen

Dimension war in den Charakteren der Bibel bisher nur angedeutet. Die Welt vor der Moderne war die des „Glaubens an die Unverbrüchlichkeit des immer so Gewesenem als solchem“[200].

So spiegeln manche Anbetungstexte der Bibel auch eine Abhängigkeit, Unsicherheit und ein Gefühl der Unwürdigkeit, das im damaligen Denken ganz selbstverständlich war. Diesen kulturellen Hintergrund sollten wir in unserer Deutung und Präsentation des Glaubens immer wieder herausfiltern, um nicht den Eindruck zu erwecken, das Ziel des christlichen Glaubens bestehe in einer neuen Unterwürfigkeit und Angepasstheit. Wir wollen nicht die alten, vormodernen Denkmuster, die von der Bibel bezeugt, aber auch durch sie überwunden werden, wieder aufrichten, sondern den aufrechten Gang des erlösten Menschen, der durch das Evangelium zu Befreiung, Versöhnung und wiederhergestellter Würde gefunden hat.

Paulus drückte diese Haltung im Selbstverständnis seines Dienstes so aus: „Nicht dass wir Herren wären über euren Glauben, sondern wir sind Gehilfen eurer Freude; denn ihr steht im Glauben [in eurem eigenen Glauben]“ (2Kor 1,24; LÜ). Christliche Leiter sind keine Kommandeure, sondern Helfer. Sie drängen den Menschen nicht in eine religiöse Hörigkeit, sondern fördern und unterstützen eine gesunde Emanzipation.

Die Ablehnung der Selbstbestimmten Ich-Entfaltung

Immer wieder profilieren sich christliche Sprecher als besonders mutig, wenn sie „den Zeitgeist herausfordern“ und die Ichbezogenheit unserer modernen Zeit geißeln. Sie schließen von der gesteigerten Nachdenklichkeit des Menschen über sich selbst auf plumpen Egoismus. Der Wunsch nach innerer Emanzipation und Autonomie wird pauschal so gesehen, als wolle der Mensch gegen Gott rebellieren. Dagegen sollte man ihrer Ansicht nach mit radikaler Hingabe und totaler Selbstvergessenheit im geistlichen Dienst aufstehen. Der sensible, über sich selbst nachdenkende Mensch wird erst einmal getadelt und bei seiner Suche nach einem besseren, erfüllteren

Manche christliche Sprecher schließen von der gesteigerten Nachdenklichkeit des Menschen über sich selbst auf plumpen Egoismus.

200 Weber, Wirtschaft und Gesellschaft, Tübingen, 1922, S. 580.

und echteren Selbst infrage gestellt. Auch gesunde Ichbezogenheit wird mit abfälligen Bemerkungen über neueres Liedgut abgelehnt, das eigene Wünsche und Sehnsüchte in die Anbetungsmasse mit hineinnimmt. Hieran wird kritisiert, dass die Liedtexte nicht mehr ausschließlich die Verehrung Gottes in den Mittelpunkt stellen, sondern auch die persönliche Befindlichkeit. Damit sind Liedtexte gemeint, die beschreiben, wie es Menschen geht, was sie empfinden, was sie sich von Gott wünschen, wonach sie sich sehnen und worum sie sich sorgen. Die Verdächtigung des Menschlichen und das Unbehagen einer Kultur der offenen Selbstreflexion gegenüber mischen sich. Alles, was nicht hundertprozentig Gott huldigt, Gottes Größe und Schönheit bekennt, wird als Egoismus unter Verdacht gestellt.

Wer so argumentiert, erzeugt in den Menschen, die „mit sich selbst" im Blick auf den Glauben ringen, eine ungute Spaltung, manchmal sogar eine Ablehnung, die sich bis zum Hass auf sich selbst steigern kann. Das ist ein Fanatismus, der ein krankes christliches Ehrgefühl verteidigt. Die christliche Gemeinde von heute braucht eine Sprache, die Begriffe für das innere Empfinden abbildet, damit der Mensch nicht nur fromme Phrasen der Huldigung nachplappert. Der Mensch der Moderne hat einen Horror davor, „nicht echt zu sein", das heißt, nicht in einer fühlbaren und vernünftig denkbaren inneren Übereinstimmung mit sich zu leben. Das kann man kritisieren, vor allem, wenn es verkrampfte Züge annimmt. Es ist aber zunächst der tiefe, eigene Wunsch eines selbstständigen Wesens, sich selbst lenken, artikulieren und überdenken zu dürfen. Wer das abstellen will, beraubt den Menschen seiner Würde und will ihn hörig machen. Diese Art von Gehorsam und Abhängigkeit gehört nicht zu einem neutestamentlichen Verständnis von einem Glauben an Christus, der uns „zur Freiheit berufen hat" (Gal 5,1; LÜ).

Die christliche Gemeinde von heute braucht eine Sprache, die Begriffe für das innere Empfinden abbildet, damit der Mensch nicht nur fromme Phrasen der Huldigung nachplappert.

„Unfreie" Menschen ohne gesundes Selbstwertgefühl und Selbstsicherheit können leichter kontrolliert werden. Sie können sich schneller an bestimmte Erwartungen anpassen. Aber die Menschen selbst verkümmern dabei und erleben sich mehr und mehr als fremdgesteuert. Sie können nicht mehr spontan „aus ihrem

Bauch" und Verstand heraus entscheiden. Sie brauchen ständig Bestätigungen und „Erlaubnisse" von außen, zum Beispiel durch Bibelverse oder geistliche Leiter der Gemeinde. Man stellt die Liebe zu Gott und ihren Ausdruck in der Anbetung in einen Gegensatz zur Selbstfürsorge und Selbstliebe. Damit fördert man den „autoritären Charakter"[201], einen Begriff, den der Psychoanalytiker Erich Fromm entwickelte. Wird das Selbst abgewertet und eine gesunde Autonomie verurteilt, kann sich eine Tendenz der Schizophrenie entwickeln. Bei schizophrenen Menschen verdichtet sich eine innere Zerrissenheit, die bei jedem Abwägen und in Konfliktsituationen normal ist, zu einer Spaltung der Persönlichkeit. Der Mensch hat in sich selbst keine vermittelnde, ausgleichende Instanz mehr. Wenn die Hingabe an Gott so stark betont wird, dass wir keine eigenen Gefühle und Überzeugungen mehr in die Beziehung einbringen können, kann es einen Menschen innerlich zerreißen.

Wenn die Hingabe an Gott so stark betont wird, dass wir keine eigenen Gefühle und Überzeugungen mehr in die Beziehung einbringen können, kann es einen Menschen innerlich zerreißen.

Eine solche Religiosität ist krankmachend. Sie ist Gift für die Seele und deshalb mit Recht von Tilmann Moser als „Gottesvergiftung"[202] bezeichnet worden. In seinem Buch setzt sich der Psychoanalytiker auf aggressive Weise mit seiner Erfahrung von Religion

201 Viele Menschen haben durch Erziehung einen Sozialcharakter erworben, der an Macht und Gehorsam orientiert sei. In seinem Buch *Escape from Freedom* (1941) beschrieb Erich Fromm die Psychodynamik dieser Furcht und Flucht vor der Freiheit. Der geistige Konformismus verträgt keine Andersdenkenden und keine pluralistische Welt. Als typische Züge des autoritären Charakters nannte Fromm die Unterwürfigkeit gegenüber Autoritätspersonen, außerdem Destruktivität (Zerstörungslust), Selbsterhöhung und starre Konformität. Zu dieser durchgehenden Orientierung an Macht und Stärke gehört eine Denkweise, die an Konventionen hängt, zugleich abergläubische und stereotype Züge hat, sensible und künstlerische Seiten zurückweist und vor allem alles Fremde, fremde Menschen und Sitten ablehnt. Die autoritäre Persönlichkeit tendiert dazu, Ideologien zu folgen, ist konform, bei extremer Ausprägung „potentiell faschistisch" und destruktiv. Den tieferen Grund, weshalb sich diese Charakterstruktur herausbildet, sah Fromm primär nicht in einer Triebstruktur, sondern in der Unfähigkeit von Menschen, mit ihrer prinzipiellen Freiheit umzugehen – sie fliehen vor dieser selbstverantwortlichen Freiheit in eine konforme Sicherheit und orientieren sich an der Autorität. Vgl. https://de.wikipedia.org/wiki/Autoritärer_Charakter; letzter Zugriff: 12.09.17.

202 Moser, Tilman: „Gottesvergiftung". Frankfurt: Suhrkamp 1976.

als ekklesiogener Neurose auseinander, einem Begriff, den man seit ca. 60 Jahren für kirchlich-religiös verursachte psychische Störungen gebraucht. Helmut Hark differenzierte den Begriff 1984:

> *Damit wird nicht gesagt, dass die Kirche (ekklesia) und Religion krank mache. Während eine ganzheitliche Beziehung zwischen dem Glaubenden und dem Seelenleben für beide Seiten positive Auswirkungen hat, kann eine zu einengende kirchliche Bindung und fanatische Religiosität das seelische Erleben derart beeinträchtigen, dass es zu Störungen und Erkrankungen kommt. Auch eine zu prüde und sexualfeindliche Erziehung sowie ein neurotisches Gottesbild tragen häufig zu ekklesiogenen Neurosen bei.*[203]

Wer das Ich des Menschen zu stark ablehnt und den Wunsch nach Selbstverwirklichung und Selbstbehauptung von vornherein verdächtigt, spaltet, bedrängt und verunsichert die Menschen. Der Glaube will aber versöhnen und Frieden stiften, den Menschen Orientierung und Ermutigung geben.

Wenn wir auf unsere Bedürfnisse achten, verraten wir also nicht unseren Glauben, selbst wenn dieser nach dem Beispiel Christi auf Hingabe und Aufopferung aus Liebe gegründet ist. Es ist nichts, was der Liebe „in den Rücken fällt"[204]. Das göttliche Gesetz „Du sollst deinen Nächsten lieben wie dich selbst" (Mt 22,39; LÜ) beinhaltet, achtsam mit den eigenen Bedürfnissen, Grenzen und Zielen umzugehen. Es stellt Emanzipation und Autonomie nicht in einen Gegensatz zu Liebe und Vertrauen.

Wenn Anbetung zur inneren Gesundheit des Menschen beitragen soll, muss sie den Menschen in die Balance zwischen Selbstverleugnung und Selbstverliebtheit führen.

---

203 Hark, Helmut: „Religiöse Neurosen. Ursachen und Heilung". Stuttgart: Kreuz-Verlag 1995, S. 290.

204 *„Das Wissen um das Eigene, meine Grenzen und mein Ziel führt zu einem konzentrierten Spiel. Ich darf mich nicht verlieren in dem, was andere in mir sehen, ich habe einen eigenen Weg zu gehen. Lebe ich nur immer nach dem göttlichen Gesetz: Liebe andere so, wie dich selbst! Dann ist das Wissen um das Eigene, was mir guttut, mich erhält, nichts, was Liebe in den Rücken fällt."* Martin Pepper © 2007 mc-peppersongs, Berlin.

Teil 3
Aufrecht gehen

10. Anbetung als Instrument der Balance

Um aufrecht durchs Leben zu gehen,
braucht man etwas, das einen aufrecht hält.
Ernst R. Hauschka (1926-2012)

Geh aufrecht wie die Bäume,
lebe dein Leben so stark wie die Berge.
Weisheit der Navajo

In Texten der Kulturphilosophie, die sich mit der Emanzipation des Menschen beschäftigen, ist „der aufrechte Gang“ zu einer Metapher geworden. Sie beschreibt die Einzigartigkeit des Menschen, sich selber souverän umzuschauen und sein eigenes Urteil zu bilden.[205]

Als Gegenbegriff zu diesem aufrechten Gang finden wir in modernen Texten manchmal das Knien als Ausdruck der Unterwürfigkeit und Ich-Schwäche. Albert Camus soll gesagt haben: „Lieber aufrecht sterben als knieend leben.“[206]

Ein gesunder Stolz ist dem gebückten und geduckten Dasein vorzuziehen. Darin kann ich Camus von Herzen zustimmen.

Im Blick auf das Verhältnis zu Gott ist der Stolz aber immer auch eine Versuchung zur Selbstüberschätzung und Überheblichkeit gewesen. Wie wir ein „aufrecht gehen“ als Gnade und Berufung Gottes mit der Demut des Knieens zusammenbringen, soll uns in diesem dritten Teil des Buches beschäftigen.

Während im Mittelalter Theorie und Praxis der „Selbstverleugnung“ im Vordergrund standen, erleben wir die Moderne als ein schon fast selbstverliebtes Zeitalter. Es geht überall um Selbstwahrnehmung, Selbstbewusstsein, Selbstverwirklichung, ja man spricht sogar von Selbstliebe. Der Begriff „selbst“ ist en vogue. Wir begegnen ihm in seriösen wissenschaftlichen Veröffentlichungen ebenso wie in populären Zeitschriften und Magazinen. Ich möchte dieses komplexe

205 https://de.wikipedia.org/wiki/Gehen; letzter Zugriff 12.09.17

206 http://www.zitate-online.de/literaturzitate/allgemein/19632/lieber-aufrecht-sterben-als-auf-knien-leben.html; letzter Zugriff 12.09.2017

Wort in seinen verschiedenen Erscheinungsformen vorstellen und den aufrechten Gang des Glaubens als Balance zwischen Selbstverachtung und Selbstverliebtheit definieren. Die christliche Anbetung trägt zu dieser Balance eine heilsame Ausrichtung auf Gott bei, ohne den Mensch zu „vernichten". Doch schauen wir uns das Selbstverständnis des „christlichen" Mittelalters zunächst noch einmal näher an.

Zwischen Selbstverleugnung und Selbstverliebtheit

Wilhelm Schmid führt in seinem Buch *Mit sich selbst befreundet sein* die Selbstverleugnung als Merkmal theologischer Selbsterkenntnis (des Mittelalters) an. Er entwickelt sechs Arten der Selbsterkenntnis aus der Geschichte.[207] Dabei weist er der theologischen Selbstvorstellung des christlichen Mittelalters vor allem die Selbstverleugnung zu. Sie basiert auf dem Sprachbild des Paulus, „die irdischen Glieder abzutöten". Damit forderte er dazu auf, das alte, weltliche und egoistische Selbst zurückzulassen, um ein neues, gottgeweihtes, eigentliches Selbst zu finden. Diese Sicht wurde vor allem in der Mönchskultur auf die Spitze getrieben. An diesem Selbst sollte nichts Eigenes mehr bleiben. Von allem Eigenen sei es zu reinigen, um es für Gott bereit zu machen und es ihm schließlich anzuvertrauen. Was an ihm noch eigen ist, wäre an seiner Hinfälligkeit und Nichtigkeit zu erkennen. Diese Regeln wurden im 4. Jahrhundert n. Chr. in den „Längeren Regeln des Kirchenvaters Basilius" den Mönchen mit auf den Weg gegeben. Das selbstbewusste Selbst gerät damit erstmals in den Generalverdacht, sündhaft zu sein, das heißt, es wende sich von Gott und den Mitmenschen ab. Schmid schreibt: „Da keinem Selbst zu trauen ist, muss ein ‚Seelsorger' instituiert werden, der ihm die Sorge um sich abnimmt, seine Selbstbezogenheit auflöst und seine Seele zuverlässig zu Gott führt." Diese an sich entmündigende Entwicklung hat aber paradoxerweise auch wiederum etwas Gutes hervorgebracht: „Zugleich wird das Mönchstum und mit ihm das Christentum gerade aufgrund der Selbstverdächtigung

207 Die anthropologische, philosophische, theologische, cartesianische, psychologische und (neuro-) biologische Selbsterkenntnis. Schmid, Wilhelm: „Mit sich selbst befreundet sein – Von der Lebenskunst im Umgang mit sich selbst". Frankfurt: Suhrkamp 2007, S. 84–90.

zu einer unvergleichlichen Schule des Selbst, der kognitiven[208] Selbstaufmerksamkeit, der Selbstreflexion, des Selbstgesprächs, der asketischen Selbstgestaltung und Selbstmächtigkeit."[209]

Ein weiteres Beispiel für diese Mischung aus Selbstaufmerksamkeit und „Selbstdemontage" sind die *Bekenntnisse* des Kirchenlehrers Augustinus von Hippo (354–430). Er lebte an der Schwelle der Spätantike zum Frühmittelalter. Es sind zwar auch Schuldbekenntnisse, aber vor allem Glaubensbekenntnisse.

Augustinus' Bekenntnisse – Der Mensch als Sünder

Augustinus' *Bekenntnisse* gilt als eine der ersten Autobiografien, als Werk, das kontinuierlich einen Lebenszusammenhang darstellt. Bei Augustinus war es nicht nur ein Selbstporträt (was es vorher schon gab), sondern beinhaltete auch schon historische Züge.[210]

Allerdings gilt Augustinus heute nicht nur als erster Autobiograf in der Selbstwahrnehmungsgeschichte, sondern in der Sicht kirchenkritischer Therapeuten auch als „Theologe der Angst und des Schuldgefühls"[211]. Der Freiburger Psychoanalytiker Tilmann Moser (geb. 1938), der mit seinem Buch *Gottesvergiftung* 1976 einen Einblick in die Erforschung ekklesiogener Neurosen (durch kirchliche Prägung entstandene Zwangsvorstellungen) schuf, bezeichnet ihn in seinem aktuellen Buch als einen „der großen Verführer der Christenheit, nicht zum gottgefällig-normalen Leben, sondern zur verquälten Gottsuche und Jenseitssehnsucht". Er habe „für Unzählige mit zur Lebenszerstörung beigetragen, weil er ihnen das Leben als Sündenpfuhl und Schlammbad der Versuchung geschildert hat. Es gibt in seinen Bekenntnissen keine Nachsicht, keine Ermunterung zum rechten

In seinem tastenden Suchen nach dem, was sein Selbst geformt hat, wertet Augustinus tatsächlich seine Existenz immer mehr ab – eine gängige Version der kirchlichen Vorstellung von einer Erbsünde.

208 von lateinisch *cognoscere* „erkennen", „erfahren", „kennenlernen".

209 Ebd., S. 86.

210 Vgl. Niggl, Günther: „Art. Autobiographie". In: Killy Literaturlexikon, Bd. 13, S. 65ff.

211 Moser, Tillmann: „Gott auf der Couch – Neues zum Verhältnis von Psychoanalyse und Religion". Gütersloh: Gütersloher Verlagshaus 2011, S. 198.

Leben, sondern nur Sünde und Abkehr, Verdammung und Verklärung seiner Errettung."[212]

In seinem tastenden Suchen nach dem, was sein Selbst geformt hat, wertet Augustinus tatsächlich seine Existenz immer mehr ab – eine gängige Version der kirchlichen Vorstellung von einer Erbsünde. Der Mensch ist von vornherein so schlecht und abgründig verdorben, dass nur die Erlösung durch den Glauben ihm überhaupt Wert zusprechen kann. Eine solche Perspektive sucht geradezu gierig nach dem Schlechten, Verdorbenen im „alten Leben", um das neue Dasein als Glaubender in Gott umso strahlender erscheinen zu lassen. Moser kritisiert Augustinus in seinem fiktiven offenen Brief weiter:

Du wirfst dir vor, als Säugling, wie man dir sagte, gierig geplärrt zu haben; dass du mit Geheul nach Dingen verlangt hast; dass du gar nach den verweigernden Erwachsenen geschlagen hast! An das Leben im Mutterleib und als Säugling erinnerst du dich begreiflicherweise nicht, aber fest steht, dass die Sündhaftigkeit weit hinter die Geburt zurückreicht: – wenn aber in Bosheit ich empfangen bin und in Sünden meine Mutter in ihrem Schoß mich nährte – wo, ich frage Dich, mein Gott, wo, Herr, war ich, Dein Knecht, wo und wann in Unschuld? – Die Antwort auf die rhetorische Frage muss lauten: nie und nirgends.[213]

Das Sündengefühl dehnt Augustinus von den kleinen Schülerverfehlungen bis auf die Pubertät aus, ja, Moser schreibt:

Du haust dir mit ungeheurem Eifer deine eigene Pubertät kaputt, als sei sie der Höllenpfuhl gewesen, in dem du fast untergingst, und der einzige vorsichtige Vorwurf an Gott ist der seiner allzu großen Langmut und Zurückgezogenheit – ich wälzte mich in meinen Unzuchten, ich ergoss mich darein, ich zerfloss und verschäumte – und du schwiegst.[214]

212 Ebd., S. 192.

213 Ebd., S. 193.

214 Ebd., S. 194.

So bringt der christliche Glaube der ersten vierzehnhundert Jahre den Menschen in seiner Selbstwahrnehmung häufig dazu, sich von seinen natürlichen Anlagen und Instinkten abzuspalten, sie zu verdächtigen und rigoros zu disziplinieren. Nur das fromm gefärbte Selbst hat überhaupt ein Daseinsrecht und eine Würde.

Das Mittelalter treibt sowohl Glaube als auch Aberglaube mit Phänomenen wie den Kreuzzügen, dem Ketzerwahn und der Inquisition auf die Spitze. Ihre Härte und Unbarmherzigkeit stehen in einem direkten Zusammenhang damit, dass der Mensch mit sich selbst immer vernichtender umging. Selbstablehnung und Selbstverachtung zeigen sich dann, wenn Menschen andere Menschen bedrängen und vernichten. Der religiöse Mensch, der mit sich selbst nicht im Reinen ist, braucht Ventile der Gewalt, um seinen Zorn und seine Verachtung für das Schlechte in dieser Welt ausdrücken zu können. Dadurch wird die Glaubenswelt verzerrt, die ursprünglich vom Impuls der Liebe und Versöhnung beseelt war. Dieser Vorgang provoziert am Ende bei vielen nur noch den tiefen Wunsch, den Menschen doch grundsätzlich von dem Überbau religiöser Vorstellungen zu befreien. Während die Menschen am Anfang der Christianisierung den neuen Glauben als Hoffnung auf mehr Menschlichkeit begrüßten, war der Glaube am Ende des Mittelalters oft nur noch ein starres, hartes und äußerst autoritäres System geworden, das den Menschen unterjochte und instrumentalisierte. Anstatt den Menschen selbst zur eigenen Autorität seines Lebens unter Gott zu machen, hielt man ihn vielfach klein, abhängig, dumm und unmündig. Dagegen begehrte die Aufklärung mit Recht auf.

Der religiöse Mensch, der mit sich selbst nicht im Reinen ist, braucht Ventile der Gewalt, um seinen Zorn und seine Verachtung für das Schlechte in dieser Welt ausdrücken zu können.

Selbstwahrnehmung in der Aufklärung

In der Aufklärung waren Vernunft und Gefühl Schlüssel, um sich selbst wahrzunehmen. Im Gegensatz zum kirchlich definierten Menschen, der unbedingt erlöst und sittlich reformiert werden musste, weil er „in Erbsünde gefangen“ war, entstand der „edle Wilde“ von Jean-Jacques Rousseau (1712–1778). Für Rousseau waren die Menschen nicht durch einen anfänglichen Sündenfall, sondern erst in der Entwicklung der zivilisierten Gesellschaften in eine Art

Gefangenschaft geraten. Sie waren mit der Entfremdung von der Natur selbstsüchtig, unwahrhaftig und eitel geworden, kurz böse. Das Gute schlummerte für ihn in einer unverfälschten, ursprünglichen Natur des Menschen:

Die Menschen sind böse; eine traurige und fortdauernde Erfahrung erübrigt den Beweis; jedoch, der Mensch ist von Natur aus gut, ich glaube, es nachgewiesen zu haben.[215]

Damit schuf Rousseau die Theorie vom „edlen Wilden", dem von der Zivilisation unverdorbenen Naturmenschen. Was man im religiösen Mythos im Garten Eden vor dem Sündenfall oder bei den Griechen auf der Insel der Seligen im „Goldenen Zeitalter" (einer friedlichen Urphase der Menschheit vor den Kämpfen der Zivilisation) weit zurück in einer „Zeit vor der Zeit" datierte, verortete Rousseau bei den noch heute existierenden Naturvölkern. Rousseaus Vorstellungen wurden von anderen aufgegriffen. In den *Lederstrumpf*-Romanen von J. F. Cooper verkörpern später die Mohikaner Chingachgook und sein Sohn Uncas dieses Ideal, in den Romanen Karl Mays der edle Apachenhäuptling Winnetou. In der Malerei zeichnete Paul Gauguin (1848–1903) die „edlen Wilden" in seinen impressionistischen Südsee-Gemälden.

In den Romanen dieser neuen Zeit wurde der Mensch als der große Entdecker, Erforscher und Eroberer gefeiert. Eine moderne, feinfühlige Charakterbeobachtung kam auf. Der Mensch war nicht mehr nur Sünder oder gehorsam Glaubender. Er wurde jetzt mehr als komplexes, eigenständiges Wesen mit seinen Lebens- und Entwicklungsstufen sichtbar. Ob in Liebes- oder Schelmenromanen (Till Eulenspiegel), in ironischen, satirischen Verballhornungen des Ritterromans (Cervantes *Don Quijote*) oder in Daniel Defoes Überlebensepos eines Gestrandeten (*Robinson Crusoe*) – der Mensch nahm sich in in dieser Zeit immer feineren Nuancen selbst wahr. Später entwickeln sich dann auch die Erziehungsromane. Darin wird der Erziehungsentwurf eines Menschen beispielhaft beschrieben. Der bekannteste dieser Gattung im Gefolge der Aufklärung war Rousseaus *Emile oder über die Erziehung.*

215 Rousseau, Jean Jacques: „Abhandlung über den Ursprung und die Grundlagen der Ungleichheit unter den Menschen" (Reclam, 1998, S. 115 ff., Anmerkung IX).

Am Ende des 18. Jahrhunderts entstand dann die Gattung des Bildungsromans, in der die Hauptfigur eine innere Entwicklung durchmacht. Es ist eine biografische Selbstbeobachtung über einen langen Zeitraum hinweg (Jahre bis Jahrzehnte). Darin wird immer eine Art „Erlösungs- oder Therapiegeschichte" dargestellt, am exemplarischsten in Johann Wolfgang Goethes *Wilhelm Meisters Wanderjahre*. Der Held erlebt sich am Anfang im Widerstreit zu seiner Welt. Er ist jung, naiv und voller überzogener Ideale. Es gibt einen Bruch mit der Realität, Reibung, Unverständnis und Ablehnung. Nach und nach bilden sich aber sein Verständnis der Welt, seine Reaktion darauf und sein Charakter heraus. Die Entwicklung endet in einem „harmonischen Zustand des Ausgleichs" mit der Umwelt. Der „Wandlungsprozess des Helden [hat ihn …] zur Klarheit über sich selbst und über die Welt geführt", der Held hat sich also mit der Welt versöhnt und nimmt in ihr seinen Platz ein.[216] Bekannte Bildungsromane sind *Der grüne Heinrich* von Gottfried Keller oder auch *Demian* von Hermann Hesse. Die Selbstwahrnehmung des Menschen nach der Aufklärung ist losgelöst von rein religiösen Selbstdeutungsmustern und eher hoffnungsvoll und versöhnlich. Das ändert sich in der späteren Moderne hin zu einem wachsenden Pessimismus und harten Realismus.

Selbstwahrnehmung in der Moderne

Unsere jüngere Zeit ist von einer veränderten Selbstwahrnehmung gekennzeichnet. Menschen des 21. Jahrhunderts haben ein anderes Verständnis von sich selbst als Menschen früherer Zeitepochen. Es ist in vieler Hinsicht komplexer geworden. Man könnte auch sagen, das Selbst des modernen Menschen ist nicht mehr „selbstverständlich" im Sinne von einfach gegeben. Der Mensch tritt viel stärker in eine Distanz zu sich selbst und entwickelt abstrakte Konzepte und Vorstellungen von sich selbst. Während die Beschäftigung mit dem

Das Selbst des modernen Menschen ist nicht mehr „selbstverständlich" im Sinne von einfach gegeben. Der Mensch tritt viel stärker in eine Distanz zu sich selbst und entwickelt abstrakte Konzepte und Vorstellungen von sich selbst.

216 Jacobs, Jürgen: „Wilhelm Meister und seine Brüder. Untersuchungen zum deutschen Bildungsroman". München: Fink 1972, S. 14 und S. 271.

Selbst in früheren Zeiten kompakter und intuitiver war, geht der Mensch in der Moderne auch an sich selbst mit einem wissenschaftlichen Abstand heran (siehe meine Ausführungen über die „desengagierte Vernunft“ Charles Taylors am Ende von Kapitel 8). Er wagt es auf jeden Fall, genauer hinzuschauen und den Menschen ohne jedes religiöse Tabu zu betrachten.

Die Sezierung des Körpers – Ein Tabubruch

In der Mittelaltersage *Der Medicus* von Noah Gordon, die in England und der arabischen Welt des 11. Jahrhunderts spielt, zeigt sich die für das Mittelalter typische Angst, tiefer in die Geheimnisse des Körpers einzudringen. Die Geschichte des Waisenjungen Rob Cole, der sich im 11. Jahrhundert aus dem mittelalterlichen England auf die gefährliche und abenteuerliche Reise ins persische Isfahan begibt, um dort bei Ibn Sina, dem größten Heiler seiner Zeit, Medizin zu studieren, faszinierte Millionen Leserinnen und Leser jeden Alters. Robs unbeirrtes Streben nach Wissen und Erkenntnis über die Welt und über sich selbst lässt ihn die moralischen und geografischen Grenzen seiner Zeit überschreiten und offenbart ihm fremde Welten. Der Münchner Regisseur Philip Stölz, der das Buch als historisches Abenteuer verfilmte, sagt, dass das Buch „ein faszinierendes Panorama der mittelalterlichen Medizin entfaltet und von den großen essentiellen Themen, von Religion als Geistesgefängnis, vom schwierigen Umgang mit dem Tod und nicht zuletzt vom ‚Culture-Clash‘ zwischen Morgen- und Abendland erzählt – alles Themen, die uns heute mehr denn je beschäftigen“[217]. Robs Mutter stirbt in dem Buch an der „Seitenkrankheit“, gegen die die Medizin seinerzeit machtlos ist. Die Neugier des jungen Arztes treibt ihn in Isfahan in Persien schließlich dazu, heimlich eine Leiche zu öffnen, die an dieser Krankheit gestorben war. Dadurch entdeckt er die Ursache der damals tödlichen Krankheit: ein entzündeter Blinddarm. Eine solche Untersuchung war jedoch von allen drei Religionen im Mittelalter streng verboten. Erst ein halbes Jahrhundert später ändert die Kirche ihre Einstellung. In der Renaissance stützten große Künstler wie Leonardo da Vinci oder Albrecht Dürer ihre Darstellung des

217 „Der Medicus. Ideen für den Unterricht zu Film und Buch in Klasse 8-12“. In: https://www.derlehrerclub.de/download.php?type=documentpdf&id=1113, S. 4 (letzter Zugriff: 12.09.17).

Menschen auf Erkenntnisse der Anatomie. Um das Jahr 1600 fanden sogar die ersten öffentlichen Obduktionen statt, das sogenannte anatomische Theater.

So wie die neugierige und angstfreie Beschäftigung mit dem Körper in der Medizin zu großen Fortschritten führte, als man das Tabu brach, auch den Körper von Leichen zu öffnen und die bestehenden inneren Zusammenhänge erkennbar zu machen, so eröffnete die wissenschaftliche Erkundung des Selbst einen ganz neuen Zugang dazu, das Innere des Menschen zu verstehen. Der deutsche Kultur- und Literaturwissenschaftler Hartmut Böhme (1944) schreibt zu dieser Entwicklung im 16. und 17. Jahrhundert: „Der innere Mensch wird jetzt erfunden [...] und folglich die Strategien, den inneren Menschen zu enträtseln und zu decodieren. In dieses Umfeld gehört auch die Anatomie.“[218]

Das Selbst wird heute als das innere Zentrum der menschlichen Persönlichkeit verstanden.[219] Wir widmen diesem Selbst mehr Aufmerksamkeit als Generationen vor uns. Das substantivierte Wort „Selbst“ ist erst 1702 nachweisbar.[220] Es taucht heute in vielen Variationen und Kombinationen auf, aber auch in zum Teil verwirrenden Einzelaspekten. Um in einem Bild zu sprechen: Das Selbst explodiert förmlich in viele Einzelteile und wird neu zusammengesetzt. Es liegt wie in einer anatomischen Sitzung auf dem OP-Tisch des „Selbst-Labors“ der Moderne und wird dort so auseinandergeschnitten und in seinen Einzelteilen betrachtet, wie man es nach langer Angst vor einer Obduktion machte. Der moderne Mensch betrachtet einzelne Teile seines Selbst, nimmt sie auseinander und fügt sie in neuen theoretischen Modellen wieder zusammen.

„Selbstelemente“ bei Sigmund Freud

Das bekannteste Modell einer modernen Theorie des Selbst lieferte der österreichische Arzt Sigmund Freud (1856–1939). Zu seinem Lebenswerk gehört ein Entwicklungsmodell der Psyche mit den drei

218 Böhme, Hartmut: „Der Körper als Bühne. Zur Protogeschichte der Anatomie“. In: Bernhard Siegert (Hrsg.) u. a.: Bühnen des Wissens. Interferenzen zwischen Wissenschaft und Kunst. Berlin: Dahlem University Press 2003, S. 111.

219 Vgl. Brockhaus Psychologie, Mannheim, S. 541.

220 Vgl. Drüe, Hermann: „Selbstgefühl“. In: Historisches Wörterbuch der Philosophie, Band 9, S. 446.

Begriffen „Es", „Ich" und „Über-Ich". Doch noch viel wichtiger als diese drei abstrakten neuen „Selbstelemente" ist bei Freud die Unterscheidung zwischen dem Bewussten und dem Unbewussten. Im seitlichen Aufschnitt des menschlichen Innenhauses stellen wir uns das Selbst des Menschen seither nicht mehr nur als Lebensraum der Seele vor, sondern als ein Modell mit Wohnzimmer, Keller und Oberstübchen. Was im Wohnzimmer des Bewusstseins geschieht, wird von Trieben und moralischen Vorstellungen geprägt, die von unten und oben unbewusst auf uns einwirken – und das stärker, als wir denken. Um diese starken Einflüsse des Unbewussten und Unterbewussten zu zeigen, beschäftigte sich Freud sehr intensiv mit den Träumen seiner Patienten. Er analysierte deren Erinnerungen und deutete ihre Symbolik. Freud betrachtete das Selbst oder die Seele des Menschen wie einen Apparat, eine Art Maschinenraum des Inneren. Dadurch wurde das Selbst einerseits zugänglicher, gab manches verborgene Geheimnis preis und eröffnete Heilungschancen wie in Rob Coles Tabubruch der Leichensezierung. Sie machte das Selbst aber auch in gewisser Weise „seelenlos" und „heimatlos", weil der Mensch nun nur noch in einem aseptischen, klinisch kalten Raum der Analyse existierte. Der tiefe Trost, das Wunder und die Wärme der Zugehörigkeit zu Gott wurden mit Begriffen wie Triebdynamik, Verdrängung und Komplex aus der Innenwelt vertrieben. Ehrfurcht war unnötig, Staunen überflüssig, Demut ein Zeichen von Schwäche. Freud war ein Feind der Religion und vertrat eine sehr mechanistische und materialistische Sicht der Welt. Von dieser radikalen Reduzierung des Selbst auf einen überwiegend triebgesteuerten Apparat distanzierten sich in der Folge auch seine engsten Schüler Alfred Adler, C. G. Jung und Viktor Frankl. Sie wollten die Religion nicht mehr ausschließlich negativ deuten und verachteten auch nicht die Suche nach einem tieferen Sinn.

Wunder und die Wärme der Zugehörigkeit zu Gott wurden mit Begriffen wie Triebdynamik, Verdrängung und Komplex aus der Innenwelt vertrieben. Ehrfurcht war unnötig, Staunen überflüssig, Demut ein Zeichen von Schwäche. Freud war ein Feind der Religion.

Was an Freuds Ansätzen zunächst sehr spekulativ und willkürlich erschien, wurde mit der Zeit umfassender untersucht und angepasst. Freud schoss in manchem weit über das Ziel hinaus und war in vielem ideologischer, als ein neutral forschender Arzt und

Wissenschaftler es sein sollte. Er brachte aber einen Durchbruch darin, wie wir die Subjektivität verstehen können. Er zeigte, wie sehr wir alle von unseren subjektiven Gefühlen, moralischen Vorstellungen und inneren Konflikten geprägt sind. Außerdem machte er das große Feld des Unbewussten für eine wissenschaftliche Betrachtung zugänglich. Allerdings wurden auch weite Teile seiner Theorien in das Allgemeinverständnis aufgenommen, was unser Selbstverständnis komplizierter macht und wodurch wir andere Menschen schneller verdächtigen, aus irgendeinem Komplex heraus zu handeln. Seit Freud ist es insgesamt schwieriger geworden, sich selbst ganzheitlich wahrzunehmen und spontan einzuschätzen. Die Rädchen und Mechanismen seines „Seelenapparates" drehen sich automatisch beim modernen Menschen mit. Wir nehmen uns selbst und das Leben weniger so, wie es ist. Wir deuten sehr schnell unterbewusste Einflüsse und unbewusste Mechanismen hinein, egal ob diese offensichtlich sind oder nur eingebildet. Der moderne Mensch bekommt dieses Bild von sich selbst als eines überwiegend trieb- und angstgesteuerten Wesens nicht mehr so leicht aus seinem Kopf. Vor allem die Religion, die Anbetung und Verehrung eines höchsten Gottes, verbunden mit der Vorstellung eines allmächtigen Vaters, müssen sich seit Freud immer wieder von dem Vorwurf befreien, das Leben krankhaft und zu vereinfacht zu deuten.

Vor allem die Religion, die Anbetung und Verehrung eines höchsten Gottes, verbunden mit der Vorstellung eines allmächtigen Vaters, müssen sich seit Freud immer wieder von dem Vorwurf befreien, das Leben krankhaft und zu vereinfacht zu deuten.

Selbstkonzept und „Selbstaufmerksamkeit" bei William James

Bei dem Psychologen und Philosophen William James (1842–1910), der als Begründer der Psychologie in den USA gilt und 30 Jahre an der Harvard University lehrte, finden wir eine Unterteilung des Selbst in ein „Ich" und ein „Selbst" (im Englischen „I" und „Me"). Wenn wir uns im Spiegel sehen oder meinen, von anderen beobachtet zu werden, entwickeln wir eine Selbstaufmerksamkeit (*self-awareness*). Das ist das „Ich", der eigene Bewusstseinsstrom. Selbstaufmerksamkeit ist der Zustand des Akteurs als Beobachter. Dabei achten wir punktuell ganz bewusst und aktiv auf unser eigenes Verhalten, unsere Stimmung.

Mit dieser immer wiederkehrenden Selbstaufmerksamkeit beobachten und bewerten wir uns, achten auf die Äußerungen anderer über uns und deuten ihre Reaktionen auf uns. Außerdem vergleichen wir uns immer wieder mit ihnen. So werden wir sensibel für unser Dasein als „Ich" in der Gegenwart. Aus der Summe dieser Eindrücke formt sich mit der Zeit ein Selbstkonzept – eine feste Vorstellung davon, wer wir sind und was uns ausmacht. Dieses „Me" im Englischen ist bei James das, was wir über uns ausdrücken, in Worte und Gedanken fassen können, die „reflektivierbare Identität".

Wenn dieser Mix aus tagesaktueller Selbstwahrnehmung und verinnerlichtem Selbstkonzept zu unseren Gunsten ausfällt, haben wir ein positives Selbstbewusstsein. Wir trauen uns etwas zu und gehen das Leben zuversichtlich an. Wir entwickeln ein positives Selbstwertgefühl. Wenn wir abwertende und ablehnende Meinungen über uns verinnerlichen, neigen wir dazu ein schlechtes Selbstkonzept haben, neigen wir auch dazu, in der aktuellen Selbstwahrnehmung das Negative zu sehen. Dann kämpfen wir ständig mit einem zu geringen Selbstwertgefühl.

Wir haben es also immer mit einer Mischung aus spontan erlebtem „Ich" und reflektiertem „Selbst" zu tun. Es ist für unser Weiterkommen im Leben ernorm wichtig, wie wir die Zyklen des Ich-Erlebens und der Selbstkonzeption auswerten. Ein gesundes Selbstbewusstsein oder Selbstvertrauen hat mit unserer Selbsteinschätzung und den daraus hervorgehenden Erwartungen zu tun.

„Selbstwirksamkeitserwartung" bei Albert Bandura

Der kanadische Psychologe Albert Bandura (1925) entwickelte in den 1970er-Jahren das Konzept der „Selbstwirksamkeitserwartung" (engl. *Perceived self-efficacy*), abgekürzt SWE. Es bezeichnet die Erwartung eines Menschen, aufgrund eigener Kompetenzen etwas erfolgreich selbst ausführen zu können. Ein Mensch, der daran glaubt, selbst etwas bewirken und auch in schwierigen Situationen selbstständig handeln zu

Selbstwirksamkeitserwartung bezeichnet die Erwartung, aufgrund eigener Kompetenzen etwas erfolgreich ausführen zu können.

können, hat eine hohe SWE. Umgangssprachlich ist damit vom Selbstvertrauen oder Selbstbewusstsein die Rede.

Selbstwirksamkeitserwartung kann man nicht einfach von Menschen fordern. Der Satz „Du musst nur mehr an dich glauben“ ist kontraproduktiv. Er erinnert ihn eher an ein aktuelles Defizit und setzt ihn unter Druck, als ihn zu motivieren oder sein Selbstvertrauen zu stimulieren. Eine gesunde und stimmige Selbstwirksamkeitserwartung entwickeln wir laut Bandura durch vier Bausteine:

1. *Erfolgserlebnisse* sind eigene, direkte Erfahrungen, dass uns etwas gelingt – „das habe ich gut gemacht“.
2. *Modelllernen* ist das Beobachten von Menschen, die einiges mit uns gemeinsam haben, sodass wir ihren Erfolg auch potenziell als unseren Erfolg sehen – „wenn der das kann, kann ich das wahrscheinlich auch“.
3. *Verbale Einflussnahme* ist der Zuspruch, den man sich selbst geben oder von anderen suchen kann – „du schaffst das ganz sicher, das kriegst du hin.“
4. *Angenehme Emotionen, die mit einer selbstwirksamen Erfahrung verbunden sind*: Euphorie als Vorfreude, „flow“ – das Gefühl, in einem Fluss positiver Entwicklungen zu sein und schließlich Dankbarkeit, das ich zu solchen Leistungen grundsätzlich fähig bin.

Ein solcher Glaube an sich selbst kann nicht einfach durch einen Willensakt entstehen. Er kommt auch dadurch zustande, dass andere mir einen Wert zusprechen und mir Wertschätzung entgegenbringen. Die erste Sicht auf uns selbst bekommen wir durch die Augen und Äußerungen anderer Menschen. Wir können ihren Zuspruch aber bewusst annehmen, ihn uns aneignen und darauf aufbauen. Das gilt auch im Blick auf den Glauben an Gott. Die Entwicklung einer sicheren Glaubensidentität baut auf dem Zuspruch der Verheißung Gottes auf. Wenn uns etwas gut gelingt, ist es wichtig, das Selbst weder überheblich von Gott zu trennen („dazu habe ich Gott nicht gebraucht“), noch es ganz in Gott aufzulösen („das hat alles nur Gott gemacht, es war ein Wunder, ich habe damit nichts zu tun“). Vertrauen auf Gott und Selbstwirksamkeitserwartung verschmelzen in gesunde Sätze wie „Ich vermag alles

Selbstwirksamkeit entwickeln wir durch Erfolgserlebnisse, Modelllernen, verbale Einflussnahme und angenehme Emotionen in Verbindung mit selbstwirksamen Erfahrungen.

durch den, der mich mächtig macht [ermächtigt]" (Phil 4,13; LÜ) oder „Mit meinem Gott kann ich über Mauern springen" (Ps 18,30b; LÜ).

Selbstkonzept und Selbstwirksamkeitserwartungen unterstützen die Selbstverwirklichung.

Selbstverwirklichung

In der modernen Welt will der Mensch nicht mehr nur ein Rädchen im Getriebe sein, das eine uralte und festgeschriebene Rolle ausfüllt. Er strebt danach, sich selbst individuell zu finden und zu verwirklichen. Der Mensch ist nicht mehr ein Sklave seines Schicksals, sondern ein offener Entwurf, ein in viele Richtungen führendes Potenzial. Was in ihm liegt, was er ist, was sich aus seinen Anlagen und Herausforderungen ergeben kann, läuft nicht mehr nach Schema F, sondern ist in vieler Hinsicht eine Möglichkeit, die verwirklicht werden muss. Wenn der Mensch sich selbst verwirklichen möchte, verfolgt er das Ziel, das eigene Wesen völlig zur Entfaltung zu bringen. „Ich glaube, wenn ein einzelner Mensch sein Leben völlig und ganz ausleben wollte, jeder Empfindung Form, jedem Gedanken Ausdruck, jedem Traum Wirklichkeit geben wollte – ich glaube, die Welt erhielte einen solchen Schub von Freudigkeit, dass wir all das Siechtum aus den Zeiten des Mittelalters vergäßen und zum hellenischen Ideal zurückkehrten", sagt der Maler Lord Henry, der den jungen Dorian Gray malt.[221] Natürlich ist die Selbstverwirklichung um jeden Preis auch eine dämonische Versuchung, die im Roman Oscar Wildes geschildert wird. Eine Selbstverwirklichung, die die eigenen Grenzen und die berechtigten Ansprüche anderer nicht akzeptiert, ist verhängnisvoller Egoismus. Grundsätzlich bedeutet Selbstverwirklichung aber den Modus und das Versprechen, in dem der moderne Mensch lebt: Du kannst „du selbst" werden und zwar so, wie du es verstehst.

Selbstverwirklichung ist das Versprechen: Du kannst „du selbst" werden und zwar so, wie du es verstehst.

Die Soziologin Inge Zelinka meint, dass die neuen Freiheiten und der starke Druck ständiger Veränderungen bei den Menschen

221 Wilde, Oscar: „Das Bildnis des Dorian Gray". http://gutenberg.spiegel.de/buch/das-bildnis-des-dorian-gray-1836/2; letzter Zugriff: 12.09.17.

nicht immer eine geradlinige Selbstverwirklichung fördern, sondern eher zu einer Anpassung führen.[222] Die Menschen reagieren dann nur noch auf die große Vielfalt und Unruhe. Die Vorstellungen von Beständigkeit, die Menschen früher in Institutionen wie Ehe und bürgerlichen Gesetzen suchten, verlagern sich nun auf ein fließendes neues Grundmodell. Nun passen sich Menschen nicht mehr kirchlichen Vorgaben und uralten Traditionen an, sondern „neuen Konventionen". Es entwickelt sich eine neue Konformität. Sie ist nicht unbedingt äußerlich sichtbar, aber man achtet sehr stark darauf, was Menschen in der unmittelbaren Umgebung denken und meinen. Es bilden sich kleinere und flexible Zusammengehörigkeitsgruppen (nicht nur Peergroups wie in der Entwicklung Jugendlicher). Der größere Leim, der „die Dinge zusammengehalten" und Menschen eine Orientierung gegeben hat, ist verschwunden. Man hängt sich an das, was einem gerade in unmittelbarer Nähe und lokaler Wirklichkeit anbietet.

Leben auf schwimmenden Inseln

Ich war vor einigen Jahren bei einer Perureise von den Indianerstämmen fasziniert, die auf kleinen Grasinseln auf dem Titicacasee leben. Ihr ganzes Leben lang verbringen sie auf diesen schwimmenden Grasinseln. Nur gelegentliche Ausflüge mit dem Kanu zum Festland ändern ihre „schwebende Existenz" für eine kurze Zeit. Für mich ist es ein treffendes Bild für den „Ich-Zustand" oder die Selbstwahrnehmung des modernen Menschen. Er lebt auf kleinen Inseln schwebender Untergründe in seinem Denken über sich selbst. Er hat viel Raum um sich und weite Perspektiven an seinem Horizont, aber wenig feste Verankerungen in seinem Denken. Manchmal holt er sich „vom Festland der Experten" ein paar stabilisierende Elemente, aber im Grundmodus seines Lebens „schwimmt er".

Der moderne Mensch lebt auf kleinen Inseln schwebender Untergründe in seinem Denken über sich selbst. Er hat viel Raum um sich und weite Perspektiven an seinem Horizont, aber wenig feste Verankerungen in seinem Denken.

222 Vgl. Zelinka, Inge: „Veränderte Wahrnehmung als Charakteristikum der Moderne". In: http://www-gewi.kfunigraz.ac.at/moderne/heft4ze.htm#zel4; letzter Zugriff: 12.09.17.

In der Spätmoderne wird dieses Schwimmen zum trotzigen Selbstverständnis des Existenzialismus[223]. Jean-Paul Sartre beschreibt es so: „Existieren, das ist dasein, ganz einfach; die Existierenden erscheinen, lassen sich antreffen, aber man kann sie nicht ableiten."[224]

Der Mensch in der existenzialistischen Moderne befindet sich in einer sinnlosen Welt. Er ist dort von Zufall und Notwendigkeit hineingeworfen, nicht geschaffen und nicht mit einem höheren Sinn von Gott her ausgestattet. Sinn muss von ihm selbst gestiftet werden. Es gibt keinen ihm vorgegebenen Sinn, sondern er ist alleiniger Fabrikant einer Idee und Begründung, die seinem Leben Sinn verleiht.

Das Positive der existenzialistischen Sicht ist, dass sie sich auf die Existenz selbst konzentriert. Sie lässt sich nicht leicht auf einen höheren Sinn oder eine andere Welt vertrösten, sondern schaut dem Dasein, wie es sich jetzt und konkret entfaltet, mutig ins Auge. Sie will die Schattierungen und Nuancen des Seins ohne jeglichen Über- oder Unterbau erkunden. Sie will sich darauf einlassen und darin ein Nest bauen, sei es auch nur eine schwimmende Insel auf dem Meer der Sinnlosigkeit. Das kann man als tapfer und mutig betrachten oder auch als unnötige Loslösung von allem, was Struktur und Sicherheit bietet. Der Mensch, der nur noch aus seiner rein privaten, persönlichen Perspektive heraus leben will, wird mit der Zeit immer leichter zum Spielball derer, die ihm ihren Sinn zusprechen. Es wird ihm nur suggeriert, dass dies sein eigener Entwurf ist.

Schattenseiten gesteigerter Selbstwahrnehmung

Offenkundig bereichert die gesteigerte Selbstwahrnehmung des modernen Menschen nicht immer die Gesellschaft. Menschen, die sich bewusster mit sich selbst beschäftigen, sind dadurch nicht gleich vernünftiger, einsichtiger und sozial sensibler. Wer ständig mit Selbstfindungsvokabeln um sich wirft, ist dadurch nicht

Wer sich bewusster mit sich selbst beschäftigt, ist dadurch nicht gleich vernünftiger, einsichtiger und sozial sensibler.

223 Eine französische, philosophische Strömung (bekannte Vertreter: Jean-Paul Sartre, Simone de Beauvoir, Albert Camus und Gabriel Marcel), die als Geisteshaltung die Existenz des Menschen von allen Vorgaben löst („Der Mensch ist seine Existenz").

224 Blech, Thomas: „Bildung als Ereignis des Fremden. Freiheit und Geschichtlichkeit bei Jean-Paul Sartre". Marburg: Tectum Verlag 2001, S. 53.

unbedingt sympathischer oder lebenstauglicher. Zu den problematischen Selbstbezügen des modernen Menschen gehört der Narzissmus. Wir müssen eine gesunde Sorge um das Selbst vom Narzissmus klar abgrenzen.

Narzissmus und „Selbstliebe"

Der Begriff Narzissmus ist abgeleitet vom antiken Narziss-Mythos. In seinen *Metamorphosen* erzählt der römische Dichter Ovid (43 v. Chr. – 17 n. Chr) die in der griechischen Mythologie angesiedelte Geschichte des Jünglings Narziss, der die Liebe einer Frau verschmäht und dafür mit unstillbarer Selbstliebe bestraft wird. Er verliebt sich in sein eigenes Spiegelbild, das er im Wasser einer Quelle sieht; er kann das Objekt seiner Liebe nicht erreichen und verwandelt sich im Tod in eine schöne Blume, eine Narzisse. Ursprünglich hatte dieser Mythos die Selbstüberhebung (Hybris) und ihre Strafe zum Thema. In der Spätantike wurde an der Sage das Motiv der „Vergänglichkeit" (Vanitas) hervorgehoben.

Der Wiener Psychiater Sigmund Freud etablierte den Begriff in der offiziellen Theoriesprache seiner Schule 1914 mit seinem Essay *Zur Einführung des Narzissmus.* Bald fand der Begriff einen breiten Eingang in Wissenschaft und Umgangssprache. Er wird heute sogar ziemlich inflationär gebraucht. Die Vorstellungen dahinter sind allerdings nicht einheitlich.

Narzissmus wurde zum Beispiel von dem amerikanischen Psychoanalytiker Heinz Kohut (1913–1981) als wichtiges Element der Persönlichkeit angesehen, nicht nur als Phase, die jeder Mensch durchläuft, sondern auch als wichtige Funktion im Erwachsenenalter, um das Selbst als psychische Struktur zu stabilisieren.

Die schweizerische Psychologin Alice Miller sieht den Begriff auch als positive Eigenschaft, wie sie unter anderem in *Das Drama des begabten Kindes*[225] erläutert. Narzisstisch zu sein ist in einem gewissen Umfang für sie etwas Normales, Gesundes. Damit wird jemand bezeichnet, der seine Interessen verfolgen kann. Eine narzisstische Störung entsteht laut Miller, wenn ein Kind seine eigenen Gefühle und Interessen nicht artikulieren durfte und später dafür

225 Miller, Alice: „Das Drama des begabten Kindes und die Suche nach dem wahren Selbst". Frankfurt: Suhrkamp 2012 (erschien ursprünglich schon 1979).

ein „Ventil" braucht. Das äußert sich meistens in Depression und/oder Gefühlen der Großartigkeit, die aber nur zwei Seiten derselben Medaille darstellen.

Narzissmus bedeutet also, dass eine Person eigene Interessen verfolgt und die psychische Struktur des Selbst stabilisiert ist. Beides wird als etwas Gesundes angesehen. Nur die narzisstische Störung zeigt ein problematisches Verhalten an. In der Umgangssprache hat sich aber der Begriff Narzissmus als narzisstische Störung selbst eingebürgert. Ein narzisstischer Mensch ist jemand, der „sich für wichtiger und wertvoller hält, als urteilende Beobachter ihn einschätzen. Der Duden übersetzt den Begriff als übersteigerte Selbstliebe und Ichbezogenheit.[226] Das Wort Selbstliebe wird manchmal auch aus dem biblischen Gebot der Nächstenliebe abgeleitet: „Du sollst deinen Nächsten lieben wie dich selbst." Hier scheint unausgesprochen das Wort Selbstliebe die dritte gebotene Form der Liebe neben Gottesliebe und Nächstenliebe zu sein. Das Wort Selbstliebe hat aber hier eher den Charakter von Achtung und Fürsorge.

Ein narzisstischer Mensch ist jemand, der „sich für wichtiger und wertvoller hält, als urteilende Beobachter ihn einschätzen.

Der moderne Mensch schwankt in seiner Selbstwahrnehmung häufig zwischen einer Lieblosigkeit, die sich in harter Disziplin und vernachlässigten oder verdrängten Bedürfnissen bis hin zur Selbstverachtung ausdrückt, und einer unangemessenen Selbstverliebtheit, die sich in Eitelkeit, manischer Selbstbeobachtung und Beschäftigung mit sich selbst als übertriebene Aufwertung des Selbst zeigt.

Das Liebesverständnis der Bibel bricht sowohl die Selbstverdrängung als auch die Selbstüberhöhung. Es ermutigt geichermaßen zu gesundem Selbstbewusstsein und zur angemessenen Bescheidenheit. Man liebt andere „wie sich selbst" und versteht gleichzeitig: „Die Liebe bläht sich nicht auf" (1Kor 13,4; LÜ). Das werde ich im letzten Teil des Buches noch genauer ausführen.

Was macht Anbetung mit mir?

Und so gibt es in unserer heutigen Zeit diese geschichtlich relativ neue Frage: Was macht die Anbetung mit mir selbst? Wer bin

226 https://de.wikipedia.org/wiki/Narzissmus; letzter Zugriff: 12.09.17.

ich überhaupt, wenn ich vor Gott in der Anbetung bin? Präsentiere ich Gott und den Gottesdienstbesuchern ein frommes, von meiner normalen Welt abgespaltenes Ich? Spiele ich nur eine Rolle? Trage ich eine Maske? Um als Frommer unter Frommen wahrgenommen zu werden? Bin ich damit nicht automatisch ein Heuchler, wenn ich diese vorgegebene Liebe zu Gott nicht auch sonst im Leben ständig vor mir her trage? Kann mein „Einsteigen in die Anbetung" überhaupt echt sein, vor allem, wenn es „in meinem Keller" (siehe Freud) noch Triebkräfte der Lust, der Angst und der Gier gibt?

Der moderne Mensch bringt solche Selbstzweifel mit in die Anbetung. Er zweifelt eher an der Authentizität seines Glaubens als Menschen in früheren Zeiten. Er stellt immer wieder seine Motivation infrage und ist sich häufig unsicher, ob er jetzt gerade hier diese Dinge mit anderen tun will. Der moderne Mensch ist in der Anbetung auch durch die ihm hier angebotenen Begriffe der Herrschaft und Vaterschaft Gottes, die sein Bedürfnis, sich selbst zu schützen und zu entfalten, infrage gestellt. Soll er sich selbst verlieren, verleugnen, loswerden, um als hingegebener Anbeter vor Gott zu stehen? Zählt in der Anbetung nur Gehorsam, Anpassung und die Verehrung des Größeren? Was ist mit dem großen Komplex von Bedürfnissen, Identifikationen und Loyalitäten, die wir zum Selbst eines Menschen dazugehören? Ist das alles schlecht oder minderwertig, wenn es nicht direkt mit Gott und dem Glauben zu tun hat? Es besteht die Gefahr, dieses sensible Verhältnis des Menschen zu sich selbst an sich schon als Egoismus darzustellen, wenn es nicht radikal und ausschließlich auf Gott ausgerichtet ist. In diese Falle tappen manche engagierte Ausleger des christlichen Glaubens.

Selbstfürsorge

Anbetung mit einem gewissen Selbstbezug ist grundsätzlich menschlich, authentisch und heilsam. Die Sorge um sich selbst, die im Gebot der Nächstenliebe vorausgesetzt wird, ist eine normale menschliche Dynamik, die Jesus nicht abwertet.

Dieses Sorgen für sich selbst ist eine tiefe Triebkraft, die aus dem Überlebenswillen der menschlichen Natur stammt. Man muss sie nicht befehlen. Sie stellt sich im Menschen quasi von selbst ein. Sie ist keiner besonderen Aufforderung wert, weil jeder Mensch instinktiv bemüht ist, sein Leben mit dem auszustatten, was er braucht, damit er existieren und wirksam sein kann. Dieser Instinkt kann zu Zeiten sogar so stark und drängend werden, dass er die Liebe zu anderen aus dem Blick verliert. Deshalb gibt es ein Gebot der Nächstenliebe, aber keine besondere Aufforderung: „Kümmere dich gut um dich selbst."

Das gesunde Achten auf die eigenen Bedürfnisse zu achten kann Menschen aber auch abtrainiert werden. Wir können es unterdrücken oder schwer vernachlässigen. Wenn die natürliche Selbstfürsorge nur noch mit einem schlechten Gewissen einhergeht, weil man meint, immer erst alle anderen versorgen und zufriedenstellen zu müssen, ist man schon auf dem Weg in die Krankheit. Diese Art von Selbstlosigkeit ist nur vordergründig ehrenhaft und bewundernswert. Sie drückt viel mehr aus, dass jemand zu stark von Lob und Anerkennung durch andere abhängig ist. Sie ist nicht aus Großzügigkeit, sondern aus Druck geboren. Sie wurzelt nicht in der inneren Balance eines Menschen, der sich seiner selbst bewusst ist, sondern in der übertriebenen Hoffnung, von anderen als nützlich gesehen und nur dadurch in seiner Existenz legitimiert zu werden. Selbstliebe und Nächstenliebe funktionieren wie Fahrrad fahren – man muss den Balancepunkt in der Mitte suchen und ihn mit der Bewegung nach vorne koordinieren. Mal muss man sich mehr nach rechts, dann mal wieder mehr nach links lehnen, immer schön die Hand am Lenker halten und dabei in die Pedale treten. Wer stillsteht, um alles perfekt zu analysieren, bevor er losfährt, fällt sowieso um. Balance entsteht dadurch, dass man sich bewegt und die Spannung hält. Die emotionale Balance zwischen Eigenliebe und Nächstenliebe wird einem Menschen in der Regel dadurch vermittelt, dass er Vorbilder hat und seine Bezugspersonen ihm diese zusprechen. Wir brauchen Menschen, die uns zu beiden Seiten hin Grenzen setzen, aber auch Mut machen. Wir brauchen ein Gottesbild, das uns ermutigt, Hingabe und Achtsamkeit für andere mit der Sorge um das eigene Wohl zu koordinieren. Wird diese gegenpolige Liebe verweigert, schadet es der inneren Harmonie, die

Selbstliebe und Nächstenliebe funktionieren wie Fahrrad fahren – man muss den Balancepunkt in der Mitte suchen und ihn mit der Bewegung nach vorne koordinieren.

Wir brauchen ein Gottesbild, das uns ermutigt, Hingabe und Achtsamkeit für andere mit der Sorge um das eigene Wohl zu koordinieren.

ein Mensch braucht, um liebesfähig zu sein. Liebe kann es nur in einer Balance geben, wenn sie gesund und beständig sein soll.

Die wahre Bedeutung der Selbstverleugnung

Scheinbar radikal und absolut ist die Rede Jesu von der Selbstverleugnung: „Wer mir nachfolgen will, der verleugne sich selbst“ (Mk 8,34; LÜ). Sie wird durch ein krasses Bild aus der Welt der Römer illustriert. Ein verurteilter Verbrecher musste das Kreuz, an das er geschlagen werden sollte, um den Verbrechertod zu sterben, selber zu seiner Hinrichtungsstätte tragen. Dieses Schicksal ereilte Jesus später bei seiner Kreuzigung. Das Sprichwort „Jeder muss sein Kreuz auf sich nehmen“ war vielleicht zu Jesu Lebzeiten auch schon in Umlauf. Vor Jesus wurde es aber in der Regel so verstanden, dass man ein schweres Schicksal akzeptierte. Es besagte wohl: „Nimm die Notwendigkeiten und Pflichten des Lebens auf dich, auch wenn sie dich nicht zum Goldtopf am Ende des Regenbogens führen. Kümmere dich um deinen Kram, auch wenn es hart ist.“ Diese Tapferkeit und Disziplin gehören zur normalen Lebensbewältigung. Kein Mensch kommt ohne ein gewisses Maß an Selbstverleugnung weiter, wenn er sein Leben weiterentwickeln will. Man könnte sogar sagen: Selbstverleugnung zu gewissen Anlässen und bestimmten Zeiten ist unerlässlich für die Selbstverwirklichung. Wer sich nie begrenzt, einschränkt und diszipliniert, wird auch nie zur Fülle seiner Möglichkeiten kommen. Wer nie Nein zu sich selber sagen lernt, ist den flüchtigen Reizen und Verrücktheiten unserer Instinktwelt hilflos ausgeliefert. Es muss ein ordnendes Prinzip, ein höheres Gesetz in uns geben, als den Vorsatz, immer alle Regungen hemmungslos auszuleben.

Für den glaubenden Menschen steht der Wille Gottes am Ende über der reinen Selbstverwirklichung. Ihn zu finden ist jedoch keine einfache Angelegenheit des Nachschlagens in einem Buch. Es ist kein Handeln nach Vorschrift, sondern immer wieder eine Sache des Ringes und Abwägens, besonders in Entscheidungen mit Langzeitwirkung. Jesus betete in der Nacht seiner Auslieferung: „Bewahre mich vor diesem Leiden! Dir ist alles möglich. Aber nicht, was ich will, sondern was du willst, soll geschehen“ (Mk 14,36; HFA). Dieser Grundsatz kommt auch im Vaterunser-Gebet zum Ausdruck. Es wird ja mit den markanten Worten „Dein Reich komme, dein Wille geschehe“ eröffnet. Und dennoch spielt die Bedürfniswelt des

Menschen auch in diesem Gebet eine große Rolle. Wir werden ermutigt, darum zu beten, dass wir satt werden: „Unser tägliches Brot gib uns heute." Man kann argumentieren, dass es hier nur um die Grundversorgung geht und der Genuss nicht erwähnt wird. Doch wir leben ja nicht nur nach einem „Mustergebet", sondern orientieren uns an dem Beispiel Jesu selbst. Und dazu lesen wir in den Evangelien immer wieder, wie Jesus das Leben in seiner ganzen Genussfülle bejahte. Er verwandelte auf einer Hochzeit Wasser in exquisiten Wein, er aß und trank mit den Zöllnern und Sündern, er ließ sich von einer Frau mit sehr kostbarem Nardenöl die Füße salben, er reservierte ein erstklassiges Obergemach für sein letztes Treffen mit dem inneren Kreis seiner Jünger, er trug ein kostbares durchgewebtes Gewand, das so wertvoll war, dass die Soldaten darum würfelten. Jesus war definitiv im normalen Leben kein Asket und Kostverächter. Genuss und Lebensfreude waren ihm nicht generell verdächtig. Mahlzeiten, Feste und Höhepunkte gehörten einfach zum Leben. Bedürfnisse waren wichtig genug, um für sie Zeit, Aufwand und Aufmerksamkeit aufzubringen. Und dennoch lebte Jesus die Zyklen der Bedürfnisstillung und den hervorgehobenen Genuss besonderer Momente so beiläufig und entspannt, dass es schon fast an Verachtung grenzte. Jesus war weder Asket noch Hedonist[227]. Die Vorstellung, dass Lust und Freude Leid und Schmerzen vorzuziehen seien, ist an sich nicht grundverkehrt. Hedonismus aber geht als eine nur an momentanen Genüssen orientierte, egoistische Lebenseinstellung darüber hinaus und wird deshalb überwiegend als Zeichen der Dekadenz (Verfall, Niedergang, Verkommenheit) betrachtet. Ein hedonistischer Lebensstil fragt nicht danach, ob es sinnvolle Gründe für Verzicht und Selbstbeschränkung gibt. Eine tiefere Erfülltheit erschließt sich aber nur denen, die für ihre Entwicklung und das Wohl anderer immer wieder gewisse Opfer bringen.

Jesus war kein Asket und Kostverächter. Genuss und Lebensfreude waren ihm nicht verdächtig. Bedürfnisse waren wichtig genug, um für sie Zeit, Aufwand und Aufmerksamkeit aufzubringen.

227 Der Begriff Hedonismus kommt von altgriechisch *hedone* – „Freude, Vergnügen, Lust, Genuss, sinnliche Begierde" und war ursprünglich eine philosophische Strömung, deren Grundthese lautete, dass einzig Lust bzw. Freude und die Vermeidung von Schmerz bzw. Leid wertvoll seien.

Aber solche Phasen des Verzichts sind Klammern, kleine Einschränkungen in dem großen Lebenssatz: Du darfst und sollst werden, was du in dir angelegt spürst. Du musst dich grundsätzlich gut um dich selber kümmern, auf deine Bedürfnisse achten und ihre Erfüllung im Rahmen deiner Möglichkeiten anstreben. Die Vorstellung, was wir werden und erreichen könnten, treibt uns an. Sie macht Lust auf das Leben und motiviert uns, die verschiedenen Optionen auszureizen. Wir sind immer auf dem Weg zu einer besseren Version unseres Selbst, einem Ideal, das wir verwirklichen wollen. Da lockt etwas, was noch nicht realisiert in uns liegt, etwas, auf das wir am Ende stolz, zufrieden und glücklich zurückschauen könnten. Wer dieses Wissen um seine Möglichkeiten mit seinen Grenzen und den dazu nötigen Opfern austariert, der spielt das Spiel des Lebens nicht blind. Er verwirklicht „das bestmögliche Ich" so konzentriert wie möglich.

„Das Wissen um das Eigene, meine Grenzen und mein Ziel
führt zu einem konzentrierten Spiel.
Ich darf mich nicht verlieren in dem, was andere in mir sehen,
ich habe einen eigenen Weg zu gehen."[228]

Die Sicherheit des Selbst in der Anbetung

In der Anbetung ist unser Ich im doppelten Sinne gut aufgehoben, denn es wird vor Gott entlastet und behütet. Zum einen ist es nicht mehr im Zentrum. Das entlastet. Es bildet nicht mehr den Schwerpunkt, hat nicht mehr das größte Gewicht und gewinnt dadurch an Leichtigkeit. In der Anbetung liegt der Fokus auf etwas ganz anderem. Gott selbst steht im Mittelpunkt unserer Aufmerksamkeit. Er ist nicht der Erfüllungsgehilfe unserer Wünsche! Er bestätigt uns nicht in allen unseren Vorhaben. Aber er bestätigt uns als Menschen, die sich nach etwas sehnen und auf Erfüllung ausgerichtet sind. Er bejaht uns in unserer Sinn- und Glückssuche. Und damit sind wir bei Gott gut aufgehoben, weil wir bei ihm behütet sind. Wenn ich diese Grundbedürftigkeit annehme, wird mir eine Anbetung ermöglicht, in der ich mein Ich

In der Anbetung ist unser Ich im doppelten Sinne gut aufgehoben, denn es wird vor Gott entlastet und behütet.

228 Martin Pepper © 2007 mc-peppersongs, Berlin.

loslassen kann. Es wird nicht bedroht, weil es in Gefahr steht, durch übermächtige Ansprüche Gottes irgendwann ausgelöscht zu werden, sollte ich ihn zu ernst nehmen. Ich weiß, dass meine Gottsuche sich nie gegen mich richten würde, nie selbstzerstörerisch wird. Ich spüre bei Gott aus seiner Liebe heraus die Sorge um mein Wohlergehen, um meinen Bestand, meine Weiterentwicklung. Das wird nicht ausgeklammert, sondern vielmehr impliziert. In der Begegnung mit Gott ist die Stärkung, Entfaltung und Verwirklichung meines zerbrechlichen Ichs nicht gefährdet. Deshalb kann ich die Sorge um mein Ich auch loslassen. Sie steht in der Anbetung nicht mehr im Mittelpunkt. Ich finde in Gott etwas Größeres als mein kleines Leben, aber auch etwas Größeres als die Ansprüche der Menschen um mich herum, die mit ihren Erwartungen an mich leben. In der Anbetung begegne ich dem Zentrum der Welt, dem Ort der Orientierung für alles, das aus Liebe leben will. Ich begegne dem Sinn der Existenz für alles (ohne ihn ergründen zu können) und richte den kleinen Sinn meines Lebens an ihm aus. Ich werde gehalten, geliebt und getragen, aber auch herausgefordert. Hier werde ich in der Sensibilität meines Gewissens geformt und auf das Lebensrecht aller Menschen um mich herum hingewiesen. Weil jeder mit seinem Ich, seinem Kampf um Existenz und Wohlergehen in der Liebe Gottes integriert ist, führt mich die Anbetung immer auch in eine altruistische Perspektive, eine Uneigennützigkeit, die durch Rücksicht auf andere geprägt ist.

In der Anbetung begegne ich dem Zentrum der Welt, dem Ort der Orientierung für alles, das aus Liebe leben will.

Gesunde Anbetung baut die Verhältnismäßigkeit unseres Universums an Gott neu auf. Sie integriert durch Gott all das, was nicht nur uns selbst und unseren Wünschen entspringt. Sie fördert und entwickelt gleichzeitig aber immer auch unser Potenzial. Wir selbst sind nicht egal! Wir sind für Gott nicht Verfügungsmasse, quasi „Humankapital" des himmlischen Unternehmens Gott, sondern ernst zu nehmende, geliebte und achtungswürdige Eigenwesen. Dieses Bild von uns befreit die Anbetung von einem weiteren Kampf um unseren Vorteil.

Gott fragt nach unseren Bedürfnissen

Jesus fragte einmal einen Menschen: „Was willst du, das ich dir tun soll?" (Lk 18,41; ElbÜ). Dies ist eine berührende Frage, wenn wir die dienende Haltung Gottes, die darin zum Ausdruck kommt in unsere Gesamtperspektive des Glaubens integrieren. Dann steht auch im Raum der Anbetung nicht nur die Frage: Was muss ich tun, damit Gott meine Ernsthaftigkeit im Glauben sieht? In dem Moment, wo wir unsere Aufmerksamkeit auf Gott richten und ihn anbeten, hört unser Herz auch die Worte: „Wie geht es dir? Was brauchst du? Wie kann ich dir helfen und dich segnen? Was kann ich dir mitgeben für deinen Lebenskampf?" Es geht in der Anbetung sicher nicht um Selbstverwirklichung oder darum, dass unsere Bedürfnisse gestillt werden. Wir selbst stehen nicht im Mittelpunkt. Aber wir werden von dem, den wir anbeten, als liebenswerte und bedürftige Menschen empfangen. Wir erleben eine wohlwollende Haltung, die sagt: „Alles, was du fühlst, ist wichtig. Alles, was du brauchst, ist ernst zu nehmen. Alles, was dich antreibt, hat ein Recht, gehört zu werden. Verliere dich nicht nur in dem Bemühen, zu gefallen und zu ehren. Achte auch auf dich und sorge gut für dich. Darin bin ich bei dir und für dich!" Anbetung bringt das bedürftige Herz des Menschen in einen Austausch der Liebe und Achtung zwischen Gott und Mensch.

Anbetung bringt das bedürftige Herz des Menschen in einen Austausch der Liebe und Achtung zwischen Gott und Mensch.

Wer in der Verbindung mit Gott auch sich selbst wohlwollend spüren kann, ist nicht in der Gefahr, einer falschen Rücksichtslosigkeit zu verfallen. Weil Anbetung keine Selbstzerstörungsgefahr beinhaltet, kann das Selbst loslassen und sich in Liebe auf Gott ausrichten. Hingabe und Dienst an anderen, die sich in der Anbetung ausdrücken, bekommen eine Leichtigkeit, etwas Spielerisches und Tänzerisches, weil wir nicht gezwungen werden, uns aufzuopfern oder zu unterwerfen. Gleichzeitig bricht die Haltung der Anbetung den Zwang, unser Selbst total zu optimieren. Wir selbst sind nicht „alles, was wir haben", weil wir auch in Gott aufgehoben sind. Wir müssen uns nicht dauernd reflexhaft beweisen, dass wir ganz und nur „wir selbst sind". Damit sind wir bei den Problemen angelangt, die der moderne Mensch hat, weil er sich mit sich selbst beschäftigt.

Konformisten, die in der Illusion leben, Individuen zu sein

Die Selbstwahrnehmung kann zur Selbstbesessenheit, ja sogar eine Selbstentfremdung werden. Wenn der Mensch sich mit sich selbst beschäftigt, hat das heute manchmal schon fast den Charakter einer Obsession. Es ist der Zwang, sein Selbst in einer doppelten Weise zu beweisen: als authentisches Ich ohne Fremdeinflüsse und als vorzeigbares Ich auf der Bühne der Gesellschaft. Das moderne Individuum muss nicht nur total authentisch sein, sondern auch für die, von denen es respektiert und anerkannt werden will, „gut aussehen".

Wer nicht mehr vor Gott steht, steht nur noch vor einem Spiegel oder vor den Augen einer Welt, die lediglich mit sich selbst beschäftigt ist. Die angebliche Freiheit, sich unbegrenzt selbst verwirklichen zu können, führt zu einer neuen Form der Anpassung. Erich Fromm schreibt:

> *Weil wir uns von den älteren, unverhüllten Formen der Autorität freigemacht haben, merken wir nicht, dass wir einer neuen Art von Autorität zum Opfer gefallen sind. Wir sind zu Konformisten geworden, die in der Illusion leben, Individuen mit eigenem Willen zu sein. Diese Illusion hilft dem einzelnen Menschen, sich seiner Unsicherheit nicht bewusst zu werden, aber darin erschöpft sich auch die Hilfe, die einem eine solche Illusion gewähren kann. Im Grunde ist das Selbst so geschwächt, dass es sich machtlos und höchst unsicher fühlt. Er lebt in einer Welt, zu der er keine echte Beziehung mehr hat und in der jeder und alles instrumentalisiert ist, wo er zum Teil der Maschine geworden ist, die seine Hände konstruiert haben. Er denkt, fühlt und will, was die anderen von ihm erwarten, und verliert dabei sein Selbst, auf das sich jede echte Sicherheit eines freien Menschen gründen muss.*[229]

Der Wunsch, eine Identität zu haben und „als jemand zu gelten", treibt den Menschen häufig in die Konformität zu seiner Bezugsgruppe.

Der Wunsch, eine Identität zu haben und „als jemand zu gelten", treibt den Menschen häufig in die Konformität zu seiner Bezugsgruppe. Sie alleine sagt ihm noch, wer und wie er sein soll. Sie alleine gibt ihm eine Identität und verankert sein Selbst in ihrer Wahrnehmung. Es gibt keine größere Perspektive mehr als das Feedback unserer Mitmenschen oder unsere

229 Fromm, Erich: „Die Furcht vor der Freiheit". In: ders.: Gesamtausgabe. Bd. 4: Gesellschaftstheorie. München: dtv 1999, S. 365.

eigene Meinung über uns selbst. Wir leben im freien Fall der Sorge um das Selbst. Wir hoffen, durch Arbeit und Selbstwirksamkeit etwas vorweisen zu können, was andere beeindruckt und uns selbst ein gutes Gefühl über uns gibt. Wir haben über uns selbst hinaus keine Perspektive mehr, die uns verankert und einen Rahmen gibt. Wir sind zwar frei von Konventionen der Tradition und Religion, erleben aber nun umso stärker, welche Erwartungen unsere Umgebung oder die eigenen Vorstellungen, wie wir sein sollten, an uns stellen.

Wir sind zwar frei von Konventionen der Tradition und Religion, aber nun umso stärker von den Erwartungen unserer Umgebung und den eigenen Vorstellungen und Wünschen getrieben.

Das Gefühl, haltlos zu schwimmen, ein losgekettetes Dasein zu führen, ja sogar fortwährend zu stürzen, hat Nietzsche in seiner berühmten Schrift über den Tod Gottes formuliert:

> *Wie vermochten wir das Meer auszutrinken? Wer gab uns den Schwamm, um den ganzen Horizont wegzuwischen? Was taten wir, als wir diese Erde von der Sonne losketteten? Wohin bewegt sie sich nun? Wohin bewegen wir uns? Fort von allen Sonnen? Stürzen wir nicht fortwährend? Und rückwärts, seitwärts, vorwärts, nach allen Seiten? Gibt es noch ein Oben und ein Unten? Irren wir nicht durch ein unendliches Nichts? Haucht uns nicht der leere Raum an? Ist es nicht kälter geworden? Kommt nicht immerfort die Nacht und mehr Nacht? […] Gott ist tot! Gott bleibt tot! Und wir haben ihn getötet.*[230]

Wenn Menschen Gott „getötet" haben oder ihn auf andere Weise „losgeworden" sind, bleibt ihnen zur Orientierung und Selbstwahrnehmung nur der Blick in den Spiegel und die Spiegelung in den Augen der Mitmenschen. Die vertikale Dimension ist verschwunden, das eigene Denken über sich selbst und die Meinung der Mitmenschen wird übermächtig. Der moderne Mensch nimmt sich außerhalb seiner bewussten Reflexion über sich selbst nur noch vor der Folie seines Bekanntenkreises, seiner Medienkultur wahr. Dadurch

230 Nietzsche, Friedrich: „Morgenröte. Idyllen aus Messina. Die fröhliche Wissenschaft" (= kritische Studienausgabe, hg. von Giogio Colli und Mazzino Montinari, Bd. 3). München: dtv 1988, S. 481.

wachsen seine inneren Antreiber (lernen, leisten, optimieren) sehr stark.[231] Er muss vor allem im Verborgenen nachlegen, zulegen und aufstocken, um in der Sichtbarkeit zu punkten. Er hat außer seiner Bezugsgruppe, von der er sich Anerkennung wünscht, und seinem eigenen Blickwinkel niemand anderen mehr, der „ihn sieht“. Das isoliert den Menschen und lässt ihn innerlich vereinsamen.

Anbetung führt den Menschen in die Balance zwischen Selbstverleugnung und Selbstverliebtheit. Sie führt ihn heraus aus der extremen Einsamkeit der Gottlosigkeit und existenziellen Kälte. Wenn Anbetung mit einem wahren und liebevollen Gottesbild gefüllt ist, trägt sie dazu bei, dass diese Einsamkeit heilt. Sie wird zum „Heilungsfaktor“ einer seelischen Grundkrankheit des Menschen. Sie entfaltet therapeutische Wirkungen sowohl für das unterentwickelte als auch für das übersteigerte Selbstbewusstsein des Menschen.

231 Hartmut Rosa spricht von einem inneren Beschleunigungsmodus, der vom Geist des Kapitalismus geprägt ist; es werden immer mehr Qualitäten und Vorzüge angehäuft. Da dem Menschen Kirche und Gesellschaft nicht mehr viel vorgeben, muss er selbst sich dauernd „ändern“.

11. Anbetung als Therapie

Heile mich, Herr, so werde ich heil;
hilf mir, so ist mir geholfen!
Denn mein Lobpreis bist du.
Jeremia 17,14; Menge Bibel

Unter Gottesbild versteht man ein inneres Bild, das ein glaubender Mensch von Gott hat. Es ist „ein Konglomerat von Vorstellungen, Gefühlen, Assoziationen“[232]. Es ist kaum möglich, an einen Gott zu glauben, ohne sich auch ein Bild von ihm zu machen. Im Christentum setzte sich die Überzeugung durch, dass das rechte Gottesbild von Jesus Christus, dem „Ebenbild des unsichtbaren Gottes“ (Kol 1,15; LÜ), her zu gewinnen ist. Aus der Person und Botschaft Jesu geht grob umrissen ein Gottesbild von Barmherzigkeit, bedingungsloser Liebe, Vergebungsbereitschaft und Gewaltfreiheit[233] hervor.

Im Christentum setzte sich die Überzeugung durch, dass das rechte Gottesbild von Jesus Christus, dem „Ebenbild des unsichtbaren Gottes“ (Kol 1,15; LÜ), her zu gewinnen ist.

In der Anbetung taucht unweigerlich ein inneres Bild vor unseren Augen auf. Dieses Bild von Gott hat Auswirkungen auf unser Lebensgefühl und unsere Vorstellung von unserem Wert. Für die Entwicklung eines ausgewogenen Verhältnisses zu uns selbst hat das Bild Gottes eine heilsame Wirkung, wenn es der Wahrheit entspricht, die uns in der Bibel und dem Wesen Jesu Christi differenziert geschildert wird. Um zu vermeiden, dass sich ein falsches Gottesbild in uns entwickelt, müssen wir die Gottesvorstellung der Bibel von Jesus her deuten und davon abweichende Vorstellungen infrage stellen. Wir müssen nicht jedes Mal zusammenzucken, wenn jemand in der Bibel im Namen Gottes Drohungen oder gar Racheankündigungen äußert. Wir müssen nicht jede Reaktion alttestamentlicher Beter auf Schmerz und Demütigung mit Rache- und Vergeltungsfantasien, die Gott als großen Bruder mit dem dicken Knüppel herbeiwünschen,

232 https://de.wikipedia.org/wiki/Gottesbild; letzter Zugriff: 12.09.17.

233 Nicht als Dogma und Utopie völliger Gewaltfreiheit, sondern als Geist der Gewaltvermeidung, Sanftmut und Förderung von Frieden.

in unser Gottesbild mit einweben. Dieser Geist der Rechthaberei und Machtdemonstration wird durch das Beispiel und die Worte Jesu gebrochen. Jesus lebte Größe durch Dienen, Führung durch unterstützende Nähe, Macht durch Loslassen und Versöhnen. Er selbst fragte seine Jünger: „Wisst ihr nicht, wes Geistes Kinder ihr seid?", als sie alttestamentliche Vorstellungen von Gott eins zu eins übernahmen.[234]

Heilsame Prozesse in der Anbetung

Anbetung und Lobpreis können heilsame Prozesse in uns freisetzen. Menschen sprechen nach intensiven Zeiten der Anbetung davon, innerlich zur Ruhe gekommen zu sein. Dann liegt die Heilung darin, dass sie von übermäßigem Stress befreit wurden. Andere haben das Gefühl, „angekommen zu sein", sich „wieder geborgen, begleitet, verstanden und geliebt" zu fühlen. Dann liegt die Heilung im emotionalen Gleichgewicht, das durch die Wiederherstellung einer lebenswichtigen Beziehung etabliert wird. Deren Input und Unterstützung hatte vorher gefehlt. Andere fühlen sich nach einer Anbetungszeit demütig und sind erschüttert; sie sind nicht mehr von einer Oberflächlichkeit und Leichtsinnigkeit geprägt wie sonst. Dieses neue Gefühl schärft ihre Sinne für die Realität ihres Lebenskampfes und wirkt geistlich wie vitaminreiche Nahrung oder stärkendes Muskeltraining. Dadurch wird ihr Leben gesünder und gestärkt. Sie würden diese Erfahrung der Anbetung als ein therapeutisch wertvolles Erlebnis verstehen.

Wenn wir Krankheit generell als Störung der Lebensprozesse verstehen, müssen wir auch die Störfaktoren einbeziehen, die durch unsere Deutung des Lebens entstehen. Damit eröffnen wir ein Heilungsfeld, das auch Spekulationen, Überempfindlichkeiten und Einbildungen als Krankheitsursachen beinhaltet. Hier ist die Wahrheit das Instrument der Heilung. In der Therapie glaubensbedingter „Krankheitsbilder" geht es vor allem um eine Wahrnehmung, die übertrieben, verzerrt oder verengt ist. Sie löst ganz reale Bedrängnisse des Gemütes aus, die sich bis ins Körperliche hinein bemerkbar machen.

234 „Er aber wandte sich um und schalt sie." (Lk 9,55; ElbÜ). Andere Handschriften fügen hinzu: Wisst ihr nicht, welchen Geistes ihr seid? Der Sohn des Menschen ist nicht gekommen, Menschenseelen zu verderben, sondern zu retten.

Andererseits müssen wir mit diesem Ansatz sehr vorsichtig sein, denn die Macht, etwas als krank zu bezeichnen, ist eine Deutungsmacht mit einem hohen Unterwerfungspotenzial. Krankheit und Gesundheit liegen manchmal, ideologisch gesehen, im Auge des Betrachters. Eine „Krankheitslehre“ kann allein dadurch, dass sie ein Gefühl oder Verhalten als „krank“ deutet, die Krankheit als Symptom herbeiführen, um sich dann zur Heilung anzubieten. Diesen Mechanismus wirft man der Religion häufig vor – sie erfinde das Problem der Sünde und Gottlosigkeit als ein imaginäres Leiden, das der Glaube dann zu heilen vorgibt. Dabei funktioniert er dieser Sicht nach nicht anders als ein völlig wirkungsloses Placebo, das nur durch die suggestive Macht des Denkens seine Wirkung ausübt. Manche Krankheiten sind also nur Einbildungen oder theoretische Konstruktionen, die man einfach dadurch heilen könnte, dass man aufhört, sie als Krankheit zu bezeichnen. Den Leidensdruck einer Krankheit erleben Menschen manchmal nur dadurch, dass sie etwas als „krank, unnatürlich, ungesund und gestört“ wahrnehmen. Diese Krankheiten leben durch Bewertungen.

Die Macht, etwas als krank zu bezeichnen, ist eine Deutungsmacht mit hohem Unterwerfungspotenzial.

Wie „krank“ und auf welche Weise „gesund“ der Mensch heute leben will, liegt nicht mehr in den Augen einer „alles kontrollierenden Gesundheitsbehörde“. Es ist ihm in vieler Hinsicht in modernen Gesellschaften freigestellt. In Orwells utopischer Welt von *1984* war es krank, sich zu verlieben. In Hitlers Deutschland waren bestimmte Formen der Kunst, die nicht seinem Ideal von Ordnung und Struktur entsprachen, kranke und entartete Kunst. Mit Krankheits- und Gesundheitsdefinitionen kann man Macht ausüben. Es wird dann zu einem Herrschaftsinstrument und nicht mehr zu einer Frage des individuellen Leidens. Andererseits ergeben sich bestimmte Einsichten über Krankheit und Gesundheit auch aus der Tiefe eines positiven und erfüllenden Erlebens. Wenn uns etwas glücklich macht und befreit durchs Leben gehen lässt, erscheint uns das Leben ohne

Den Leidensdruck einer Krankheit erleben Menschen manchmal nur dadurch, dass sie etwas als „krank, unnatürlich und gestört“ wahrnehmen. Diese Krankheiten leben durch Bewertungen.

diesen Einfluss schon fast als heilungsbedürftiger Zustand. Wie krank und gesund etwas aus der Perspektive des Glaubens gesehen werden kann, sehen wir bei einem der christlichen Mystiker.

Angelus Silesius – Die Krankheit der fehlenden Gottesliebe

Ein Herze, welches nicht
von Gottes Lieb ist wund,
Ist, ob es zwar nicht scheint,
ganz krank und ungesund.

Mensch, wo du weise bist
und liebst nicht Gott dabei,
So sag ich, dass ein Narr
dir vorzuziehen sei.

Ach, lauf doch nicht nach Witz
und Weisheit über Meer;
Der Seelen Würdigkeit
kommt bloß von Liebe her.

In Schulen dieser Welt
wird Gott uns nur beschrieben,
Ins heilgen Geistes Schul
lernt man ihn schaun und lieben.

Angelus Silesius (1624–1677)[235]

Wer in seinem Herzen keine Sehnsucht nach der Liebe Gottes spürt, dem fehlt etwas Wesentliches, sagte Angelus Silesius. Er ist auf eine Weise erkrankt wie ein Leprakranker, der an seinen Gliedern keinen Schmerz mehr fühlt, damit aber auch vom Glück angenehmer Empfindungen ausgeschlossen ist. Menschsein aus der

235 Scheffler, Johannes (alias Angelus Silesius): Epigramme aus dem „Cherubimischen Wandersmann“ (1675). Angelus Silesius (lateinisch für Schlesischer Bote/Engel) hieß eigentlich Johannes Scheffler. Er war ein deutscher Lyriker, Theologe und Arzt. Seine tief religiösen, der Mystik nahestehenden Epigramme werden zu den bedeutendsten lyrischen Werken der Barockliteratur gezählt.

Perspektive des biblischen Glaubens heißt, die Liebe Gottes zu erfahren. Menschliche Weisheit und Leistung können beeindruckend sein, aber die Würde und Schönheit des Menschen blühen erst in der Gottesliebe vollständig auf. Den tiefsten Sinn seiner Existenz erlebt der Mensch, wenn er die Liebe Gottes erfährt und erwidert. Eine solche Erwiderung muss keine süßliche Liebe sein, kein schwärmerisches „Gott liebt dich"-Gehabe. Es ist eine wesenhafte Angelegenheit. Gott zu lieben gehört zum Wesen des Menschen. Der Mensch ist das Wesen in der gesamten Schöpfung, das sich der Liebe Gottes bewusst werden und intelligent darauf antworten kann. Die Liebe Gottes ist sein Ruf und seine Bestimmung. Und er ist nach Angelus Silesius nur dann ganz gesund, wenn sie in ihm manchmal pocht wie der Schmerz einer offenen Wunde, so seltsam diese Analogie auch ist. Sie passt zu einem sperrigen, tiefsinnigen und querdenkerischen Menschen aus dem ersten Jahrhundert der Reformation. Er ruft uns heraus aus der rein intellektuellen Beschäftigung mit Gott. Er fordert uns auf, Gott zu schauen und zu lieben.

Den tiefsten Sinn seiner Existenz erlebt der Mensch, wenn er die Liebe Gottes erfährt und erwidert.

Johannes Scheffler war der Sohn eines polnischen Adligen, der wegen seines evangelischen Glaubens von Krakau nach Breslau übersiedeln musste. Während seines Medizinstudiums kam er mit den Schriften Jakob Böhmes aus Görlitz in Berührung, die ihn dazu brachten, sich zur katholischen Kirche zu bekennen. In seiner Taufe nahm er den Namen Angelus an (nach dem spanischen Mystiker Johannes ab Angelis). Mit seinem Konfessionswechsel erregte er großes Aufsehen und rief harte Kritik von protestantischer Seite hervor. Am Ende verweigerte man ihm sogar ein christliches Begräbnis. Die aufgehetzte Einwohnerschaft besudelte zudem seine Grabstätte. Sein Fall zeigt, dass nicht nur die katholische Kirche sehr unduldsam mit abweichenden Meinungen von der offiziellen Lehre umging.

Angelus Silesius war kein heiliger und nur von der Liebe geprägter Bote. Er hatte nach seiner Konversion ein sehr feindseliges Verhältnis zur Kirche Martin Luthers, stellte sich mit großer Konsequenz in den Dienst der Gegenreformation und formulierte 55 sehr polemische Streitschriften gegen die Protestanten.

Als ein Motiv seines Übertritts nannte Scheffler „die freventliche Verwerfung der Mystik, die der Christen höchste Weisheit sei“[236]. Im dogmatischen Protestantismus seiner Zeit sah er „die Abgötterei der Vernunft“. Er war geprägt von einem „seraphischen[237] Eifer und einer Resolution im Herzen“, schrieb der Jesuit Daniel Schwartz in seiner Leichenrede. Doch die letzten elf Jahre lebte Angelus Silesius seine Liebe zu Gott mehr in der Liebe zu den Armen und Kranken aus als in der Leidenschaft für Wahrheit, die ihn auch in viele spekulative Verstrickungen und rechthaberische Sackgassen führte. Er lebte und wirkte bis zu seinem Tod zurückgezogen als Arzt im Matthiasstift in Breslau. Er verschenkte sein gesamtes Vermögen nach und nach an Arme, sorgte für die Ausbildung von Waisenkindern und behandelte als Arzt unentgeltlich mittellose Patienten. In seinen Versen über die Liebe aus dem *Cherubischen Wandersmann* leuchten eine Wahrheit und Tiefe auf, die auch von den sperrigen und problematischen Zügen seines Lebens nicht negiert werden.

Bei vielen christlichen Persönlichkeiten werden tiefe, heilsame und wichtige Wahrheiten des Glaubens offenbar, während ihr spezieller Mix an Menschlichkeit sich gleichzeitig in zum Teil abstoßenden Zügen äußert. Martin Luther verehren wir mit Recht für viele der tiefen Grundwahrheiten reformatorischen Glaubens, zu denen er durchgedrungen ist. Gleichzeitig hat er sich eines dumpfen Antisemitismus schuldig gemacht und so sehr gegen die Juden gehetzt, dass Julius Streicher, der angeklagte Judenhetzer und Herausgeber des antisemitischen Schmierblattes *Der Stürmer*, während der Nürnberger Prozesse behaupten konnte: „Wenn Martin Luther heute lebte, wäre er hier an meiner Stelle!“[238]

So gibt es bei vielen Helden der Bibel wie auch der Kirchengeschichte Menschliches und allzu Menschliches zu vermerken. Wir dürfen uns zu ihren Aussagen stellen, wenn sie zur Anbetung in Geist und Wahrheit beitragen, ohne leugnen zu müssen, dass diese

236 Lemcke, Ludwig: „Angelus Silesius“. In: Allgemeine Deutsche Biographie (ADB). Band 1. Leipzig: Duncker & Humblot 1875, S. 453–456.

237 In der Art eines Seraphs, engelsgleich, erhaben. Vgl. http://www.wissen.de/fremdwort/seraphisch; letzter Zugriff: 12.09.17.

238 http://www.deutschlandradiokultur.de/martin-luthers-judenschriften-die-dunkle-seite-der.1079.de.html?dram:article_id=341916; letzter Zugriff: 12.09.17.

Menschen Dinge in ihrem Leben hatten, die uns äußerst problematisch erscheinen. Die Liebe zur Wahrheit befreit uns, zu differenzieren. Niemand hat sie ganz in seinem Besitz. Jeder Mensch ist Zeuge der Wahrheit, die er durch sein Leben verstehen und ergreifen bzw. begreifen kann. Doch die Wahrheit geht immer über seinen Horizont hinaus. Treten wir nun ein in eine Schule, die uns „Gott schauen und lieben" lassen will. Es ist eine Schule des Heiligen Geistes, wie Scheffler sagt, gleichzeitig auch eine Schule der Heilung.

Jeder Mensch ist Zeuge der Wahrheit, die er durch sein Leben verstehen und ergreifen bzw. begreifen kann. Doch die Wahrheit geht immer über seinen Horizont hinaus.

Die Gefahr, Anbetung als „Heilungsmittel" zu missbrauchen

Bevor ich diesen Gedankenweg entlanggehe, möchte ich festhalten, dass der Sinn der Anbetung nicht primär in einer therapeutischen Funktion für den Menschen liegen kann. Anbetung ist in der Wahrheit und Würde Gottes selbst gegründet. Gott ist anbetungswürdig, und zwar völlig unabhängig von möglichen wohltuenden oder therapeutischen Auswirkungen auf den Menschen. Es ist auch nicht jeder Mensch, der Gott anbetet, therapiebedürftig. Wenn wir Anbetung zu stark als therapeutische Maßnahme definieren, suggerieren wir, dass Gemeinden Krankenstationen sind. In einem sehr weit gefassten symbolischen Sinn könnte man dies zwar auch durchaus sagen. Auf die Frage, warum er denn mit Zöllnern und Sündern esse, sagte Jesus: „Die Starken bedürfen des Arztes nicht, sondern die Kranken. Geht aber hin und lernt, was das heißt: ‚Ich habe Wohlgefallen an Barmherzigkeit und nicht am Opfer.' Ich bin gekommen, die Sünder zu rufen und nicht die Gerechten" (Mt 9,12–14; LÜ). Jesus sprach hier von einer Art Krankheit des Geistes. Er verglich Kranke und Gesunde mit Sündern und Gerechten. Die Umwandlung eines Menschen von einem, der Gottes Wege notorisch verachtet, in jemanden, der sie gerne geht, ist eine Art Therapie des Denkens und der Lebenshaltung.. Barmherzigkeit im Wesen drängt zum Heilen des Erkrankten. Das sehen wir schon bei den Namen Jahwes im Alten Testament „Ich bin Jahwe Rapha = der Herr, der dich heilt" (2Mo 15,26; ElbÜ) und geradezu programmatisch bei Jesus, der „umherging und wohltat und heilte“ (Apg 10,38; ElbÜ). Gottes Wesen der Liebe und Barmherzigkeit führt zu einer Haltung der Heilungsbereitschaft. Deshalb gehören die vielfältigen „Gaben der Heilung“ (1Kor 12,9.28) zu den klassischen Gaben des Geistes Gottes. Heilung ist kein Randphänomen des christlichen Glaubens, sondern ein Kernelement, das in vielen medizinischen, diakonischen und seelsorgerlichen Engagements der Kirche in der Geschichte Spuren hinterlassen hat. So ist der Gedanke, dass bei einem Anbetungsgottesdienst auf eine bestimmte Weise auch Heilung im Spiel ist, gar nicht so abwegig.

Heilung ist kein Randphänomen, sondern ein Kernelement des christlichen Glaubens.

Therapie an sich bedeutet ja auch nicht nur, das Wohlbefinden zu maximieren. In einer guten Therapie wird der Mensch auch konfrontiert und herausgefordert. Unter dem Wort Therapie werden Maßnahmen zum Behandeln von Behinderungen, Erkrankungen und Verletzungen zusammengefasst.

Trotzdem darf die Anbetung nicht zum „Therapeutikum“ verkommen, einer Heilungstechnik oder Wohlfühlmaßnahme für den gestressten modernen Menschen. Das würde die Anbetung aus ihrer tiefen Beziehungsdimension und ihrem Eigenrecht, Gott damit zu ehren, herausreißen und in einen Zweck verwandeln. Ob sie dann überhaupt noch als heilende Erfahrung „funktionieren“ würde, wäre fraglich, weil der Heilungsimpuls ja von der Versöhnung mit Gott ausgeht. Die würde aber ausbleiben, wenn man sich rein auf Wohlfühlelemente fixiert. Es wäre wohl eine besondere Form, wie der Namen Gottes missbraucht würde. Es würde eine Technik des Heilens unter anderen aus ihr machen.

Anbetung aber ist die Verherrlichung Gottes um seiner selbst willen.

Die Therapeutische Dimension der Anbetung

Nichtsdestotrotz ist Anbetung eine heilsame Erfahrung für Menschen. Sie hat eine therapeutische Dimension. Deshalb ist es legitim, sich zu fragen, welche Art der Heilung sie hervorbringen kann.

Es ist vor allem eine innere Heilung, die Anbetung im Menschen bewirkt. Die Wissenschaft der Psychologie hat im Laufe ihrer Geschichte immer komplexere Krankheitsmuster im Inneren des Menschen ermittelt (allen voran die Tiefenpsychologie, die von einem dynamischen Unterbewusstsein und von dem Menschen unbewussten Strömungen in seinem Inneren ausgeht). Sie hängen mit seinen frühen Erfahrungen und der Art seines Denkens zusammen. Immer wieder auftauchende unverhältnismäßige Gedanken können ihn heimsuchen, quälen und behindern. Aber auch Erinnerungen, übertriebene Ängste, falsche Annahmen und euphorische Zukunftsvorstellungen können ihn beeinträchtigen. In der Psychotherapie versucht man, diese Muster der inneren Erkrankung zu behandeln, damit eine Erkrankung eingedämmt wird oder eine Heilung stattfindet. Dabei ist ein ausgeglichenes, „aufgeräumtes", normal funktionierendes Innenleben das Ziel, kein perfektes. Man versucht nicht, den vollkommen gesunden Menschen hervorzubringen, sondern eine Person, die in einer Art Balance lebt und nachvollziehbare seelische Reaktionen und Perspektiven hat. Das Spannungsfeld, in dem wir für Erlebnisse und Gedanken empfänglich sind, kann nicht „über einen Kamm geschoren werden". Der Mensch bleibt sich selbst ein empfindsames Rätsel mit vielen Optionen, wie er seine Welt innerlich verarbeiten kann. Psychologie als wissenschaftliche Disziplin ist im Laufe der Zeit von manchen frühen Thesen abgerückt und bescheidener geworden.

Eine der psychologischen Schulen – Alfred Adlers Individualpsychologie – sieht in dem Selbstwertgefühl des Menschen, das eingebettet ist in ein Gemeinschaftsgefühl, einen zentralen Gradmesser von innerer Gesundheit. Dieser Gedanke betrifft direkt unser Thema, inwiefern Gottesliebe und Selbstbewusstsein miteinander verbunden sind. Hier wird es praktisch, denn hier findet in der Praxis des Glaubens auch eine partielle Heilung unserer Innenwelt statt.[239] Das möchte ich gern näher erklären:

Zur Entwicklung seelischer Gesundheit kann ein Gottesbild gehören, aber es gibt seelische Gesundheit auch ohne jeden religiösen Bezug. Anbetung hat jedoch auf das Selbstbild und das damit

239 Dass Heilung in diesem Leben nie absolut oder vollkommen ist, hängt mit unserer Sterblichkeit zusammen. Die Wiederherstellung gesunder Zellen und Prozesse ist immer nur vorübergehend. Die Widerstandsfähigkeit unseres Körpers gegen Fremdkörper und Keime ist begrenzt. Wir leben nie in einer Blase vollkommener Gesundheit, sondern immer nur in einer relativen Stabilität. Die umfassende und endgültige Heilung erleben wir als Glaubende erst in der Überwindung des Todes, die wir als Auferstehung und ungetrübte Nähe zu Gott in einer anderen Dimension des Lebens erwarten.

verbundene Selbstwertgefühl eine erfrischende Nebenwirkung, die man durchaus als Heilung bezeichnen kann. Dabei wird Heilung aus der Sicht des Glaubens nicht nur als eine „Selbstverstärkung" oder „Selbsterhöhung" verstanden, sondern auch im gegenteiligen Sinn: das aufgeblähte Selbst wird entmachtet und entspannt. Ein Mensch, der sich selbst zum Maßstab aller Dinge gemacht hat, hat krankhaft Angst vor der Meinung anderer und krankt an Eifersucht, weil er sich nicht sicher sein kann, dass die Menschen, die er liebt, von seinen Vorzügen noch genügend gebannt und versorgt sind. Er ist krankhaft empfindlich und verärgert, weil andere Menschen ihm nicht den Raum geben, der ihm seiner Meinung nach zusteht. Ein Mensch, der sich selbst zu ernst nimmt, braucht keinen Zuspruch, sondern Ernüchterung und Bescheidenheit. Wer im Hype der totalen Selbstdefinition, des perfekten Selbstentwurfes und der völligen Selbstverwirklichung lebt, dessen Selbstüberschätzung kann in der Anbetung heilsam erschüttert werden.

Ein Mensch, der sich selbst zu ernst nimmt, braucht keinen Zuspruch, sondern Ernüchterung.

Sein Selbstwertgefühl wird nicht beschädigt und gedemütigt, aber entlastet von dem Druck, alles selbst erfinden und verwirklichen zu müssen. In der Anbetung kann der Mensch von sich selbst weg und auf Gott schauen, ohne sich dabei jedoch völlig aus den Augen zu verlieren. Hier erlebt er, wie das Selbst in ein größeres Gegenüber eingebettet wird, das gleichzeitig der größte Förderer und schärfste Kritiker seiner Existenz ist. Vor ihm wird jeder gute Zug in uns erkannt, hervorgelockt, bestätigt und ermutigt und gleichzeitig jede Torheit, Gemeinheit und Unwürdigkeit entlarvt.

Die ganze Bibel schildert Gott als ein Wesen, das am Menschen interessiert ist – als jemand, der mittendrin in meinem Leben sein, einen Bezug dazu haben, relevant für mich sein möchte, weil er mitten in dem Leben vorkommt, das ich führe, das mich angeht, das mit mir zu tun hat.

Heilsame Anbetung verwandelt kranke Scham in gesunden Stolz

Im Bild der Anbetung mit erhobenem Haupt ist auch die Überwindung kranker Scham enthalten. Der abgewandte oder verlegen zu Boden gewandte Blick ist charakteristisch dafür, Scham zu empfinden. Scham an sich ist kein „krankes Gefühl", sondern eine sinnvolle Einrichtung in unserem Gefühlshaushalt. Angst kann uns vor Gefahren vorsichtiger machen (ein Schutzgefühl), Wut kann uns mit der nötigen emotionalen Energie zu Kampf und Verteidigung ausrüsten (ein Mobilisierungsgefühl), und Scham kann uns helfen, unsere Akzeptanz in einer Gruppe nicht leichtfertig aufs Spiel zu setzen. Scham reagiert sensibel auf die Wahrnehmung von passendem, angemessenem und erwünschtem Handeln. Wer zu einer Gruppe dazugehören und bei ihr gut ankommen möchte, „erkennt" das, was andere an ihm als hässlich, wertlos und schmutzig betrachten würden. Er schämt sich dafür und leitet Gegenmaßnahmen ein, damit dies nicht wirklich passiert (von Bekleidung über Verhalten bis zum Rückzug aus der Gruppe). Teenager schämen sich zum Beispiel, wenn sie vor ihren Altersgenossen von ihren Eltern zärtlich und beschützend behandelt werden, weil sie als selbstständig und unabhängig gesehen werden möchten. Aufgrund ihrer Schamgefühle unterbinden sie die Vertraulichkeiten ihrer Eltern. In gewisser Hinsicht hilft ihnen die Scham dabei, von ihren Altersgenossen akzeptiert zu werden.

Scham kann uns helfen, unsere Akzeptanz in einer Gruppe nicht leichtfertig aufs Spiel zu setzen. Scham reagiert sensibel auf die Wahrnehmung von unerwünschtem Handeln.

Scham ist krank, wenn sie auf falschen Interpretationen und Überreaktionen basiert. Sie ist krank, wenn sie zum bestimmenden Lebensgefühl wird. Scham ist krank, wenn sie zum ständigen Begleiter und dominierenden Gefühlsimpuls wird. Scham ist krank, wenn sie es uns nicht erlaubt, uns innerlich in der Anbetung zu Gott zu erheben, weil wir uns existenziell und permanent unwürdig fühlen.

Scham ist krank, wenn sie zum ständigen Begleiter und dominierenden Gefühlsimpuls wird.

Die Funktion der Scham

In einer rein biologisch-psychischen Entwicklungsgeschichte des Menschen könnte man sich vorstellen, dass die Scham auch eine Schutzfunktion hatte. Dank der Scham erfasst der Mensch intuitiv, dass bestimmte Verhaltensweisen in einer Gruppe Zurückweisung auslösen würde. Man belegt dieses Verhalten quasi mit einem „Gefühlsmarker“ und streicht es beispielsweise rot an. Wenn die Sippe, Eltern oder Zugehörige uns bei einem Verhalten ertappen, das sie als schädlich oder schlecht bezeichnen, drücken sie eine Mischung aus Ablehnung, Ärger, Zorn oder auch Verachtung aus. Das löst dann ein Schamgefühl aus. (Viele Menschen werden sogar im Gesicht rot, weil der Blutkreislauf durch die Achtung-Maßnahmen des Chemiemixes im Körper angeregt wird.) Nach dem Markieren und Speichern dieser Erfahrung würde der Mensch ab jetzt versuchen, nicht nur diese spezielle Handlung zu vermeiden, sondern für jede Handlung vorauszuahnen: Könnte dies auch von den anderen als so ablehnenswert empfunden werden, dass sie mich vielleicht sogar aus der Gruppe ausschließen? Damit wäre dann eine evolutionäre Schutzfunktion in der Scham etabliert.

In der Religion wird das Schamgefühl auch in einen Zusammenhang mit dem Bruch zwischen Gott und Mensch gestellt. Dieser Bruch kommt in den Schöpfungsgeschichten der Genesis, insbesondere in der Geschichte vom Essen der verbotenen Frucht durch Adam und Eva, zum Ausdruck (vgl. Genesis 3). Während die Menschen unschuldig im Paradies lebten, waren sie nackt und schämten sich nicht. Scham ist Ausdruck des „Gefallen-seins“.

In der Religion wird das Schamgefühl auch in einen Zusammenhang mit dem Bruch zwischen Gott und Mensch gestellt.

Nacktheit und Scham

Nacktheit bedeutet, dass wir körperlich völlig ungeschützt sind. Wir machen uns heute nur in Ausnahmefällen nackt, wenn wir den Körper einer besonderen Behandlung aussetzen, zum Beispiel in der Sauna, damit die Dämpfe mit ätherischen Ölen nicht nur in unsere Atemwege, sondern auch in alle Hautporen eindringen können und der Körper durch starkes Schwitzen unreine Stoffe leichter ausscheiden kann. Oder bei der ärztlichen Untersuchung, damit der Arzt unsere Gesundheit über die Beschaffenheit der Haut diagnostizieren kann, und natürlich in der Sexualität. In der Regel leben wir bekleidet, bedeckt und eingehüllt, nicht nur aus Schutz vor dem Klima, sondern vor allem, um uns eine letzte Würde, eine Privatsphäre oder Intimsphäre zu gönnen. Der Bundesgerichtshof definiert die Intimsphäre als die „innere Gedanken- und Gefühlswelt und den

Sexualbereich". Nacktheit auszunutzen ist ein Missbrauch ihrer unfreiwilligen Blöße. Als würdelos wird es empfunden, wenn Menschen in Schwäche und Tod unbekleidet gezeigt und den Blicken der Öffentlichkeit ausgesetzt werden.

Psychologisch kann man Nacktheit subjektiv sehr unterschiedlich empfinden, je nach den inneren Markern, die wir auf diesen Zustand für uns gesetzt haben. Für die einen ist Nacktheit eine peinliche Blöße, die es, bis auf die absoluten Notwendigkeiten (Arztuntersuchung, besondere Sicherheitskontrollen, Sexualität etc.), unbedingt zu vermeiden gilt. Für andere ist das Nacktsein eine stolze Unabhängigkeitserklärung (Nudisten), ein Kokettieren mit den verschiedenen Graden sexueller Anziehungskraft (Exhibitionisten), eine politische Demonstration radikalen Protestes (Überwindung der Tabus, Erzeugen von Aufmerksamkeit durch Schockeffekte wie zum Beispiel bei der Gruppe Femen).

Das Empfinden, wann man „nackt" im Sinne von ungeschützt und ausgeliefert ist, kann je nach persönlicher Vorgeschichte und Kultur sehr stark variieren. Manche sagen schon, „ich fühle mich nackt", wenn ihnen ihre Waffe (in den USA), ihr Hut oder ihr Ehering fehlt. Für manche, vor allem religiös, konservative Kulturen ist die unbekümmerte und freizügige Kleidungskultur westlicher Frauen (Verzicht auf ein Kopftuch, tiefes Dekolleté, freier Bauch, Shorts oder Minirock) ein beschämender Ausdruck von Nacktheit und damit Würdelosigkeit.

Schamempfinden kann je nach persönlicher Vorgeschichte und Kultur sehr stark variieren.

Andere Kulturen wie zum Beispiel die alten Griechen hatten Nacktheit als etwas Selbstverständliches in einen großen Teil ihres gesellschaftlichen Lebens integriert. Das Wort Gymnasium ist abgeleitet von dem griechischen Wort *gymnos* – „nackt". Das alte griechische Gymnasion war zunächst ein Ort der körperlichen Ertüchtigung, bevor er über die Bedeutung einer reinen Sportstätte hinaus den Charakter einer Bildungseinrichtung bekam.

Scham und Schuld

Scham ist in der Emotionspsychologie kein Primäraffekt oder Basisaffekt (Grundgefühl, das als wesentlicher Bestandteil menschlicher Existenz angesehen wird, wie zum Beispiel Freude,

Überraschung, Angst oder Traurigkeit), sondern ein struktureller Affekt. Scham wirkt erst, wenn der Mensch vorher eine komplexere Bewertung der Situation in seinem Inneren vorgenommen hat. Nach Rainer Krause entsteht Scham, wenn ein Misserfolg sich auf die Bewertung der ganzen Person auswirkt, während bei Schuld nur die einzelne Handlung als schlecht bewertet wird.[240]

Scham ist also nicht die automatische Reaktion auf Schuld, wie wir manchmal meinen. Scham bedeutet vielmehr, dass wir unser Selbst abwerten, wenn wir meinen, ertappt und als „schlecht" entlarvt worden zu sein. Schuld kann man büßen, kompensieren, von ihr freigesprochen werden – von Scham nicht. Sie verbindet sich mit unserem Selbstgefühl. Scham kann man nur loswerden, indem man „sich selbst los wird". Ein Grund für viele Selbstmorde, vor allem unter Männern, ist die Qual der Scham. Das ist der ultimative, radikale und destruktive Weg.

Scham wirkt erst, wenn der Mensch vorher eine komplexere Bewertung der Situation in seinem Inneren vorgenommen hat.

Ein anderer Weg eröffnet sich dadurch, dass man sich selbst nicht mehr so betrachtet, als würde man von einem fremden Blick beurteilt. Das schafft man nur in der Regel alleine nicht so gut. Weil wir die Scham intern als eine Autorität höchsten Rechtes etabliert haben, muss eine ebenbürtige Autorität her, um diese Wertung aufzuheben. Viele Menschen rebellieren gegen Gott und die christliche Religion, weil sie in ihr die Autorität sehen, die ihr Schamgefühl vorwiegend geprägt haben.[241] Sie wählen die Vernunft oder die Wissenschaft als neue Autorität, um die Struktur ihrer inneren Schambehaftung aufzulösen. Sie wissen oft nicht, dass Gott als Autorität für ihre Schamgefühle häufig missbraucht wurde. Ihr Bild von Gott entspricht nicht der Wahrheit, sondern einem Zerr- oder Drohbild. Wenn man Gott durch das Evangelium erkennt, zeigt sich der Gehalt dieser frohen Botschaft, denn dadurch können Menschen von falscher Scham

240 Vgl. Hautzinger, Martin / Pauli, Paul: „Themenbereich B: Methodologie und Methoden / Psychologische Interventionsmethoden / Psychotherapeutische Methoden". Göttingen: Hogrefe 2017, S. 188 und Remmel, Andreas: „Handbuch Körper und Persönlichkeit: Entwicklungspsychologie, Neurobiologie und Therapie von Persönlichkeitsstörungen". Stuttgart: Schattauer 2006, S. 31.

241 Zu den so genannten ekklesiogenen Neurosen (psychische Krankheitsbilder, die aus kirchlichen Prägungen hervorgegangen sind) zählen Zwänge, die auf Scham-Angst und Selbstverachtung basieren.

befreit werden. Ein Gefühl der Schlechtigkeit wird von unserem existenziellen Lebensempfinden genommen. Wir werden von dem Zwang entlastet, alles immer richtig machen zu müssen, damit wir uns nicht dauernd schlecht und beschämt fühlen. Wir können in einem Blick der Wertschätzung und Achtung vor unserem ganzen „Sosein" ruhen, nicht nur unserem Dasein. Und wir können die Freiheit annehmen, selbst herauszufinden, wofür ich mich schämen möchte, und es nicht von anderen übergestülpt zu bekommen. Das ist dann nicht Schamlosigkeit (das fehlende Gefühl von Sensibilität und Anstand), sondern Schamfreiheit oder auch die Freiheit von kranker Scham.

Anbetung führt den Menschen in die Schamfreiheit, da der Blick Gottes, der auf unserem Leben ruht, die Schuld sehr wohl sieht, aber den Menschen in seiner Gesamtheit dennoch bedingungslos liebt. Wir müssen allerdings auch differenzieren zwischen dem, was Menschen als Schuld deuten, und dem, was Gott als Schuld ansieht. Hier stehen heute immer wieder zeitbedingte Vorstellungen über sittliche Verfehlungen im Gegensatz zu biblischen Zeiten. Schon innerhalb der Bibel haben sich Sittenverständnisse verändert. Was früher als Schuld galt, wurde später differenzierter gesehen und anders bewertet. Dasselbe galt für Dinge, die man früher, ohne mit der Wimper zu zucken, als Selbstverständlichkeit akzeptierte. Später wurde es dann als problematisch empfunden und mit Scham und Schuldgefühlen besetzt. Schuld und Scham sind nicht in jeder Hinsicht relativ, aber sie sind auch innerhalb der Bibel nicht konsistent, sondern kulturell unterschiedlich. Es gibt eine Bewegung in dem, was als beschämend oder normal empfunden wird. Wir stehen heute radikaler in einer sehr freien und offenen Gesellschaft vor der Frage, was wir strafen oder schützen wollen. Dieses Thema sprengt den Rahmen dieses Buches. Ich möchte aber ein Grundverständnis vermitteln, dass Scham über ein bestimmtes Verhalten sehr wohl auch kulturell begründet ist.

Schuld und Scham sind nicht in jeder Hinsicht relativ. Doch es gibt auch innerhalb der Bibel eine Bewegung in dem, was als beschämend oder normal empfunden wird.

Exkurs: Gibt es eine Kollektivschuld?

Manche deutsche Christen sahen sich lange Zeit außerstande, Gott „mit erhobenem Haupt anzubeten", weil sie unter der Schwere von Scham und Schuld über die Gräuel der zwei Weltkriege und die fast erfolgreiche Vernichtung der Juden litten. Poster mit der Aufschrift „Das ist eure Schuld" hingen kurz nach Kriegsende anlässlich der Entdeckung dieser schwersten Menschheitsverbrechen überall in Deutschland. Sie wurden irgendwann abgehängt, doch in den Seelen vieler Menschen blieb ein Schamgefühl, das über die Tätergeneration hinaus nachwirkte.

In manchen christlichen Kreisen wurde ein völkisches und kollektives Schulddenken aus einigen Texten des Alten Testamentes heraus aufgegriffen und auf „Bekenntniskonferenzen" thematisiert. Erweckungshoffnungen schienen in Deutschland nicht durchbrechen zu können. Nach einer kurzen Welle der Dankbarkeit direkt nach dem Krieg blieben die großen Volkskirchen leer. Freikirchliche Gemeinden und Gründungsprojekte bekamen nicht den Aufwind, den ihre geistlichen Vorbilder in anderen Gegenden der Welt hatten (Nord- und Südamerika, Südkorea, Afrika). Man vermutete, dass im Hintergrund eine Kollektivschuld wirken würde. Ein bedrückender „Geist über Deutschland" sollte durch symbolische Beugungsakte vertrieben werden. Scheinbar reichte das nie wirklich aus, um die Situation grundsätzlich zu ändern. Deshalb gab es solche Konferenzen und Aktionen in regelmäßigen Neuauflagen über Jahrzehnte hinweg. Dieser angebliche „Geist über Deutschland" wurde immer wieder vertrieben, häufig unter Mithilfe amerikanischer Prediger oder jüdischer Symbolvertreter, die den Deutschen dann „endlich" kollektiv Vergebung und Erlösung zusprachen.

Symbolische biblische Zahlen wie vierzig Jahre für eine Generation oder eine siebzigjährige babylonische Gefangenschaft wurden immer wieder gerne an neuen Rücksetzungsdaten festgemacht. Obwohl diese Praxis irgendwann aufhörte, hat sich bis heute in manchen christlichen Kreisen die Vorstellung einer Kollektivschuld gehalten, die sich auf die seelische Verfassung sensibler Gemüter auswirkte. Eine wichtige philosophische Diskussion nach dem Kriegsende schien an diesen Christen völlig vorbeigegangen zu sein. Es war die Diskussion um die Schuldfrage der Deutschen, mutig thematisiert durch den deutschen Psychiater und Philosophen Karl Jaspers (1883–1969).

Die Schuldfrage nach Karl Jaspers

Der diskutierte in der Nachkriegszeit die Frage der deutschen Kriegsschuld. Er war als Vermittler zwischen den geistigen Fronten gut geeignet, da er selbst ursprünglich mit dem Nationalsozialismus geliebäugelt und wie sein Kollege Martin Heidegger die politischen Realitäten nach der Machtergreifung Hitlers lange verdrängt hatte. Gleichzeitig war er mit einer Jüdin verheiratet, wurde 1938 mit einem Publikationsverbot belegt und stand unter Beobachtung der Nazis. Er und seine Frau entgingen nur knapp dem Konzentrationslager.

In seiner Schrift *Die Schuldfrage*[242] unterteilt er den Schuldbegriff in vier Kategorien von Schuld:

1. Kriminelle (objektiv nachweisbare Handlungen, die gegen eindeutige Gesetze verstoßen);
2. Politische (Handlungen der politischen Führung eines Staates, deren Folgen ich tragen muss, weil ich ihr unterstellt bin und durch ihre Ordnung mein Dasein habe);
3. Moralische (Handlungen, die ich als Einzelner begehe, egal ob sie befohlen, erpresst und bedrängt erfolgen, das Maß der Schuld ist mit dem eigenen Gewissen und der Kommunikation mit liebenden, an meiner Seele interessierten Mitmenschen zu ermitteln);
4. Metaphysische (Schuld, die über juristische, politische und moralische Verfehlungen hinaus geht: Eine Grenze der Solidarität mit anderen Menschen wurde überschritten, zum Beispiel Schuld von Passivität im Angesicht großen Unrechts. Diese Art der Schuld ist für Jaspers nur von Gott ermittelbar und kann auch nur von ihm vergeben werden.).

Für kriminelle Verbrechen gibt es Strafe, für politische Schuld gibt es Haftung (Wiedergutmachungspflicht oder Verlust und Einschränkung politischer Macht und Rechte), für moralische Schuld gibt es die Möglichkeit der Einsicht, woraus Reue, Umkehr und Erneuerung folgen können. Die Erkenntnis metaphysischer Schuld kann „eine Verwandlung des menschlichen Selbstbewusstseins vor Gott“ zur Folge haben, sodass der Stolz gebrochen wird und „eine Demut entsteht, die sich vor Gott bescheidet und alles Tun in eine Atmosphäre taucht, in der Übermut unmöglich wird“[243].

Die Erkenntnis metaphysischer Schuld kann „eine Verwandlung des menschlichen Selbstbewusstseins vor Gott“ zur Folge haben.

242 Vgl. Jaspers, Karl: „Die Schuldfrage“. Heidelberg: Lambert Schneider 1946, S. 31.
243 Ebd., S. 35.

Jaspers stellte sich zu einer metaphysischen Schuld: „Wir Überlebenden haben nicht den Tod gesucht. Wir sind nicht, als unsere jüdischen Freunde abgeführt wurden, auf die Straße gegangen, haben nicht geschrien, bis man uns vernichtete. Wir haben es vorgezogen am Leben zu bleiben mit dem schwachen, wenn auch richtigen Grund, unser Tod hätte nichts helfen können. Dass wir leben, ist unsere Schuld. Wir wissen vor Gott, was uns tief demütigt."[244]

Er hielt es allerdings für unverantwortlich, Menschen im Kollektiv zu verurteilen:

> *Es ist auch sinnwidrig, ein Volk als Ganzes moralisch anzuklagen. Es gibt keinen Charakter eines Volkes derart, dass jeder einzelne der Volkszugehörigen diesen Charakter hätte. Wohl gibt es Gemeinsamkeiten der Sprache, der Sitten und Gewohnheiten, der Herkunft. Aber darin sind zugleich derartig starke Differenzen möglich, dass Menschen, die dieselbe Sprache reden, doch darin sich so fremd bleiben können, als ob sie gar nicht zum gleichen Volke gehörten. Moralisch kann immer nur der einzelne, nie ein Kollektiv beurteilt werden. Die Denkform, die Menschen in Kollektiven anzuschauen, zu charakterisieren und zu beurteilen, ist ungemein verbreitet. [...] Die kategoriale Beurteilung als Volk ist immer eine Ungerechtigkeit; [...] sie hat eine Entwürdigung des Menschen als Einzelnen zur Folge.*[245]

Den Deutschen als Volk eine generationenübergreifende Schuld aufzubürden, sie mit einem Schamgefühl zu belegen, das ihr Gefühl eines würdevollen Lebens untergräbt und ihre geistliche Stellung vor Gott in Schieflage bringt, ist eine fahrlässige Gedankenspielerei, die schwerwiegende psychische Konsequenzen hat. Die Vorstellung einer völkischen Kollektivschuld (im Gegensatz zu einer politischen Mitschuld und Haftung)

Die Vorstellung einer völkischen Kollektivschuld (im Gegensatz zu einer politischen Mitschuld und Haftung) gehört auf den Müllplatz rassistischen und völkischen Denkens.

244 Jaspers, Karl: „Hoffnung und Sorge. Schriften zur deutschen Politik. 1945–1965". München: Piper 1965, S. 32.

245 Ebd., S. 38–39.

gehört auf den Müllplatz rassistischen und völkischen Denkens. Sie sollte genauso wenig aus der Bibel abgeleitet werden wie die angebliche Schuld der Juden am Tod Christi.

Dennoch gibt es für das Konzept einer metaphysischen Schuld eine starke Grundlage in den biblischen Schriften.

Die religiöse Dimension der Scham

Die Geschichte des „Sündenfalls" am Anfang der Menschheitsgeschichte kreist um das Thema Schuld und Verantwortung. Von Sünde selbst ist in dieser Erzählung noch gar keine Rede. Sie ist ein theoretisches Konzept, das erst später entstanden ist.[246] Die Erzählung von Adam und Eva als den ersten Menschen dient als Veranschaulichung, wie diese ganze Problematik entstanden ist. Andere deuten diesen Text symbolisch als etwas, was gleichermaßen Vorrecht und Versuchung des Menschen zum Ausdruck bringt. Die Darstellung des „Sündenfalls" zeigt die Zwiespältigkeit des menschlichen Bewusstseins, das in seiner besonderen Erkenntnisfähigkeit liegt. Die besondere Erkenntnisfähigkeit des Menschen ist Fluch und Segen zugleich – einerseits maßt sich der Mensch zu viel an und überschreitet Grenzen, andererseits ist sie für ihn ein Durchbruch und er kann sich damit sein Leben erschließen. Der Tod oder das Sterben des Menschen wird aber gerade durch sein Essen vom Baum der Erkenntnis nicht abgewendet, sondern bekräftigt. Das Essen vom Baum des Lebens ist dem Menschen aber verwehrt. Die Erfahrung des ewigen Lebens kann dem Menschen nur noch durch Gott

Die besondere Erkenntnisfähigkeit des Menschen ist Fluch und Segen zugleich.

246 In einer spätjüdischen Schrift (die es nicht in den Kanon der biblischen Bücher geschafft hat) heißt es: „Ach, Adam, was hast du getan! Als du sündigtest, kam dein Fall nicht nur auf dich, sondern auf uns, deine Nachkommen!" (4. Esra 7,118). Auf diesem Begriff und der Auslegung des Paulus, in der Christus als Heilsbringer und Adam als Unheilsbringer einander gegenübergestellt werden (Röm 5,12–13), beruht die klassische christliche Theologie der Ursünde oder Erbsünde. Auch David trägt durch einen seiner Psalmen dazu bei: „Siehe, in Schuld bin ich geboren, und meine Mutter hat mich in Sünde empfangen" (Ps 51,7; LÜ). Die Erkenntnis einer einzigen konkreten Schuld ruft bei sensiblen Menschen das Gefühl hervor, schon immer in einem „System der Schuld" zu stecken. Dagegen wirkt die Erfahrung der Vergebung dann wie ein Gewaschen-Werden, „so weiß wie frisch gefallener Schnee". Die Ableitung universaler Aussagen über den Menschen aus solchen „Momentaufnahmen", die ein Glaubender erlebt hat, ist für mich fragwürdig.

selbst zurückgeschenkt werden, sofern der Mensch Gott vertraut. Das Leben selbst bleibt endlich und zwiespältig. Ewiges Leben ist nur in der direkten Verbindung mit Gott, nicht außerhalb von ihm erfahrbar. Es gibt keine geheime Substanz und keine geheime Formel in unserem Dasein, die unsere Existenz in der Endlichkeit auflösen könnte.[247]

Die Geschichte des Gartens ist aber nicht nur eine Geschichte von ursprünglicher Vollkommenheit, die sich in Schuld verwandelte – eine umgekehrte Variante des hässlichen Entleins, das zum schönen Schwan wurde. Es ist eine tief moralisch reflektierende Geschichte über die Möglichkeiten des Menschen und darüber, wohin sie ihn führen können. Die Schlange ist in dieser Sicht kein Verführer zum Bösen, sondern die Stimme der Vernunft und des Abwägens. Sie ist nicht der Gegenspieler Gottes, sondern das innere Bewusstsein des Menschen, der sich fragt, wie er mit den Möglichkeiten seines Daseins umgehen soll.

Der evangelische Theologe Paul Tillich sieht den Menschen im Garten Eden im Zustand der „träumenden Unschuld". Dieser Zusammenhang wird in einer „vorrationalen Bildsprache" dargestellt. Aus dem Mund der Schlange werden ihm seine Möglichkeiten vor Augen geführt. „Weil der Mensch Angst hat, sich nicht zu verwirklichen, beendet er den Zustand der träumenden Unschuld und tritt in die Existenz ein. Er aktualisiert seine Freiheit, um die träumende Unschuld gegen Erkenntnis, Macht und Schuld einzutauschen."[248]

Der evangelische Theologe Paul Tillich sieht den Menschen im Garten Eden im Zustand der „träumenden Unschuld". Dieser Zusammenhang wird in einer „vorrationalen Bildsprache" dargestellt.

Die Schuldfähigkeit, in die der Mensch mit seiner Entscheidung eintritt, empfindet er als Scham. Bisher hatte ich nur evolutionäre

247 Seitdem hofft der Mensch immer wieder und auch heute noch, durch Erkenntnis das Sterben zu überwinden. Menschen lassen sich in Tiefkühlzuständen für weite Zeiträume einfrieren, weil sie hoffen, dass sie eines Tages in einer Zivilisation fortgeschrittener Erkenntnis aufwachen und ihr Leben endlos weiterführen können. Siehe den Artikel über die „Cryonics Society" (Tiefkühl-Gesellschaft) in der Spiegelausgabe 6/1967, vgl. http://www.spiegel.de/spiegel/print/d-45549409.html; letzter Zugriff: 12.09.17.

248 Art. „Unschuld, träumende". In: https://tillichlexikon.wordpress.com/alle-begriffe/unschuld-traumende/; letzter Zugriff: 12.09.17.

und psychologische Aspekte der Scham aufgezeigt. Diese Geschichte zeigt, welche religiöse Dimension die Scham hat und dass sie eine Reaktion auf metaphysisches Schuldempfinden ist. Das Schamgefühl ist in der Bibel eine Folge davon, dass der Mensch sich selbst ermächtigt, aus sich selbst heraus gottähnlich wertende Entscheidungen über Gut und Böse zu treffen. Vorher – sozusagen in der ungetrübten Einheit mit Gott und der Welt, in der „träumenden Unschuld", einer Welt voller Möglichkeiten ohne selbstbewusste Entscheidungen – gab es kein Gefühl der Scham, nur ein Gefühl der völligen Übereinstimmung. Es war ein Leben ohne Bedrohungen und Verunsicherung, ein unbeschwertes, kindliches Dasein, das von Arglosigkeit, Sicherheit und Geborgenheit geprägt war: „Und sie waren beide nackt, der Mensch und seine Frau, und schämten sich nicht" (1Mo 2,25; LÜ).

Nachdem der Mensch sich selbst ermächtigt hat, nach dem „Essen vom Baum der Erkenntnis des Guten und Bösen" (V. 17), meldet sich das Bedürfnis, sich verkleiden und verstecken zu wollen:

> *Da wurden ihnen beiden die Augen aufgetan und sie wurden gewahr, dass sie nackt waren, und flochten Feigenblätter zusammen und machten sich Schurze. Und sie hörten Gott den Herrn, wie er im Garten ging, als der Tag kühl geworden war. Und Adam versteckte sich mit seiner Frau vor dem Angesicht Gottes des Herrn zwischen den Bäumen im Garten. Und Gott der Herr rief Adam und sprach zu ihm: Wo bist du? Und er sprach: Ich hörte dich im Garten und fürchtete mich; denn ich bin nackt, darum versteckte ich mich (1Mo 3,7–10; LÜ).*

Der Mensch soll sich auch im Übergangszustand, bis die Schuldfrage endgültig geklärt ist, nicht den realen oder imaginären Blicken seiner Mitmenschen ausliefern müssen. Gott gesteht ihm einen Schutz zu.

Adam fürchtete sich plötzlich in seiner Nacktheit. Die Scham meldet sich in der Angst, dass eine verborgene Schuld entdeckt wird. Während man die Schuld nach außen hin verbergen kann, bleibt das Bewusstsein der Scham im Inneren des Menschen haften. Interessanterweise löst Gott das menschliche Problem der Scham (sich verbergen wollen) damit, dass er den Schutz der Intimsphäre verstärkt. Statt der provisorischen und schnell verderbenden Blätter kleidet Gott die Menschen mit „Leibröcken aus Fell" (V. 21; ElbÜ). Der Mensch soll sich auch im Übergangszustand, bis die Schuldfrage endgültig geklärt ist, nicht den realen oder imaginären Blicken seiner Mitmenschen ausliefern müssen. Gott gesteht ihm einen starken kulturellen Schutz zu. Der Mensch kann aufgrund seiner Bekleidung wieder „mit erhobenem Haupt" umhergehen. Er muss keine Energie dafür aufwenden, der Peinlichkeit seines Schamempfindens zu entfliehen. Er ist durch Gott vor sozialer Bloßstellung geschützt. Die Kleidung verhindert „einen Angriff mit den Augen" auf die bloßgestellte Existenz des Menschen. Er hat die Hände und den Kopf frei, um sein Leben anzupacken.

Die Scham-Rezeptur

Dennoch wird die provisorische Bekleidung des Menschen immer wieder beschädigt, sowohl die stoffliche als auch die symbolische. Der Schutz gegen die Macht der Scham ist immer noch eine dünne und unsichere Sache. Die Angst davor, dass peinliche Wahrheiten entdeckt werden, treibt die Menschen bis heute um. Da Scham eine Ursache für viele Lebensprobleme des modernen Menschen bildet (von Rückzug aus der Geselligkeit bis hin zum Selbstmord), beschäftigen sich auch immer mehr Therapeuten mit diesem Phänomen. Ihre Erkenntnisse liefern uns Einblicke in das Lebensgefühl von Menschen, die Gott anbeten.

Dr. Kristin Neff von der Universität Texas in Austin geht davon aus, das Scham ein Gefühlscocktail ist, der aus einer dreifachen Rezeptur gemixt wird: Selbstverurteilung, Selbstisolierung und Überidentifikation. Selbstverurteilung geschieht, wenn wir dem vermeintlichen Urteil anderer vorauseilen und uns die Schuld an einer Entwicklung oder Schieflage geben. Das kann schnell zur inneren Gewohnheit werden und uns permanent zu der Annahme verleiten, man sehe in uns den Schuldigen, obwohl es in Wirklichkeit gar nicht so ist. Selbstisolierung bedeutet, dass wir dazu tendieren, uns aus der Gemeinschaft zurückzuziehen. Wir versuchen, uns zu verbergen oder „nicht zu zeigen", weil wir befürchten, dass die anderen uns ablehnen werden, wenn sie herausfinden, wer wir „wirklich sind". Mit Überidentifikation ist gemeint,

> *Scham ist ein Gefühlscocktail aus Selbstverurteilung, Selbstisolierung und Überidentifikation.*
> Dr. Kristin Neff

dass wir uns völlig übertrieben an die Vorstellung anderer, wie wir sein sollten, anpassen.[249] Wir bemühen uns dann krampfhaft, genau so zu werden, wie wir uns unser Dasein aus der Perspektive unserer Mitmenschen vorstellen. Übermäßig so sein zu wollen, wie andere sind oder sich geben, ist eine Überidentifikation. Unsere Anpassungsversuche in Gesellschaft und Gemeinde werden durch unsere Einzigartigkeit begrenzt. Anstatt unser „Anderssein als andere" zu erforschen und zu feiern, belegen wir es mit dem Gefühl der Scham.

Dr. Neff setzt für diese inneren Vorgänge in sogenannten MSC-Kursen (*Mindful Self-Compassion*) ein Gegenmittel mit drei Haltungen ein: Selbstfreundlichkeit (inkl. Selbstmitgefühl), gemeinsames Menschsein und Achtsamkeit. Das Ganze wirkt heilsam und befreiend auf Menschen, da sie Verständnis und Solidarität erleben. Die drei Grundverursacher der Scham werden durch ihre Gegenprägung aufgehoben: statt Selbstverurteilung Selbstfreundlichkeit, statt Selbstisolierung gemeinsames Menschsein. Hier geht es darum, das Menschliche in allen zu erkennen und solidarisch mitzutragen. Und schließlich statt Überidentifikation Achtsamkeit. Damit ist die Frage gemeint: Was brauche ich, um ich selbst zu bleiben, und wie viel Anpassung ist situationsbedingt nötig? Wir sollten zwischen unserem eigenen Empfinden und Bewerten und den um uns herum existierenden sozialen Erwartungen wachsam abwägen. Wir müssen uns weder immer dagegen aufbäumen noch ihnen immer nachgeben. In der Achtsamkeit finden wir die nötige Balance zwischen radikalem Individualismus und erzwungenem Kollektivismus.

In der Achtsamkeit finden wir die nötige Balance zwischen radikalem Individualismus und erzwungenem Kollektivismus.

Entgiftung in der Begegnung mit Gott

In der Anbetung wird die Entgiftung von diesem dreifältigen „Gefühlscocktail" durch eine heilsame Begegnung mit Gott unterstützt. In den MSC-Kursen oder ähnlichen Bemühungen wird das innere Empfinden des Menschen nur überwunden, indem den Menschen Mut gemacht wird, neu über sich zu denken, oder indem glaubwürdige

249 Es gibt auch eine „ironische Überidentifikation", die überspitzte Parodie einer Anpassung, um damit gegen den Druck und die Erwartung einer Anpassung zu protestieren. Die ist aber hier nicht gemeint.

Menschen überzeugende Behauptungen äußern. Es gibt also nur ein internes kognitives Korrektiv (unser Denken) oder ein soziales Korrektiv (die einfühlsame Gruppe). Es ist an sich ein großes Geschenk, wenn wir eine Gruppe von Menschen finden, die gemeinsam mit uns gegen diese Gedanken und Selbsteinschätzungen der Scham angehen. Sie bilden die neue Autorität, der wir uns anvertrauen, um der Autorität, die uns früher geprägt hat, etwas entgegenzusetzen.

Im Glauben an Gott wirkt aber noch eine andere Autorität daran mit, unser Schamgefühl umzuformen. Diese Autorität begegnet uns natürlich nicht unmittelbar und direkt, sondern durch glaubensvermittelnde Personen wie Pfarrer, Pastoren, Prediger und christliche Freunde in einer Glaubensgemeinschaft. Sie können uns helfen, ein neues Denken und Empfinden, das von Gottes Geist geprägt ist, in uns aufzubauen. Dennoch ist es letztlich Gottes eigene Autorität, die wir neu kennenlernen müssen, um uns ihm tiefer anzuvertrauen. Bei diesen geistlichen Erkenntnisprozessen spielt der Heilige Geist in Verbindung mit den Urtexten des christlichen Glaubens eine wichtige Rolle. Mit ihrer Hilfe sprechen wir uns nicht nur selber frei, sondern Erfahrungen und Glaubenszeugnisse anderer unterstützten uns. Die Selbstverurteilung wird aufgehoben, wenn wir uns dem Urteil Gottes stellen[250] und dabei erkennen, dass das Urteil Gottes über die Irrläufe der Schuld nicht uns selbst gilt. Es gilt dem, was mit uns und an uns aus dem Lot gekommen und schiefgelaufen ist. Wir können einsehen, dass etwas in uns nicht „in Ordnung ist“[251], und

Wir können einsehen, dass etwas in uns nicht „in Ordnung ist“ und gleichzeitig mit Gott daran festhalten, dass wir selbst wertvoll und geachtet sind.

250 Hier ist es mir noch einmal sehr wichtig, eine Warnung davor auszusprechen, nicht aus ein paar zusammengestrickten Versen ein „Urteil“ Gottes über uns abzuleiten. Gott selbst hebt Regelungen in den Heiligen Schriften, die für bestimmte Zeiten galten, auf und setzt andere ein. Moral ist ein wandlungsfähiges kulturelles Konzept, das nur auf der unwandelbaren Grundlage von Menschenwürde und Ehrfurcht vor Gott sinnvolle Ergebnisse in anderen Zeiten hervorbringen kann. Manches ist glasklar, zeitlos und offensichtlich, anderes muss erspürt und differenziert in neuen Zusammenhängen immer neu gedeutet werden.

251 Das Konzept der Sünde beruht nicht nur auf einer willkürlichen theologischen Behauptung, sondern auf dem tief sitzenden Gefühl im Menschen, dass seine Seele, sein Innerstes aus einer Harmonie und Ordnung herausgefallen ist. Schuld an sich ist nicht nur eine Zuschreibung von außen.

gleichzeitig mit Gott daran festhalten, dass wir selbst wertvoll und geachtet sind. Wenn wir uns dem Urteil über Fehlverhalten beugen und für die Folgen dieser Handlungen demütig anerkennen, wie heilsbedürftig wir sind, wird gleichzeitig der Freispruch ausgelöst, der auf dem Heilswerk Christi beruht. In Christus hat Gott die Schuld nicht nur zugedeckt, sondern „bezahlt", um mit den starken Erlösungsbegriffen der Bibel zu sprechen.

Die Macht des göttlichen Zuspruchs

In der Anbetung habe ich die höchste geistliche Autorität des Daseins als Gegenüber, das mir diese Dinge zuspricht. Ich erlebe Erlösung von Schamgefühlen nicht nur als freundliches Selbstgespräch oder Sammelgedanke einer freundlichen Gruppe von anderen Menschen, so wertvoll diese in sich auch sind, sondern als „Zuspruch" einer „Verheißung" Gottes. Mir begegnet nicht nur menschliche Meinung. Ich erlebe vielmehr die Macht der schöpferischen Kraft des Wortes Gottes. Ich könnte eine rein menschliche Sicht meines Zustandes durch die liebevolle Gruppe in einem anderen Licht wieder anzweifeln und dann eventuell in noch tieferen Scham- und Schuldgefühlen versinken. So etwas kann im Glauben auch geschehen. Was wir in einem Gottesdienst oder in einer Anbetungszeit von Gott gefühlt und verstanden haben, kann in der Wirklichkeit des Alltags wie weggeblasen sein. Doch der Glaube eignet sich mithilfe der Verheißungen Gottes während der Anbetung ein immer dichteres Netz aus tief empfundenen Wahrheiten an, die uns über unsere tagesaktuelle Gefühlswelt hinaus tragen. Die Kraft der Verheißung beruht eben nicht auf meinem Gefühl der Sicherheit über das, was ich gerade glaube. Glaube als empfangener Zuspruch ist ein Fels der Wahrheit, an dem sich meine flüchtigen Überlegungen und Aufwallungen brechen wie das Meer, das den Stein selbst nicht zu bewegen vermag. Anbetungsmomente im Geist und in der Wahrheit vermitteln mir diese Perspektive. Durch sie kann ich mich selbst achten und mein Haupt befreit erheben. Ich muss meinen Blick nicht mehr senken oder verschämt von Gott oder mir selbst abwenden. Mein Gegenüber schaut mich ermutigend an, ruft mich hervor und bekräftigt mich, mich in meiner Einzigartigkeit zu zeigen und nicht dafür zu schämen. Auch die Brüche und Risse in unserem Leben sind vor Gott kein schmerzender Stachel der Scham mehr.

Sie werden vielmehr umgewandelt in Zeiten, in denen das Licht in die tieferen Ebenen hineinkommen kann.

> „*Ring the bells that still can ring, forget your perfect offering, there is a crack in everything, thats how the light gets in.*“
> Leonard Cohen (1934–2016) – „Anthem“[252]

252 „Läute die Glocken, die immer noch klingen können! Vergiss dein perfektes Opfer! Es gibt einen Bruch in allen Dingen. Aber durch diese Risse kann das Licht eindringen.“ (eigene Übersetzung)

12. Anbetung mit erhobenem Haupt

Hier stehe ich, ich kann nicht anders.
Martin Luther (1483–1546)

Diese Aussage, die Martin Luther vor dem Reichstag in Worms zugeschrieben wird, ist keine Zeile eines Anbetungsliedes, sondern die überzeugt-trotzige Haltung eines Mannes, der in seinem Glauben zu den alten Vorstellungen von Kaiser und Kirche „zurückgepfiffen" werden sollte. Sie ist dennoch ein guter Einstieg, um eine Haltung der Anbetung zu beschreiben, die sich von Bevormundung befreit und eigenständig glaubt. Luther stand zu seinen eigenen Gedanken, die bei seinem Nachdenken über Gott und dem Lesen der Bibel entstanden waren und die er in 95 Thesen an eine Kirchentür in Wittenberg angenagelt hatte. Sie hatten hohe Wellen geschlagen und die gedankliche Ordnung der mittelalterlichen Kirchenwelt in vieler Hinsicht erschüttert. Luthers Worte stehen für das Prinzip der Eigenständigkeit im glaubenden Denken, das für uns heute fast schon eine Selbstverständlichkeit geworden ist. Sie wehren der Tendenz, sich für seine Gedanken über Gott irgendwie schuldig fühlen zu müssen. Sie beruhen auf einem Bild von Gott, das den Menschen nicht bevormundet und unterdrückt. Aufrechten Ganges und erhobenen Hauptes anzubeten ist Ausdruck eines Glaubens, der sich zwar einem höheren Gesetz unterwirft, aber dies aus freien Stücken tut.

Aufrechten Ganges und erhobenen Hauptes anzubeten ist Ausdruck eines Glaubens, der sich zwar einem höheren Gesetz unterwirft, aber dies aus freien Stücken tut.

„Wurm-Theologie"

Über viele Jahrhunderte haben kirchliche Autoritäten und Theologen immer die Kleinheit des Menschen im Gegensatz zu Gott betont und gefordert, dass der Mensch sich Gott unterwerfe. Man kann diese Betonung als „Wurm-Theologie" bezeichnen, müsste aber genauer „Wurm-Anthropologie" sagen, weil es eine Sicht vom Menschen ist, allerdings aus einer theologischen Interpretation heraus. Die Wurm-Theologie könnte man zugespitzt so zusammenfassen: Der Mensch ist nichts als ein Wurm vor Gott. Er windet sich im Staub und Dreck seiner irdischen Existenz und ist nichts, aber auch gar nichts im Vergleich zur Lichtgestalt Gottes, seiner Engel, seiner Helden und Heiligen. Wenn man an Gott dachte, fiel einem beim Menschen nur der große Gegensatz ein, und zwar im Sinne von klein oder unwürdig. Dazu passt der Wurm als Metapher. Wenn Gott auch in dem Menschen Jesu als Lamm und Löwe dasteht, ist der Mensch im Vergleich nur ein winziger Wurm, ein Wesen, das sich auf unterster Ebene der Schöpfungshierarchie und sogar darunter im Dreck windet und kriecht.

Wenn Menschen der Bibel nach eine Metapher dafür suchen, wie klein und unwürdig sie sich fühlen, kommt der Wurm ins Spiel: „Ich bin ein Wurm und kein Mann" (Ps 22,7; NeÜ), „ein Wurm und kein Mensch, ein Spott der Leute und verachtet vom Volk" (Ps 22,7; LÜ). Interessanterweise wird das Wort vom Propheten Jesaja mit tröstlicher Absicht gebraucht: „Fürchte dich nicht, du Wurm Jakob, du Häuflein Israel! Ich, ich helfe dir, spricht der Herr, und dein Erlöser ist der Heilige Israels!" (Jes 41,14; ElbÜ). Aus dem unbeholfenen Häuflein soll jemand werden, dem geholfen worden ist. Der Wurm wird kein Wurm bleiben. Hier bezeichnet Gott Jakob zwar als Wurm und Israel als elendes Häuflein, aber nicht aus seiner Sicht, sondern aus der gespiegelten Eigensicht des Menschen: „Du magst dich wie ein Wurm und ein elendes Häuflein fühlen – klein, unrein (bei den Juden galt Gewürm in vieler Hinsicht als besonders unrein), wehrlos und bedeutungslos. Aber ich bestätige oder verstärke das nicht, im Gegenteil: Ich helfe dir da raus, ich bin da, um dich zu erlösen und dir Mut zu machen."

Die Veränderung seines bedürftigen Zustands durch Gottes Hilfe sollte zwar nie dazu führen, dass der Mensch sich „erhob" (in der Bibel immer wieder als auflehnende Haltung und Rebellion verstanden) und sich danach Gott ebenbürtig empfand. Vollständig „auf Augenhöhe" zu sein, wird es in der Beziehung zwischen Geschöpf und Schöpfer nie geben. „Auf Augenhöhe" oder auch „Ohren- und Mundhöhe" lässt Gott sich zwar immer wieder zu dem Menschen herab, wenn er mit ihm kommuniziert. Auf Augenhöhe teilt Gott dem Menschen seine Achtung und Liebe mit. Aber ein kategorisches „Auf-Augenhöhe-nebeneinander-her-Existieren" ist eine Utopie, ein Trugbild von etwas, was es nie geben kann, ohne dass die Wirklichkeit aufhört zu existieren. Der unerlöste Mensch strebt nach

Erlösung von seinem Leid durch ein Leben, das er „auf Augenhöhe mit Gott“ führen will. Es ist die Gabe des Evangeliums, dass Gott dem Menschen „das Haupt erhebt“, ihn aus der Tiefe zieht, auf einen Felsen stellt und ihm in Gott Freundschaft, Liebe und Vergebung schenkt. Der kategorische Unterschied zwischen Gott und Mensch aber bleibt. Der Mensch bleibt auf Gott angewiesen. Und deshalb bleibt die Demut, mit der wir die Größe Gottes und unsere Angewiesenheit anerkennen, auch eine hohe Tugend und tiefe Kraft des Glaubenden. Sie führt ihn jedoch weder in die Ohnmacht noch in die Selbstverachtung. Sie erdet ihn in seinem primären Bezugssystem und gibt ihm gleichzeitig Flügel, sich selbst zu entfalten.

Es ist die Gabe des Evangeliums, dass Gott dem Menschen das Haupt erhebt, ihn aus der Tiefe zieht, auf einen Felsen stellt und ihm in Gott Freundschaft, Liebe und Vergebung schenkt. Der kategorische Unterschied zwischen Gott und Mensch aber bleibt.

Erhobenes Haupt, gebeugtes Herz

Die Synthese der scheinbar gegensätzlichen Vorstellungen von gesundem und bewunderungswürdigem Stolz einerseits und einem Herzen, das sich seiner Bedürftigkeit und seiner Wunden bewusst ist, kommt in einer wunderbaren Geschichte zum Ausdruck. Pfarrer Michael Becker hat sie im Radio als Wort zum Tage erzählt[253]:

> *Mit 13 war er Balthasar. Im Krippenspiel. Nie wollte er etwas anderes sein als der König Balthasar. Und nie im Leben hat er vergessen, wie er vor der Krippe knien musste, ohne dass ihm die Krone vom Kopf fiel. Er hatte einen weißen Umhang, von der Mutter genäht; einen farbigen Gürtel und eine Krone aus Pappe, die nicht gut saß. Nur wenn er gerade stand. Beim Knien musste er aufpassen. Die Geschenke gab er aus den Händen, die Krone behielt er. Das war ja das Zeichen. Das Zeichen seiner Würde. Erst beim Knien kam die Demut. Das wusste er damals nicht so genau. Weihnachten 1944.*

253 Becker, Michael: „Erhobenes Haupt, gebeugtes Herz“. Wort zum Tage. Deutschlandradio Kultur, 6. Januar 2015. https://rundfunk.evangelisch.de/kirche-im-radio/deutschlandradio-kultur/wort-zum-tage/wort-zum-tage-06-01-6622; letzter Zugriff: 12.09.17.

Jetzt ist er über achtzig. Und weiß, was Demut ist: Erhobenes Haupt, gebeugtes Herz. So nennt er das heute.
Damals war furchtbar, 1944. Der Vater gefallen, der Onkel gefallen, der Bruder verunglückt. Und er König Balthasar, seine kleine Schwester ein Hirte. Wenn er heute auf damals sieht, kommen wieder Tränen. Und Gänsehaut. Wie konnte man nur leben? Man konnte, weil man nie fragte. Nicht nachdachte, nicht nachdenken durfte. Keine Zeit. Das Leben musste gelebt werden. Erst viel später, beim Zurückdenken, wurde ihm klar: Man konnte nur leben, weil man tapfer war. Und demütig. Beides zugleich. Das wusste man da nicht. Man trug den Kopf noch oben, irgendwie. Dem Leben die Stirn. Das Herz aber war gebeugt, manchmal ganz tief. Gott hilft den Tapferen, sagt er sich heute. Wenn sie denn ihr Herz beugen. Bitten, klagen, hoffen. Wenn sie nicht selbstgefällig werden oder selbstgerecht oder stumpf. Wenn sie, wie Balthasar, den Kopf nicht in den Sand stecken. Vor Gott aber auf die Knie gehen, ihr Herz beugen. So geht das vielleicht, das Leben. Sagt er sich heute, mit über achtzig.
Damals fragte er nicht. Ging langsam mit den anderen beiden Königen in die Kirche. Groß war sie. Und kalt. Die Fenster fehlten. Bombenangriff. Bänke fehlten auch. Die hatte jemand gestohlen und verheizt. Alles war möglich, damals. Auch tiefe Stille in der eiskalten Kirche. Die Könige kamen an, standen vor der Krippe. Er dachte an die Krone. Und kniete. Seine Mutter war in der Kirche; weiter hinten. Alle sangen, feierlich: Ich steh an deiner Krippen hier. Und er kniete. Erhobenes Haupt, gebeugtes Herz. Der Welt die Stirn, Gott das Herz. Eingebrannt in seine Seele ist das.
Bis heute.

If you want to kiss the sky, you better learn how to kneel[254] singt Bono, Frontsänger der Rockband U2. Eine Begegnung mit dem Himmel kann nicht geschehen, ohne die innere Haltung zu ändern. Gott begegnet man nicht auf dem Terrain der lässigen Posen und coolen Konversationen unserer Normalität. Gott verachtet die Selbstgefälligen,

254 Aus dem Song „Mysterious ways" vom U2-Album „Achtung Baby!"
Writer(s): Paul David Hewson, Dave Evans, Adam Clayton, Larry Mullen
Lyrics © Universal Music Publishing Group, Sony / ATV Music Publishing LLC, Warner / Chappell Music, Inc.

Arroganten und Aufgeblasenen dieser Welt. Aber er achtet den, der „zerschlagenen und gebeugten Geistes“ ist (Jes 57,15; ElbÜ). Dabei geht es nicht um Askese und Selbstzerbruch, sondern nur um das brüchige, sensible Empfinden, dass wir so, wie wir normal unter Menschen auftreten, bei Gott nicht punkten können. Wir müssen aber weder eine Hab-acht-Stellung einnehmen, einen Kotau[255] vollziehen noch besonders religiös und salbungsvoll klingen. Doch wir sollten knien, wenigstens im Geiste. Wir sollten „uns beugen“ und uns des großen Unterschiedes zwischen Schöpfer und Geschöpf bewusst sein. Auch wenn das Geschöpf mit der Schöpfung intim verwoben ist, sollte uns bewusst sein, dass Gott der ganz andere, der weit über dieser Welt stehende ist. Nur aus dieser Perspektive kann Erlösung etwas anderes als ein billiger Selbsterlösungsversuch sein. Darum heißt es im Johannesevangelium, dass der Heilige Geist den Menschen von „Sünde überführt“, um ihn für das Heilshandeln Gottes zu öffnen. Wer den Unterschied zwischen Gott und Mensch und die tiefe Kluft durch die Entfremdung des Menschen von Gottes Wesen und Absichten nicht existenziell erlebt und bejaht, baut eine Brandmauer zwischen sich und dem rettenden Handeln Gottes auf. Ist der Geist dafür taub und blind, kommt nichts Rettendes hindurch. Es bleibt vielleicht eine Form von Spiritualität, aber Gott und Mensch sind noch nicht wirklich „versöhnt“. Deshalb bleibt das Spannungsfeld zwischen einem erhobenen Haupt der Selbstgefälligkeit und einem erhobenen Haupt, das sich vor Gott in heilsamer Demut bewegt.

Eine Begegnung mit dem Himmel kann nicht geschehen, ohne die innere Haltung zu ändern.

Das Zerreissen der Kleider als Ausdruck der Erschütterung

In der Zeit König Josias war das Wort Gottes (Sammelbegriff für die damals bekannten Heiligen Schriften) völlig in Vergessenheit

255 Der Kotau (chin. *Kó-tón* – „schlagen mit dem Kopf“) war eine besonders unterwürfige Haltung dem chinesischen Kaiser gegenüber. Er war eine tiefe Verbeugung in kniender Haltung, bei der der Kopf den Boden berühren musste. In der Bildungssprache heißt „seinen Kotau machen“ noch heute, sich äußerst unterwürfig jemandem gegenüber zu verhalten. Folteropfer werden manchmal in Schauprozessen zu einem falschen Bekenntnis, einem „ideologischen Kotau“, gezwungen. Der Kotau ist im Unterschied zur gläubigen Demütigung unter Gott eine Zwangsgeste, eine unfreiwillige, ohnmächtige Art der Beugung. Sie sagt nur etwas über Machtverhältnisse und nichts über Bewunderung, Dankbarkeit und Zuneigung aus.

geraten. Die einfachen Menschen kannten es gar nicht. Beim Ausbessern des Tempels wurde die Buchrolle des Gesetzes gefunden und dem jungen König vorgelegt. Daraufhin zeigte er ein Verhalten, dass das „gebeugte und zerschlagene Herz", von dem Jesaja spricht, in der typischen Art seiner Zeit illustriert: „Es geschah, als der König die Worte des Gesetzes hörte, da zerriss er seine Kleider" (2Chr 34,19; ElbÜ). Die Prophetin Hulda ließ ihm dann im Auftrag Gottes sagen: „Weil dein Herz weich geworden ist und du dich vor Gott gedemütigt hast, als du seine Worte über diesen Ort und über seine Bewohner hörtest, und du dich vor mir gedemütigt und deine Kleider zerrissen und vor mir geweint hast, so habe ich es auch gehört, spricht der Herr" (2Chr 34,27; ElbÜ). So drückte sich ein zerschlagener Geist in der Kultur des alten Orients aus.

Heute braucht es keine radikale äußere Geste.[256] Wir können als moderne Menschen aufrecht in der Anbetung vor Gott stehen und doch empfinden:

Ich bin entsetzt darüber, dass ich so weit von Gottes Willen abgewichen bin. Ich bin erschrocken und berührt von dem Ausmaß meiner geistlichen Unsensibilität und Taubheit. Ich erkenne mich als jemand, der „nur noch einen Schein von Gottseligkeit hat", anstatt in tiefer Verbundenheit und lebendiger Nähe zu Gott zu leben. Mein Herz ist geknickt, meine Seele verwundet. Ich brauche Heilung und Wiederherstellung in der Tiefe meiner Existenz. Aber gerade jetzt stehe ich unter dem Segen einer besonderen Verheißung: „Aber auf diesen will ich blicken: auf den Elenden und den, der zerschlagenen Geistes ist und der da zittert vor meinem Wort" (Jes 66,2; ElbÜ) und „Nahe ist der Herr denen, die zerbrochenen Herzens sind, und die zerschlagenen Geistes sind, rettet er" (Ps 34,19; ElbÜ).

So fern und unwürdig ich mich Gott in diesem Moment der Zerbrochenheit und Selbsterkenntnis auch fühle, so nah ist er mir gerade

256 Im Buch Esra ist nicht nur vom Zerreißen der Kleider, sondern sogar vom Ausreißen der Haare aus Kopf- und Bartbehaarung die Rede: „Als ich diese Sache hörte, zerriss ich mein Gewand und mein Oberkleid und raufte mir Haare meines Hauptes und meines Bartes aus und saß betäubt da. Und zu mir versammelten sich alle, die vor den Worten des Gottes Israels zitterten wegen der Treulosigkeit der Weggeführten; und ich saß betäubt da bis zum Abend-Speisopfer. Und beim Abend-Speisopfer stand ich auf von meiner Demütigung, nachdem ich mein Gewand und mein Oberkleid zerrissen hatte, und ich beugte mich auf meine Knie nieder und breitete meine Hände aus zu dem Herrn, meinem Gott" (Esra 9,3–5; ElbÜ).

in Wirklichkeit. Und diese Nähe ist keine Bedrohung! Sie ist darauf ausgerichtet, mich aufzurichten und zu beleben.

Es ist nicht Gottes Art, unsere Ohnmacht genüsslich auszukosten. Das entspricht eher einer perversen Haltung von Machthabern, die sich an dieser Distanz aufrichten, um nicht zu sagen aufgeilen. Sie verschanzen sich in ihrer Höhe und Erhabenheit. Sie nutzen diese nicht zur Belebung der Gebeugten und Zerschlagenen. In dem Film „Exodus – Götter und Könige" von Ridley Scott sagt der Sohn des Pharaos herablassend über die leidenden Hebräer: „Es sind doch nur Sklaven". Für den Gott Jesajas ist das Ziel des Erhabenen nicht, zu benutzen, sondern zu beleben.

„Denn so spricht der Hohe und Erhabene, der in Ewigkeit wohnt und dessen Name der Heilige ist: In der Höhe und im Heiligtum wohne ich und bei dem, der zerschlagenen und gebeugten Geistes ist, um zu beleben den Geist der Gebeugten und zu beleben das Herz der Zerschlagenen" (Jes 57,15; ElbÜ).

Gottes Art ist das Beleben. Gottes Geist richtet auf und stärkt. Gottes Stil besteht darin, „den anderen wieder großzumachen". In Gott ist kein Funke abartiger Freude darüber, wenn Untergebene winseln und leiden. Er hat keinen perversen Drang, die Ohnmacht auf Erden zu mehren. Und deshalb kommt auch bei den genannten Beispielen der Erschütterung bald der Anruf, dass der Mensch in seiner Stärke beherzt handeln soll: „Steh auf, denn dir obliegt die Sache! […] Sei stark und handle!" (Esra 10,4; ElbÜ). Jesaja, der von seiner Unreinheit erschüttert war, wird nach der Berührung durch die glühende Kohle des heiligenden Altars zugemutet, „ein Bote" dieses heiligen Herrn zu sein und „für ihn zu gehen" (Jes 6). Ihm und vielen anderen wird immer wieder zugesprochen, sich nicht zu fürchten, stark zu sein, erhobenen Hauptes ihr Leben zu führen und ihre Aufgaben anzupacken. So wirkt in der Bibel immer wieder ein Geist, der den Menschen stärkt und zu einem selbstbewussten Leben ermutigt. Deshalb kann das treffende Bild für Anbetung am Ende nur „das erhobene Haupt" sein. Diese Erfahrung prägt auch in der Kirchengeschichte immer wieder die Anbetungsgemeinschaft der Glaubenden, auch wenn wir entstellende Zeugnisse extremer Selbstverachtung und Selbstzerstörung

Gottes Art ist das Beleben. Gottes Geist richtet auf und stärkt. Gottes Stil besteht darin, den anderen wieder großzumachen.

finden (wie zum Beispiel die sogenannten Säulenheiligen). Diese Erfahrung zieht heute weltweit Menschen in die Arme der christlichen Gemeinde, wenn sie die beglückende Erfahrung machen: Gott ist mehr als eine religiöse Kontrollinstanz. Er ist Liebe und Ermutigung zum Leben. Er ist befreiende Wahrheit und aufbauender Geist.

Anbetung mit erhobenem Haupt ist eine Liebe zu Gott, die ihn inmitten aller Menschlichkeit selbstbewusst verehrt. Das wirkt auf uns selbst sogar manchmal als etwas Ungebührliches. Es erscheint in gewisser Weise als unverschämt.

> *„Du bist größer als die Herrscher aller Zeiten, erhabener als jede Majestät, dennoch nahbar in allem, was Du tust, beziehst uns ein wie ein Freund, Du begnadest uns!*
> *Unverschämt, es erscheint uns manchmal unverschämt, so vertraut mit dem Herrn aller Welt zu sein. Unverdient, dieses Vorrecht, völlig unverdient, doch Du selber lädst uns dazu ein. Unverschämt stehen wir vor Dir, ganz unverschämt, voller Ehrfurcht, aber ohne falsche Scham. Unsere Schuld hast Du weit von uns hinweggetan, und mit Königswürde kleidest Du uns an.“*[257]

Der verkrümmte Anbeter – das „geknickte Rohr“

Es gibt auch in der Religion eine weitverbreitete Verkrümmung. Der „homo incurvatus“, der in sich verkrümmte Mensch, wie Luther ihn im Blick auf die Sünde bezeichnete, drückt sich nicht nur in areligiöser Arroganz, sondern auch in falsch verstandener religiöser Demut aus. Das gebeugte Haupt ist dann nicht nur das demütig und ehrfürchtig gebeugte und staunende Herz vor Gott, sondern das „geknickte Rohr“ (Jesus), die unsichere, ängstlich gebrochene Persönlichkeit, die sich selbst nicht achtet, sich nichts zutraut und keiner Autorität zu widersprechen wagt. Ein scheinbar demütig gebeugtes Haupt kann auch Ausdruck eines Menschen ohne Rückgrat, Charakter und Persönlichkeit sein, eines Menschen ohne Stolz und Selbstachtung. Es kann ein Ausdruck von Resignation, Kapitulation und einer kranken Passivität sein. Der

Ein scheinbar demütig gebeugtes Haupt kann auch Ausdruck von Resignation, Kapitulation und einer kranken Passivität sein.

257 Martin Pepper: „Unverschämt“ © 2007 mc-peppersongs.

Mensch kann eine Opferrolle akzeptieren und nur noch auf ein paar Brotkrumen vom Tisch der Reichen warten, ohne seinen eigenen Reichtum energisch und systematisch auszubauen. Diese Demut ist krank, entzieht Lebenskraft, anstatt sie freizusetzen, und dämpft alle kreativen Energien, die Gott in uns Menschen hineingelegt hat. Sie erzieht zu einem angepassten, autoritätshörigen Leben anstatt zu einem selbstbewussten Dasein in der Freiheit des eigenen Glaubens. Das ist keine Tugend. Auf diese Weise verkümmert und verarmt der innere Mensch, den Gott beleben will.

Eine andere Art der Verkrümmung findet sich in einer der ersten Anbetungsszenen der Bibel. Es ist eine Verkrümmung durch Zorn, Neid und Bitterkeit.

Anbetung ohne Zorn und Neid

„Der Herr blickte auf Abel und seine Opfergabe, aber auf Kain und seine Opfergabe blickte er nicht. Da wurde Kain sehr zornig, und sein Gesicht senkte sich. Und der Herr sprach zu Kain: Warum bist du zornig, und warum hat sich dein Gesicht gesenkt? Ist es nicht so, wenn du recht tust, erhebt es sich?“ (1Mo 4,4–7; ElbÜ).

Kain vergleicht sich in der Anbetung mit seinem Bruder Abel und wird darüber zornig. Er ärgert sich darüber, dass Gott scheinbar Abels Opfer „anblickte“ und seines ignorierte. Ärger und Zorn können Anbetung vergiften. Paulus ermahnt die Gläubigen, „heilige Hände ohne Zorn und Zweifel aufzuheben“, um Gott anzubeten (1.Tim.2.8 LÜ). Zorn ist ein sehr intensives Gefühl und kann uns für ein gesundes Wahrnehmen der geistlichen Realität blind machen. Was löste den Zorn des gesenkten Hauptes bei Kain aus?

Kain hatte keinen „Augenkontakt“ mit Gott. Er konnte nicht „sehen, wen Gott gnädig anschaut“ und wen nicht. Die Redeweise „Gott sah an“ war Ausdruck einer Vorstellung, die bis heute Menschen in ein krankes Vergleichsdenken treibt. Es war die Vorstellung, dass Gott besonders auf diejenigen achtet, die erfolgreich sind. Es ist die Annahme, dass sich am Erfolg eines Menschen zeigt, wie sehr Gott „ihm gewogen“ ist. Dieser oberflächliche Gedanke wird spätestens bei Jesus kategorisch verneint. Der jüdische Religionsphilosoph Martin Buber sagt: „Erfolg ist keiner von Gottes Namen.“[258] Jesus

258 Frankfurter Hefte 6, 1951, S. 195f.

sprach den Erfolglosen, Armen und Verachteten die Aufmerksamkeit Gottes zu (zum Beispiel in den Seligpreisungen). In Kains und Abels Geschichte wird jedoch im Interpretationsmuster der damaligen Zeit konstatiert: Abels Herde schien sich prächtig zu vermehren, Kain dagegen hatte mit Missernten zu kämpfen. Nun entwickelt sich die Geschichte unter dem Motto: „Wie ein Mensch damit umgeht, dass ein anderer Erfolg hat."

Kain steht exemplarisch für Menschen, die über den Erfolg anderer zornig werden, weil sie sich selber dadurch minderwertig fühlen. Sie meinen, immer selber an der Erfolgspinnwand an oberster Stelle rangieren zu müssen. Sie reagieren auf das schlechtere Dastehen im Vergleich mit anderen, indem sie sich mit Zorn gegen das Gefühl der Scham aufbäumen. Kain ist ein Mensch, der es nicht ertragen kann, dass andere besser dastehen als er. Anstatt sein Haupt zu Gott zu erheben, ihn um Hilfe, Erklärung, Hinweise für seine Entwicklung zu bitten, senkt er sein Haupt im Zorn. Er malt sich wohl aus, was er machen kann, um den Erfolg seines Bruders zu stoppen, damit er wieder glänzen kann. Der Wunsch, erfolgreich zu sein und zu zeigen, „was wir drauf haben", ist allen Menschen zu eigen. Es ist eine zutiefst menschliche Tendenz. So schreibt Carl Rogers, einer der Begründer der humanistischen Psychologie: „Man kann sagen, dass in jedem Organismus auf jedweder Entwicklungsebene eine Grundtendenz zur konstruktiven Erfüllung der ihm innewohnenden Möglichkeiten vorhanden ist. Auch der Mensch weist diese natürliche Tendenz zu einer komplexeren und vollständigeren Entfaltung auf. Der am häufigsten dafür gebrauchte Terminus ist die ‚Selbstverwirklichungstendenz', die in allen lebenden Organismen vorhanden ist."[259]

Kain ist ein Mensch, der es nicht ertragen kann, dass andere besser dastehen als er. Anstatt sein Haupt zu Gott zu erheben, ihn um Hilfe, Erklärung, Hinweise für seine Entwicklung zu bitten, senkt er sein Haupt im Zorn.

Diese natürliche Selbstverwirklichungstendenz in Kain wurde durch Abel nicht behindert. Nur in seinem Empfinden fühlte sich Kain durch Abels Erfolg herabgesetzt. Sein Zorn zog seinen Blick nach innen. Er grübelte, stellte Vergleiche an und Theorien auf. Es gärte in ihm. Seine Unsicherheit schlug in Zorn um. Er meinte, es

259 Rogers, Carl: „Der neue Mensch". Stuttgart: Klett-Cotta 2007, S. 69.

nicht mehr länger ertragen zu können, dass ein anderer so viel besser als er abschnitt. Zu seiner Bitterkeit und seinem Zorn gesellte sich die Ungeduld. Er wollte nicht mehr abwarten, ob sich etwas veränderte, er wollte jetzt diesen Stachel in seinem Fleisch mit Gewalt entfernen. Der Zorn wurde in seiner Impulsivität zum Jähzorn. Er glühte, loderte auf und führte schließlich zum Totschlag.

Die Abwärtsbewegung der Opfermentalität

Der gesenkte Blick mit dem grübelnd und bitter nach unten schauenden Gesicht ist eine Sackgasse, die darin mündet, sich selbst zu schädigen. Dass sich die Gefühle in Richtung Ärger und Zorn bewegen, führt am Ende nicht nur in dieser Geschichte zu Mord und Totschlag. Es ist eine universale Erfahrung: Je mehr Menschen sich als Opfer und andere als vom Schicksal Begünstigte verstehen, desto mehr wachsen Fantasien der gewaltsamen Befreiung.

Gott warnte Kain sogar davor, als sich alles noch in einem frühen Stadium von Gefühl, Fehlurteil und Fantasie befand. Kain hatte noch nichts Verheerendes getan, nur seinen Blick gesenkt. Das spricht dafür, dass Kain noch grübelte, über seinem Problem brütete und dabei düstere, anklagende und verurteilende Tendenzen hatte. Kain wollte jemanden bestrafen, seinen Schmerz und Mangel mit Gewalt beseitigen. Er wollte das Problem mit einem Befreiungsschlag loswerden.

Kain stand mit diesem gesenkten Haupt auch vor Gott. Gott war um ihn und meldete sich in ihm. Er war sich einer Art Gegenwart Gottes bewusst. Gott sprach ihn an in seinem Gewissen. Diese Gedanken gingen ihm durch den Kopf: Warum bist du so niedergeschlagen und zornig? Warum bist du fixiert auf dieses vermeintliche Unrecht? Warum nimmst du das so persönlich? Warum kannst du nicht aufschauen, dich umsehen und deine Möglichkeiten wahrnehmen, die dir immer noch offen stehen? Warum kannst du die Schönheit deiner Welt nicht mehr sehen, nur noch die vermeintliche Demütigung? „Warum bist du zornig, und warum hat sich dein Gesicht gesenkt? Ist es nicht so, wenn du recht tust, erhebt es sich? [wörtlich laut ElbÜ: Ist nicht, wenn du recht tust, Erhebung (angesagt)?] Wenn du aber nicht recht tust [auf das richtige Handeln bedacht bist], lagert die Sünde vor der Tür. Nach dir wird ihr Verlangen sein, du aber sollst über sie herrschen“ (1Mo 4,6–7; ElbÜ).

Die Sünde als eine lauernde, uns belagernde Tendenz vor den Toren unserer bewussten Existenz zu schildern, legt nahe, dass die Sünde nicht das Wesen des Menschen ausmacht, sondern eine Versuchung ist, uns von uns entfremden. Sie kann und soll vom Menschen beherrscht werden, indem er sich immer wieder auf sein wahres Wesen (im Kontext dieser Schrift „ein Bild Gottes sein“) besinnt. Diese Herrschaft besteht nicht in einer erschöpfenden und verstümmelnden Selbstdisziplin, sondern darin, uns zu erheben und unsere Bestimmung zu erfüllen. Selbstbeherrschung bedeutet, einen letztlich zerstörerischen Impuls niederzuringen.

Selbstbeherrschung bedeutet, einen letztlich zerstörerischen Impuls niederzuringen.

Das erhobene Haupt der inneren Gewaltlosigkeit

In einer Anbetung mit erhobenem Haupt erheben wir uns nicht nur aus falscher Scham, sondern widerstehen auch dem gesenkten Blick in verletztem Stolz und grübelndem Zorn. Wir weigern wir uns, uns in Selbstmitleid und in Fantasien von Befreiungsschlägen zu verlieren. Wir erheben uns „im Richtigen“, indem wir die Verbiegung durch Gewalt und Verachtung in unserem Inneren überwinden. Wir verzichten auf die Macht, zu verletzen und zu zerstören, und üben eine andere Macht aus. Wir betrachten uns selbst und unsere Welt mit Demut und Nüchternheit. Wir erkennen an, dass wir nicht immer über andere triumphieren können. Wir erkennen an, dass andere ebenso das Recht haben, die Gunst der Stunde, das Glück des Erfolges und das Rampenlicht der Sieger zu genießen. Wir erkennen an, dass Gott Menschen segnen kann, wie er will, und dass dies nie ausdrückt, wir wären im Vergleich dazu weniger wert. Wir akzeptieren, wie flüchtig die Verhältnisse sind und dass die Echos auf unsere Bemühungen auf unverständliche Weise kommen und gehen. Wir wappnen uns, es so gut wir können in Zukunft besser zu machen. Wir verweigern uns der billigen Versuchung, andere durch Unterstellungen oder ein abfälliges Urteil herabzuwürdigen. Wir ergreifen unsere Berufung als Kinder des Lichts und verweigern uns der schleichenden Dunkelheit „vor unserer Tür“.

Anbetung mit erhobenem Haupt in diesem Kontext bedeutet, dass wir unseren Blick in Richtung der Augen erheben, die wohlwollend und liebevoll auf unsere Existenz gerichtet sind. Wir nehmen sie wahr, auch wenn wir nicht gerade eine beispiellose Erfolgsgeschichte schreiben wie Abel mit seiner Herde. Wir nehmen diesen Blick Gottes wahr als etwas, was uns im Wesen ansieht und liebt, nicht nur im Erfolg unseres Handelns. Wir erheben uns stolz und zuversichtlich als solche, denen das Leben weiterhin offensteht, auch wenn unsere Möglichkeiten nicht denen anderer Menschen entsprechen. Wir erheben uns im Geist der Liebe, im Geist der Souveränität und im Geist der Demut. Das erhobene Haupt signalisiert nicht Überlegenheit, sondern innere Sicherheit – es zeigt die Geborgenheit eines Menschen, der an seinem Geliebtsein niemals zweifeln muss. Der Jesuitenpater Anthony de Mello hat das einmal so gesagt:

Anbetung mit erhobenem Haupt bedeutet, dass wir unseren Blick in Richtung der Augen erheben, die wohlwollend und liebevoll auf unsere Existenz gerichtet sind. Wir nehmen sie wahr, auch wenn wir nicht gerade eine beispiellose Erfolgsgeschichte schreiben.

> *Ich habe ein ziemlich gutes Verhältnis zu Gott. Ich pflege ihn um Dinge zu bitten und mich mit ihm zu unterhalten, ihn zu loben und ihm zu danken. Ich hatte stets das unangenehme Gefühl, er wolle mich veranlassen, ihm in die Augen zu sehen. Und das wollte ich nicht … Immer sah ich weg. Ich wusste warum, denn ich hatte Angst, Angst, dort einen Vorwurf zu finden wegen einer noch nicht bereuten Sünde, oder ich dachte, ich würde auf eine Forderung stoßen … Eines Tages fasste ich Mut und blickte ihn an. Die Augen sagten mir: Ich liebe Dich. Ich blickte lange in diese Augen. Forschend blickte ich in sie hinein. Die einzige Botschaft lautete: Ich liebe Dich.*[260]

Das erhobene Haupt des Begründeten Einspruchs

In meinem Buch *Faszination Anbetung* haben wir Abraham als Anbeter mit einer tiefen Hingabe erlebt. In der Bereitschaft, seinen Sohn Isaak zu opfern, löste er sich von seinen Vorstellungen, wie das Leben für ihn erfolgreich weitergehen sollte, und bestand einen für uns kaum nachvollziehbaren Vertrauenstest. Er stellte Gott über alles, war bereit, sogar sein Liebstes zu opfern, und ragte heraus als

260 https://www.kirche-im-swr.de/?page=manuskripte&id=10790; letzter Zugriff: 12.09.17.

Archetypus der Anbetung mit radikaler Hingabe und bedingungslosem Vertrauen.

Wenige Seiten vorher finden wir einen ganz anderen Abraham. Hier stand er nicht mit gebeugtem Haupt, um demütig zu akzeptieren, was die Gottheit in ihrer Rätselhaftigkeit verkündete und verlangte. Es handelt sich auch nicht um eine Opferszene oder einen Anbetungsgottesdienst. Abraham „dämmert nur", was Gott vorhaben könnte und erhebt sich in seinem Geist, um sein eigenes Gerechtigkeitsgefühl in die Waagschale zu werfen. Es ist keine Anbetungssituation, aber ein weiteres Beispiel für das erhobene Haupt eines glaubenden Menschen. Abraham stand zwischen Gott und zwei Städten, die vernichtet werden sollten, um dem allmächtigen Richter ein faires Urteil abzuringen.

Abraham intervenierte in dem vermeintlich unabwendbaren Ausgang der Dinge. Er protestierte gegen die potenzielle Ungerechtigkeit und hinterfragte die Ethik der Absicht Gottes..

Er legte Einspruch ein und begründete ihn. Er zweifelte an der Gerechtigkeit dieser Maßnahme. Er nahm nicht einfach hin, was Gott ihm sagte oder zeigte. Gottes Aussage zu dem, was er mit Sodom und Gomorra aufgrund ihres Verhaltens zu tun gedachte, war für ihn kein abgeschlossenes Kapitel. Es war nicht alternativlos, um einen modernen Begriff ins Feld zu führen. Hier steht Abraham als Beispiel für einen selbstständig denkenden Menschen, der sich seines eigenen Verstandes bedient, um Gott im Blick auf dessen Absichten zu hinterfragen. Abraham intervenierte in dem vermeintlich unabwendbaren Ausgang der Dinge. Er protestierte gegen die potenzielle Ungerechtigkeit und hinterfragte die Ethik dieser Entscheidung. Seine Sprache war zwar unterwürfig und von der Ehrfurcht vor Gott geprägt: „Ich habe mich erdreistet, zu dem Herrn zu reden, obwohl ich Staub und Asche bin" (1Mo 18,27; ElbÜ). Er diskutierte mit Gott aber wie mit einem Gegenüber auf Augenhöhe und brachte ein schlagendes Argument: Die Gerechtigkeit Gottes durfte nicht unter seinem persönlichen, menschlichen Rechtsempfinden liegen. „Fern sei es von dir, den Gerechten mit dem Ungerechten zu töten. Sollte der Richter der ganzen Erde nicht Recht üben?" (V. 25). Das Recht, das Abraham anmahnte, war das Gegenteil von willkürlichem, autoritärem Recht, wie es bei Göttern manchmal vorkommt. Abraham suchte wahres, nachvollziehbares Recht und rang mit Gott, um dies zu erreichen.

Menschlich betrachtet sieht es in der nun folgenden typisch orientalischen Situation des Feilschens so aus, als ob Abraham Gott Zugeständnisse abringe. Er „handelte Gott herunter" von mindestens fünfzig Gerechten auf zehn Gerechte. Am Ende zeigt sich, dass Gottes Urteil dem menschlichen nicht nur standhält, sondern es übertrifft. Abraham war bis an seine äußerste Grenze gegangen.

Fast meint man, dass Gott dem in uns liegenden ethisch-moralischen Kompass nicht nur entsprechen, sondern seine Genauigkeit und Verhältnismäßigkeit sogar überbieten muss, um sich als wahrer Gott zu erweisen. Ob wir eine solche Rechnung heute aus unserem Verständnis von Menschenrechten auch „absegnen würden", ist eine andere Sache.[261] In der mutigen Diskussion Abrahams mit Gott zeigt sich schon sehr früh, dass es in der wahren Religion keine Instanz geben darf, die mit dumpfer Unterwerfung ihre Sicht der Dinge erzwingt. Diese Art von Ergebenheit erzeugt Apathie, Resignation und Gleichgültigkeit. Doch ein Gott, der unserem Empfinden im Blick auf Fairness, Humanität und Würde sinnvoll entsprechend handelt, ruft Einfühlung, echte Loyalität und Liebe hervor.

Es darf in der wahren Religion keine Instanz geben, die mit dumpfer Unterwerfung ihre Sicht der Dinge erzwingt. Nur ein Gott, der unserem Empfinden im Blick auf Fairness, Humanität und Würde sinnvoll entsprechend handelt, ruft Einfühlung, echte Loyalität und Liebe hervor.

Die Begrenztheit menschlichen Gerechtigkeitsempfindens

Dieser Gedanke ruft natürlich besorgte Einwände hervor: Was ist mit der Kontamination oder Pervertierung des menschlichen Gerechtigkeitsempfindens? Es ist nicht als absoluter Maßstab geeignet, weil es nicht universal konstant ist. Was dem einen recht und billig ist, erscheint in anderen Kulturen überzogen oder nicht genügend

261 Wir diskutieren heute die Frage, wie selbstfahrende Autos bei unvermeidbaren Unfallszenarios den Schaden an Menschen eingrenzen sollten (ob man nach Menge oder bestimmten Qualitäten wie Jugend, Weiblichkeit etc den Vorrang geben sollte) und erleben jede Kalkulation als moralisches Dilemma, weil man Leben gegen Leben nicht aufwiegen kann. Auch der Befehl, ein Passagier – Flugzeug mit allen Geiseln abzuschießen, dass mit einer Bombe auf ein vollbesetztes Stadion zufliegt wurde nach einer Verfilmung des Theaterstücks von Ferdinands von Schirach kontrovers diskutiert. Das Publikum sprach den angeklagten Offizier, der den Befehl dazu gegeben hatte, mehrheitlich frei. https://www.deutschestheater.de/programm/a-z/terror/

ausgereizt. Menschliche Begierden, Fantasien und purer Egoismus überzeichnen häufig ein ausgewogenes, neutrales Verständnis für Fairness und Gerechtigkeit. Selbst wenn ein Mensch unschuldig, feinfühlig, emphatisch und solidarisch geboren wird, reagiert er auf seine Welt immer wieder übertrieben ängstlich, gierig, hässlich und gemein. Mit der Zeit redet er sich ein, dass dieses Verhalten schon in Ordnung ist, und sucht sich Bestätigung bei anderen, die davon auch einen Vorteil haben. Gesellschaftlich akzeptierte Normen früherer Zeiten wie Sklavenhaltung, Kinderarbeit oder Frauenverachtung, ja sogar der Kannibalismus in manchen Kulturen zeigen, dass das ethisch-moralische Empfinden extrem abstumpfen kann. Ganze Völker und Zeiten können so ein Verhalten decken, das anderen Generationen oder Kulturen verabscheuenswert und bestialisch erscheint.

Der Mensch ist als absolut gesetzte Größe nicht geeignet. Er braucht Gott, um Grenzen, Maßstäbe und ein ihn herausforderndes und beurteilendes größeres Gegenüber zu finden. Nur ist damit nicht automatisch der Mensch ausgeschaltet, entwürdigt und entmündigt. Gesunder Glaube geschieht in einem Wechselspiel: Wir vertrauen und akzeptieren das höhere Recht Gottes und achten gleichzeitig das eigene innere Empfinden. Kein einzelner Mensch kann sein Gottesverständnis zum absoluten Maßstab für alle erheben. Damit würde er sich selbst zum Gott machen. Ein reiner und blinder „Gott will es“-Impuls der Religion, die jede menschliche Eigendynamik ausschalten will, nimmt immer dämonische Züge an. Das wiederum widerspricht der Würde, mit der Gott selbst den Menschen als ein Wesen „in seinem Bilde“ geschaffen hat – keine totale Spiegelung, aber ein Gegenüber. Vielleicht nicht wirklich auf Augenhöhe, aber dennoch in einer eigenen Vernunft und Selbstständigkeit. Um diese Balance vom Verständnis des Willens Gottes muss der Mensch immer ringen.

Vielleicht kann man sogar die Behauptung aufstellen: Nur weil Abraham in früheren Episoden seines Lebens durch Reflexionen über Gott tief in seinem Innersten von der Gerechtigkeit und Liebe Gottes überzeugt worden war, konnte er später auch ausnahmsweise einen so „blinden“ Gehorsam aufbringen. Wer mit dem blinden Gehorsam anfängt und es dabei belässt, diesen einzufordern, demontiert die Selbstachtung und zerstört einen gesunden Glauben.

Diese Gesundheit muss immer in einem Wechselspiel von Vertrauen und Überprüfung, Anstoß und Anpassung gegründet sein.

Anbetung mit erhobenem Haupt ist die Anbetung eines wachen und selbstbewussten Menschen. Der Gott der Bibel ist kein absolutes Unterwerfungs- und Verdrängungssystem, sondern ein Gegenüber des Menschen, das ihn in die Verantwortung ruft. Viele Texte der Bibel werben für diese Perspektive.

Das Erheben der eigenen Stimme vor Gott

Nicht nur Abraham trat Gott mit dieser Variante modernen Selbstbewusstseins gegenüber. Mose schlug Gott vor, ihn aus dem Buch des Lebens zu tilgen, damit Israel als Volk vor ihm bestehen konnte (ähnlich krasse Solidaritätsempfindungen bei Paulus). Hiob ließ sich auch nicht einfach mit frommen Konzepten, dass alles seinen Sinn und seine Gerechtigkeit von Gott her habe, abspeisen. Er begehrte auf, fragte nach, rechnete, überlegte und erinnerte. Sein Glaube war zwar tief und vollständig Gott zugewandt, aber nicht passiv, unselbstständig, eingeschüchtert und geduckt.

Anbetung mit erhobenem Haupt ist die Anbetung eines wachen und selbstbewussten Menschen

Auch im Buch Prediger, das König Salomo zugeschrieben wird (und trotz der kritischen Distanz zu ihm in der priesterlichen Geschichtsschreibung zu den eindeutig vom Geist Gottes inspirierten Schriften des biblischen Kanons gezählt wurde), finden wir eine durchaus „frömmigkeitskritische" Glaubenshaltung, wenn man mit Frömmigkeit eher das klischeehafte Denken bezeichnet, wie man als Mensch „fromm" leben sollte. Salomo schreibt: Sei nicht zu fromm, sondern finde auch Zeit, dein Leben zu genießen. Tu das aber in einer gesunden Ehrfurcht vor Gott, das heißt, werde dir bewusst, dass du dich irgendwann mal vor ihm als höherem Maßstab verantworten musst. Das sollte aber niemanden quälen, kleingeistig, verbissen und mit Extremen leben lassen, sondern eher gelassen und doch verantwortungsvoll.

Jesus setzte dem selbstbewussten Beten in einem seiner Gleichnisse die Krone auf, als er Gebet als ein penetrantes Pochen auf Gerechtigkeit schilderte (die Witwe, die den Richter durch ständige Erinnerung „nervt"). Auch bei ihm finden wir keine allgemeine Schicksalshörigkeit (alles ist, wie es ist, weil Gott es so will), sondern das Fragen, ja Hadern und Ringen um mögliche Alternativen. Erst wenn dieser Prozess innerlich abgeschlossen ist, fügt sich Jesus mit großer Souveränität und echtem Vertrauen zu Gott in die Unausweichlichkeiten des Lebens.

Anbeter in der Bibel sind in der Regel keine verhuschten Duckmäuser, sondern selbstbewusste, wache und kritische Geister.

Schlussgedanken

Am Ende dieses Buches ist es an der Zeit, die losen Gedankenfäden zu einem Appell zu verdichten. Es ist Zeit, sich von dem Detailblick zu lösen und im Blick auf das Zusammengetragene zu positionieren. Es ist an der Zeit, dass wir der Erziehung zu Minderwertigkeit, Abwertung und Selbstverachtung in manchen christlichen Kulturen der Anbetung den Kampf ansagen und Menschen lehren, Gott mit erhobenem Haupt anzubeten. Wir können die Gefahr einer menschlichen Selbstüberschätzung wahrnehmen (sie ist von Anfang an integraler Bestandteil des christlichen Glaubens) und dennoch dem Menschen etwas zutrauen und ihn würdigen. Ein Anbetungsverständnis, das dem Menschen nicht mehr erlaubt, sich selbst zu achten, sich zu seiner höchstmöglichen Größe zu erheben und sich zu behaupten, ist letztlich entwürdigend. Es ist mit der Größe des Schöpfers und der Liebe des Erlösers nicht in Einklang zu bringen. Es riecht nach der Angst vor Widersachern und Konkurrenten. Es riecht nach Machtgehabe und Unsicherheit. In Gott ist keine dieser Existenzängste eines schwachen und von anderen bedrohten Wesens. Er ist die sicherste, großzügigste und Freiheit förderndste Macht oder Person, die wir uns vorstellen können. Er hat sich in der Wahrnehmung der Menschen von einem rivalisierenden Stammesgott im Alten Testament zu einer universalen Liebesmacht in Jesus entwickelt, die jedem Menschen ein Eigenrecht, einen Lebens- und Liebeswert und einen Freiheitsraum der Entfaltung zugesteht. Die Macht ist heute mit uns (um mit Luke Skywalker zu sprechen), wenn wir der Gnade und der Liebe folgen, die in Jesus Christus offenbar geworden sind. Wir schulden es uns selbst und unseren Kindern, die Reste einer einschüchternden Glaubenskultur aufzuspüren und aus unserem Empfinden zu tilgen, weil sie dem Wesen Gottes widerspricht. Wir schulden es einer „erwachsen gewordenen Welt" um uns herum, sie auch als Erwachsene zu behandeln. Wir schulden es einer veränderten Welt, ihre Sprache zu lernen, um ihr diese Liebe Gottes in zeitgemäßen Begriffen und Bildern erlösend nahezubringen.

Ein Anbetungsverständnis, das dem Menschen nicht mehr erlaubt, sich selbst zu achten, sich zu seiner höchstmöglichen Größe zu erheben und sich zu behaupten, ist letztlich entwürdigend.

Akzeptieren und respektieren

Es ist an der Zeit, eine säkularisierte, moderne Welt als grundsätzlich normal zu akzeptieren, die nicht weiter am Gängelband religiöser Eliten leben will. Es ist ihr nicht zu verdenken, dass sie nicht länger „gedemütigt unter fremdem Recht" (das heißt mit gnädiger kirchlicher Erlaubnis) ihre Existenz führen will, sondern für sich selbst herausfinden will, welche Lebensentwürfe sinnvoll und tragfähig sind. Auch wenn die Moderne voller Fehlprägungen ist, zwanghafte Ideologien erzeugt hat und als Projekt für eine bessere Welt nie zu Ende geführt werden konnte, ist die neuzeitliche Welt in vieler Hinsicht zu einer großartigen Lebenswelt für viele Menschen geworden. Die Ungerechtigkeiten, die existieren, sind sicher himmelschreiend und von größerem Ausmaß als je zuvor. Die Menschheit ist ja an Zahl unfassbar schnell gewachsen, während der Platz konstant geblieben ist. Die Neuzeit hat aber mit ihren Vernunftsystemen und Menschenrechtsvorstellungen gleichzeitig vielen Menschen insgesamt mehr Möglichkeiten, mehr Fairness und mehr Chancen zur Entfaltung gebracht als die Denk- und Lebenssysteme früherer Zeiten. Es ist an der Zeit, dass auch Christen, die ihr Leben von der Heiligen Schrift her deuten und ausrichten lassen wollen, die Legitimität dieses Weltblicks anerkennen und sich nicht immer grundsätzlich und polemisch dagegenstellen.

Es ist an der Zeit, den lebensspendenden und entwickelnden Schöpfergeist Gottes in den vielen positiven Entwicklungen der modernen Welt zu sehen und nicht in destruktivem Pessimismus zu versinken, während man sich nur auf eine reine Erlösungsspiritualität fixiert. Es ist an der Zeit, den dumpfen Scharfmachern in Politik und Gemeinde, die schlecht reden und pauschal verurteilen, zu widerstehen und das Wahre, Schöne und Gute festzuhalten, das unser Leben gerade in der heutigen Zeit birgt. Es ist an der Zeit, die Welt, wie Gott sie gemacht hat und immer noch formt, zu „lieben", ohne die Bedürftigkeit der Welt nach Erlösung und tieferer Wahrheit zu negieren.

Es ist an der Zeit, die Welt, wie Gott sie gemacht hat und immer noch formt, zu lieben, ohne die Bedürftigkeit der Welt nach Erlösung und tieferer Wahrheit zu negieren.

Es ist Zeit für Lieder, die Gottes Gnade in den Entwicklungen dieser Welt sehen und nicht nur die Himmelswelt als Alternative zum

Leben im Hier und Jetzt zelebrieren. Es ist Zeit, moderne Erkenntnisse und Techniken in die Gemeinde hineinzunehmen. Sie sind eine Bereicherung und können uns helfen, unsere Aufgabe, Gott zu verehren, durch Wort und Tat zu unterstützen. Sie sind auch immer wieder als Signal nötig, um eine ablehnende Aura und eine vermeintliche Überlegenheit auszumerzen, die unsere christlichen Kulturen manchmal durchziehen.

Sich anbetend unter die Menschen mischen

Es ist an der Zeit, sich still anbetend und gleichsam neugierig lernend unter die Menschen unserer Zeit zu mischen. Es ist an der Zeit, ihre Bücher zu lesen, ihre Gedanken zu erkunden, ihre Sprache zu lernen und ihre Gespräche im Fernsehen oder Internet zu verfolgen, ohne gleich zu „missionieren". Es ist an der Zeit, ihre Kultur auch als unsere Kultur zu ergreifen, weil wir Gottes Geist auch in ihren Gedankengängen, Empfindungen, Sehnsüchten und Aversionen sehen können. Darum sollten wir uns von ihren Geschichten und Filmen berühren lassen, anstatt in isolierten Gemeindekulturen mit ausschließlich „christlichem" Input ein Bollwerk Gottes in feindlichem Land aufrechtzuerhalten.

Es ist an der Zeit zu demonstrieren, dass Anbetung in der Versöhnung von Alt und Neu, von Antik und Modern, von biblischer und moderner Weltanschauung relevant ist.

Es ist Zeit für Anbetung mit erhobenem Haupt und dafür, Gott stolz in unseren Bekenntnissen vorzuzeigen, wenn die Sprache auf ihn kommt. Einen Gott, der immer nur die alten Verhältnisse wiederherstellen will, kann man einer modernen Welt heute nur mit einer Märtyrerpose präsentieren – man weiß, dass es dem natürlichen Wunsch, das Leben zu akzeptieren, und einer gewissen Vorwärtsgewandtheit widerspricht. Es ist deshalb an der Zeit zu demonstrieren, dass Anbetung in der Versöhnung von Alt und Neu, von Antik und Modern, von biblischer und moderner Weltanschauung relevant ist.[262] Es ist

262 Die prophetische Sicht der Jesaja-Schriften ruft sowohl zur Orientierung am „Immer-so-Gewesenen" als auch zur Überwindung des Vorigen auf, damit das Neue entstehen kann, das Gott schafft: „*Gedenkt des Vorigen*, wie es von alters her war: ich bin Gott und sonst keiner mehr, ein Gott, dem nichts gleicht" (Jes 46,9; LÜ; Hervorhebung M. P.) und „Gedenkt nicht an das Frühere und *achtet nicht auf das Vorige*! Denn siehe, ich will ein Neues schaffen, jetzt wächst es auf, erkennt ihr's denn nicht?" (Jes 43,18–19; LÜ; Hervorhebung M. P.).

Zeit für ein gesundes geistliches Selbstbewusstsein in der Gottesliebe. Wir sollten gegen Duckmäuserei und Verachtungskulturen früherer Zeiten aufstehen, die auch in der Bibel ihr Unwesen trieben.

Es ist Zeit, in den Bemühungen der Mission das Selbstbewusstsein des Menschen nicht kategorisch als sündhaft und schlecht herabzuwürdigen, sondern genauer zu differenzieren, was am Menschen problematisch, krank und verdorben *sein kann*. Es ist Zeit für ein Gottesbild, das Menschen ihren (Selbst-)Wert liebevoll zugesteht, anstatt ihn erst mal pauschal zu verurteilen und dadurch total zu entwerten. Es ist höchste Zeit für Anbetung mit erhobenem Haupt und eine Liebe zu Gott, die von einem gesunden Selbstbewusstsein durchdrungen ist.

Demut und Trost

Es ist an der Zeit, unsere christliche Sicht mit ihren Antworten demütig als „Stückwerk" in einer unklar reflektierenden Spiegelmasse der Erkenntnis zu formulieren, ohne zu leugnen, dass eine feste Wahrheit tief trösten und tragen kann. Es ist an der Zeit, Gott weder zu „überzeichnen" noch ihn zu verniedlichen und zu reduzieren auf Allgemeinplätze wie Liebe und Menschenfreundlichkeit, die man sich auch ohne Gott nach eigenem Gusto zusammenschneidern kann. Doch die scharfe und kantige Offenbarung auch unbequemer Wahrheiten muss in die Bescheidenheit und Demut eines dienenden Geistes gefasst werden, wenn wir unsere Sicht von Gott im Geiste Jesu mitteilen. Was und wie Gott ist, berührt unsere Herzen nicht, weil er uns damit in die Enge gedrängt und überwältigt hat. Es ist eine zarte Saat der Liebe und Überzeugung. Zwischen Berührung und Überwältigung liegen die spitzen und schroffen Felsen gedanklicher und verbaler Gewalt. Es ist an der Zeit, Anbetung im Geist sanfter Berührung anzurichten und ihren Nährwert für die Seele durch einen gesunden Gedankensalat anzureichern. Süß und sauer, weich und fest, wohltuend und herausfordernd – erst in der gesunden Balance verdauen wir die Wahrheiten, die uns zu selbstbewussten Menschen im Bilde Gottes machen. Auch Anbetung lebt von den vier „Soli" der Reformation, die Martin Luther seiner Kirche hinterlassen hat.

Es ist an der Zeit, Gott weder zu überzeichnen noch ihn auf Allgemeinplätze wie Liebe und Menschenfreundlichkeit zu reduzieren.

Die vier Soli der Anbetung

1. Sola scriptura – es sind die überlieferten und anerkannten Urschriften des Alten und Neuen Testamentes, die uns die Wahrheit über Gott in einer Art geschichtlichen Urkunde vermitteln. Ihre Essenz, ihre finale Botschaft, ihre Summe und ihr Geist stehen höher als menschliche Meinungen, Wunschvorstellungen und Zerrbilder über Gott. Wir tun gut daran, die Heiligen Schriften in der christlichen Anbetung zu erforschen, zu zitieren und zu interpretieren. Wenn unsere Anbetung kein Echo der Heiligen Schriften des Alten und Neuen Testamentes mehr ist, ist sie blutleer. Doch der Schlüssel zu ihrer Deutung liegt nicht in einem System, sondern in einer Person.

Wenn unsere Anbetung kein Echo der Heiligen Schrift mehr ist, ist sie blutleer.

2. Solus Christus – alleine von Christus her können wir die Schrift im Blick auf unser Heil deuten. Alleine von Christus her können wir unsere Anbetung angemessen ausrichten. Er ist das „letzte und höchste Reden Gottes“ von einer Vielfalt seines Redens in früheren Zeiten[263], die differenziert gesehen werden muss. Man kann Christus nicht der Schrift unterordnen, sondern muss die Schrift Christus unterwerfen. In der hierarchischen Sprache der Bibel heißt das: Christus ist Herr über die Schrift. Nur er kann sagen: „Ihr habt gehört, dass gesagt ist … Ich aber sage euch …!“ (Mt 5,21ff). Der Geist Jesu, das Vorbild und Modell seines Lebens und seine befreiende Lehre über Gott und das Leben sind der Maßstab. „Er ist der Abglanz seiner Herrlichkeit und das Ebenbild seines Wesens“ (Hebr 1,3; LÜ). Nicht das Prinzip „Die Bibel legt sich selber aus“ regiert, sondern „der Sinn Christi“ muss regieren, den der Geist Gottes in unseren Herzen entfaltet. Und dieses Wesen Christi wiederum äußert sich umfänglich in dem dritten Sola der Reformation.

Man kann Christus nicht der Schrift unterordnen, sondern muss die Schrift Christus unterwerfen.

3. Sola gratia – alleine die Gnade rettet den Menschen, nicht seine Werke. Die Gnade ist aber nicht nur relevant im Blick auf die Rettung des Menschen. Sie ist der Kernbegriff dessen, was Jesus von Gott in diese Welt gebracht hat. Sie ist der Inbegriff des Glaubens

263 „Nachdem Gott vorzeiten vielfach und auf vielerlei Weise geredet hat zu den Vätern durch die Propheten, hat er zuletzt in diesen Tagen zu uns geredet durch den Sohn“ (Hebr 11,1; LÜ).

„nach der Art Jesu". Der Apostel Johannes stellt Jesus Moses gegenüber und betont: Jesus ist nicht wie Mose – ein „Religionsstifter", der das Gesetz brachte. Jesus offenbart in der Gesamtheit seiner Person (seine Geschichte, seine Lehre, sein Verhalten gegenüber anderen Menschen, sein Lebenswerk) die „Fülle der Gnade Gottes". Er ist das „fleischgewordene Wort Gottes in der Gestalt des eingeborenen Sohnes vom Vater, voller Gnade und Wahrheit" (Joh 1,14; LÜ). „Von seiner Fülle haben wir alle genommen Gnade um Gnade. Denn das Gesetz ist durch Mose gegeben; die Gnade und Wahrheit ist durch Christus geworden" (Joh 1,16–17; LÜ). Diese Gnade, die in Jesus Gestalt geworden ist und weiterhin durch seinen Geist in diese Welt hineinwirkt, ist das alleinige Fundament einer gesunden geistlichen Anbetungskultur und Gottesvorstellung. Und am Ende müssen wir uns auf den Glauben allein verlassen.

Die Gnade, die in Jesus Gestalt geworden ist, ist das alleinige Fundament einer gesunden geistlichen Anbetungskultur und Gottesvorstellung.

4. Sola fide – allein durch den Glauben werden wir vor Gott gerechtfertigt, nicht durch gute Werke. Aber diese Betonung auf den Glauben des Einzelnen setzt uns auch frei von einem Gesetz des Denkens, das den Glauben in einer ganz bestimmten (manchmal ziemlich antiquierten) Form den Menschen aufzwingen will. Glaube ist keine Wissenschaft und kein politisches Parteiprogramm. Das Herz denkt, fühlt und agiert vielmehr in Übereinstimmung mit persönlichen Überzeugungen. Er ist nicht nur subjektiv, sondern hat auch objektive Elemente, an denen wir ihn von Wunschdenken, Irrglauben, Unglauben und Aberglauben unterscheiden können. Aber er ist grundsätzlich eine subjektive Entscheidung, eine „leichte Struktur", ein individuelles und flexibles Gedankenmodell, das unsere Vorstellung von Gott und der Welt trägt. Solch einen Glauben können wir niemandem verschreiben oder verordnen. Wir können ihn nur aus unserer Sicht als sinnvolles Bekenntnis formulieren und bezeugen. Er muss gewonnen werden. Wenn der Glaube allein Menschen rettet, dürfen wir ihn nicht durch starre Systeme ersetzen. Wir müssen ihn freigeben, den Menschen

Glauben können wir niemandem verschreiben oder verordnen. Wir können ihn nur aus unserer Sicht als sinnvolles Bekenntnis formulieren und bezeugen. Er muss gewonnen werden.

selbst „überlassen". Wir dürfen sie in diesem zarten Suchen und Tasten nach glaubwürdigen Grundlagen für das Gewebe ihres „fliegenden Teppichs" nicht bevormunden. Anbetung „fliegt" nur, wenn wir freien Menschen sinnvolle Fäden aus Bibel, Christus, Gnade und Glauben entgegenhalten. Wie sie diese färben und in den Teppich ihres Lebens einfügen, dürfen wir nicht bestimmen. Es ist das Privileg des modernen, autonomen Individuums, seine „Überzeugungsmasse" selbst zu formen und daraus zu leben, wie gut oder schlecht auch immer. Schon Paulus formulierte diese radikale Individualität in der Erfahrung des Glaubens: „Wer bist du, dass du einen fremden Knecht richtest? Er steht und fällt seinem Herrn. Er wird aber stehen bleiben, denn der Herr kann ihn aufrichten" (Röm 14,4; LÜ). Das ist freisetzender und befähigender Glaube. Jeder steht und fällt „seinem Herrn" für sich. Grundsätzlich gehen wir aber davon aus, dass Gott Menschen aufrichten wird. Es steht in seiner Macht und entspricht seinen Absichten. Er ist der Herr, „der mein Haupt erhebt" (Ps 3,4; LÜ). Er wird zur Kraft, die mein Herz belebt. Er ist die Stimme, die mich ruft; und er gibt mir Rückenwind. Aus diesem Grund kann ich ihn selbstbewusst lieben.

Die Praxis der Anbetung wirkt sich auf mein Selbstverständnis, mein Weltbild und mein Gottesbild aus. Der Schlüssel zu allem ist jedoch das Gottesbild. Es ändert mein Verhältnis zu mir selbst und zur Welt, in der ich lebe. Ein wahres, heilsames und gesundes Gottesbild aufzurichten und zu pflegen, ist deshalb das höchste Ziel einer christlichen Anbetungskultur. Predigt und Lehre können geistliche Grundlagen legen und Verständnis aufbauen. Doch das gemeinsame Beten und Singen verinnerlicht und strukturiert unseren Glauben. Es gibt nichts Heilsameres als eine Anbetungszeit, in der wir Menschen neu begreifen, wer Gott ist und wer wir dadurch sind und sein können. Gleichsam gibt es nichts, was die Seele tiefer verstümmeln und vergiften kann als Gedanken, die ein gewalttätiges, rechthaberisches und gesetzliches Bild von Gott zeichnen. In der Religion, auch der christlichen, liegen Segen und Fluch, Heilung und Krankheit, Wahrheit und Lüge, Gnade und Gesetz eng

Es gibt nichts Heilsameres als eine Anbetungszeit, in der wir neu begreifen, wer Gott ist und wer wir dadurch sind und sein können.

beieinander. Auf der unsichtbaren Waagschale des Herzens können ein paar Gramm zu viel von diesem oder jenem genügen, und schon wird das „Schwert des Geistes“ zu einem verletzenden Instrument der Selbstgefälligkeit und Rechthaberei. In der Medizin machen Dosis und Gewichtung den Unterschied zwischen Gift und heilender Wirkung aus. Mögen wir erkennen, wie unser Glaube zum Gegenmittel gegen Selbstgefälligkeit und Selbstverachtung gleichermaßen wird. Mögen wir in unseren Anbetungswelten die Kraft eines wahren Gottesbildes freisetzen, das Krebsgeschwür der Selbstzweifel heilen, um versöhnt in einer schwierigen, aber wunderschönen Welt zu leben.

Ich wünsch dir Gottes Segen,
entfalte alles, was du in dir spürst,
die Dinge, die dir liegen,
auch wenn du mal gewinnst und mal verlierst.
Wag neue Wege,
probier dich einfach immer wieder aus,
und lass dich nicht verbiegen!
Lebe mutig, offen, geradeaus.
Ich wünsch dir diesen Segen.[264]

264 Aus dem Lied „Gott segne dich“
Text: Martin & Jennifer Pepper 2001 mc-peppersongs, Berlin

Stimmen zum Buch:

Martin Pepper hat mich mit diesem Buch von Anfang an gepackt. Genau in diesem „Kampf“ mit mir selber und meinem Glauben stehe ich bis heute. Selten habe ich mich so herausgefordert und gleichzeitig verstanden gefühlt. Ich bin total beflügelt, da aus jeder Seite eine enorme Weite und Freiheit atmet, die mich leben – nein, besser und treffender gesagt – anbeten lässt.
Lutz Langhoff, Business-Speaker, Autor und Unternehmensentwickler

Als persönlich der Lobpreis- und Worshipszene eher skeptisch gegenüberstehender Mensch, dem schmerzhaft auffällt, wie oft man in vielen Liedern die inhaltliche und poetische Tiefe mit der Lupe suchen muss, begeistert mich, dass Martin Pepper hier sämtliche Klischees vermeidet. Sehr ehrlich und offen stellt er sich der großen Frage, was Anbetung eigentlich ist und wo ihre Segens- und Fallstricke liegen. Vor allem tut er nicht so, als ginge es dabei nur um Gott (wie man blumig-fromm manchmal zu hören kriegt). Nein, er nimmt den Anbetenden genauso ernst wie dessen „Gegenstand“ der Verehrung. Hier stehen Anthropologie und Theologie nicht in Konkurrenz zueinander, sondern nebeneinander, um miteinander dieses große Thema auszuleuchten. Wer also denkt, er wüsste schon alles, was es über Anbetung zu sagen gäbe, sei dieses wundervolle Buch ans Herz gelegt. Es ist eine wahrhafte Fundgrube an Wissen, Weisheit und erhellenden Gedanken, die uns helfen wollen, „Gott aus dem Himmel zu holen“, um ihm in selbstbewusster Anbetung und Liebe gegenüberzutreten.
Jakob „Jay“ Friedrichs, Podcaster mit Hossa Talk, christlicher Comedian (superzwei) und Lobpreisleiter in der ev. Andreasgemeinde Niederhöchstadt

Obwohl der erste Band zum Thema Anbetung von Martin Pepper schon sehr weit gefasst war, wird bald klar, warum für dieses Thema ein extra Buch hermusste. Schon im Titel klingt an, dass Anbetung mit erhobenem Haupt nicht selbstverständlich ist. Menschen bekommen Begriffe wie Selbstbewusstsein und Demut heute nicht mehr so leicht unter einen Hut. Martin Pepper entwickelt ein Glaubens- und Anbetungsverständnis, das Liebe zu Gott und Selbstverwirklichung

nicht in einen Gegensatz stellt, wie es in christlichen Kreisen leider immer wieder geschieht. Dazu entfaltet er das Liebesgebot theologisch in all seinen Facetten und zeigt das Wirken Gottes bis hinein in die moderne Welt auf. Er lädt mit weiten Kreisen dazu ein, den Blick auf das Wahre, Schöne und Gute festzuhalten, das unser Leben gerade in der heutigen Zeit birgt. Es ist ein sehr tiefgründiges Buch, das mich nicht unberührt zurückgelassen hat. Und auch nach dem Lesen bleibt da noch so einiges, an dem ich „weiterkauen" möchte. Der Mann, der das Lied „Du bist der Herr, der mein Haupt erhebt" verfasst hat, hat hier ein ungewöhnliches und Mut machendes Buch geschrieben, das Anbetung noch einmal in einem ganz anderen Licht erscheinen lässt.
Daniel Kallauch, Kindermusiker und Vogelhalter

Eine leichte Urlaubslektüre war Martin Peppers zweites Anbetungsbuch nicht, aber dafür sehr spannend, nahrhaft und inspirierend. Endlich mal wieder was Handfestes zum Beißen. Mir gefällt und imponiert die geistige Weite, die aus vielen Verkrustungen christlichen Denkens herausführt. Mir drängte sich eine Formulierung Goethes aus dem Faust auf: Hier ist einer, der danach sucht, „was die Welt im Innersten zusammenhält". Bei Martin Pepper ist es die Welt der Anbetung. Er fasst den Begriff Anbetung sehr weit und bezieht ihn auf die ganze Haltung des gläubigen Menschen vor Gott. Diese Erweiterung ermöglicht ihm die notwendige Kritik an so vielen Fehlhaltungen im Gottesverständnis, an bestimmten Formen des Lobpreises, überhaupt an so vielen Denkmustern in Kirchen und frommen Kreisen. Seine Gründlichkeit führt den Leser von der Exegese zur Systematischen Theologie, zur Religionsgeschichte, zur Kirchengeschichte, zur Geschichte überhaupt, zur Philosophie, zur Medizin bis hin zur Gehirnforschung. Manchmal hat das Buch schon wissenschaftliche Züge. Aber nur manchmal, denn die pastorale Auslegung biblischer Passagen und Bilder steht im Vordergrund und führt immer wieder zu starken Momenten der Inspiration.

Im Vordergrund steht mit der Haltung des erhobenen Hauptes die Begründung eines gesunden Selbstbewusstseins. Für jemanden, der mit seinen Liedern im evangelikal-charismatischen Bereich bekannt geworden ist, stellt er mutige und provokante Thesen auf, erklärt selbst Säkularisierung und Emanzipation von einer positiven Seite. Er verlässt seine Lebenslinie aber nicht, sondern bleibt einer tiefen Liebe zu Gott,

die man in seinen Liedern spürt, treu. Seine Art zu glauben, die in diesem Buch zum Ausdruck kommt, ist hilfreich, notwendig und vor allen Dingen befreiend. Nach dieser Lektüre wollte ich gleich auch seinen ersten Band kennenlernen. Ein „Fan" der Pepper-Lieder war ich schon lange. Bei seinen Büchern komme ich gerade auf den Geschmack.
Gerhard Brüning, evangelischer Pfarrer, Buchautor

Martin Peppers Buch fasziniert mit der mannigfaltigen Darstellung der Anbetung Gottes. Sie wird hier als eine ganzheitliche und alles umfassende Haltung der Ehrerbietung Gottes entwickelt, die den ganzen Menschen einbezieht: Geist, Körper und Seele. Der Leser findet in diesem Buch umfassende und fundierte Informationen aus den Bereichen der Philosophie, Theologie und Phänomenologie. Es ermutigt den Leser, den Lobpreis Gottes in seiner Vielfalt und Schönheit neu zu erfahren. Gleichzeitig ist es ein Plädoyer für die Selbstfindung des Menschen angesichts der göttlichen Majestät. In der praktischen Anbetung Gottes inmitten der säkularisierten Welt erweist sich der Mensch als ein Resonanzboden des Göttlichen. Das kann für ihn eine heilsame Wirkung haben. Fazit: Ein anspruchsvolles Buch, das sich aber zu lesen und zu studieren lohnt.
Janusz Blonski, Pastor der Evangelisch
Freikirchlichen Gemeinde Bremerhaven

Martin Pepper ist bekannt für tiefgründige, ehrliche und authentische Liedtexte. So war ich nicht überrascht, dass sein Buch diesen Stil aufgreift. Er spricht sehr offen über die persönlichen Aspekte unserer Anbetung.

Zur beglückenden Erfahrung der Anbetung gehört die Erkenntnis, dass Gott mich nicht zu etwas anderem „machen" will, sondern mich in meiner eigenen Individualität annimmt und ermutigt.

Gott redet zu unserem Herzen, um es zu gewinnen, nicht (nur) zu unserem Verstand, um ihn zu überzeugen.

Beide Arten von Reden finde ich in diesem Buch. Immer wieder spricht etwas zu meinem Herzen, weil ich mich darin wiederfinde. Und es gewinnt mich. Gleichzeitig überzeugt Martin Pepper mit klugen Gedanken, die in die Freiheit einladen. Und er lässt nicht nur Fromme zu Wort kommen. Das finde ich gut und wichtig! Martin Pepper will die Tradition nicht untergraben. Aber er erläutert mit guten Argumenten, dass Tradition und Moderne in der Anbetung sich

nicht gegenseitig ausschließen! Vor allem das Streben nach Selbstwert und Selbstbewusstsein wird von ihm nicht abgewertet, sondern bejaht. Viel zu oft habe ich gehört, dass „der Dienst wehtun muss" oder dass Demut unser Haupt beugt. Martin Pepper kommt nach einer ausführlichen Beschäftigung mit dem Thema zu ganz anderen Schlüssen. Ich kann mir vorstellen, dass seine Ausführungen zu mehr Frieden zwischen den Generationen beitragen werden, denn Martin Peppers Stimme hat Gewicht und genießt Vertrauen! Sein Buch enthält keine Praxistipps für die Anbetung, die nur eine kleine Gruppe von Lobpreisleitern interessiert. Es ist vielmehr ein Werk über Christsein in der Moderne, das fundiert lehrt, ohne dabei belehrend zu sein. Es entfaltet eine wunderbare Gedankenwelt, die mit der Heilung unserer Seele zu tun hat. Diese mutigen Gedanken werden gebraucht. Sie sind es wert, gehört zu werden!
Valerie Lill, Sängerin und Autorin

Dieses Buch fasziniert mit der mannigfaltigen Darstellung der Anbetung Gottes. Sie wird hier als eine ganzheitliche und alles umfassende Haltung der Ehrerbietung Gottes entwickelt, die den ganzen Menschen einbezieht: Geist, Körper und Seele. Der Leser findet in diesem Buch umfassende und fundierte Informationen aus den Bereichen der Philosophie, Theologie und Phänomenologie. Es ermutigt den Leser, den Lobpreis Gottes in seiner Vielfalt und Schönheit neu zu erfahren. Gleichzeitig ist es ein Plädoyer für die Selbstfindung des Menschen angesichts der göttlichen Majestät. In der praktischen Anbetung Gottes inmitten der säkularisierten Welt erweist sich der Mensch als ein Resonanzboden des Göttlichen. Das kann für ihn eine heilsame Wirkung haben. Fazit: Ein anspruchsvolles Buch, das sich aber zu lesen und zu studieren lohnt.
Janusz Blonski, Pastor der Evangelisch
Freikirchlichen Gemeinde Bremerhaven

Martin Peppers zweites Buch seiner Anbetungstrilogie ist wieder eine theologisch-tiefgründige und ausgewogene Auslegung mit Einblicken in sein persönliches Leben. Das alleine ist schon spannend. Hier geht es aber noch mehr in die Bereiche, die jeden Menschen ganz unmittelbar in seinem Lebensgefühl betreffen – Selbstbewusstsein, die Beziehung zur modernen Welt und die Überwindung von

Scham und Unsicherheit. Seine Gedanken setzen den Menschen als Christ und Anbeter frei, ja, sie adeln ihn, weil er, laut Peppers These, in der Bejahung der modernen Welt ganz nach seiner Berufung lebt. Mir gefällt besonders die inhaltliche Klarheit dieses Buches. Trotz des Bibelzitates im Titel („mit erhobenem Haupt") kommt nie etwas frömmelnd daher, denn Pepper bezieht neben der Theologie auch eine Vielzahl an Erkenntnissen aus Soziologie und Psychologie mit ein. In dieser Kombination erschließt er das Thema Anbetung so, wie man es vorher noch nie gehört hat. Ein absolut empfehlenswertes Buch, das ich mit sehr viel Gewinn gelesen habe.
Michael Rathgeb, Trainer und Berater

Das Buch „Anbetung mit erhobenem Haupt" habe ich sehr gerne gelesen. Es ist leicht verständlich, bietet tolle Beispiele und ist dabei nie oberflächlich. Martin Pepper schreibt voller Liebe und Hochachtung nicht nur für Gott, sondern auch für die Welt. Gott zu lieben, die Welt zu umarmen und aufrecht zu gehen ist ein wunderbares Rezept für lebendiges Christsein in der modernen Welt."
Brigitte Beerit-Schwarz, Gemeindepädagogin
und Gestalttherapeutin

„Faszination Anbetung" ist ein Andachtsbuch, eine Enzyklopädie, ein Geschichtswerk, ein Bibelkommentar und eine philosophische Betrachtung. Differenziert und fundiert schöpft Martin Pepper aus den Erfahrungen verschiedenster Epochen der Geschichte, der Kirchen und Gemeinden. Liebevoll und mit Respekt betrachtet er die unterschiedlichsten Strömungen und weitet den Blick auf die Vielfalt der Anbetung. Ein echter Gewinn für jeden Christen.

Patrick Martin

Martin Pepper

Faszination Anbetung

Weil Gott mehr ist als ein Wort

Der erste Band der „Trilogie der Anbetung" bietet einen umfassenden Überblick über die Bedeutung und Vielfalt der Anbetung. Er beginnt mit Gott – dem Gegenüber der Anbetung. Die zehn wichtigsten Anliegen und Archetypen der Anbetung aus der Bibel führen schließlich zu den Fragen nach Formen und ästhetischen Vorlieben. Am Ende gibt es Tipps für ein versöhntes Miteinander und ein Leitbild für Anbetung in unserer Zeit. Martin Pepper zielt mit diesem Buch auf das große Ganze des christlichen Glaubens und entwickelt eine einladende, aber auch selbstkritische Perspektive. Einblicke in seine eigenen Erlebnisse machen das Buch sehr persönlich und nahbar.

mc-peppersongs
Gebunden · 448 Seiten · ISBN 978-3-9813157-5-2 · 24,80 Euro

Martin Peppers Lyrik ist erfahrungsgesättigt, lebensklug, kurz: ausgereift. Er sagt das Offensichtliche überraschend und das Naheliegende geheimnisvoll.

Andreas Malessa,
Hörfunkjournalist
Deutschlandradio Kultur

Martin Pepper

Die Melancholie der Möglichkeit

Ein Gedichtband mit 12 Gedichten

In der Poesie habe ich die Möglichkeit gefunden, mehr zu sagen als das, was in ein Lied passt. Und dennoch sind diese Worte nicht ohne Musik. Sie klingen in meiner Seele, haben Rhythmus, Melodie und Schwung. Damit erzeugen sie Wärme, spenden Trost und Kraft. Es sind kleine mutmachende Geschichten und Lebenslektionen in Reimform: Die Poesie der Unvollkommenheit, Die Ahnung, die man Hoffnung nennt, Ich hör mir endlich selber zu, Aufgewühlt, Unter Druck, Ich kam in einen Gottesdienst, Der Mensch braucht Mut, Wenn Worte wärmen.

mc-peppersongs
Gebunden · 40 Seiten
9,80 Euro

Claudia Peppers Buch bestiecht durch ihre praxisnahe Sprache, viele persönliche Beispiele und konkrete Lösungsansätze. Ich kann es Menschen, die an inneren Weggabelungen stehen nur empfehlen.

Heidi Seidel,
christliche Beraterin
im IACP

Claudia Pepper

Ist Glück Glückssache?

Wege zu gelingendem Leben

Es liegt in unserer Natur, nach Glück zu streben, so unterschiedlich wir es auch definieren mögen. Glück begegnet uns auf vielfältige Weise. Wenn es uns gelingt, diese Momente zu pflegen und zu genießen, erhöhen wir deutlich den Glücksfaktor in unserem Leben. Leben aus der eigenen Mitte, die Bewältigung von Trauer und Ärger und die Bereitschaft, als Original zu leben sind Schlüssel für das Bahnen von Wegen, die das Glück begünstigen.

mc-peppersongs
Gebunden · 112 Seiten
12,80 Euro